Der Weimarer Musenhof

Gabriele Busch-Salmen, Walter Salmen, Christoph Michel

Der Weimarer Musenhof

Dichtung
Musik und Tanz
Gartenkunst
Geselligkeit
Malerei

Verlag J. B. Metzler
Stuttgart · Weimar

Umschlagentwurf: Willy Löffelhardt unter Verwendung folgender Bildvorlagen:
Tafelrunde um Herzogin Anna Amalia, um 1795, Georg Melchior Kraus, Aquarell (auch Abb. 6); Aufführung des Singspiels »Adolar und Hilaria« von Friedrich Hildebrand Freiherr von Einsiedel im Ettersburger Park, 1780, Georg Melchior Kraus, Öl auf Leinwand; Ausschnitt aus: Porträt der Herzogin Anna Amalia, 1769, Johann Georg Ziesenis, Öl auf Leinwand. Auch als Frontispiz – Farbtafel; alles: Stiftung Weimarer Klassik.

Die Deutsche Bibliothek – CIP-Einheitsaufnahme

Der **Weimarer Musenhof** : Dichtung – Musik und Tanz –
Gartenkunst – Geselligkeit – Malerei / Gabriele Busch-Salmen ;
Walter Salmen ; Christoph Michel. – Stuttgart : Metzler, 1998
   ISBN 3-476-01614-5

© 1998 J.B. Metzlersche Verlagsbuchhandlung und Carl Ernst Poeschel Verlag GmbH
in Stuttgart
Satz: Typomedia Satztechnik GmbH, Ostfildern
Druck und Bindung: Franz Spiegel Buch GmbH, Ulm
Printed in Germany

Verlag J.B. Metzler Stuttgart · Weimar

Inhalt

VII **Vorwort**

Kapitel I
1 **Kulturgeschichtliche Voraussetzungen**
3 Die Jugend Prinzessin Anna Amalias am Hof zu Braunschweig-Wolfenbüttel
8 »... der verwittibten Frau Herzogin [...] venia aetatis«
10 Die Bewohner Weimars
13 Kunstübungen in geselligen Zirkeln

Kapitel II
17 **Häuser und Räume im Weichbild der Residenz**
18 Das Residenzschloß
20 Das Wittumspalais
22 »Grund Riss und Cavalier Perspectiv« des Johann Friedrich Lossius (1785)

Kapitel III
29 **Gärten und Parks als »tönende Natur« und Musizierräume**
30 **A. Landschaft und Garten im 18. Jahrhundert**
30 Lokalitäten
31 Das Gartenreich des Fürsten von Anhalt-Dessau als Vorbild
33 Goethes »Gärtgen vorm Thore«
34 Reichardts Garten in Giebichenstein bei Halle
36 Ettersburg
39 Belvedere
41 Der Wilhelmsthaler Schloßpark
41 Tiefurt
47 Der Park an der Ilm
49 Vauxhalls
51 Wielands Gärten
54 **B. »Die erzitternde äolische Harfe«, Hörnerklang und »Harmonika-Empfindungen«**
54 Äolsharfen
56 Hörnerklang
60 »Harmonika-Empfindungen«

Kapitel IV
61 **Professionelle, ›Kenner und Liebhaber‹ der Künste am Hof der Herzogin**

Kapitel V
69 **Singen in Schule, Kirche und Haus**
70 Johann Gottfried Herder und der Gesang in Kirche und Schule
74 Chorgesang – Hauschöre
74 Goethes Singchor

Kapitel VI
79 **»Stimmen der Völker in Liedern« (Johann Gottfried Herder)**

Kapitel VII
85 **Private gesellige Zirkel und ›musikalische Unterhaltungen‹**
87 »Gleichgestimmte Gesellschaften« (Johann Friedrich Reichardt)
92 »Singen – das ist jetzt in Weimar Mode« (Johann Daniel Falk) – Das Lied in Weimar
103 »Spielen soll sie mir auch das Clavier« (Johann Wolfgang Goethe)

Kapitel VIII	109	**Gesänge in der Freimaurerloge »Amalia zu den drei Rosen«**
Kapitel IX	113	**»Tanzen gehöret zum festlichen Tag« (J. W. Goethe) –**
		Tänze, Bälle, Redouten, Schlittenfahrten
	114	Vom Tanzen in Weimar
	118	Frühe Tanzübungen der Kinder
	120	Brauchgebundene Tänze
	121	Tanzmeister
	124	Tanz- und Ballsäle
	125	Vom Menuett zum Walzer
	133	Bälle und Redouten – Maskenzüge
	135	Ballordnung und Reglement
	141	Schlittenfahrten
Kapitel X	143	**»Poesie, Musik und Akzion...« (Chr. M. Wieland) –**
		Sing- und Sprechtheater
Kapitel XI	155	**Große und kleine Konzerte, Musikalische Akademien**
Kapitel XII	165	**Zeitgenössische Texte – 15 kommentierte Dokumente**
	166	Christoph Martin Wieland: Inhalt des Librettos zu dem Ballett »Idris und Zenide« (1772)
	170	›Eine Tiefurter Matinée‹ (1776)
	174	»Minervens Geburt, Leben und Thaten« (1781)
	178	Goethe: »Das Louisenfest« (1778)
	183	Goethe: »Proserpina« (1778)
	187	Goethe: »Auf Miedings Tod« (1782)
	192	Goethe: »Der Hausball. Eine deutsche Nationalgeschichte« (1781)
	196	Aus den Weimarer Fourierbüchern (1783)
	198	Johann Gottfried Herder: »Die Äolsharfe« (1795)
	202	Ein Theaterbericht (1796): »Die neuen Arkadier«
	205	Friedrich Schiller: »Der Tanz« (1795)
	208	»Der Tanz, als geselliges Vergnügen« (1788)
	210	Goethe: Maskenzüge: »Aufzug des Winters« (1781) – »Aufzug der vier Weltalter« (1782). Ein Redoutenbericht: Charaktermasken (1796)
	214	Johann Gottfried Herder: »Zueignung der Volkslieder« (um 1802/1803)
	216	Goethe: Rede zum Tod der Herzogin Anna Amalia (1807)
	221	**Anmerkungen zu Kapitel I bis XI**
	235	**Personenregister**

Vorwort

Als am 10. April 1807 Anna Amalia, Herzogin von Sachsen-Weimar-Eisenach starb, war sie bereits zu einer Legende geworden. Längst hatte sich die Zeit ihrer aktiven Regentschaft verklärt, verehrte man in ihr die umsichtige, kluge Herzoginmutter, der es trotz schwieriger Voraussetzungen gelungen war, ein außergewöhnliches Hofkonzept in die Tat umzusetzen, in dessen Sog mehr oder weniger ihre gesamte Umgebung geraten war. In seinem Nekrolog: »Zum feyerlichen Andenken der durchlauchtigsten Fürstin« suchte Johann Wolfgang Goethe noch einmal jene Tugenden ihrer Hofhaltung zusammenzufassen, die zum Signum geworden waren, unter dem man sich schließlich angewöhnte, Weimar als das neue »Ilm-Athen« (Heinrich Heine) zu sehen: »Sie gefiel sich im Umgang geistreicher Personen, und freute sich Verhältnisse dieser Art anzuknüpfen, zu erhalten und nützlich zu machen: ja es ist kein bedeutender Nahme von Weimar ausgegangen, der nicht in ihrem Kreise früher oder später gewirkt hätte.« Daß darüber »ein ganz anderer Geist [...] über Hof und Stadt gekommen« war, wie es in seinem Text weiter heißt, und »Bedeutende Fremde von Stande, Gelehrte, Künstler [...] besuchend oder bleibend« wirkten, ist das Thema des vorliegenden Bandes. In Fortsetzung, Ergänzung und Revision älterer verdienstvoller Arbeiten, z. B. Wilhelm Bodes im Jahr 1917 in Berlin publiziertem »Weimarischen Musenhof«, wird in elf darstellenden Kapiteln und einem zwölften mit kommentierten zeitgenössischen Texten versucht, ein Gesamtbild dieses »Musenhofes« und seiner Bedeutung für die Stadt zu entwickeln. Er wird als eine Form des aufgeklärten »Gelehrtenhofes« dargestellt, zu dessen Movens das gesellige Zusammenwirken aller am Hof Tätigen geworden war. Unter dem Primat der Dichtkunst entstand eine einzigartige Konstellation von Vertretern aller Künste und Wissenschaften, in der es trotz bisweilen heftiger Kritik und sogar skeptischer Distanz noch einmal gelang, die »schwesterlichen Künste« als ein Gesamtkunstwerk und Lebenskonzept zu verstehen. In diesem Sinne konnte es in einer Einladungs-Epistel der Herzogin an Prinz August vom benachbarten Gotha heißen:

»Den besten Wunsch und wärmsten Gruß zuvor,
Geliebter Prinz August! Ich habe
Der heiligen neun Jungfrau'n Chor,
Weil ihrer Überredungsgabe
Sonst Eurer Durchlaucht zartes Ohr
Stets offen ist, gar schön gebeten,
Die Stelle meiner Kanzelei,
Die in der edeln Reimerei
Kaum noch hanssachset, zu vertreten,
Um Eure Durchlaucht ehrfurchtsvoll
Zu einem Schauspiel einzuladen,
das morgen abend, will's Apoll,
In meiner Ettersburg gegeben werden soll. [...]
Ich lade Sie, mein Prinz, zu einer kleinen Posse
Und zu Gesang, aus dem Empfindung spricht.
Sie lieben Tonkunst, lieben Freude:
Im Bunde mit der Freundschaft harren Ihrer beide:
O täuschen Sie die süße Hoffnung nicht!«

Mit diesen Versen lud Anna Amalia den Prinzen ein, an den theatralischen, tänzerischen und musikalischen Sommeraktivitäten des Liebhabertheaters teilzunehmen, zu denen der Hof auf das Schloß Ettersburg zog, das er später mit Tiefurt vertauschte. Christoph Martin Wieland, der an diesen Versen beteiligt gewesen sein mochte, gehörte zu denjenigen, die nach ihrer Berufung das Hofkonzept wesentlich mittrugen und der Herzogin trotz der sich wandelnden Maßstäbe, die uneingeschränkte Bewunderung und Freundschaft bewahrten. Mit ihrem Tod sah er das Ende einer Ära gekommen, über die er am 24. August 1807 in einem Brief zu dem wehmütigen Satz fand: »Auch das kleine Bethlehem Weimar hat in der Geschichte des achtzehnten Jahrhunderts seinen Tag gehabt; aber die Sonne, die ihm vor vierzig Jahren aufging, ist im Jahr 1807 untergegangen, und die Nacht bricht herein, ohne einen neuen Tag zu versprechen«.

Dieses Buch verdankt sein Zustandekommen vielen helfenden, Auskunft erteilenden, ratenden, warnenden, ermunternden und interessierten Menschen, die im Goethe-Museum Düsseldorf, in der Weimarer Herzogin Anna Amalia Bibliothek, im Weimarer Stadtarchiv und -museum, in den Kunstsammlungen zu Weimar, im Thüringischen Hauptstaatsarchiv und der Stiftung Weimarer Klassik, im Wieland Museum Biberach, im Braunschweigischen Landesmuseum, in der Garten- und Schlösserverwaltung Kassel, in etlichen anderen Galerien oder Museen unsere unermüdlichen Auskunftspartner waren.

Gabriele Busch-Salmen

Siglen und Abkürzungen

AT	Altes Testament
BM	Bildarchiv Marburg
Bode/ Otto	Goethe in vertraulichen Briefen seiner Zeitgenossen. Zusammengestellt von Wilhelm Bode (1918– 1923). Neu hg. von Regine Otto und Paul-Gerhard Wenzlaff. 3 Bde., Berlin und Weimar 1979; München 1982
BW	Briefwechsel
CGZ	Corpus der Goethezeichnungen. Hg. von Gerhard Femmel u. a. 7 Bde. (in 10), Leipzig 1958–1973
Dichtung und Wahrheit. AA	J. W. Goethe: Aus meinem Leben, Dichtung und Wahrheit. Historisch-kritische Ausgabe. Hg. von der dt. Akademie der Wissenschaften zu Berlin. Bearb. von Siegfried Scheibe. 2 Bde., Berlin 1970 u. 1974 <Akademie Ausgabe>
DWb	Jacob und Wilhelm Grimm: Deutsches Wörterbuch. 16 Bde. und Quellenverzeichnis, Leipzig, Berlin 1854–1971 (Reprint: München 1984; 33 Bde.)
FDH	Freies deutsches Hochstift, Frankfurt a. M.
FrA	J. W. Goethe: Sämtliche Werke. Briefe, Tagebücher und Gespräche. 40 Bde. (in 2 Abt.). Hg. von Friedmar Apel u. a., Frankfurt a. M. 1985 ff. <Frankfurter Ausgabe>
GJb	Goethe-Jahrbuch. Weimar 1880 ff.
GMD	Goethe-Museum Düsseldorf
GNM	Goethe-Nationalmuseum Weimar
Gräf	Hans-Gerhard Gräf: Goethe über seine Dichtungen. 3 Teile in 9 Bdn., Frankfurt a. M. 1901–1914 (Reprint Darmstadt 1967/68)
GSA	Goethe- und Schiller-Archiv Weimar
Herwig	Goethes Gespräche. Eine Sammlung zeitgenössischer Berichte aus seinem Umgang. Aufgrund der Ausgabe und des Nachlasses von Flodoard Freiherrn von Biedermann ergänzt und hg. von Wolfgang Herwig. 5 Bde. (in 6), Zürich, Stuttgart 1965–1987
H + Exponent	Handschriften-Sigle
Hs./Hss./ hs.	Handschrift(en), handschriftlich
Inv.-Nr.	Inventar-Nr.
Jb.	Jahrbuch
LMB	Landesmuseum Braunschweig
MA	J. W. Goethe: Sämtliche Werke nach Epochen seines Schaffens. Hg. von Karl Richter u. a. 20 Bde., München 1985 ff. <Münchner Ausgabe>
Maisak 1996	Petra Maisak: Johann Wolfgang Goethe. Zeichnungen, Stuttgart 1996
NSW	Niedersächsisches Staatsarchiv, Wolfenbüttel
Park um Weimar	Wolfgang Vulpius und Wolfgang Huschke: Park um Weimar. Ein Buch von Dichtung und Gartenkunst, Weimar 1962
SchrGG	Schriften der Goethe-Gesellschaft
SW	Sämtliche Werke
SWK	Stiftung Weimarer Klassik, Weimar
THSA	Thüringisches Hauptstaatsarchiv (Weimar)
WA	Goethes Werke. Hg. im Auftrage der Großherzogin Sophie von Sachsen. 133 Bde. (in 143). Abt. I–IV, Weimar 1887–1919 <Weimarer Ausgabe>
WBW	Wielands Briefwechsel. Hg. von der Deutschen Akademie der Wissenschaften zu Berlin, Berlin 1963 ff.

Kapitel I

Gabriele Busch-Salmen

Kulturgeschichtliche Voraussetzungen

Abb. 1
Herzog Carl I. von Braun-
schweig-Wolfenbüttel
mit seiner Familie · 1762
Johann Heinrich Tischbein d. Ä. ·
Öl auf Leinwand
Kassel, Schloss Wilhelmshöhe

»Diese Geisterstadt gehört seit mehreren Jahren unter die merkwürdigsten und anziehendsten Städte Deutschlands«. Mit diesem Satz beginnen die in den Mai-, Juli- und Septemberheften des Jahres 1800 im Journal »Der Genius der Zeit« als anonymer Fortsetzungsbericht erschienenen »Bemerkungen über Weimar« von Joseph Rückert.[1] Der Autor war eine kurze Zeit Philosophieprofessor an der Universität Würzburg und gehörte zu den zahlreichen Weimarenthusiasten, die an der Wende vom 18. zum 19. Jahrhundert in diese Stadt pilgerten, »um auf Göthes Flügeln auch mit zur Sonne aufzufliegen,« wie Karl August Böttiger kurz nach seiner Ankunft 1791 ironisch bemerkte.[2] Von einigen kritischen Anmerkungen abgesehen, liest sich Rückerts 1799 niedergelegter Text denn auch als eine Hymne, da ihm Weimar der »Gipfel des deutschen Parnasses« war »mit seinen obersten Göttern, die sich hier zu einem glänzenden Kreis versammelt« haben. Dem »wallfahrtenden Kunstjünger, dem enthusiastischen Freunde der Musen« gehe »bei seinem Eintritt in diese Stadt eine Zauberin voran. Ihm erscheint Weimar herrlich, wie das schöne Heiligtum der Musen [. . .] Ein liberales, gefälliges gastfreundliches Wesen, ein schöner Gesang aus einem oft unansehnlichen Häuschen, die Töne verschiedener musikalischen Instrumente daher und dorther sagen dir, daß du in Weimar bist«.[3]

Wie viele Reisende und Pilger vor und nach ihm auch, gab Rückert den Lesern des in Altona herausgegebenen kritisch aufklärerischen Journals einen plastischen, wenn auch durch allzu großen Überschwang diktierten Bericht von einer Stadt, über deren Außergewöhnlichkeit sich längst Anekdoten und Gerüchte verbreitet hatten. Willkommen war Rückerts Bericht besonders, weil er den Bestrebungen des liberalen Herausgebers entsprach, und so blieb der gewiß nicht ganz unbegründete Einspruch eines Lesers aus Weimar, der Rückerts Bericht »schief gegriffen und entstellt« fand, mangels konkreter Korrekturvorschläge unerwidert.[4]

Zu Bekundungen der Begeisterung holte Rückert immer dann aus, wenn es galt, ein Bild von der offenkundig ungewöhnlich sanges,- musizier- und experimentierfreudigen Atmosphäre in dieser Stadt zu entwerfen: »Es wurde auf neugenialisch getobt, gelärmt und gestampft, daß der damals noch gut prosaische Boden von Weimar bebte und dampfte und die schüchternen Nymphen in ihre Höhlen flohen. Es wurden Schauspiele gemacht und auf Bergen, in Wäldern und in Tälern aufgeführet. Jeder Platz an und um Weimar wurde zur Bühne eingeweiht, und die Gegend zeigt noch jetzt allenthalben die Ruinen jener goldnen Zeit des Genies«.[5]

Mit dieser Schilderung suchte der Autor wohl etwas von der Grundstimmung zu vermitteln, von der die »großen Geister« und die zum Hof gehörenden »Musen«, die Kammerfrauen und Künstlerinnen, in den 1770er und 1780er Jahren bewegt waren, die Anna Amalia, Herzogin von Sachsen–Weimar–Eisenach, um sich zu versammeln vermocht hatte.

Es war ihr gelungen, ein außergewöhnliches Hofkonzept zu entwickeln, aus dem auch die Weimarer Bürger nicht ausgeschlossen blieben, die hier mehr als anderswo besondere Freiheiten genossen. Rückert bemerkt dazu: »Der Park wird in der Tat von dem Geringsten in Weimar geschätzt und häufig genossen. Außer dem Sonntag schwärmen im Sommer in den Morgen- und Abendstunden bloß die Musen- Söhne mit den Bienen unter den Blumen und Schatten dieses holdseligen Ortes . . .« Zu den Konzerten, so schreibt er an einer anderen Stelle, war »jeder Nichtadelige auf die Galerie eingeladen«, woraus er schließlich den Schluß zieht: »Ohne Zweifel ist dieses schöne Volksprivilegium einer weisen Politik sehr gemäß«.[6]

Seine Beschreibungen der Schloß- und Parkanlagen, der schulischen Einrichtungen, der Maler-Akademie und der Bibliothek, des Theaters, der Hofkonzerte, der Künstler und Mitglieder des Hofes, die diesen »deutschen Parnaß« bewohnten, gefielen sich in antikisierender Metaphorik, die glänzend geeignet war, sich nachhaltig in die Vorstellung einzuprägen. Vor allem als man begann, die Herzogin als eine Patronin der Künste zu verklären, die es ihren hochgebildeten italienischen Vorgängerinnen gleichtat, wurde ihre Hofhaltung zum »Sitz der Musen«, zum »Musenhof« schlechthin.[7]

Mit dieser oder der in den »Anmerkungen

zur Käntnis des Teutschen Hofrechts« bereits 1755 eingeführten Rechtsbezeichnung »gelerter Hof« schmückte man meist jene kleineren Hofhaltungen, die im Schatten der politisch tonangebenden Residenzen ihren eingeschränkten Handlungsspielraum dadurch kompensierten, daß sie unter bisweilen erheblichem finanziellen Aufwand den schönen Künsten jedwede Entfaltungsmöglichkeit gaben.[8] Einer der damals vielbeachteten Musenhöfe war etwa der Bayreuther Hof des Markgrafen Friedrich, der durch seine Vermählung mit Prinzessin Wilhelmine von Preußen (1709–1758) – der Lieblingsschwester Friedrichs des Großen – entscheidende Impulse bekam für eine ebenso aufwendige, wie nahezu ausschließlich ihre musikalisch- literarischen Interessen spiegelnde künstliche Hof- und Festwelt. Das 1748 fertiggestellte Opernhaus war nicht nur ein prachtvoller Musentempel, sondern verfügte über eine der größten Opernbühnen Europas, die Parks und Lustschlösser waren paradiesische, anspielungsreich ausgestattete Refugien.[9] Die Hofkapelle zählte 1758 nicht weniger als 54 Instrumentalisten und 21 Vokalisten, für Opernaufführungen wurden immer wieder italienische Sänger hinzu verpflichtet, die Tänze und Ballettkompositionen lagen in der Verantwortung eines »Compositeur de la musique des divertissements«, und das Ballettensemble bestand bis 1744 aus 25 Tänzerinnen und Tänzern. Sie bestritten die allabendlichen Konzerte, die Karnevalsfestlichkeiten mit großen italienischen Opernproduktionen und Bällen, die Empfänge, Staatsbesuche, Geburtstage im Stadtschloß, die Illuminationen und Feuerwerke in den Lustschlössern und Eremitagen.

Herrschten an diesem überaus prunk- und repräsentationsorientierten Hof auch noch die standeshierarchischen Maßstäbe, die eine Öffnung zum Bürgertum nur so weit erlaubten, wie die bürgerlichen Gelehrten und Künstler dem Interesse der Markgräfin entsprachen, so wurde deren partielle Integration in das gesellige Leben des Hofadels eine Generation später am Hof Herzogin Anna Amalias zur bestaunten Conditio.

Leider läßt sich Rückert auf die Frage: »Und durch welches Wunder ist Weimar zu Athen geworden?« nur am Rande ein und so fiel seine Antwort lapidar kurz aus: »Durch die Liebhaberei einer Fürstin«.

Er vergaß dabei, daß es angesichts wenig günstiger äußerer Voraussetzungen, sehr beschränkter finanzieller Mittel und des damals gewiß nicht selbstverständlichen Ziels, zu einem ökonomischen Gleichgewicht zu kommen, nicht nur der ausgebildeten Neigungen der Fürstin bedurfte. Denn anders als am Bayreuther Hof, dessen Bedeutung mit dem Tod der Markgräfin 1758 erlosch, galt es klug zu taktieren und im Sinne der angedeuteten Kompensationsstrategie ein attraktives Konzept zu entwickeln, um geistige und künstlerisch praktizierende Größen dauerhaft an den Hof zu binden. 1760 mußte sie mit einem jährlichen Etat von 57 000 Talern auskommen und nach ihrer Regierungsabtretung an ihren Sohn, im Jahre 1775, verfügte sie nurmehr über einen Hofstaat, der aus 30 Personen bestand.[10] Da Anna Amalia jedoch am Braunschweig-Wolfenbütteler Hof ihres Vaters, des regierenden Herzogs Carl I. (1713–1780) und seiner literarisch ambitionierten Gattin Philippine Charlotte (1716–1801), ein Muster eines bereits über Generationen gewachsenen »Musenhofes« kennengelernt hatte, muß sie ihren ganzen Ehrgeiz darauf gerichtet haben, die dort bis zur totalen Staatsverschuldung getriebene, repräsentativ schöngeistig orientierte Ausrichtung mit ihren eigenen Vorstellungen aufgeklärter Herrschertugenden zu verbinden. Es gelang ihr die mutige Eigenprägung ihrer Hofhaltung, eine gewiß nicht immer konfliktlose Gratwanderung zwischen gewachsenen Feudalstrukturen und der notwendigen Öffnung für eine breitere Teilnehmerschaft.[11]

Die Jugend Prinzessin Anna Amalias am Hof zu Braunschweig-Wolfenbüttel

Von seinem Vorfahren, dem Herzog Anton Ulrich (1633–1714), hatte Carl I. nach seinem Regierungsantritt im Jahr 1735 nicht nur die Residenzschloßanlage Wolfenbüttel und das Salzdahlumer Lustschloß übernommen (Abbildung 2), sondern auch das 1690, ebenfalls unter Anton Ulrichs Regierung eröffnete

Abb.2
Lustschloß Salzdahlum
vom Garten aus · um 1710
A. A. Beck nach Peter
Schenck d. J. Radierung und
Kupferstich (30 × 20 cm)
LMB, 3o657

Braunschweigische Hagenmarkt–Theater. Die-se Institution war für ihn zwar ein Instrument höfischer Repräsentation, Ausdruck einer prächtigen Festkultur, wurde jedoch durch organisatorische Umstrukturierung und Kalkül für alle sozialen Schichten, die Aristokratie ebenso wie die einfachen Bürger oder die zweimal jährlich anreisenden Meßkaufleute geöffnet und dadurch gleichfalls ein einträgliches wie attraktives Unterhaltungs- und Erziehungsinstitut (Abbildung 3). Nach dem Vorbild der Londoner Opernakademie wurde es ab 1730 sogar von unabhängigen Opernunternehmern geleitet, blieb bei aller Bürgernähe jedoch für Carl I. ein Instrument der unverhohlen zur Schau gestellten Vorstellung von höfischem Glanz, der noch erhöht wurde durch den Anbau eines Redoutensaales für die nach der Opernaufführung stattfindenden großen Bälle und Feste.[12] Das war nicht der einzige Gebäudekomplex, der bereits unter Anton Ulrich zu einer Einrichtung wurde, mit

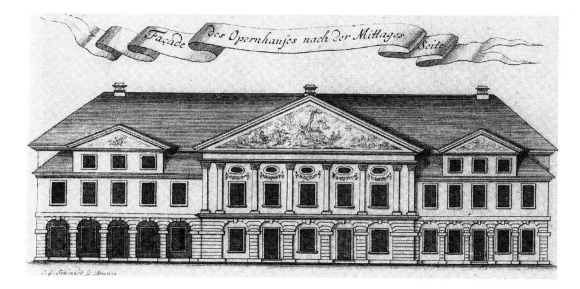

Abb.3
Herzogl. Opernhaus
in Braunschweig · 1747
J. G.Schmidt · Radierung
(2 × 15,4 cm)
LMB, 3o658

Abb.4
Der im Garten von Salzdahlum 1707 gebaute neue Parnaß, Peter Schenck d. J. nach J. J. Müller · Kupferstich
LMB

der sich dieser Hof besonders zu profilieren suchte. Bereits 1688 hatte der Herzog mit dem Bau eines Opernhauses in Wolfenbüttel begonnen, 1694 das prächtige Lustschloß in Salzdahlum, unweit des Wolfenbütteler Schlosses, eingeweiht, das umgeben von einer aufwendigen und anspielungsreichen Gartenanlage der Sommersitz des dichtenden Herzogs und seiner Nachfolger wurde. Es war zugleich eine großzügige Stätte für seine Sammlungen und diente als Theater- und Festort. Ab 1706 hielt der Kupferstecher Peter Schenck der Jüngere in einer Kupferstichserie Details dieses »Paradies auf Erden« (Kurfürstin Sophie am 22. 6. 1713) fest: das Blumenparterre, die Grotten, die Orpheusfontäne, die Kaskade des Narziß, den 1707 neu gebauten pittoresken Parnaß mit dem geflügelten Dichterroß, das 1710 angelegte Gartentheater oder die Orangerie (Abbildung 4).[13] Daß hinter diesen, die finanziellen Kräfte des Fürstentums aufs äußerste anspannenden Aktivitäten schon damals Kalkül und Wettbewerb standen, erweist ein Blick auf

die Situation des benachbarten Hannoverschen Hofes. Mit allen Mitteln suchte dort der regierende Herzog Ernst August die Neunte Kurfürstenwürde zu erlangen, deren Zustandekommen Anton Ulrich leidenschaftlich zu vereiteln suchte.[14] Die Gründung einer mit der Lüneburger Akademie konkurrierenden Ritterakademie in Wolfenbüttel (1687) wurde offenkundig ebenso in die Waagschale dieser Rivalität geworfen, wie seine großzügige Theater- und Kunstförderung oder das pompöse Konzept seiner Salzdahlumer Schloß- und Gartenanlage, die sich in Wettbewerb zu dem Hannoverschen Schloß in Herrenhausen begab. Nachhaltig ernteten die Braunschweiger Welfen den Ruf: »daß die Musen überhaupt und die Theatralische Poesie insonderheit, an keinem deutschen Fürstenhofe einen sichereren Aufenthalt und eine erwünschtere Zuflucht« fänden, als hier.[15]

Als Anna Amalia am 24. Oktober 1739 als fünftes von 13 Kindern im »Paradegemach« (Audienzsaal) des Wolfenbütteler Schlosses geboren wurde, erlebte sie die letzte Blüte dieser Residenzkultur, die die Familie zwischen 1753 und 1754 aufgab. Sie verlegte den Familiensitz und die Verwaltung nach Braunschweig und bezog das herzogliche Schloß am Bohlweg, den sogenannten »Grauen Hof«. Bis dahin wurden die Herzogskinder jedoch in Wolfenbüttel unter der Aufsicht des späteren protestantischen Abtes Johann Friedrich Jerusalem (1709–1789) unterwiesen. Er war vom Herzog zu seinem Berater in Bildungsangelegenheiten gemacht worden und auf dessen Anregung geht u. a. die Gründung des Vorläufers der heutigen Universität, des »Collegium Carolinum« (1745), zurück.

Carl Friedrich Pockels erinnert sich an die fürstlichen Kinder als einen »liebenswürdigen jugendlichen Kreis«, der »an den Hoffesten zum Entzücken aller Anwesenden wie ein lieblicher Blumengarten hervortrat«.[16] Pockels gehörte, wie auch der englische Musikgelehrte Charles Burney, zu den bewundernden zeitgenössischen Schilderern der Umgebung, in der die Prinzessin aufwuchs. Im dritten Band des 1773 in deutscher Übersetzung edierten Burney'schen »Tagebuch seiner Musikalischen Reisen« lesen wir: »Die Musik wird an wenig Orten mit glücklicherm Erfolge kultivirt als in Braunschweig [...] und dazu haben der Gefallen des regierenden Herrn Herzogs Durchlaucht an den Opern, und der feine Geschmack des Herrn Erbprinzen ein Grosses beygetragen [...] das ganze Hochfürstliche Braunschweigische Haus ist musikalisch«.[17] Gemeint war außer dem Vater Amalias, der Cello spielte, und ihrer Mutter, Philippine Charlotte, von der einige Kompositionen bekannt sind, vor allem der Erbprinz Karl Wilhelm Ferdinand, der »selbst so gut auf der Violin spielen (konnte), daß ein Musikus von Profession dadurch sein Glück machen könnte« (Charles Burney).

Der geregelte und disziplinierende Unterricht, den auch Prinzessin Anna Amalia seit ihrem dritten Lebensjahr bei mehreren Lehrern des Collegium Carolinum, den Gouvernanten, der Oberhofmeisterin und der Hofmeisterin genoß, bestand keinesweg nur aus den Fächern, die sie auf ihr zukünftiges Fürstinnenamt vorbereiteten, dem Einüben in das komplizierte Hofzeremoniell, zu dem der Tanz wesentlich gehörte, den geschichts-, sprach- und naturwissenschaftlichen Studien, sondern ebenso aus Instrumental- und Zeichenstunden.

Über die Ausbildung von Prinzessinnen wissen wir leider bislang nur wenig; bekannt ist jedoch, daß sie gewöhnlich auf einen anderen Lebensweg vorbereitet wurden als die Prinzen oder gar Erbprinzen, und daß die wissenschaftliche Ausbildung sogar weit hinter der Unterweisung in die weiblichen Repräsentationspflichten zurückblieb. Wir müssen annehmen, daß Abt Jerusalems umsichtige Wissensvermittlung einstand für eine außergewöhnlich breite, liberale Erziehung im Sinne der aufgeklärten Pädagogik, über die er ausführlich in wohl jährlich verfaßten Berichten an den Herzog Rechenschaft ablegte.[18] Aus seiner Feder stammt etwa ein »moralisches Tableau«, die Skizze einer Charakterisierung der fürstlichen Kinder, 1754 verfaßt für einen anonym gebliebenen Grafen. Über Anna Amalia lesen wir darin im Anschluß an den enthusiastischen Bericht über ihre ältere Schwester Sophie Karoline Marie: »Glauben Sie aber jetzt nicht, dass ich Ihnen dieserwegen das Recht gebe, Ihre Schwester Amélie Ihr nachzusetzen. Sie müssen wissen, dass diese von ihrem 2ten Jahre an meine heroine gewesen ist. Sie sollen auch Ihren caracter kennen. Sie hat die brillante Lebhaftigkeit nicht, aber eben den soliden Verstand, die feine Empfindung, das edele Hertz. Ich beschreibe Sie Ihnen nur, wie Sie jetzt ist. Ihr Geist hat die Zeit nicht gehabt, sich schon völlig zu entwickeln; sie fängt erst an in der grossen Welt zu erscheinen, und sie hat noch nicht Muth genug, wie sie ist, zu scheinen. Sie hat alles Feuer, ihren Sentiments das schönste Leben zu geben. Aber sie verbirgt sie noch vor sich selbst. Bey mehrer Muthe würde sie ein(en) weit grössern eclat machen, doch weiss ich nicht, wo sie mehr bey gewinnen würde.«[19]

Auf diese Kindheit und Ausbildung im Schatten ihrer Schwester konnte sie in ihrer später niedergelegten autobiographischen Skizze »Meine Gedanken« leider nur verletzt und lakonisch zurückblicken: »Von Kindheit an – die schönste Frühlingszeit meiner Jahre – was ist das alles gewesen? Nichts als Aufopferung für andere [...]. Meine Erziehung zielte auf nichts weniger, als mich zu eine(r) Regentin zu bilden. Sie war, wie alle Fürstenkinder erzogen werden. Diejenigen, die zu meiner Erziehung bestimmt waren, hatten noch selbst nöthig, gouverniret zu werden.«[20]

Aus diesem offenen, passagenweise sogar verzweifelten Dokument, das die 33Jährige wohl als eine Bilanz über 14 Witwen- und überaus harte Regierungsjahre niederlegte, eine Zeit, durch die selbst die positiven Details ihrer Erziehung überschattet wurden, erfahren wir weder, daß ihr Unterricht auf dem Clavichord, der Gitarre und der Harfe, wohl auch auf der Traversflöte erteilt, noch daß sie vom braunschweigischen Hoforganisten Friedrich Gottlob Fleischer im Kontrapunkt unterwiesen wurde. Selbst die Beschäftigungen mithin, die ihrem »feinen Gefühl« entsprochen haben mußten, »welches ich von Natur bekommen habe«, und durch die sie die Grundlegung ihres späteren untrüglichen künstlerischen Urteils erfuhr, scheinen gänzlich von »Schmerz«, »Kummer« und »harter Unterdrückung« verdeckt gewesen zu sein; Gefühle, die sie zusammenfaßt mit dem Satz: »Nicht geliebt von meinen Eltern, immer zurückgesetzt, meinen Geschwistern in allen Stücken nachgesetzt, nannte man mich nur den Ausschuß der Natur.«

Auch ihre Vermählung mit dem um zwei Jahre älteren Herzog Ernst August II. Constantin von Sachsen-Weimar-Eisenach im Jahr 1756 kommentierte sie nur kurz: »In meinem 16tn Jahre wurde ich aus denen harten Banden erlöset. Man verheirathete mich so wie gewöhnlich man Fürstinen vermählt.«

Freilich war diese Eheschließung nach einem dreiwöchigen Verlöbnis das Ergebnis politisch- dynastischer Überlegungen.[21] Als eine glückliche Fügung muß Anna Amalia jedoch empfunden haben, daß sie mit ihrem Ehemann die musikalischen Interessen teilte. An den vier Tagen ihrer Hochzeitsfeierlichkeiten vom 16. – 19. März 1756, die im »Grauen Hof« stattfanden, konnte Braunschweig noch einmal demonstrieren, auf welchem kulturellen Höchststand es sich bewegte: Festmähler wechselten mit Hofbällen und Maskenfesten, Theater- und Operettenvorstellungen ab, was angesichts der Tatsache, daß ihr Onkel, König Friedrich II. von Preußen, nur wenige Monate später mit seinem Einmarsch in Sachsen den für beide Herzogtümer, vor allem das Braunschweigisch- Wolfenbüttelische, folgenreichen Siebenjährigen Krieg begann, fast gespenstisch anmutet.

Bereits am 20. März 1756 trat das Herzogspaar mit Gefolge die Reise nach Weimar an und wurde am 24. März an den Gebietsgrenzen vom Husarenkorps des Fürstentums und den 13 blasenden Postillons begrüßt, die dem Zug entgegengeritten waren. Sie begleiteten ihn unter Kanonendonner, dem Geläut der beiden Kirchen und der Glocken vom Schloßturm, dem salutierenden Landregiment und ›Militärkorps‹ durch die Stadt bis zum Aufritt des östlichen Schloßflügels. An diesem Einzug der jungen Fürstin nahm die Bevölkerung ebenso lebhaft Anteil wie an dem anschließenden festlichen Schauessen. Danach zog sich das Paar in das nahegelegene Schloß Belvedere zurück. In was für eine marode und finanziell heruntergewirtschaftete Stadt sie versetzt war, das kam Anna Amalia erst langsam zum Bewußtsein.

»[. . .] da ich nun aus meinen Feßeln befreit war, müßte ich gewesen seyn wie ein junges Füllen, welches seine Freyheit bekomt; nichts weniger: ich fühlte mich vielmehr wie eine Person, die nach einer großen ausgestandenen Kranckheit in ihrer Gef(n)esung sich noch kraftlos fühlet [. . .]«[22], so lesen wir in Anna Amalias autobiographischer Skizze über ihren Beginn in Weimar. Dieses Geständnis drückt eine Kraftlosigkeit aus, von der sie sich erst ein Jahr später, nach der Geburt ihres ersten Sohnes, des Erbprinzen Carl August, befreien konnte: »Könnte ich Ihnen beschreiben das Gefühl, welches ich bekam, als ich Mutter wurde! Es war die erste und reinste Freude, die ich in meinem Leben hatte. Mir war, als wer ich auch von verschiedenen andern neuen Empfindungen entbunden worden. Mein Herz wurde leichter, meine Ideen wurden klarer; ich bekam mehr Zutrauen zu mir selber.«

Daß wenig später »die größte Epoche ihres Lebens anfing«, sie nicht nur »zum zwytenmahl Mutter«, sondern auch »Wittib, Obervormünderin und Regentin« wurde, die ihre »Untüchtigkeit« beklagt, schildert Anna Amalia mit bedrückender Offenheit. Angesichts der

Anforderungen in ihrer eigenen Umgebung ist es also verständlich, daß sie erst 15 Jahre nach ihrem Weggang, im Mai und Juni des Jahres 1771, mit einer stattlichen 40köpfigen Begleitung zu einem Besuch in ihre Heimatstadt Braunschweig aufbrach. Sie erlebte letztmals, wie trotz des drohenden Ruins und der nötig gewordenen drastischen Etatkürzungen (1770 hatte die Hofkapelle aufgelöst werden müssen), im Schloß Salzdahlum und in Braunschweig die Festtafeln mit Ausflügen, Bällen und nicht weniger als 7 Opernaufführungen abwechselten.[23]

Auf dem 1762 fertiggestellten, die Blütezeit idealiter repräsentierenden Gemälde war die fürstliche Familie Herzog Carls I. zu einem alle Besonderheiten dieser Hofhaltung verherrlichenden Familienporträt nach Art der niederländischen Konversationsstücke zusammengeführt worden (Abbildung 1). Den Auftrag für dieses großdimensionierte Bild hatte der Kasseler Hofmaler Johann Heinrich Tischbein d. Ä. erhalten. Es sollte der Dank sein für die Aufnahme, die der Hessische Landgraf Friedrich II. in Braunschweig während des Siebenjährigen Krieges fand. Der Maler präsentiert die fürstliche Familie auf einer verschwenderisch drapierten Terrasse des Salzdahlumer Schlosses und gewährt einen fast programmatisch anmutenden Blick auf das Parterre des Parks, das von dem bereits erwähnten »Parnaß«, dem Sitz der Musen und Apollons, einer weitläufigen Fontänen- und Grottenanlage, abgeschlossen wurde. Vor dieser pittoresken Kulisse erscheinen der Herzog und seine Gattin besonders eindrucksvoll als die geschätzten Förderer der Künste und Wissenschaften, die das Fürstentum Braunschweig-Wolfenbüttel zu einem Zentrum der norddeutschen Aufklärung gemacht haben. Die Musikübung war in diesem Zusammenhang ein wesentlicher Teil des kultivierten und humanisierenden Miteinanders. Sie wird durch eine Bildszene vergegenwärtigt, in der einige der Geschwister, mit Anna Amalia in dunklem Witwengewand, um das Tasteninstrument versammelt dargestellt sind und sich dem Betrachter singend und musizierend zeigen. Die feudale Exquisitesse dieser Szene wird durch die Gestalt eines Mohren noch erhöht. Auch der vertraute Lehrmeister Abt

Jerusalem wird als Repräsentant von Bildung und Unterricht, wenn auch auf einer tiefer gelegten Ebene und an der Seite des Pferdes von Prinz Leopold, in dieses Szenario einbezogen und somit kein Detail ausgelassen, um die Zielsetzungen und Interessen dieses Hofes in ein besonderes Licht zu stellen.

» . . . der verwittibten Frau Herzogin . . . venia aetatis«

Die Geburt ihres zweiten Sohns, des Prinzen Constantin, konnte Herzog Ernst August II. Constantin nicht mehr erleben. Er starb am 28. Mai 1758. Bis zur Mündigkeitserklärung der Witwe Anna Amalia und der mühevoll erstrittenen und durch »Ihro kayserliche Majestät« erteilten »venia aetatis« über ihr kleines Herzogtum verging ein Jahr. Interimistisch lagen die Staatsgeschäfte sowohl in den Händen des Staatsmannes und Gelehrten Heinrich Graf von Bünau, als auch ihres neuen Mentors und politischen Beraters, des Vizekanzlers ihres Vaters, Georg Septimus Andreas von Praun und einiger weniger persönlicher Vertrauter. Aus Amalias autobiographischer Skizze erfahren wir, daß nach dem »ersten Sturm« ihre »Eitelkeit und Eigenliebe erwachte [. . .]«, sie: »auf einmal das Große [. . .] sah«, was auf sie wartete und sie »schon Stolz genug hatte, um sich »in der Welt hervorzuthun [. . .]«. Jedoch: »Meine Unvermögenheit krämte mich sehr«. Sie nutzte also diese Zeit, um die Aufgaben der Verwaltung, wie auch der kultur- und bildungspolitischen Führung nicht nur ihren Beratern, Verwaltern und Beamten zu überlassen, sondern »Tag und Nacht« zu studieren, sich selbst zu bilden und sich »zu den Geschäften tüchtig zu machen«. Am Tag ihrer Amtseinweisung (am 8. September 1759) ließ sie das ›Geheime Consilium‹ wissen, daß sie »alles mit eigenen Augen zu sehen und mit eigenen Ohren zu hören« wünsche, daß ihr »sämtliche einkommende Schreiben, Berichte und Suppliken [. . .] jedesmal zur Eröffnung und ersten Einsicht zuzustellen sein« und sie durch die Einsichtnahme in die »Kammer- und Kassenextrakten [. . .] rekapitulationsweise zu ersehen« wünsche, »was die

Woche hindurch vorgekommen und was darauf resolviert worden«.[24]

Unterwiesen und begleitet von Vizekanzler von Praun, aber auch in engem brieflichen Kontakt mit ihrem Vater, verfolgte sie eine von Beginn an durchaus selbstbewußte Personalpolitik, der Graf Bünau, mit dem sie sich entzweite, als einer der ersten zum Opfer fiel. Freilich verbat ihr äußerst angespanntes und schmales Budget namentlich während des Siebenjährigen Krieges jegliche Prachtentfaltung und verlangte vielmehr, daß sie sich mit bisweilen drastischen Sparmaßnahmen für die Reorganisation des Finanzwesens ihres ausgebluteten Herzogtums einsetzen und neue Luxusverbote erlassen mußte. Nicht nur hatte das die abermalige Verkleinerung ihrer Hofkapelle zur Folge, sogar ein einschränkendes Sabbatsmandat, das »eine gemäßigte Musik nebst denen zur Bewegung des Leibes und unschuldiger Ergötzlichkeit dienenden Spielen in den Gasthöfen« erlaubte, wurde unter Strafandrohungen erlassen.[25]

Im Gegensatz zu den unwirtschaftlichen Prinzipien der meisten damaligen Hofhaltungen, die ihre Souveränität um jeden Preis, in jedem Falle aber auf Kosten der Untertanen zur Schau stellten, erkannte sie also in geordneten Haushaltsverhältnissen die wesentlichen materiellen Voraussetzungen dafür, daß die damals etwa 6000 Einwohner zählende ländliche Residenzstadt zu einer ›Polis‹ besonderer Prägung werden konnte.

Bis zum Zeitpunkt der Regierungsübernahme ihres Sohnes im Jahre 1775 war es gelungen, den Etat weitgehend zu konsolidieren und wesentliche Schritte, beispielsweise zur Verbesserung des Bildungs- und Sozialsystems unternommen zu haben. Wie sehr sie das beschäftigte, läßt sich an der Vielfältigkeit der Aktivitäten der Bürger- und Studentenschaft ablesen, die nach der Vermählung ihres Sohnes die »erfreulichste höchste Ankunft und Einholung unserer gnädigsten Landes-Herrschaft, am 17ten October 1775« feierten. Die Festlichkeiten wurden am »Sonnabend, den 21sten October 1775« in den »Weimarischen Wöchentlichen Anzeigen« detailliert beschrieben. Abgesehen von den damals üblichen Huldigungen der Untertanen, etwa, daß »in Gemeinschaft mit der hiesigen Bürger-

schaft eine ansehnliche Ehrenpforte mitten in der Breitengasse, und vor dem Eingang zu dem ietzigen Fürstenhause [...], als vor dem Palais der verwittibten Frau Herzogin Durchl. [...]« errichtet worden war, liest man, daß: »das Fürstl. Husaren-Corps, die hiesige Kaufmannschaft zu Pferde in ihrer Uniform, und unter Anführung ihres dermaligen Cramermeisters, Herrn Körner, bey Nohra postiret, und der StadtRath war mit der Bürgerschaft, nach ihren Innungen, mit fliegenden Fahnen und verschiedenen Chören Trompeten und Paucken und anderer Musik bis an die Grenze des hiesigen Stadt Weichbilds entgegen gegangen [...]. Die zu Jena studierende hiesige und Eisenachische Landsmannschaften waren mit den Anführern selbigen Tages hier angekommen und entgegen geritten, zu welchen verschiedene andere Studiosi noch gestosen waren, und dadurch ein ansehnlich Chor formirten [...]. Das hiesige Fürstl. Post-Amt mit 6 blasenden Postillons kam mit dem Trupp hiesiger Bürger und Einwohner zu Pferde voraus; welchen die Jenaischen Herren Studiosi folgten [...] Jägerey mit ihren hohen Chefs [...] und ein Corps von 70 Mann, in Uniform, [...] das seine eigene Waldhornisten bey sich hatte, und einen prächtigen Aufzug formirte [...]. Am Abend brachten Rath und Bürger eine AbendMusic bey Fackeln und jedermann endigte den Tag, mit größten Vergnügen.«[26]

Vor allem nach dem Frieden von Hubertusburg im Jahr 1763 und dem damit besiegelten Ende des verheerenden Krieges war es der Herzogin darum gegangen, eine bürgernahe Politik zu betreiben, wozu die Reform des Schulwesens nach Braunschweiger Muster gehörte. Sie erließ neue Schulgesetze für das fürstliche Gymnasium, das über einen eigenen Chor und ein Collegium musicum verfügte, eine neue Schulordnung im eisenachischen Landesteil und bot Hilfe für die darniederliegende Landesuniversität in Jena, der sie zu einem so notwendigen wie nachhaltigen Aufschwung verhalf.[27] Die Erhöhung des jährlichen Bibliotheksetats, sogar die zwischen 1763 und 1766 vollzogene Auslagerung der Buchbestände aus dem Residenzschloß in das südlich des Schloßkomplexes gelegene »Französische Schlößchen«, das ehemalige Garten-, spätere Zeughaus der herzoglichen Familie, um zur allgemeinen Benutzung leichter verfügbar zu sein, war einer jener Öffnungsversuche, dem später weitere folgen sollten.

Zu den städtebaulichen Veränderungen zählte, daß nahezu alle Scheunen aus dem Stadtgebiet verbannt wurden oder man begann, die Überbleibsel ehemaliger Befestigungsanlagen einzureißen, um der Stadt das graue Festungsmäßige zu nehmen. Unterstützt von ihrem ersten Minister und Amtsnachfolger Graf von Bünaus, Jakob Friedrich Freiherr von Fritsch (1731–1814) gründete man 1769 das »Laternen- Institut«, durch das die Beleuchtung der Straßen zu einer öffentlichen Angelegenheit gemacht wurde, und holte zu grundlegenden Reformen im Gesundheits- und Polizeiwesen aus.

Um eine herrschaftliche Promenade zu gewinnen, war bereits zwischen 1760 und 1765 aus einem feuchten Areal der Stadtbefestigung und durch die Zuschüttung der Rähmenteiche eine Allee mit zwei Baumreihen und Boscagen, einem Goldfischteich und einem Pavillon, die Esplanade (die jetzige Schillerstraße) gewonnen worden. An exponierter Stelle errichtete an deren Ende Jakob Friedrich von Fritsch sein Palais, das später zum Witwensitz der Herzogin, dem Wittumspalais werden sollte. Auch das 1775 gebaute Wohn- und Gesellschaftshaus des Bauunternehmers und Gastwirts Anton Georg Hauptmann, die »Redoute«, grenzte an diese einzige repräsentative Straße.

Die leidlichen Renovierungen wurden so weit vorangetrieben, daß die kleine Stadt zu einer offeneren Residenz wurde, in der nach wie vor jedoch nicht der Ehrgeiz darauf gerichtet sein konnte oder sollte, sie in den Ruf einer besonders repräsentativen Sehenswürdigkeit zu bringen.

Im Gegenteil: Reiseberichte wie der Joseph Rückerts machen keinen Hehl aus der Tatsache, daß »die Stadt selbst, das innere Weimar, sich weder durch Größe noch durch den Geschmack auszeichnet, der es bewohnt. Weimar erscheint in diesem Stücke wie seine Genie's, die wenig auf das Äußere halten. Doch erblickt das Auge hier allenthalben Reinlichkeit und Ordnung«.[28] Mehr oder weniger desillusioniert begruben nahezu alle späteren Rei-

senden ihre hohen Erwartungen und stellen schließlich mit V. Wölfling fest: »Es ging alles so prosaisch zu, sah alles so alltäglich aus, daß es mir deuchte, als wäre ich aus den Wolken gefallen und befände mich nun wirklich nirgends anders als in der Stadt Weimar, am Flüßchen Ilm [...]. Die Häuser sind meistens dürftig gebaut, und es hat mir alles so das armselige Ansehen einer nahrlosen Landstadt. Man darf sich nicht weit von den Hauptstraßen entfernen, um in Winkel und Löcher zu kommen, welche dieses Ansehen noch mehr gewinnen. Kein einziger Platz ist, der der Stadt eine residenzähnliche Ansicht gäbe. Das alte Schloß ist längst abgebrannt; der Hof wohnt in dem Landschaftshause, und mit der Erbauung eines neuen Residenzschlosses geht es sehr sparsam« (1796).[29]

Auf eine ganz andere Weise irritiert war Johann Kaspar Riesbeck, der in seinen 1780 niedergelegten »Briefen eines reisenden Franzosen« das Städtchen zwar als »artig« bezeichnet, die »Popularität« des regierenden Herzogs jedoch mit Blick auf das Liebhabertheater anprangert: »Er setzt sich mit allen Menschen parallel, und nimmt Rollen in gesellschaftlichen Schauspielen, welche die schönen Geister und Bedienten seines Hofes unter sich aufführen«.[30]

Die Bewohner Weimars

Nicht nur den von außen anreisenden Beobachtern, sondern auch den von Anna Amalia in ihren näheren Umkreis Berufenen war der Mangel an äußerer feudaler Repräsentation, durch den sich das Stadtbild von dem der tonangebenden' Residenzstädte erheblich unterschied, ungewohnt. Sie erlebten eine Stadt, die weit entfernt lag von bedeutenden Handelsstraßen, nur durch ein viermal wöchentlich geöffnetes Thurn- und Taxisches Postamt an die großen Postrouten angeschlossen war und selbst noch um 1790 nur eine bescheidene Oberschicht und einige wenige Akademiker beherbergte. Besonders nach dem Schloßbrand von 1774 ließ sich die Herzogin von Vorstellungen leiten, die trotz der bedrängenden Finanzlage damals befremdlich gewesen sein mußten, denn sie schickte sogar den eilig von ihrem Vater nach Weimar abgeordneten Braunschweigischen Hofbaumeister Carl Christoph Wilhelm Fleischer mit einem Gnadengeschenk von 50 Talern ohne Auftrag zurück und verzichtete zunächst auf den Wiederaufbau. Jeder Restaurierungsmaßnahme zog sie einen Aufenthalt im Schloß Belvedere und für ihre Stadtaufenthalte eine für damalige Verhältnisse unspektakuläre Bleibe im Palais ihres ersten Ministers, des Geheimrats Jakob Friedrich Freiherrn von Fritsch vor.

Dieses Gebäude, das sie zu ihrem Wittumspalais umgestaltete, bildete den Abschluß der Esplanade und brachte die Herzogin in die unmittelbare Nähe zu den damals rund 6000 Stadtbewohnern, die sich seit Generationen in mehr oder weniger direkter Abhängigkeit vom Hof befanden. Nur ein kleiner Prozentsatz verteilte sich auf die subalternen städtischen Verwaltungs- und Polizeibeamtenpositionen, etwa als Nachtwächter, Stadtmusici mit ihren Lehrlingen und Gesellen, Polizeidiener oder Kopisten. 35 % der Bewohner waren direkte Hofbediente, die im Marstall oder in der herzoglichen Küche, als Kapellbedienstete, Trompeter, Pauker oder Theaterpersonal wirkten, die Gärtnerei versorgten oder persönliche Bediente waren. 26 % der Bevölkerung waren hofassozierte Beamte, Lehrer und Geistliche. Nur 22 % der Einwohner übten in kleinen Ein- bis Zweipersonen- Betrieben ein bescheidenes Handwerk als Schneider, Gerber, Schuhmacher, Zimmerleute, Maurer und Tüncher, Perückenmacher, Seifensieder oder Schmiede aus oder fanden ein Auskommen als Kaufleute, Gastwirte und Fuhrleute. Richteten sich diese Handwerker, zu denen auch die Hofinstrumentenmacher oder der Orgelbauer gehörten, auf eine je nach Auftragslage die städtische Bevölkerung oder den Hof bedienende Existenz ein, so lebten einige wenige Goldschmiede, Posamentierer oder Kupferstecher ausschließlich vom Hof. Fast alle sicherten sich ihre tägliche Versorgung weiterhin durch eigene Viehhaltung, Land- und Gartenwirtschaft, nur einzelne brachten es zu einer leidlichen Prosperität.[31]

Eine wesentliche Veränderung dieser gesamten Arbeitswelt und Infrastruktur bewirkte die erst 1791 erfolgte Gründung und

Privilegierung des ›Landes-Industrie-Comptoirs‹ des Geheimsekretärs, Literaten und Verlegers Friedrich Justin Bertuch (1747–1822), in dem er frühere gewerbliche und publizistische Unternehmungen vereinigte. Dazu gehörte eine Fabrik für künstliche Blumen oder die Redaktion der erfolgreichen ersten Damenzeitschrift »Journal des Luxus und der Moden«, die er gemeinsam mit Georg Melchior Kraus (1737–1806) seit 1786 herausgab. Bertuchs Anwesen, das im Norden der Stadt, vor dem Erfurter Tor lag und sich zu einer stattlichen Häuserflucht mit Seiten- und Hintergebäuden, Höfen und einem großen Garten mit einem Teichbecken ausdehnte, wurde nicht nur von Friedrich Schiller als »unstreitig in ganz Weimar das schönste Haus« gerühmt. 1808 gab dieser Betrieb mehr als 450 Menschen Arbeit.[32]

Angesichts dieser nur knapp skizzierten sozialen Lage ist es verständlich, daß Johann Gottfried Herder, als er im Oktober 1776 in die Stadt kam, vom »wüsten Weimar, diesem Mittelding zwischen Dorf und Hofstadt« sprach. Friedrich Schiller meinte 1787, daß Jena ansehnlicher sei als Weimar: »längere Gassen und höhere Häuser erinnern einen, daß man doch wenigstens in einer Stadt ist«; und der Schauspieler Eduard Genast berichtet von seinem Vater, der am Ende der 1790er Jahre in Weimar begann und »auch schon wieder fort« wollte: »denn großes Entsetzen flößte ihm die kleine Stadt ein, wo Rinder-, Schaf- und Schweineheerden ungehindert durch die Straßen lustwandelten«.[33] Auch Christoph Martin Wieland, der alle geforderten Arbeits- und Lebensbedingungen erfüllt bekam und schon 1772 dem Ruf der Herzogin als Prinzenerzieher gefolgt war, nannte seinen Ortswechsel von Erfurt kommend »eine Emigration in eine neue Welt«. Er meldete seinem Freund Johann Georg Jacobi 1773: »Bis ich so reich bin, mir ein kleines Bauerngütchen zu kauffen, wohin ich mich flüchten kan, wenn ich fühle, daß die Hofluft meine Seele krank zu machen anfängt, werd' ich nie völlig froh seyn«.[34] Daß ihm dieser Auszug erst 1797 gelang und er auf seinem erworbenen Gut Oßmannstedt für einige Jahre zum »poetischen Landwirt« wurde, wird uns später noch beschäftigen. Zunächst auf seine erste Stadtwohnung in der Scherfgasse 1 angewiesen, war er es aber auch, der in seinem neugegründeten Journal, dem »Teutschen Merkur«, bereits 1773 verkündete, daß Weimar »eines Vorzugs ... genoß, den es mit Dank zu erkennen Ursache hat, und dessen keine andre Stadt in Deutschland sich rühmen kan, ein deutsches Schauspiel zu haben, welches jedermann dreymal in der Woche unentgeltlich besuchen darf«.[35]

Und so versiegten die Unkenrufe rasch, denn trotz des den Umständen entsprechend nur schleppend entstehenden neuen baulichen Profils der Stadt entwickelte sich etwas, das einer »wunderbaren Revolution« gleichkam, wie sie Wilhelm Hufeland in seiner Selbstbiographie schildert.[36] Denn bei allem Pragmatismus, mit dem es in den ersten Jahren gegolten hatte, die schlimmste Armut abzuwenden, konnte sich eine aktive geistig- moralische Opposition gegen die andernorts noch dominante soziale Hierarchisierung der Hof- und Stadt-Welt entwickeln. Hier gelang bereitwilliger, zu einer allmählichen Vermischung der sozialen Schichten zu gelangen, trotz der notwendigen Beibehaltung ständestaatlich zeremonialer Grundstrukturen und der Etikette, an denen Anna Amalia als absolutistische Regentin festhielt. Nach wie vor bestand sie etwa darauf, daß sich der Hofstaat weiterhin ebenso unnahbar zeigte wie ehedem. Das geschah vor allem an Sonn- und Feiertagen auf der nur den ›Personen von Stand‹ vorbehaltenen Promenade, der schon erwähnten Esplanade. Das Erscheinen der Herzogin wird als festgelegter Ritus und Heerschau fürstlicher Repräsentation beschrieben: »Voraus ging der Herzogin der Hofmarschall; ihr folgte ein Page, der die Schleppe trug; dann kam die übrige Hofdienerschaft samt Pagen, Läufern und Heiducken; auch ein Zwerg war unter ihnen sichtbar. Ganz Weimar eilte dahin; es mochte die Fürstin, die sich der Menge nicht sehr oft in großer Nähe zeigte, gern sehen.« Anzunehmen ist, daß wie beim Betreten des Ballsaales auch, ihr Auftreten von Trompetern und Pauken angekündigt wurde.[37]

Offenkundig stand das nicht im Widerspruch zu der von Hufeland beschriebenen »wunderbaren Revolution« und konnte Goethe 1807 in seinem Nekrolog auf die Herzogin feststellen: »Ein ganz anderer Geist war über Hof und Stadt gekommen«.[38] Es gab viele unkonventionelle »Grenzüberschreitungen«, über die etwa Caroline Herder am 3. Januar 1800 berichtet, es sei »das erste Wunder geschehen«, denn »Die Adelich- und Bürgerlichen haben einen Klubb zusammen gegeben, wobei Alle vom Adel, Erbprinz und Prinzeß, auch die Unsrigen, gewesen sind«.[39] Das dem Bürgertum geöffnete Theater war ein besonders wichtiger Teil dieser Annäherung, das längst zu einem Ort des deutschsprachigen Singspiels und Theaters geworden war. »Unsere Preißwürdigste Herzogin – Regentin«, so charakterisierte Wieland im »Teutschen Merkur« die ersten Früchte der Bemühungen seiner Fürstin, »[...] begnügte sich nicht, Ihrem Hofe durch dasselbe (das Theater) die anständigste Unterhaltung, den Personen von Geschäften die edelste Erholung von ihren Amtsarbeiten, und der müßigern Classe von Einwohnern den unschädlichsten Zeitvertreib zu verschaffen: Sie wollten, daß auch die untern Classen von einer öffentlichen Gemüthsergötzung, die zugleich für selbige eine Schule guter Sitten und tugendhafter Empfindungen ist, nicht ausgeschlossen seyn sollte(n).«[40] Es war also gewiß kein Zufall, daß das Weimarer Hoftheater der wichtigste Ort für deutsche Singspiele oder »Singeschauspiele« wurde und hier Christian Felix Weißes und Johann Adam Hillers der Herzogin dediziertes Erfolgssingspiel »Die Jagd« im Jahre 1770 uraufgeführt werden konnte.

Dem neuen Konzept einer urbanen Kultur entsprach es, daß auch die Umgebung in den reformerischen Sog geriet und den neuen Vorstellungen von gestalteter Natürlichkeit entsprechend umgemodelt wurde. Wie andernorts, so übte auch hier die in der englischen Romanliteratur vorgeprägte Sehnsucht nach Zurückgezogenheit in ländlicher Umgebung eine besondere Anziehungskraft aus. Gärten und Parks als frei zugängliche gesellige Orte fielen den Weimarbesuchern stets besonders auf. Joseph Rückert begann seine Schilderung der Gartenanlagen mit dem Satz: »Der Stolz Weimars – der Natur und der Aufenthalt des Genius ist ohne Zweifel der berühmte Park an der Mittagsseite der Stadt, welcher schon von ferne mit einem Teil seiner Schönheiten und Reize in die Augen fällt.«[41]

Die alten Jagdreviere, Belvedere und das dreiflügelige ehemalige Brunfthofschloß Ettersburg, später das Schlösschen Tiefurt und der nach dem Vorbild des Wörlitzer Gartenreiches des aufgeklärten Landesfürsten Franz von Anhalt-Dessau umgestaltete Ilmpark wurden, wie später ausführlich dargestellt wird, die Heimstätten für eine neue Form der Gesellung:

»O laßt beim Klange süßer Lieder
Uns lächelnd durch dies Leben gehn,
Und, sinkt der letzte Tag hernieder,
Mit diesem Lächeln stille stehn«.

Diese Verse Johann Georg Jacobis ließ die Herzogin in eine Steinplatte im Ettersburger Park meißeln, weil sie das Ideal der »edlen Simplizität« und Humanität des damaligen Hoflebens einfingen.

Kunstübungen in geselligen Zirkeln

Den Umgestaltungen kam es entgegen, daß die Herzogin ihren Hof zu einem Zeitpunkt übernommen und zu reorganisieren begonnen hatte, da sich unter der kritischen Anteilnahme einer neuen bürgerlichen Öffentlichkeit vielerorts ein grundsätzlicher emanzipatorischer Strukturwandel zu vollziehen begann.[42] Das, was Amalia am Hofe ihres Vaters erleben konnte, daß zum innerfamiliären Miteinander in hohem Maße die Musik gehörte und Institutionen wie die der aufwendigen Hofoper zu einem sensiblen Instrument wurden, mit dem auf die bürgerlichen Unterhaltungs- und Bildungsbedürfnisse eingegangen werden konnte, wurde für die Stadt- und Hofstruktur Weimars von vornherein maßgeblich.

Die Exklusivität des höfischen Divertissements reduzierte die Herzogin auf ein relatives Minimum und an seine Stelle trat das selbsttätige, gelehrt diskursive Miteinander ihres kleinen Hofstaates unter Leitung und Teilnahme der an den Hof verpflichteten bürgerlichen Künstler. Der notwendige höfisch-aristokratische Repräsentationshabitus sollte mit einer aktiven Kunstübung in diversen Zirkeln verbunden werden, an der alle Hofchargen

aufgefordert waren, sich zu beteiligen. Das, was für Hofhaltungen dieser Größenordnung als ein Teil vornehmlich der in den Privatgemächern stattfindenden Unterhaltung keineswegs ungewöhnlich war, wurde hier zum Prinzip. Es wurde jener »Geist der Geselligkeit« kultiviert, wie er seit der Frühaufklärung gedacht worden war und in vielen bürgerlichen Lesezirkeln und Freundschaftsclubs gepflegt wurde, Sozietäten, denen das »Gesellige Lied,« ebenso wie die gemeinsame Lektüre, ja sogar das gemeinsame theatralische Spiel in besonderer Weise entsprachen.[43] Anna Amalia schildert selbst in einem Brief an Johann Heinrich Merck, was sie von dem Miteinander erwartete: »[...] Sie wissen, daß die Schloß Ettersburgsche Nation nicht in dem besten Gerücht ist, und um sich kein Dementi zu geben, so fahren wir in unserm Lebensplan fort, nämlich daß alles, was hier auf den Berg kommt, eine Probe ausstehen muß. Die Gräfin Bernsdorf hat die Probe des Theaters ausgestanden; Bode die der dramatischen Dichtkunst, wovon ich Ihnen etwas schicke, nämlich die Prologe, Arien und die Affichen; ich selbst habe mich produzirt [...]«.[44]

Daß sie es also nicht nur beim »bloßen unthätigen Wohlgefallen [...] bewenden (ließ)«, wie sich Johann Adam Hiller in der Widmung seiner »Anweisung zum musikalisch-zierlichen Gesange« ausdrückte, »sondern selbst eine hohe Stufe der ausübenden Kunst erstiegen hatte, und in ihre theoretischen Geheimnisse tief eingedrungen« war, bedeutete keineswegs nur ein huldigendes Kompliment, wie er es damals einigen, in den Künsten ausgebildeten Fürstinnen hätte machen können.[45] Vielmehr spielte er auf das im »vertraulichen Zirkel« Entwickelte an, auf die heftigen Dispute um neue ästhetische Maßstäbe auf dem Theater ebenso wie in der Musik und das Miteinander der Künste unter dem Primat der Literatur, das hier mit besonderer Konsequenz befördert wurde. Aus dieser Erfahrung wurde bisweilen heftig gegen die Vereinzelung der Künste gestritten und so liest sich Christoph Martin Wielands »Erster Versuch über die Frage: Was würkt am stärksten auf des Menschen Seele, Mahlerey oder Musik?« als eine Begründung des in dieser Umgebung vielfältig und vielgestaltig Erfahrbaren. Er exemplifiziert sein Plädoyer für den notwendigen Verbund der Künste am Opernstoff des Orpheus: »[...] aber das, was Orpheus fühlt, da er, seine verlohrne Eurydice beklagend, ausruft: Che faro senza Euridice? Das kann kein Hasse, und wenn er dreyfach und siebenfach Hasse wäre, durch bloße Töne und Harmonie, ohne Worte, oder ohne Hülfe der sichtbaren Pantomimischen Darstellung (z.B. in einem Ballet) unmöglich aussprechen.«[46]

Der musikalisch-literarische Zirkel der Herzogin traf sich im berühmt gewordenen sogenannten Tafelrundenzimmer des Wittumspalais. Georg Melchior Kraus vermittelt mit seinem um 1795 entstandenen Aquarell einen lebhaften Eindruck von der Atmosphäre, die bei diesen Treffen geherrscht haben muß (Abbildung 6 und Umschlag). Während der Sommermonate setzte sich das gesellige Leben in den Schlössern Ettersburg und ab 1780 auf dem Landgut Tiefurt fort, wo man sich zu differenzierten, freilich nicht selten auch durch heftige Kontroversen entzweiten Gruppierungen zusammenfand.

Goethe blickte in einem im August 1781 verfaßten Brief an seine Mutter auf diese ersten Weimarer Jahre als einen entscheidenden Baustein zu seiner Entwicklung zurück und zog eine Summe in dem bemerkenswerten Satz: »Wie viel glücklicher war es, mich in ein Verhältniß gesetzt zu sehen, [...] wo ich durch manche Fehler des Unbegrifs und der Übereilung mich und andere kennen zu lernen, Gelegenheit genug hatte, wo ich [...] durch so viele Prüfungen ging, die vielen hundert Menschen nicht nöthig seyn mögen, deren ich aber zu meiner Ausbildung äußerst bedürftig war.«[47]

Idealisiert faßte der Kapellmeister Johann Friedrich Reichardt ein Jahr nach Anna Amalias Tod seine Eindrücke in die Worte: »Es sind die angenehmsten Abende, die Menschen von Sinn für Kunst und für die höheren Freuden der Gesellschaft genießen können, welche ihnen hier durch das edle, junge Fürstenpaar (gemeint ist Fürstin Maria Palowna, 1786–1859, die seit 1804 mit Großherzog Karl Friedrich von Sachsen-Weimar vermählt war) so liberal, splendid und zwanglos bereitet, oft auch durch Musik belebt werden. Auch die guten, interessanten Zirkel in den gebildeten

Häusern der Stadt erhalten sich nicht nur, sondern werden auch durch hergezogene, interessante Fremde immer wieder erneuert. Selbst Männer wie Goethe und Wieland und mehrere der gebildetsten Personen des Hofes besuchen sie gerne und tragen zu dem Interesse und guten Ton derselben bei.« Er erinnert in seinen »Vertrauten Briefen« an diese Gesellschaften, denen er »wie immer, mit wahrer Sehnsucht entgegen« geeilt war, nicht ohne auch beruhigt festzustellen, daß der Erbprinz (Karl Friedrich) »in die rühmlichen Fußstapfen seines geistvollen Vaters« getreten sei, der »gerne und oft die Edelsten und Besten jedes Standes, auch der Gelehrten und Künstler, um sich versammelt, wodurch er diesen auch den schmerzlichen Verlust, den sie an ihrer so gnädigen, eifrigen Beschützerin, der vielbeweinten Herzogin=Mutter erlitten, weniger bitter empfinden läßt.«[48]

Ettersburg und vor allem Tiefurt mit seinem neu entstandenen Landschaftsgarten, wurden beim Einbruch der Winterzeit nur ungern verlassen, weil man befürchten mußte, einen Teil der gewonnenen Freiheit und Experimentierfreude in der Enge der Stadt und der Nähe zum Hof wieder zu verlieren. In einem eigenen »Journal von Tiefurt«, einer bunten, von allen Beteiligten zusammengetragenen Sammlung von Anekdoten, Charaden, kurzen Übersetzungen, Volksliedern, Gedichten, Scherz- und Preisfragen hatte man diesem unkonventionellen Ton sogar eine eigentümliche literarische Form gegeben (siehe das Kapitel III: Tiefurt, S. 41).[49]

Für diese Entwicklungen hatte die Herzogin mit ihren ausgeprägten und ausgebildeten künstlerischen Fähigkeiten die Grundlagen und Möglichkeiten geschaffen und es vermocht, »als Regentin [...] schon zuweilen alle Fürstlichkeit zu Hause (zu) lassen und einen Scherz« zu lieben.[50]

Wie sehr ihr daran lag, ihre literarisch-künstlerischen Neigungen auch dort nicht zu verbergen, wo man gewöhnlich fürstliche Repräsentation erwartete, zeigen die meisten der in ihrem Auftrag angefertigten Porträts. Sie folgen selten dem Klischee repräsentativer Herrscherporträts, auf denen die Amtsinsignien, Wappen, herrschaftliche Architektur und Pose nicht fehlen durften, sondern präsentieren eine selbstbewußte Dame, die ihre musikalisch-literarischen Neigungen zu dominierenden Bildattributen erhob, hinter denen ihr Wappenschild mehrheitlich in den Hintergrund trat. Tasteninstrumente, Notenblätter, von ihr begonnene Kompositionsskizzen, aufgeschlagene Bücher oder die von ihr gespielte Traversflöte, die Georg Melchior Kraus, seit 1774 der unermüdliche Schilderer des Weimarer Hoflebens, auf einem Porträt von 1774 ins Bild setzte (Abbildung 5), werden zu Zeichen ihres Selbstverständnisses einer aufgeklärten Herrscherin.

Das geschieht besonders eindrucksvoll auf jenem Konterfei, das um 1769 von dem hannoverschen Hofmaler Johann Georg Ziesenis zum Zweck der vielfachen Replizierung und Weiterverbreitung (etwa durch den weimarischen Hofmaler Johann Ernst Heinsius) angefertigt worden ist und dem vorliegenden Band als Frontispiz vorangestellt wurde. Das Gemälde folgt einem Bildtypus und gehört sogar einer Gruppe auffallend ähnlich disponierter Porträts aus dem näheren familiären Umfeld Amalias an: etwa seinem ebenfalls mit 1769 datierten Ölbildnis ihrer Schwester, Prinzessin Elisabeth, oder dem gleichfalls in diesem Jahr entstandenen Pastellbildnis der Hofmalerin ihrer Eltern, Rosine De Gasc-Lisiewska, das Amalias Mutter, Herzogin Philippine Charlotte wiedergibt.[51] Wiewohl sich alle Dargestellten in gleicher Weise en face auf Tasteninstrumente gestützt malen ließen, Noten oder Bücher ihre Interessen signalisieren, gerieten diese Verweise auf dem Bildnis Amalias zu Zeichen ihres außergewöhnlichen Hofkonzepts, das sie gerade begonnen hatte, in die Tat umzusetzen. Das rechts an einer drapierten Säule sichtbar werdende Wappenschild macht deutlich, daß das Bild offiziellen Charakter haben sollte, und so galt es, die verwitwete Regentin darzustellen mit Witwenschleier und kostbarer, rosengeschmückter Kleidung. Für die Rolle, die die Musik in ihrer Umgebung einnahm, ließ sie ein zweimanualiges Cembalo ins Bild setzen mit aufgelegten Noten, während das Buch in ihrer Hand eine Metapher für ihre literarisch-gelehrten Interessen ist. Der Mopshund am linken Bildrand ist als Hinweis auf ihre Herrschertugenden wie Mut und Treue zu deuten.

Dieses Bild der Herzogin als der »Schutzgöttin meines Musenspiels«, wie sie Wieland in seinen »Gedichten an Olympia« anrief, der sich selbst zum »Musophilus« der Tiefurter Runde gemacht hatte, setzte sich nach ihrem Tode 1807 fort im Bildprogramm der 1855 fertiggestellten Restaurierung und Ausmalung der Wartburg. Der Erbe des Großherzoglichen Hauses, Carl Alexander, der sich schon um die museale Wiederinstandsetzung des Wittumspalais bemüht hatte, beauftragte Moritz von Schwind mit der Ausmalung dieses altehrwürdigen Wahrzeichens des Landes und »Schlosses seiner Ahnen«. Besonders die monumentale Darstellung des legendären Sängerwettstreits am Hofe des Landgrafen Hermann von Thüringen, der im sogenannten Sängersaal der Burg »den 7ten Juli 1207« gehalten worden sein soll, geriet zu einem Denkmal fürstlicher Selbstdarstellung. Schwind gab seinen Figuren porträtähnliche Züge und ver-

Abb. 5
Herzogin Anna Amalia · 1774
Georg Melchior Kraus ·
Öl auf Leinwand
SWK

herrlichte damit die historischen Blütezeiten des Großherzogtums. Unschwer ist zu erkennen, daß der Maler der Gestalt der Landgräfin Sophie, unter deren Obhut sich der unglückliche Sänger Heinrich von Ofterdingen mit seiner Laute flüchtet, die Züge Herzogin Anna Amalias gab als der bereits zur Legende gewordenen Seele ihres einstigen »Musenhofes«.

Sie steht im Zentrum der bewegten Szene, in der die Geschichte des Wettstreites von sechs Minnesängern erzählt wird. Umringt ist sie sowohl von Sängern des 13. Jahrhunderts – als auch von den von ihr geförderten Dichtern, denn unter den Zuhörenden kann man stellvertretend für sie alle Johann Wolfgang Goethe und Friedrich Schiller ausmachen.[52]

Kapitel II

Gabriele Busch-Salmen

Häuser und Räume im Weichbild der Residenz

Abb. 6
Tafelrunde um Herzogin
Anna Amalia · um 1795
Georg Melchior Kraus ·
Aquarell · SWK

1. Hofrath H. Meyer. 2. Frau v. Fritsch geb. v. Wolfskeel. 3. G. R. v. Goethe. 4. G. R. v. Einsiedel. 5. Herzogin Anna Amalia. 6. Frl. Elise Gore. 7. Charles Gore. 8. Frl. Emilie Gore. 9. Frl. v. Goechhausen. 10. Praes. v. Herder.

Das Residenzschloß

Da der Hof und das Bürgertum zu getrennten, aber auch gemeinsamen Aktivitäten gefunden hatten und der große Anteil, den alle Schichten der Bevölkerung am Theater, an den Konzerten, Bällen, Redouten, Maskenzügen und Vauxhalls, den kirchlich reglementierten Festen, den diversen Gesellschaften, Logen, Clubs oder Kränzchen nahmen, für diese Stadt geradezu sprichwörtlich wurde, steht diese gesellige Vielfalt im Mittelpunkt jeder Weimarschilderung. Das Zentrum aller spektakulären Veranstaltungen war bis 1774 das Residenzschloß, die groß dimensionierte Wilhelmsburg mit den im ersten Stockwerk des Ostflügels liegenden Sälen, dem darunterliegenden Theatersaal, sowie der diesen Flügel abschließenden Schloßkirche. Dies waren die Orte, in denen in den Jahren von 1708 bis 1716 schon Johann Sebastian Bach als Hoforganist und Konzertmeister gewirkt hatte. Die Verwüstung dieses über mehrere Bauphasen entstandenen Gebäudekomplexes durch den verheerenden Schloßbrand vom 6. Mai 1774 war angesichts der bereits geschilderten wirtschaftlichen Gesamtsituation eine der folgenreichsten Katastrophen der Weimarer Geschichte.

»Noch höre ich die Trommeln, welche bei Tag und Nacht durch die Straßen tönten, so oft sich neue Flammen zeigten«, so erinnerte sich Karl Freiherr von Lyncker (1767–1843) in seinen noch in hohem Alter (1840) niedergelegten Erinnerungen an das Ereignis[1], und Christoph Martin Wieland schilderte den Brand unmittelbar betroffen: »Als ich um 1 Uhr, meine gewöhnliche Zeit, vom Hofe gieng, dachte noch keine Seele an nichts, selbst auf der Cammer, wo das Feuer zuerst ausbrach, wurden die bis 12 Uhr daselbst arbeitenden Räthe und Subalternen nicht das Mindeste gewahr. Um halb zwey stund schon der ganze Dachstuhl des Schlosses ringsherum in vollen Flammen, und um 3 Uhr schlug es schon aus allen Kreuzstöcken der herrschaftlichen Zimmer. Keine Menschliche Macht hätte das Schloß gegen die fressende Wuth der Flammen retten können. Es ist beynahe ein Wunder wie noch eine so grosse Menge von allen Arten von Möbeln aus dem ganzen Schlosse gerettet worden sind. Die ganze Stadt war in größter Gefahr. [...] Doch, ich habe weder Zeit noch Ruhe des Geistes genug um Ihnen eine Beschreibung dieses schrecklichen 6ten Mayes zu machen. Vom ganzen Schloß steht, außer den nackten steinernen Hauptmauern, nichts mehr als der Thurm und die Regierung«.[2]

Die Fürstin hatte ihre Bleibe und ihre im Ostflügel aneinandergereiht gelegenen Repräsentationsräume verloren. Das waren vor allem der von einer Kuppel überwölbte, etwa 40,5 m lange und 16 m breite Festsaal in der Bel Étage, der als »Schöner Saal«, seiner Akustik wegen auch als »Sprach- oder Schallsaal« galt, an den sich ein kleinerer Rittersaal anschloß. Beide erreichte man sogar über einen Aufritt. Im Erdgeschoß lag das von dem Venezianer Girolamo Sartorio 1696 eingerichtete Hoftheater. Es war mit einer Gesamtlänge von 35 Ellen, einer Breite von 15 Ellen und einer Höhe von 10 Ellen (das entspricht: 19,60 m x 8,40 m x ca. 5,60 m) ein relativ kleiner Saal, dessen Bühne mit »unverrückbaren Gassen« viel Raum einnahm. Die Bühne selbst war jedoch mit einer unter dem Bühnenboden liegenden modernen Maschinerie ausgerüstet. Das Theater war ehemals für die exklusiven hofinternen Vorstellungen konzipiert worden und hielt gewiß nur mit Mühe dem Andrang stand, den es zu den Aufführungen gab, namentlich seitdem Wieland sein Journal »Teutscher Merkur« dafür nutzte, die Werbetrommel zu rühren. Die Bühne war ansteigend und ein vertiefter Orchestergraben gab maximal 22 an einem hölzernen Notenpult sitzenden Musikern Platz. Im Parterre fanden auf 10 langen Bänken 70 bürgerliche und auf einer auf Holzsäulen ruhenden Galerie mit der breiten Hochfürstlichen Loge weitere 30 Zuhörer des Hofstaates Platz. Während die hofinternen Besucher ihre Sitze unmittelbar vom Schloß her erreichen konnten, öffnete sich dem bürgerlichen Publikum ein Portal im Schloßhof.[3]

Die an den Hof verpflichtete Seylersche Schauspielergesellschaft setzte hier 1771 eine windungs- und ereignisreiche Theatergeschichte fort, die bereits 1756, unmittelbar nach dem Einzug des Herzogspaares, mit der »Döbbelinschen« Theatertruppe begonnen hatte. Man nimmt an, daß die Komödianten

mit ihrem Prinzipal Konrad Ekhof von der Herzogin sogar in einem Schloßflügel einquartiert worden waren. Unter diesen Bedingungen mit ihrem Kapellmeister Anton Schweitzer konnten mehr als 100 Stücke aufgeführt werden. Ein glänzender Höhepunkt war die Uraufführung des »Singspiels in fünf Aufzügen, Alceste« von Christoph Martin Wieland und Anton Schweitzer am 28. Mai 1773, die rasch in der gesamten Fachwelt die Diskussion um eine deutsche Oper wesentlich vorantrieb. »Fremde vom ersten Rang und von zuverlässigem Urtheil, welche von England, Frankreich und Italien alles gesehen und gehört haben, waren bey der repetition beynahe außer sich vor Verwunderung, in Weimar so was zu hören. Musik und Execution [...] sind wirklich das Schönste, was ich jemals gehört habe.« So hatte Wieland schon vor der Premiere an seine Freundin Sophie von La Roche geschrieben.[4]

Die Aufführung, zu der Georg Melchior Kraus die Dekorationen geschaffen hatte, war in Zusammenwirken der Hofkapellisten, mit ihrem Konzertmeister Karl Gottlieb Göpfart

unter der Leitung des Hofkapellmeisters Ernst Wilhelm Wolf, den Hoftrompetern und Paukern und den Musikern der Seylerschen Gesellschaft zustandegekommen und zeigte, auf welchem Stand sich die anfangs lediglich aus einigen Hautboisten wiedererstandene Hofkapelle befand. Bei Veranstaltungen wie dieser wurden häufig auch die Lehrlinge und Gesellen des »Hof-, Stadt- und Landmusikus« Alexander Bartholomäus Eberwein (um 1750–1811) herangezogen.

All diese ambitionierten Bemühungen um ein bürgernahes Theater, aber auch die Geburtstagsfestlichkeiten, die wöchentlichen Sonnabendkonzerte, obligaten Assembléen, Redouten und Bälle, die Ballettpantomimen, welche die Schauspiele und Komödien abzuschließen pflegten, schienen nach dem Brand eine empfindliche Zäsur erfahren zu müssen.

Anna Amalia sah sich gezwungen, sich nicht nur von der Seylerschen Truppe zu trennen, die mit einer hohen Abfindungssumme entschädigt wurde und in das benachbarte Gotha wechseln konnte, sondern – wie bereits angedeutet – aus wirtschaftlichen Gründen

Abb. 8
Apoll mit Leier, Detail des
Deckengemäldes im Festsaal
von Schloss Belvedere
Adam Friedrich Oeser
Foto 1942
BM

Abb. 9
Muse, Detail des Deckenge-
mäldes im Musikzimmer
des Wittumspalais
Adam Friedrich Oeser
Foto 1942
BM

wurde verkleinert und verlor seine barocke Kuppel, auch verzichtete man auf den unzeitgemäß gewordenen Aufritt. Es war ein klassizistisch strenger Saal entstanden mit einer anspielungsreichen Ikonographie und einer »auf Säulen ruhenden Galerie für Zuschauer«, die es möglich machte, etwa auf ein festliches Ballgeschehen herabzusehen (Abbildung 7).[5] Auf das Theater konnte in diesem Gebäude verzichtet werden, und auch die Schloßkirche fiel einer neuen, säkularen Disposition zum Opfer. Erst um 1830 richtete man im bis dahin unfertig gebliebenen Westflügel wieder eine Kapelle ein. Von vielen Schwierigkeiten begleitet, wurde die Residenz ab 1803 wieder bewohnbar, 30 Jahre nachdem sie von Herzogin Anna Amalia verlassen worden war und sich nahezu der gesamte Hof der Not gehorchend neu hatte orientieren müssen.

Das Wittumspalais

Anna Amalia konnte von ihrem Minister Jakob Friedrich Freiherr von Fritsch dessen Barockpalais erwerben, das ihr als Stadtresidenz dienen sollte, während sie bis 1776 auch im Schloß Belvedere lebte. Fritsch hatte sich das schlichte zweiflügelige Palais 1767 am Ende der Esplanade nach den Plänen des Landesbaumeisters J. G. Schlegel bauen lassen, und es muß ihrer Vorstellung entsprochen haben, denn sie ließ sich fortan vollkommen auf die unrepräsentativen Räumlichkeiten dieses Gebäudes ein und machte sie zu ihrem Witwensitz. Überdies muß sich von Fritsch an dem Bau des Komplexes, der auf den Grundmauern eines Franziskanerklosters und der ehemaligen »Schönfärbe« entstanden war, finanziell übernommen haben. Das, obwohl er über einen ausgedehnten Grundbesitz verfügte, durch den er sich stets seine materielle Unabhängigkeit zu erhalten wußte. Nicht ungern überließ er seiner Herzogin das Anwesen zu einem Kaufpreis von 21 000 Talern.[6]

Zu dem Palais, das man heute noch nahezu unverändert sehen kann, gehörte ein Hausgarten. Durch Zupachtung eines Streifens Land jenseits der Stadtmauer erweiterte Amalia den Gartenanteil und ließ eine kleine eng-

auch Abstand zu nehmen von einem sofortigen Wiederaufbau des Schlosses. Die Wiederherstellung hätte erhebliche Mittel verschlungen, denn der gesamte Komplex war mit seinen Gräben und Zugbrücken, bei aller erreichten Öffnung für die Weimarer Bürger, eine geschlossene Welt für sich geblieben, die sich hinter hohen Mauern verbarg. Der beträchtliche Aufwand, der nötig war, es in eine klassizistische, den neuen Funktionen angepaßte Anlage zu verwandeln, wurde evident, als sich Amalias Sohn, Herzog Carl August im Sommer 1788 entschloß, mit dem Wiederaufbau zu beginnen und Goethe in der verantwortlichen Schloßbaukommission wirkte. Die Festungsgräben galt es trockenzulegen, die Wehrmauern abzutragen und der Raumkonzeption neue Akzente zu geben. Der Festsaal

Abb. 10
Tafelrundenzimmer im Wittumspalais, heutiger Zustand
SWK

lische Parkanlage entstehen, in deren Mitte ein ehemaliger Wehrturm zu einem Teehaus mit spitzem Kegeldach umgestaltet wurde. Der ihr befreundete Maler Adam Friedrich Oeser malte ihn mit modischen Chinoiserien aus.[7] »Freund Oeser« wurde später auch um die Ausgestaltung der Palais–Innenräume gebeten, der in der Belétage liegenden kleinen privaten Musik- und Malzimmer, des neu entstandenen Gewölbes im Saal, der in der zweiten Etage liegt und des Festsaales des Schlosses Belvedere. Sein Deckengemälde, das den auf Wolken thronenden, von Musen umgebenen »Apollon Musagetes« darstellt (Abbildungen 8 und 9), huldigte der Fürstin als der »Beschützerin der Musen« und bot zugleich das Motto, unter dem sich, wenn man nicht in andere Räumlichkeiten, etwa den Saal des Fürstenhauses, die stadtnahen Schlösser oder das Hauptmannsche Haus an der Esplanade auswich, fortan vieles ereignete, was vorher im Theater und Festsaal des Schlosses stattgefunden hatte. Mit einer Größe von 13 m x 9,50 m und dem vor dem Saal liegenden blauen Salon, der als Garderobe und Auftritt für die Darsteller dienen konnte, fanden hier bisweilen die Aufführungen des neugegründeten Liebhabertheaters statt, intime Konzertveranstaltungen, Bälle und seit ihrer Gründung 1764 sogar die Sitzungen der Freimaurerloge »Amalia« (siehe das Kapitel VIII).

Die Fürstinnenwohnung in der Belétage, die man damals wie heute über einen einfachen Aufgang erreicht, verfügte außer den beiden genannten Musik- und Zeichenräumen über den grünen Salon, ein winziges Schlaf-, Schreib- und das schon erwähnte Tafelrundenzimmer, das der Treffpunkt des »Musenhofs« wurde (Abbildung 10). Zwei rote Salons schlossen sich daran an. Alles war von auffallender Schlichtheit.

In der zweiten Etage lagen die Mansardenräumlichkeiten, die von Luise von Göchhausen (1752–1807), der Gesellschafterin und späteren Hofdame Amalias, bewohnt wurden, dem unverzichtbaren, so scharfzüngigen wie skurrilen Mitglied in deren »Musenhof«.

»Grund Riss und Cavalier Perspectiv« des Johann Friedrich Lossius (1785)

Als Herzogin Anna Amalia die Regierungsgeschäfte 1775 an ihren Sohn Carl August übergab, war sie 36 Jahre alt. Längst hatte sie um sich herum jenen 30köpfigen Hofstaat versammelt, zu dem die Künstler, Gelehrten und Hofbeamten zählten, mit denen sie ihren aktiven musikalisch-literarischen Zirkel bildete, von dem weiterhin die entscheidenden Impulse für die Veränderungen innerhalb wie außerhalb der Stadt ausgingen.

Wie sehr dem Hof daran lag, die allenthalben zügig vorangetriebenen äußerlichen Veränderungen zu dokumentieren, wird durch die Tatsache deutlich, daß man im Abstand von nur wenigen Jahren neue Verkartungen der »Fürstlichen Sächsischen Residenz =Stadt« in Auftrag gab. 1782, 1785 und 1786 entstanden detaillierte »Cavalier=Perspectiv« Grundrisse, die ein eindrucksvolles Bild vermitteln sowohl von den wichtigsten Gebäuden, als auch von den Garten- und Parkanlagen der Stadt. Alle Pläne gingen von dem bereits wieder intakten Komplex des »ehemaligen« Residenzschlosses aus, das man als mauerumfriedete Anlage in dem Zustand wiedergab, wie er vor dem Brand bestanden hatte.[8]

Damit wir in unserem Zusammenhang eine Orientierung über die Lage der Örtlichkeiten gewinnen, in denen Theater gespielt, gefeiert, gesungen, musiziert, getanzt und disputiert wurde, sei den folgenden Ausführungen jener Plan zugrundegelegt, den Kammerregistrator Johann Friedrich Lossius als Bleistift- und Federzeichnung im Jahr 1785 anfertigte (Abbildung 11).

Wie alle Pläne dieser Art, so ist auch dieser, trotz der Bemühung um eine maßstabgetreue Wiedergabe, ein Spiegel der damals aktuellen Interessen. Wir entnehmen ihm mithin manches Detail, das sich rasch veränderte oder auf späteren Karten verschwand. Auffallend ist, daß die Gärten mit ihren damals modischen Pavillons mit großer zeichnerischer Akribie wiedergegeben wurden, etwa der »Welsche Garten« (XXI.) mit dessen kuriosem Baumgebäude, der sogenannten »Schnecke«, die sich nur in wenigen zeitgenössischen Abbildungen mit vergleichbarer Genauigkeit findet (Abbildung 12; vergl. im Kapitel III, Gärten und Parks: der Welsche Garten, Vauxhalls) oder der fürstliche Baum Garten mit der großen Teichanlage (XXII.), die Friedrich Justin Bertuch ab 1777 in Erbpacht genommen hatte. Deutlich ist die Parzellierung zu erkennen, die Bertuch vorgenommen hatte und sein eigenes Gebäude, mit dem damals der Anfang für den Zusammenschluß seines »Industrie–Comptoirs« gemacht wurde.

Hinter dem Welschen Garten lag das angestammte Haus der »Stahl- und Armbrustschützen-Gesellschaft, das (alte) Schieß-Haus (XXIII.). Die lange Schießhausallee und die aufgerichtete Stange für das traditionelle Vogelschießen ist noch gut erkennbar, obwohl das Gelände zur Zeit der Entstehung des Plans bereits in die Gestaltung des Parks einbezogen wurde. 1803 beschäftigte sich Goethe in seinen Tag- und Jahres-Heften mit den nötig gewordenen Veränderungen und schrieb: »Das ältere Schießhaus war schon längst von den Parkanlagen überflügelt, der Raum, den es einnahm, bereits zwischen Gärten eingeschlossen und Spaziergängern die Übungen nach der Scheibe, besonders aber das eigentliche Vogelschießen, nach und nach unbequem und gefährlich. Zum Tausch nahm der Stadtrat mit mehrfachem Gewinn einen großen, schön gelegenen Bezirk vor dem Kegeltore im »Hölzchen« (Lossiusplan ›E‹, stadtauswärts).[9] Das auf diesem Gelände entstandene neue Schießhaus konnte im August 1805 seiner Bestimmung übergeben werden und war derart multifunktional nutzbar gebaut, daß es wandernden Theatertruppen für Aufführungen ebenso dienen konnte, wie größeren Gesellschafts- oder Konzertveranstaltungen und Bällen. Bis zu diesem Zeitpunkt fanden die wöchentlichen Hofkonzerte vor allem im »Fürstenhaus« (IV.) statt, jenem von dem »Fürstlich Sächsischen Hofjäger« und Bauunternehmer Anton Georg Hauptmann (1735–1803) 1770 gebauten »viereckigen Kasten« (Herzog Carl August), der als schmuckloser Zweckbau den Amtsgeschäften der weimarischen Landstände dienen sollte und über einen Saal verfügte, der bereits vor dem Schloßbrand für große Ball- und Redoutenveranstaltungen benutzt wurde. Nach dem Schloßbrand hielt es Carl August gegen den Willen seiner Mutter für angemessen, das Fürstenhaus zur Residenz zu erklären, in dem sich nach quälenden Sanierungs- und Umbaumaßnahmen allmählich das höfische Leben des Herzogs und seiner Gattin Louise Auguste mit Cour, geheimem Conseil, den hofinternen formalisierten Redouten, Assembléen und Konzerten etablierte. Dieses Provisorium wurde, wie bereits angedeutet, erst 1803 verlassen und das Schloß erneut bezogen, so daß hier Wohnungen entstanden, die Freie Zeichenschule unter der Leitung von Georg Melchior Kraus ihre Bleibe fand und Goethe für die Weimarer Kunstfreunde Ausstellungen ausrichten konnte. Dem Gebäude gegenüber liegt die mit **VI.** bezeichnete »**Fürstl. Bibliothec**«.

Das »**Pallais der verwitt. Durchl. Herzogin Anna Amalia**« mit den dazugehörigen beiden Gartengeländen und dem »Teehaus« erkennt man als »Publique Gebaeude« dem ehemaligen Residenzschloß sowie dem gelben und rothen Schloß nachgeordnet unter der **Ziffer V.** (Im gelben Schloß (II.) hatte Anna Amalia zeitweilig den Angehörigen ihrer Hofhaltung, möglicherweise auch den Kapellmitgliedern Unterkunft gewährt). In ihrer unmittelbaren Nähe bezog 1779 in der Brauhausgasse Charitas Emilie Gräfin von Bernstorff das **Pretzkische Haus**, ein dreiflügeliges Anwesen, das sie von Johann Joachim Christoph Bode verwalten ließ und das in freundschaftlichem Einvernehmen mit der Herzogin ebenfalls zu einem attraktiven Ort für Lesezirkel, Hauskonzerte oder Bälle wurde.

Mit einer ›**3.**‹ ist die **Esplanade** gekennzeichnet, die damals noch ausschließlich den »Personen von Stand« vorbehalten war. Die Absperrungen zu beiden Seiten dieser Promenade sind deutlich zu erkennen.

Das **Redoutenhaus** wurde von Lossius nicht mehr als offiziell genutztes Gesellschaftsgebäude erwähnt, wiewohl es eines der ersten Bauwerke an der Esplanade war, für das der schon genannte Bauunternehmer Hauptmann im Jahre 1775 eine Baugenehmigung erhielt und das über viele Jahre der Ort bedeutender Veranstaltungen blieb. Lossius zeichnete das dreigeschossige, insgesamt elf-

achsige Haus, das von zwei Dreiecksgiebeln geschmückt wird und im rechten Winkel zum Wittumspalais steht, sehr genau ein. Es hatte den denkbar besten Standort für gesellige Zusammenkünfte des Hofes und der oberen Schichten des Bürgertums. Im Erdgeschoß befand sich der große Saal für die Bälle und Redouten während der Ballsaison, aber auch für die Aufführungen des Liebhabertheaters, das hier seine erste Spielstätte fand.[10] Aus den Schatullrechnungsbüchern Anna Amalias, die von ihrem Geheimsekretär Johann August Ludecus geführt wurden, geht hervor, daß ab Oktober 1775 sowohl der Saal zum Zuschauerraum umgebaut, als auch die für eine Bühne notwendigen Einrichtungen fertiggestellt waren: das hölzerne Bühnenportal, der Hinterprospekt, die Kulissen, Beleuchtungen und das Geländer, das die Hofmusiker von den Zuschauerreihen trennte. Johann Martin Mieding war bereits der verantwortliche Theatermeister, der mit einigen Handwerkern die nötigen Um- und Ausbauten leitete. Die Arbeiten bedurften großer Flexibilität, da der Saal auch anderen Gesellschaften zur Verfügung stand und für die jeweiligen Veranstaltungen eingerichtet werden mußte. Bis 1778 reißen die Rechnungslegungen nicht ab, aus denen die diversen Zurichtungen, Auf- und Abbauten der Bühne und der »Estrade zu den Herrschaftlichen Sitzen« hervorgehen, die Vorkehrungen für ein leichteres »portatives« Theater mit Klappkulissen oder die Veränderungen am »Orchester«. Wir erfahren Details über die Erweiterungen, etwa für die vergrößerte und mit Versenkungen versehene Bühne, die für die Aufführung von Goethes Feenspiel »Lila« nötig wurde, das mit der Musik von Siegmund von Seckendorff zum Geburtstag der Herzogin Louise am 30. Januar 1777 dort aufgeführt wurde. Am 6. April 1779 ging Goethes Prosafassung seiner »Iphigenie auf Tauris« in der denkwürdigen Aufführung mit Corona Schröter und ihm selbst hier in Szene, ein Ereignis, für das erneut die gesamte Bühne umgebaut wurde. Ein nicht zu unterschätzender Kostenpunkt waren die Beheizung und Beleuchtung des Theaters, die »Wachslichter, Wachslichtstumpfen, Inseltlichter, Umschlichtlichter«, die Blaker, Lampen oder die »Leichter vor die hobisten«, für die der Vermieter

Abb. 12
»Der obere Seiten-Eingang zur Schnecke im Herzgl. Parck bey Weimar« · 1794 Georg Melchior Kraus · Kolorierter Kupferstich (26,4 × 37,8 cm)
SWK

Abb. 11
»Grund Riss und Cavalier Perspectiv« von Weimar, 1785 Johann Friedrich Lossius · Zeichnung
SWK, Herzogin Anna Amalia Bibliothek

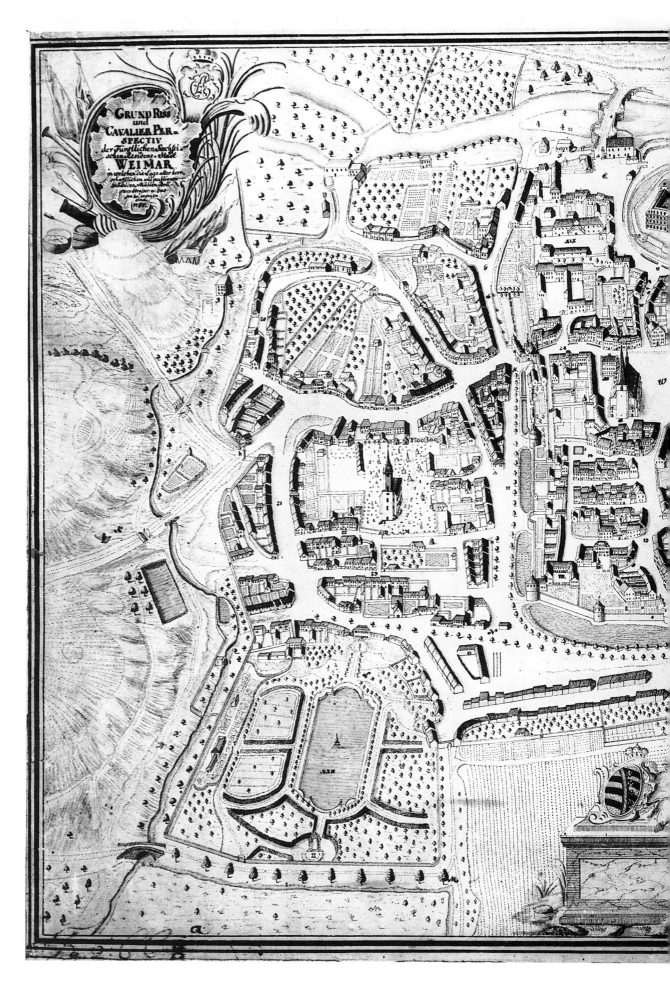

GRUND RISS
und
CAVALIER PER-
SPECTIV
der Fürstlichen Sächsi-
schen Residenz-Stadt
WEIMAR
in welchen die Lage aller herr-
schafftlichen und publiquen
Gebäuden, Strassen, etc.
vorgestellet wird
von dem anno 1740
gezeiget
1782.

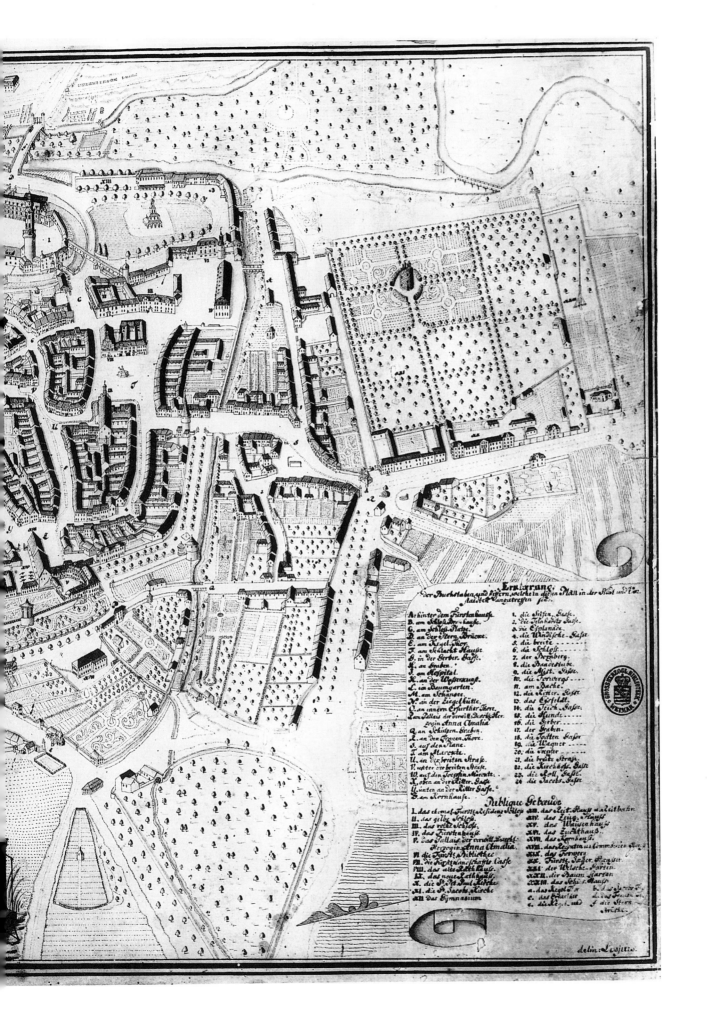

Erklärung
der Buchstaben und Ziffern welche in diesem Plan in der Stadt und Vorstadt anzutreffen sind.

A. hinter dem Fürstenhause.
B. am Schloß der heulse.
C. am Schloß Platze.
D. an der Stern Brücke.
E. am Kegelplätzer.
F. am Schlacht Hause.
G. in der Gerber Gaße.
H. an Graben.
I. am Hospital.
K. an der Weßtrazunst.
L. ein Baumgarten.
M. am Schanzer.
N. an der Ziegelhütte.
O. an innern Erfurther Thore.
P. am Pallais der verwitt. Durchl. Her-
    zogin Anna Amalia
Q. an Schützen Graben.
R. an den Frauen Thore.
S. auf der Plane.
T. am Marckte.
U. an die breiten Straße.
V. unter der breiten Straße.
W. auf den Toepffen Marckte.
X. oben an der Ritter Gaße.
Y. unten an der Ritter Gaße.
Z. am Kornhause.

1. die Silzen Gaße.
2. die Iehahanns Gaße.
3. die Esplanade.
4. die Windische Gaße.
5. die breite ____
6. das Schloß.
7. der Berg berg.
8. die Baaretstube.
9. die Mist Gaße.
10. die Freiwergs ____
11. am Bache.
12. die Ritter Gaße.
13. die Eichfeldt
14. die Teich Gaße.
15. die Hunde ____
16. die Gerber ____
17. der Grahn.
18. die Toelten Gaße
19. die Wagner ____
20. die Töpfer ____
21. die breite Straße.
22. die Kirchhofs Gaße.
23. die Zoll Gaße.
24. die Jacobs Gaße.

Publique Gebeude.

I. das ehmal Fürstl Residenz Schloß
II. das gelbe Schloß.
III. das rothe Schloß.
IV. das Fürstenhaus.
V. das Pallais der verwitt Durchl:
    Herzogin Anna Amalia
VI. die Fürstl. Bibliothec
VII. die Fürstl. Landschaftl. Casse
VIII. das alte Reithaus.
IX. das neue Rathhaus.
X. die St. Peter Paul Kirche
XI. die St. Jacobs Kirche
XII. das Gymnasium

XIII. das Zeit Haus u alte Reithbahn
XIV. das Zeug Haus
XV. das Waisenhaus
XVI. das Zuchthaus
XVII. das Kornhaus
XVIII. der Registratur u. Commörcien Hof.
XIX. der Forwerg
XX. Fürstl Jäger Mägazir.
XXI. der Welsche Garten.
XXII. das Baum garten
XXIII. das Schieß Haus

a. das Kegler z.
b. das Badhaus
c. die Reitzeit und
d. h d. r. Gärtner
e. die Frauen u.
f. die Stern
    Brücke.

delin: Lossius

Hauptmann Zuschüsse von Carl August und Anna Amalia erhielt.[11]

Nicht nur im Hauptmann'schen Haus wurde Theater gespielt, bevor 1780 **das Herzogliche Redouten- und Commödien Haus (XVIII.)** eröffnet wurde, sondern auch im **Reithaus (XIII.)**, einem Tattersall, der zu den Marstallgebäuden des Schlosses gehörte.

Für die bürgerlichen Ball- und Tanzvergnügungen und als Lokal für Gesellschaften und Clubs war das **Stadthaus (VIII.)** eingerichtet, das an der Ostseite des Marktplatzes stand und auf unserem Plan noch in seiner Funktion als ›altes Rathaus‹ bezeichnet ist. Der Rathausbau lag am belebtesten der öffentlichen Plätze Weimars, an den Gasthöfe wie der »Elephant« und der »Erbprinz«, Läden und Gewölbe grenzten. Dieser wurde an Wirte vermietet und bot besonders nach dem Umbau von 1803/04 im ersten Stock Raum für Schaustellungen, Bälle, Liebhaber- und Virtuosenkonzerte. Im »gemietheten ... beleuchteten ordinären Zimmer im Stadthaus« fanden die Mitglieder des »Club zu Weimar« ab 1800 ihren Ort, Journale und Zeitungen lagen aus und so war das Gebäude der gesellige Mittelpunkt der Stadt und der bürgerliche Kontrapunkt zum Hauptmannschen Haus an der Esplanade.

Der Markt konnte an Markttagen von Menschen wimmeln, ein Treiben, zu dem das Blasen von Chorälen des Stadtmusikus Alexander Bartholomäus Eberwein und seiner Gesellen von einem Musikanten-Erker des Stadthauses herab gehörte. Es war eine seiner Dienstobliegenheiten, wöchentlich viermal den Choral zu blasen. Wie bei Stadtmusikern üblich, wurde Eberwein auch für Hochzeitsmusiken besoldet, hatte das Recht zur Neujahrsgratulation, besaß das Spielprivileg für die im Umkreis einer Gehstunde erreichbaren Ortschaften und mußte vom Turm der **Stadtkirche zu St. Peter und Paul (X.)**, der Kirche, in der Johann Gottfried Herder das Predigeramt versah, ebenfalls den Choral blasen. Zur Klangaura der Stadt gehörten mithin, neben den Hörnern der Postillons oder den fürstlichen Trompeten, das regelmäßige Abblasen der Stadtmusici und der Gesang des Nachtwächters, dessen geistliches Begrüßungslied »Eins ist not, ach Herr...« zu Herders Ankunft am 1. Oktober 1776 erklang.[12]

Das Doppelhaus neben dem Stadthaus ist als **Cranachhaus** bekannt, in dem damals der einzige Buchhändler der Stadt, Heinrich Siegmund Hoffmann, den Abnehmern, die er sicher in der unmittelbaren Nachbarschaft fand, ein breit gefächertes Sortiment von Büchern, Almanachen oder Musikalien anbot. In den mehrstöckigen Häusern am Markt mieteten sich nämlich mit Vorliebe die Künstler, Literaten oder Hofbeamten ein. So besaß Wieland hier von 1793 bis 1797 das Hinterhaus am Markt 18, Corona Schröter lebte im Schrickelschen Haus, und Carl Ludwig von Knebel und Johannes Daniel Falk hatten ebenfalls zeitweilig ihre Wohnungen hier.

Ein weiteres Wohnviertel der Geistlichen, Gelehrten und Künstler war der Bezirk um den **Töpfenmarkt (W.)**, den ehemaligen Kirchhof der erwähnten spätgotisch gebliebenen Stadtkirche mit dem dahinter liegenden stattlichen **Gymnasium (XII.)**, das ab 1791 von Karl August Böttiger geleitet wurde, der »Mägdleinschule«, den Schulkollegen- und Predigerwohnungen. Hier hatte der Bassist Karl Strohmeier seine Wohnung, und zur Frau von Heygendorf nobilitiert, residierte nach 1809 die gefeierte Sängerin Henriette Caroline Jagemann im **Deutschritterhaus** mit seinem stattlichen Renaissancegiebel, das ihr von Herzog Carl August nach der Legalisierung ihrer Verbindung zum Geschenk gemacht wurde. Nicht weit davon entfernt steht das Haus mit dem dazugehörigen Garten der damaligen Superintendentur, um deren Herrichtung sich Goethe vor der Ankunft Johann Gottfried Herders am 1. Oktober 1776 kümmerte, den er für das Amt des Oberhofpredigers empfohlen hatte. Schloß- und Garnisonskirche war damals die kleine **St. Jacobs-Kirche** in der Vorstadt **(XI)**. Herder drohte durch die vielen Amtsobliegenheiten, die Verwaltung des Kirchen- und Schulwesens, erdrückt zu werden, denn es war ihm ein Anliegen, sich gegen alle Widerstände für die Kirchenmusik oder die Musik in den Schulen einzusetzen, das Kirchenlied zu reformieren und gemeinsam mit dem Organisten, Ernst Wilhelm Wolf, die Festkantaten und Oratorien zu erarbeiten, zu deren Durchführung man Schüler des Gymnasiums heranzog.

Altes Theater.

Der später zunehmenden Isolation Herders begegnete vor allem seine Frau Caroline, die als erfahrene Klavierspielerin und Sängerin ein häusliches musikalisch-geselliges Leben pflegte. Herder lebte dreißig Jahre in dem Haus hinter seiner Kirche, wiewohl es ihm »groß« und »unbequem« war, während Goethe mehrfach sein Domizil wechselte. Er bewohnte ab 1776 sein **Gartenhaus »vor dem Thore«** (im Lossiusplan nicht eingezeichnet; darüber ausführlich im Kapitel III: Gärten und Parks), zog dann in eine Etage des Konsistorialrates Helmershausen am Frauenplan, bewohnte einige Zimmer im Fürstenhaus und bezog 1781 eine Wohnung in der Seifengasse, durch eine schmale Straße mit der **Wohnung Charlotte von Steins** verbunden, die über den Stallungen und Sattelkammern der Husaren des Herzogs für sie und ihren Mann, den Oberstallmeister von Stein eingerichtet worden war (auf dem Plan sichtbar als langgestrecktes Gebäude in der unmittelbaren Nähe des Welschen Gartens mit Ausgängen zur **Seifengasse (1.)**. Er lebte auch im **Jägerhaus** vor dem Frauentor, bevor er nach seiner Italienreise 1788 das **Haus am Frauenplan** bezog, das ihm Herzog Carl August zugewiesen und später übereignet hatte (auf dem Lossiusplan erkennbar am Platz **»Auf dem Plane« = S.**, bevor die Straße sich gabelt und in die **»1. Seifen Gasse«** führt). Geprägt von Eindrücken seines Italienaufenthaltes, ließ er das Gebäude umbauen, so daß es Jean Paul 1796 als »das einzige in Weimar im italienischen Geschmack« beschreiben konnte. Erst in diesen Räumen entwickelte Goethe eigene häuslich-musikalische Aktivitäten. Diese fanden wohl im sogenannten Junozimmer, in dem heute der Streicherflügel steht, und in den Räumen Christianes statt; hier veranstaltete er ab 1807 die musikalischen Hausübungen seiner »kleinen Sang- und Klanggesellschaft«.

Mit einer festlichen Redoute konnte am 7. Januar 1780 das neue **Redouten- und Commoedien Haus (XVIII.)** eröffnet werden, durch das das Hauptmannische Haus seinen Rang verlor. Hauptmann baute es mit der großzügigen Unterstützung Anna Amalias und ihres Sohnes als stattliches »Vergnügungs – Etablissement« an dem ihm zugewiesenen Platz dem Wittumspalais gegenüber, auf dem heute das Nationaltheater steht. Es war zunächst ein großes Ballhaus mit Bühne und Galerie, das nicht nur nötig machte, die Hofkapelle zu erweitern, man entschloß sich sogar, wieder eine professionelle Theatertruppe zu verpflichten und trennte sich damit auch allmählich von den Leistungen des Liebhabertheaters. Ab 1784 war es die »Teutsche Schauspieler-Gesellschaft des Directeurs J(oseph) Bellomo«, die, dem Hofmarschallamt unterstellt, im Comoedienhaus wirkte. Programme und Personalfragen wurden in Absprache mit dem »theatralischen Ökonomikum« Franz Kirms verhandelt, dem die Verwaltung der Hofkapelle oblag. Hier fand Goethe bekanntermaßen ein so umfangreiches wie erfolgreiches Wirkungsfeld, daß Herder nicht ohne Neid an Johann Georg Hamann am 11. Juli 1782 schrieb: »Er ist also jetzt wirkl(icher) geh(eimer) Rath, Kammerpräs(ident), Präsident des Kriegscollegii, Aufseher des Bauwesens bis zum Wegbau hinunter, dabei auch directeur des plaisirs, Hofpoet, Verfaßer von schönen Festivitäten, Hofopern, Ballets, Redoutenaufzügen, Inscriptionen, Kunstwerken etc. Direktor der Zeichenakademie, in der er den Winter über Vorlesungen über die Osteologie gehalten, selbst überall der erste Akteur, Tänzer, kurz das fak totum des Weimarschen u. so Gott will, bald der maior domus sämmtl(icher) Ernestinischer Häuser«.[13]

1791 wurde die Bellomosche Truppe von der Herzoglichen Hofschauspielergesellschaft unter Goethes Leitung abgelöst und damit der Wechsel zu einem neuen Theatertyp vollzogen, der sich vom Prinzipaltheater zu lösen begann. Höhepunkte dieser Arbeit eines Ensembles, das ein eigenes Darstellungskonzept entwickelte, waren die Adaptionen der Opern

Abb. 13
Das alte Hoftheater . o. J.
Xylographie nach Federzeichnung (9,4 × 19,l cm)
SWK

und Singspiele Wolfgang Amadeus Mozarts. Der 1798 vollzogene Umbau des Comödien- und Redoutenhauses in ein Theatergebäude, das ausschließlich Bühnenzwecken diente, besiegelte den Abschied von dem breiten Tanzsaal zugunsten eines im Halbkreis geschlossenen Zuschauerraums mit zwei Rängen (Abbildung 13). »Der Eindruck, den der neue Tempel nebst dem Schillerschen Prologe bei Eröffnung desselben auf das Publikum machte, war außerordentlich. Die neue prächtige Dekoration, die neuen Töne von oben, die freundliche Gestalt von unten – dieser neue Himmel und diese neue Erde – setzten alle außer sich selbst.« So erlebte Joseph Rückert die Eröffnung des neuen Hauses, das ein Dekorationsmagazin als Anbau hinzugefügt bekommen hatte und mithin als Herzogliches Hoftheater gerüstet war für einen neuen Abschnitt in der Weimarer Theatergeschichte.[14]

Kapitel III

Gabriele Busch-Salmen, Walter Salmen

Gärten und Parks als »tönende Natur« und Musizierräume

Abb. 14
Darmstädter Gesellschaft
im Freien · um 1750
Johann Christian Fiedler u.
Christian Georg Schütz
d. Ä. · Öl auf Leinwand
(71,3 × 84 cm)
Darmstadt, Hessisches Landesmuseum, Inv.Nr. GK 330

A. Landschaft und Garten im 18. Jahrhundert

Lokalitäten

»Hier ists iezt unendlich schön. [...] Es ist wenn man so durchzieht wie im Mährgen das einem vorgetragen wird und hat ganz den Charackter der Elisischen Felder...« So schrieb Goethe am 14. Mai 1778 an Charlotte von Stein und versuchte in Worte zu fassen, was er gerade im Landschaftsgarten von Wörlitz erlebt hatte. Seinem Tagebuch vertraute er an, daß der Park für ihn »wie das Vorbeischweben eines leisen Traumbildes« sei.[1] Daß zu diesem »Traumbild« auch die Musik gehörte, deutet Luise von Göchhausen in einem Brief an Carl Ludwig von Knebel an: »Die ganze Zeit waren wir in Wörlitz, dieser Aufenthalt ist unaussprechlich lieblich, die Mondhellen Abende auf den stillen See, bey Musik von blasenden Instrumenten verdienten – nicht daß ich sie beschrieb, sondern daß Sie dabei gewesen wären.«[2] Dieser Park muß den Vorstellungen vom »Idealen im Realen«[3] so sehr entsprochen haben, war so sehr die Verwirklichung der damaligen Überlegungen, Gärten und Parks zu gestalteten, empfindsamen, eingefriedeten Bezirken zu machen, in denen die barocken Geometrien aufgegeben waren, daß er zahlreiche Bewunderer und Nachahmer fand. Gedacht wurden Parks als ein Stück Welt in veredelter Schönheit, als ein von einem »Gartenkünstler«[4] begeh- und belebbar gemachtes Kunstwerk, das sein Aussehen mit den Jahreszeiten wandelte.

Da in Weimar in besonderer Weise über die »Lustgärtnerei« als eine Kunst philosophiert wurde, Parks und Gärten zum Gesamtkunstwerk dieses »Musenhofes« gehörten, möge sich im Folgenden als Fortsetzung der Beschreibung der Örtlichkeiten in dieser Stadt die Darstellung der Gärten und Parks anschließen.

Wie sehr man bedacht war, die Gartenkunst als eine das Leben »verschönende Mechanische Kunst« zu begreifen, legte Johann Gottfried Herder etwa in seiner 1799/1800 formulierten kunstästhetischen Abhandlung »Kalligone« nieder. Goethe vermeinte diese Kunst wiederholt ob ihrer »soliden Bestimmung« gegen die »naturspäßige Gartenliebhaberei« verteidigen zu müssen; sie sei wie im theatralischen Spiel oder im geregelten Tanzen eine

Schule der Wahrnehmung und »ein Werk der schönen Kunst«.[5] Gärten wurden somit als Teil eines Weltbildes erfahren, denn nirgends könne man sich »auffallender [...] als im Garten« vermitteln, »wie Vergängliches und Dauerndes ineinander greift«, da er des ständigen Veränderns, Bepflanzens und Bebauens bedurfte.[6]

Weimars Gärten waren einerseits auf ästhetische Wirkungen hin angelegte Inszenierungen, die den bekannten Vorbildern folgten, aber auch ambitionierte private Refugien mit Pavillons, in denen man sich traf. Der Besitz eines eigenen Gartens wurde nach 1776 geradezu zur »Notwendigkeit«, wie Goethe in »Dichtung und Wahrheit« schreibt. Man besaß ihn, »um sich produktiv und angenehm tätig zu erweisen«.[7] Christoph Martin Wieland ließ am 10. 5. 1776 seinen Freund Friedrich Heinrich Jacobi in Düsseldorf wissen: »Habe ich Dir schon gesagt, daß Göthe und ich, zu gleicher Zeit, jeder einen Garten vor der Stadt gekauft haben, und in Kraft dessen förmlich und feierlich Bürger von Weimar geworden sind? Seitdem hat meine ganze Existenz eine andere Wendung bekommen [...]. Bilde Dir ein, daß es ungefähr so ein Garten ist, wie das kleine Gut, das Plinius dem Sueton kaufen will, ein Landgut war, d.i. gerade so, wie ihn ein Müßiggänger meiner Art vonnöthen hat.«[8] Leidenschaftliche Gärtner waren die meisten der Weimarer Größen: Johann Carl August Musäus gab 1783, nachdem er durch die Edition seiner »Volksmärchen« wirtschaftlich unabhängiger geworden war, die Pachtung eines Geländes an der Ilm auf und konnte ein eigenes Stück Land nahe der Altenburg kaufen, auf dem ein vielbewunderter Garten entstand) und Johann Joachim Christoph Bodes Blumenanzucht war begehrt.[9]

Für sie waren die privaten Gärten die gesuchten Orte der »feierlichen Einsamkeit«, der »Zuflucht«, in denen sie »den unendlichen Erdgeist einzogen« (Wieland), die »stillen Orte der Wahrheit« und der poetischen Inspiration, die sie in Versen besangen, während die großen Weimarer Parkanlagen auch zum öffentlichen Leben gehörten. Als integraler Teil der Urbanität waren sie mehr als anderswo in das Leben dieser Residenz eingeplante und genutzte Plätze der Emanzipation und Liberalität. Joseph Rückert hatte 1799 in seinen »Bemerkungen über Weimar« geschrieben: »Die Natur ist repubikanisch und schüttelt Kronen, Fürstenhüte, Hofpracht und eitles Glanzwerk stolz und verschmähend von sich ab, und unser Herz ist nach ihrem Sinne geformt. Je einfacher, desto schöner, desto willkommner [...]«. Wie ihm, so fiel den Reisenden stets auf, daß der Schloßgarten »von mehreren Seiten offen ist, und jeder genießt ihn nach Gefallen« (Carl Gottlob Küttner [1797]). Dieser Park war mithin nicht der Ausdruck von Staatsraison und Souveränität, die mit großen Freitreppen, Scheinarchitekturen und Zeremoniell Distanzen schaffen mußten, sondern diente allen Bewohnern »zu Versammlung und Unterhaltung«. Es war daher auch bewußt sparsam mit Gebäuden und historischen Parkstaffagen, geliehenen Surrogaten und Attrappen aus vergangenen Zeiten umgegangen worden, die in anderen Parks wichtige modische Bestandteile der optischen Gliederung waren und gegen die Goethe 1799 heftig als die »Nachgeäffler englischen Geschmacks« polemisierte.[10] Lediglich einige wenige Denkmäler, Plastiken und Glaskugeln an signifikanten Orten sollten zum Eingedenken einladen, und Grotten sollten sentimentalische Rückzugsplätze sein. Auffallend waren jedoch die Heckentheater, die eingeebneten freien Plätze, die Parkbänke und Pavillons, die als Orte zum Spielen und Musizieren gedacht waren und immer wieder als Außergewöhnlichkeit beschrieben wurden. Der bereits mehrfach zitierte Joseph Rückert schildert das Parkleben mit den Worten: »Der Park wird in der Tat von dem Geringsten in Weimar geschätzt und häufig genossen. Außer dem Sonntag schwärmen im Sommer in den Morgen- und Abendstunden bloß die Musen-Söhne mit den Bienen unter den Blumen und Schatten dieses holdseligen Ortes und der immerfeiernde und immerfrierende Adel, der hier wie überall der Langweile und Kälte seiner Lebensart zu entlaufen sucht. [...] in der schönen Jahrszeit (ist) der Sonntag im Park ein republikanischer Festtag für ganz Weimar. Was da Herz, Augen und Beine hat, vom Höchsten bis zum Niedrigsten, wandelt in den vielfältigen Gängen des Gartens im fröhlichen bunten Gewimmel frei und ohne Zwang

durcheinander. [...] Nach Pfingsten hören nämlich an dem Weimarschen Hofe die Couren und Konzerte auf und werden in den Park unter offnen Himmel verlegt. In einem großen hölzernen Gebäude, in der Form eines alten Tempels, der sich in der reizendsten Gegend des Gartens erhebt, wird der Tee genommen, worauf der Spaziergang beginnt«.[11]

Das Gartenreich des Fürsten von Anhalt–Dessau als Vorbild

In Weimar wurde mithin besonders aktiv versucht, an den literarisch vermittelten Sehnsüchten nach einem natürlichen »Landleben« teilzunehmen, wie es u. a. Christian Cay Lorenz Hirschfeld in seiner kleinen Schrift »Das Landleben« 1767 schwärmerisch beschrieben hatte.[12] Das lag gewiß auch daran, daß die aus allen Richtungen an den Hof Verpflichteten ein vitales Interesse mitbrachten, ihre andernorts bereits gesammelten Erfahrungen einzubringen. So hatten Johann Gottfried Herder, Wieland und Goethe den Kreis der literarisch ambitionierten »Empfindsamen« erlebt, der sich am Hof und im Garten der »Großen Landgräfin« Karoline von Hessen-Darmstadt versammelt hatte, zu dem Matthias Claudius, vor allem aber Johann Heinrich Merck und Caroline Flachsland, die spätere Frau Herders, unter ihrem dort angenommenen Namen »Psyche«, gehörten. Man gab sich einem esoterischen Gefühlskult hin und die Musikübung auch unter freiem Himmel spielte eine große Rolle. Die Gesellschaft wird man sich etwa so vorstellen können, wie sie auf einem um 1750 datierten Gemälde des Darmstädter Hofmalers Johann Christian Fiedler festgehalten worden ist (Abbildung 14). Das Bild, über das bereits viel spekuliert worden ist und auf dem man Johann Gottfried Herder, Pfeife rauchend an einen Baum gelehnt, zu erkennen glaubte, ist in diesem Zusammenhang besonders aufschlußreich. Es bildet alle Parkvergnügungen der ins Freie drängenden Städter ab, wie wir sie uns auch in Weimar vorstellen können: während sich eine Gruppe von Schützen (auf der rechten Bildhälfte) im Tontaubenschießen übt, lagern zwei Damen im Schatten

31

Ansicht der Schlossbrücke im Herzogl. Parcke bey Weimar

Abb. 15
»Ansicht der Schlossbrücke im Herzogl. Parcke bey Weimar« · 1800
Georg Melchior Kraus · Kolorierte Radierung
(37 × 50,7 cm)
SWK

der Bäume, unterhalten von einem Musettespieler, die Herren spielen Karten, und um einen Musiziertisch haben sich ein Geiger, ein Flötist und ein Gambist zur Begleitung einer Sängerin, wohl der Obristwachtmeistergattin Ludmilla Marie Friederike Isenburgensis von Buri, eingefunden. Man flaniert, konversiert, lauscht der Musik, raucht und läßt sich im Gras lagernd mit Brot und Wein verköstigen.[13]

Zu einem direkten Muster wurde für Weimar der Landschaftsgarten Fürst Leopolds III. Friedrich Franz von Anhalt–Dessau (1740–1817) in Wörlitz, der insbesondere nach einem Besuch Herzog Carl Augusts und Goethes im Frühjahr 1778 so nachhaltig wirkte, daß man sofort daranging, sowohl das Ilmtal in einen empfindsamen Garten umzugestalten, als

auch im Gelände von Tiefurt, in dem Carl Ludwig von Knebel bereits mit Neuanlagen begonnen hatte, einen Park nach englischem Geschmack anzulegen. Mit der Feier zum Namenstag Herzogin Louises am 9. Juli 1778, zu dem Siegmund von Seckendorffs heiteres Mönchsspiel »Das Louisenfest« (siehe Dokument 4) aufgeführt wurde, datierte Goethe selbst den Beginn dieses Weimarer Parks (Abbildung 15).[14] Anna Amalia war in Fragen der Modernisierung der Garten- und Parkanlagen eine aktive Partnerin, die bis zu ihrem Tode an allen Wandlungen teilnahm und sich ebenfalls von den häufigen Besuchen im Wörlitzer »Gartenreich« inspirieren ließ. Dieses Arkadien hatte sich der Fürst nach 1764 auf einem 700 Quadratkilometer großen Gelände in einer Auenlandschaft an der Elbe geschaffen, das um 1780 zu einem kulturellen, literarisch-musikalischen Zentrum avancierte.[15] Bestaunt wurde das Konzept eines »hortus oeconomicus«, der von einem formal vorgeplanten Park sehr unterschieden war, der indessen die wirtschaftliche Nutzung mit der Landesverschönerung verband gemäß der Devise des Fürsten: »Belehren und nützlich sein«. Man suchte das Naturerleben so weit zu kultivieren, daß man höfische Tänze auf die Rinderweiden versetzte und aufwendige Staffagen baute, wie z.B. die Inszenierung des feuerspeienden Vesuv, um sie zur Kulisse für antikisierende Feste zu machen, zu denen jedermann Zutritt hatte. Das entsprach der Vorstellung des über 35000 Bewohner in Anhalt- Dessau regierenden Fürsten, der als toleranter Landesvater galt, der mit der Öffnung seines gesamten Gartenreichs die Förderung aller seiner Untertanen, auch der Minderheiten, im Sinne der Philanthropie verband und in seinem Naturpark von Kinderfesten bis zu Schauspielen und Freiluftmusiken – freilich unter dem üblichen Reglement – viele Freiräume bot und förderte. Dies alles galt als vorbildhafte Symbiose und ließ Wieland sogar ausrufen, daß eine Melange von Wörlitz, Oranienbaum und dem Luisium eine »Zierde und Inbegriff des XVIII. Jahrhunderts« sei. Goethe bewunderte bei sei Wörlitzbesuchen die weitläufige Anlage, die auf ebenem Gelände durch das Gotische Haus, die vielgestaltigen Brücken, den als Musikpavillon genutzten Floratempel (Abbildung 16), das Nymphaeum und Pantheon, die Grotte der Egeria, die chinesische Pagode, die Synagoge oder die palladionischen Gartensitze bereichert war. Vor allem während der jährlichen Volksfeste, die nach Art antiker Saturnalien gefeiert wurden, muß der Ton einer geradezu idealisch anmutenden natürlichen Menschlichkeit geherrscht haben. Idyllische Freiluftaufführungen der Hofgesellschaft wechselten mit Liedern des Hofkapellmeisters Friedrich Wilhelm Rust.

Kennzeichnend für diese produktive Aura war, daß nach 1794 Wolfgang Amadeus Mozarts Oper »Die Zauberflöte« in der neubearbeiteten Textfassung des Weimarer Bibliothekars und Bühnendichters Christian August Vulpius auch hier zur Favoritoper wurde.

Abb. 16
Der Floratempel im Park
zu Wörlitz
Foto 1979
BM

Goethes »Gärtgen vorm Thore«

Goethe besuchte Wörlitz und Dessau ab 1772 mindestens achtmal und nahm von diesen »Elisischen Feldern«, wie er den Park nannte, vielfältige, durchaus auch kritisch befragte Eindrücke mit, die abgewandelt in Weimar umgesetzt wurden.[16] Mehrfach gestand er, daß in ihm vor allem der »Park von Dessau, als einer der ersten und vorzüglichsten berühmt und besucht, die Lust der Nacheiferung« geweckt hatte.[17]

Er griff mithin aktiv in die Planungen der Park- und Gartenanlagen in und um Weimar ein, und wie auch Wieland schätzte er sich glücklich, ab April 1776 »ein liebes Gärtgen vorm Thore an der Ilm schönen Wiesen in einem Thale« zu besitzen; »ist ein altes Häusgen drinne, das ich mir repariren lasse«.[18] Das gesamte, vier Morgen große Anwesen mit einem baufälligen Haus hatte Herzog Carl August erworben, um es Goethe zu schenken, der es nach seinen damaligen Bedürfnissen einrichtete und mit der Hilfe von Gärtnern und Tagelöhnern zu kultivieren begann (Abbildung 17). Zu den Vorbesitzern hatten Handwerker, Hofbedienstete, zeitweilig sogar

33

ein Hoftrompeter gehört. Goethe fand es in verwahrlostem Zustand vor, so daß er Treppen, Wege und Beete anlegen, die Bepflanzung erneuern und das Haus selbst mit seinen bescheidenen Wirtschafts- und Wohnräumen erst einrichten mußte. Hier lebte er das von ihm erträumte heitere gesellige Leben, arrangierte z. B. am 29. März 1779 mit »Kinderpyramide, 60 Brezeln, 70 Bratwürsten, 10 Pfund Schinken und roter Eyerfarbe« den vielzitierten österlichen Kinderball und empfing häufig Gäste. Hier entstanden bis 1782 nahezu alle Schäferspiele, seine Singspiellibretti, fand er zu Szenenbeschreibungen wie der ersten Szene seines Singspiels »Claudine von Villa Bella« (erste Fassung 1776), die in einem Gartensaal angesiedelt ist; er entwarf alle »Grillen«, wie den »Triumph der Empfindsamkeit« gegen die »verschwärmten Seelen«, die Opernpläne oder satirischen Possen, seine Maskenzüge und Balladen, kurz, alles, was vornehmlich für den Kreis des Liebhabertheaters gedacht war. Es ist also anzunehmen, daß auch die eine oder andere Probe dort stattfand.[19] Wieland berichtet am 27. August 1778 in einem Brief an Heinrich Merck von einer Einladung Goethes und charakterisiert die damalige Stimmung treffend: »Verwichenen Sonnabend fuhren wir zu Goethen, der die Herzogin auf den Abend in seinen Garten eingeladen hatte, um sie mit allen den Poemen, die er in ihrer Abwesenheit an den Ufern der

Ilm zustande gebracht, zu regalieren. Wir speisten in einer gar holden kleinen Einsiedelei . . . wir tranken eine Flasche Johannisberger Sechziger aus, und wie wir nun aufgestanden waren und die Tür öffneten, siehe, da stellte sich uns durch geheime Anstalt des Archimagus ein Anblick dar, der mehr einer realisierten dichterischen Vision als einer Naturszene ähnlich sah. Das ganze Ufer der Ilm ganz in Rembrandts Geschmack beleuchtet, ein wunderbares Zaubergemisch von Hell und Dunkel. Die Herzogin war davon entzückt wie wir alle. Als wir die kleine Treppe der Einsiedelei herabstiegen und zwischen Felsenstücken und Buschwerken längs der Ilm gegen die Brücke, die diesen Platz mit einer Ecke des Sterns verbindet, hingingen, zerfiel die ganze Vision nach und nach in eine Menge kleiner Rembrandtischer Nachtstücke, die man ewig hätte vor sich sehen mögen und die nun durch die dazwischen herum wandelnden Personen ein Leben und ein Wunderbares bekamen, das für meine poetische Wenigkeit gar was Herrliches war. Ich hätte Goethen vor Liebe fressen mögen.«[20]

So sehr sich hier mithin ein willkommenes, auch theatralisches Experimentierfeld eröffnet hatte, eines konnte dieses Haus nicht sein, eine Stätte, die sich kontinuierlich mit Gesang und Musik füllte, wie Goethe es sich wohl gewünscht hätte. Auch wenn zur Einrichtung seiner Stube »ein Klavier« gehörte, so mußte er sich mit den Stadtmusikern verständigen, wenn er in seinem Garten Klänge hören wollte. An Charlotte von Stein schrieb er am 8. September 1776: »[. . .] ich lies mir die Clarinettisten kommen, ging in meinem Garten herum, sie bliesen bis acht. Es war alles so herrlich aber mein Herz thaute nicht auf.« Und am 14. Februar 1779 ließ er sie wissen: »Den ganzen Tag brüt' ich über Iphigenien, daß mir der Kopf ganz wüst ist; Musik hab' ich kommen lassen, die Seele zu lindern und die Geister zu entbinden.«[21]

Reichardts Garten in Giebichenstein bei Halle

Derjenige, der dieses Ideal verwirklichte, war Johann Friedrich Reichardt (1752–1814), bis zu

Abb. 17
Goethes Gartenhaus
am Stern · 1827
Otto Wagner · Sepiazeichnung
GMD

Abb. 18
Ansicht von J. F.Reichardts
Gut Giebichenstein bei Halle
mit Blick in den Talgarten,
frühes 19.Jahrh.
anonymer Stich
Halle, Stadtarchiv

seiner Entlassung der letzte Hofkapellmeister Friedrichs des Großen und Friedrich Wilhelms II. in Potsdam und Berlin. Reichardt gehörte, wie an anderer Stelle ausführlich dargelegt wird, zu denjenigen »denkenden Künstlern«, die Goethes Nähe suchten, seine musikalischen Berater waren und ihm als umfassend informierte Musiker entgegentreten konnten. Beide verband eine keineswegs unproblematische Freundschaft.[22]

Es ist mithin nicht verwunderlich, daß Reichardt um Goethes Besuche warb, nachdem er mit der finanziellen Unterstützung der Fürstin Luise Henriette von Anhalt-Dessau nach seiner Entlassung aus königlichen Diensten in Giebichenstein bei Halle begonnen hatte, seine damals weithin bekannte »Herberge der Romantik« einzurichten.[23]

Auf einer Fläche von 2,089 Hektar, die heute als »Reichardts Garten« zum Halleschen Stadtgebiet gehört, gelang es dem sehr kontaktfreudig umtriebigen Musiker, ab 1792 ein Leben zu führen, das der Lebensphilosophie der Weimarer vollkommen entsprach (Abbildung 18). Sein Gartenland, das von einer Mauer umfriedet war, legte er nach dem Wör-

litzer Muster an. Es hatte eine trapezförmige Grundanlage und erstreckte sich hinter seinem Wohnhaus mit dem berühmten Gartensaal und den Wirtschaftsgebäuden. Der Garten selbst war in einen Tal- und einen Berggarten geteilt und Reichardt legte großen Wert darauf, seinem Gelände die Ausstrahlung ungehinderten Wachstums zu verleihen. Er verbat sich die Normen französischer Gartenarchitektur ebenso wie die Spielereien des empfindsamen Zeitalters. Der geräumige Gartensaal konnte durch eine große dreiflügelige Glastür zum Garten geöffnet werden und war ein Ort, in dem Feste stattfanden und sich namhafte Künstlerkollegen, Gelehrte und Politiker trafen, so daß das Anwesen rasch zu einem Reiseziel wurde. So schrieb Ludwig Tieck am 12. Juni 1792 an Wilhelm Heinrich Wackenroder über eine Geburtstagsfeier, die er bei Reichardts erlebt hatte: »Am Sonntag vor acht Tagen war ein kleiner Ball bei Reichardts, ein Gartensaal ward sehr poetisch mit Tannenzweigen und Blumenkränzen ausgeschmückt, ich half mit daran arbeiten.«

Reichardt hatte nach der Übernahme des Gutes Giebichenstein mit einer kurzen aber folgenschweren Umgestaltung begonnen und lebte in dieser Zeit »ungezwungen [...] sich selbst« mit seiner »ländlichen Muse«, wie der Weimarer Schulmann Karl August Böttiger es formulierte. Man war ausnahmslos beeindruckt von Reichardts Gartenkunst, nicht minder von seinem spektakulären Rückzug ins Private, Bürgerliche, auf das er sich auch in seinem kompositorischen Schaffen einstellte. Die repräsentativen Opere serie, für die er bei Hofe vor allem besoldet worden war, hatte er gegen schlichte Lieder »am Clavier«, auch Stücke für die Glasharmonika eingetauscht, die sich um 1800 als sentimentalische Gartenmusik großer Beliebtheit erfreuten. Auch arbeitete er an den Singspielvertonungen der Goetheschen Libretti weiter. Am 30. Juni 1793 sandte er aus »inniger Verehrung und Dankbarkeit« den gedruckten Klavierauszug von »Erwin und Elmire« mit einer ausführlichen Widmung an Goethe und ein Jahr später konnte er schreiben: »Mit wachsendem Vertrauen geb ich diesen zweiten Band meiner Musik zu Ihren herrlichen Werken in Ihre Hände. Der dritte wird ›Claudine von Villabella‹ enthalten. Können Sie dies liebe Stück immer noch nicht dort aufführen lassen?«.[24]

Eine Besonderheit des Reichardtschen Anwesens, die man in Weimar kopierte, wird uns von seinem Schwiegersohn, dem Naturphilosophen Henrik Steffens in seiner Autobiographie beschrieben: »Reichardt hatte seinem Kutscher und seinem Bediensteten Unterricht geben lassen im Waldhornblasen [...] Wenn oft an schönen lauen und stillen Sommerabenden die alten wehmütigen lyrischen deutschen Gesänge, von dem Waldhorn begleitet, in dem stillen Garten erklangen, war der Eindruck hinreißend«.[25]

Die bisweilen mehrtägigen Aufenthalte Goethes und seiner Lebensgefährtin Christiane in Giebichenstein, die sich seit dem 22. Mai 1802 mehrfach wiederholten, erfüllten den Komponisten mit besonderem Stolz, zumal er wußte, daß Goethe nicht nur seine private Zimmerfolge im Seitenflügel des Hauses liebte, die sich Reichardt für seine Bibliothek zugerichtet hatte, sondern vor allem seinen »fröhlichen Hauskreis«, der die Goethevertonungen in der angemessenen Weise vorzutragen vermochte. In seinen »Tag- und

Jahres-Heften« zu 1802 hat der Dichter vermerkt: »Gibichenstein lockte zu Besuchen bei dem gastfreyen Reichards; eine würdige Frau, anmuthige schöne Töchter, sämtlich vereint, bildeten in einem romantisch ländlichen Aufenthalte einen höchst gefälligen Familienkreis, in welchem sich bedeutende Männer aus der Nähe und Ferne kürzere oder längere Zeit gar wohl gefielen und glückliche Verbindungen für das Leben anknüpften./ Auch darf nicht übergangen werden, daß ich die Melodien, welche Reichard meinen Liedern am frühsten vergönnt, von der wohlklingenden Stimme seiner ältesten Tochter gefühlvoll vortragen hörte.«

Wie viele derartige Anwesen, so fiel auch dieses gärtnerische Kleinod den durchziehenden französischen Truppen zum Opfer, die 1806 bei ihrem Rußlandfeldzug die Universitätsstadt Halle besetzten. Reichardt war ein von Napoleon politisch Verfolgter, und so endete die Besetzung mit der Verwüstung dieses Geländes, das seither nicht mehr in seine vorherige Pracht zurückversetzt wurde.

Ettersburg

Ettersburg ist heute eine Stätte, in der des Entsetzens gedacht wird, das 1937 durch die Anlage des Konzentrationslagers Buchenwald ausgelöst wurde. Auf die Zeit, in der Herzog Carl August in einem Brief an Carl L. von Knebel ausrufen konnte: »In Ettersburg floriren die Künste«, fällt damit leider der unlöschbare Schatten der jüngeren Vergangenheit. Der Herzog meinte die ereignisreichen Sommermonate, die der Hof seit 1776 Jahr für Jahr in der Umgebung des Jagd- und Lustschlosses zu verbringen pflegte. Ihrer Regentinnen – Pflichten ledig, richtete die Herzogin – Mutter Anna Amalia ab dem Frühjahr 1776 das nordwestlich von Weimar gelegene, 1717–1742 gebaute Schloß am Ettersberg als ihre Sommerwohnung ein, um im Kreise ihres Hofstaates, einiger Gäste und ihrer Vertrauten ein vielseitig aktives Leben »in Freiheit und Natur« zu beginnen. Wie sehr ihr das gelang, davon zeugen die vielen Briefe und begeisterten Schilderungen. Am 21. Mai 1779 schrieb Luise von Göchhausen an Frau Rat Goethe nach Frankfurt: »Wir sind nun wieder seit 8 Tagen mit Sack und Pack in unserm lieben Ettersburg. Es ist doch, das weiß Gott! ein schönes Leben so in Wald, Berg und Thal! Unsere beste Herzogin ist hier auch wohl und vergnügt, Gott erhalte sie dabey, sie verdient's so sehr! Gestern hat uns der Hr. Geh. Leg. Rath ein Schäferspiel, *Die Launen der Verliebten*, hier aufgeführt, daß er in seinem 18ten Jahr sagte gemacht zu haben«.[26] Leitbild und Motto dieses Lebens waren die bereits zitierten Verse Johann Georg Jacobis, die Anna Amalia in Stein meißeln ließ:

»O laßt beim Klange süßer Lieder
Uns lächelnd durch dies Leben gehn,
Und, sinkt der letzte Tag hernieder,
Mit diesem Lächeln stillestehn!«

Diesen Versen, die die Aktivitäten verklärten, die gegen den stumpfen Ernst der Hofgesellschaft gerichtet waren, seien die enthusiastischen »Gedichte an Olympia« Christoph Martin Wielands angeschlossen, der darin das Ettersburger Waldleben besingt, an dem er begeistert teilnahm:

»Was ist's, das uns Olympiens hehren
    Wald
Zum Zaubergarten macht, zum Tempel
    schöner Freuden,
Zu dem man eilt, um zögernd draus zu
    scheiden? . . .
Sie (die Musen) sind's, die am harmoni-
    schen Klavier
Der leichten Finger Flug beleben;
Und wer als sie vermöchte Ihr
Die Melodien einzugeben,
Von denen das Gefühl der lautre Urquell
    ist,
Die tief im Herzen wiederklingen,
Die man beym ersten Mahl erhascht und
    nie vergisst,
Und niemahls müde wird zu hören und zu
    singen?
O Fürstin, fahre fort aus Deinem schönen
    Hain
Dir ein Elysium zu schaffen!
Was hold den Musen ist soll da willkom-
    men seyn!
Doch allen, die in Deine Wildniss gaffen
Und nichts darin als – Bäume sehn,

Dem ganzen Midasstamm der frost'gen
    langen Weile
Mit ihrem Tross, der Uhu und der Eule,
Und ihrer Schwesterschaft von Gänschen
    und von Kräh'n,
Sey Deine Luft zu rein!/ Das traur'ge
    Völkchen weile
Stets an des Berges Fuss; und führt das
    böse Glück
Es ja hinauf, so kehr' es bald zurück,
Und banne selber sich aus Deiner Repu-
    blik.«[27]

Um die Voraussetzungen für das Theaterspielen, Tanzen, Malen oder Musizieren zu schaffen, ließ Anna Amalia die starren Gartenanlagen ummodeln, aufforsten, Waldnischen und ein Naturtheater anlegen; eine Einsiedelei mit einfacher Möblierung entstand, und in das Jahr 1777 fällt nicht nur der Beginn der Bauarbeiten an einer Alkovenbühne und der Bühne im Westflügel des älteren Schlosses, sondern auch die Errichtung eines achteckigen, dreißig Fuß hohen, im Stil dem Schloß angenäherten, leicht gebauten zusätzlichen Hauses mit breiter Galerie.[28]

Eine genaue Beschreibung des Parks verdanken wir dem Kieler Gartentheoretiker Christian Cay Lorenz Hirschfeld, der Ettersburg in seiner »Theorie der Gartenkunst« 1780 anschaulich schildert: »Stellen Sie sich einen Wald vor, durch welchen Gänge, im Geschmack der englischen Parks, gehauen sind, so haben Sie eine Idee vom Ganzen, und von dem Reichthum an immer neuen, immer abwechselnden Scenen und Schönheiten, die schon aus der Natur einer solchen Anlage entspringen, und die keine Kunst nachzuschaffen im Stande ist. An den meisten Stellen sind die Wege eine fortlaufende, für Sonnenstral und Regen undurchdringbare, Laube. Bänke, oder alte Baumstämme zu Sitzen ausgehöhlt, winken überall den Wanderer in ihre Schattenplätze, oder machen ihn aufmerksam auf schöne Aussichten; die vorzüglichste darunter ist wohl die, welche man vom Pavillon und der einen Ecke des Waldes über eine Strecke von mehr als hundert Quadratmeilen hat. Das Auge mißt, mit heiligem Erstaunen, den ungeheuern Raum, der sich vor ihm ausbreitet, und Bode behauptete, daß man, den Brocken ausgenommen, keine Aussicht von größerm Umfange in Deutschland finden würde.

Folgt man den Gängen, so kommt man, hier zu einem Bad, kühl, wie das Bad der Nymphen, dort zu Teichen in Gebüschen; hier überrascht einen eine Laube von Gitterwerk, dort bleibt man vor einem Tisch von weißem Marmor im antiken Geschmack stehen, um dessen Füße sich Schlangen winden. Oeser ist der Meister, der ihn verfertigt hat. Die Büste dieses großen Mannes, von Klauer in Weimar, einem Künstler von großen Hoffnungen, so ähnlich als möglich, gehauen, ist nicht weit davon aufgestellt [...]. Eine Hütte, oder Haus von Baumrinde, simpel wie sein Aeußerliches, mit hölzernen Geräthen und Binsenmatten möblirt, liegt in einer der romantischen Wildnissen des Waldes. Nicht weit davon zeigte man mir einen großen gesäuberten Halbkreis, der zum Schauplatz mancher Lustbarkeit dient. Ich sah im Zimmer der Herzogin ein Gemälde von Kraus, das einen Auftritt aus einem Schauspiel, ›die Zigeuner‹, von Einsiedel, vorstellte, welches hier bey Nachtzeit gespielt worden war«[29] (siehe Umschlag).

Anna Amalia ließ in schönen Sommernächten die Umgebung illuminieren, zündete Feuerwerke und selbst die Proben für die Darbietungen schlossen mit einem Ball oder einem ausgedehnten Souper ab. Die Szenenbilder, etwa zu Goethes 1778 zu einer Operette umgearbeitetem Puppenspiel »Jahrmarktsfest zu Plundersweilern«, entwarf zumeist Georg Melchior Kraus. Ausgeführt wurden sie vom Hofebenisten Johann Martin Mieding, dem »Bühnenbildner« des Liebhabertheaters. Die »Akteurs, 24 Personen zusammen«, so berichtet Johann Carl August Musäus über die Vorbereitungen zum »Jahrmarktsfest«, »[...] wurden jedesmal in sechs Kutschen hinaufgeholt und Abends mit Husaren, die Fackeln trugen, wieder zurückbegleitet«.[30] Auch die unentbehrliche »Gnomide« oder »Thusnelda« Luise von Göchhausen schildert das sommerliche Waldleben und die übermütigen Komödien, bei denen »der halbe Hof und ein guter Theil der Stadt« (Wieland) mitspielte. Lebhafte Berichte gingen an Goethes Mutter in Frankfurt, häufig mit heiteren Nachschriften Wielands, wie jener, die er einem Brief vom 21. Mai 1779 anfügte: »Liebes Mütterchen, wir sind hier bey Ihrer und unserer Herzogin, der einzigen und ewigen Königin unserer freyen Herzen, auf den hohen Ettersberg: Und leben da ferne vom Erdengetümmel/ Das selige Leben der Götter im Himmel usw. außer daß es verd...t garstig unfreundlich Wetter ist. Eja! wäre doch Mutter Aja auch bey uns. [...] Gestern hat mich ein kleines Schäferspielchen von Bruder Wolfens ersten Schuß um 25 Jahre jünger gemacht (gemeint war Goethes »Die Laune des Verliebten«: »mit einigen Arien, welche der Kammerherr Seckendorff componirt hat«, L. v. Göchhausen im Brieftext). Denn Sie wissen doch, daß wir hier in Ettersburg ein Theaterchen haben, so schön als Sie sichs nur einbilden können, und daß wir da – doch wozu wollt' ich Ihnen von allen unsern Freuden schwatzen?«[31]

Wieland konnte auf das übermütige Treiben jedoch auch gereizt und gekränkt reagieren, vor allem wenn er selbst der Gegenstand des Spotts wurde, den man hier mit Vorliebe trieb. So ging 1779 das Lustspiel »Orpheus und Eurydike« von Friedrich Freiherr von Einsiedel mit der Musik von Siegmund von Seckendorff als Parodie auf das fünfaktige Wielandsche Singspiel »Alceste« in Szene, eine Oper, die von ihm mit übergroßem Enthusiasmus begleitet worden war. Wieland beklagte sich bitterlich, seine Alceste von dem »unsaubren Geist der Polissonerie und der Fratze, der in unsere Oberen gefahren ist [...] auf die allerlächerlichste Art, die sich denken läßt, parodirt und dem Höhnlachen einer sehr zahlreichen Versammlung zu zweienmalen preisgegeben« zu sehen. Er zweifelte gar am »Gefühl des Anständigen, [...] aller Delicatesse, aller Zucht und Schaam«.[32] Meist genoß er es jedoch, daß »geklimpert, gegeigt, geblasen und gepfiffen« wurde, »daß die lieben Engelchen im Himmel ihre Freude daran haben«, vor allem, wenn sich Anna Amalia, wie im Sommer 1779, mit einigen Hofmusikern wochenlang in musikalischen Diskursen bewegte und nach der etwas despektierlichen Schilderung Karl August Böttigers: »Die schönsten Quartetts von Boccarini [...] geschlachtet wurden. Der immer dienstfertige Seckendorf componirte und versifizirte was man haben wollte [...]«.[33] Selbst er, der die Hofgesellschaft stets sezierte, teilte jedoch die Ansicht, daß

»eine der glücklichsten Perioden die Zeit war, wo die Herzogin, die noch etwas vom Glanz ihrer Regentschafft beibehalten und nun ihrer Muße genießen wollte, in Ettersburg lebte.«[34]

Über den Fortgang der Proben zur Aufführung des »Jahrmarktsfest«-Puppenspiels hatte Wieland seinen Freund Johann Heinrich Merck in Darmstadt, für den es ursprünglich gedacht war, im Oktober 1778 unterrichtet: »[...] Kranz, als Orchestermeister, und Kraus als Decorateur haben seit 14 Tagen alle Hände voll zu thun und sind fast immer zu Ettersburg. Göthe kommt dann und wann, darnach zu sehen und das Werk in Gang zu bringen, und die Herzogin lebt und webt und ist in dem Allen von ganzer Seele, von ganzem Gemüth und von allen Kräften. Ich darf nichts davon sehen, bis alles fertig ist; das ist bei dergleichen Anlässen immer ein eigner Spaß, den sie sich macht, und wozu ich mich, wie Du denken kannst de la meilleure grace du monde pretire.«[35]

Wie zwanglos und bar der höfischen Etikette – wenn auch im Rahmen des üblichen Reglements – es auch für Gäste aus dem nahen Umlande namentlich beim traditionellen Hahnenschlagen im August zugehen konnte, bei dem sich bisweilen bis zu 200 Paare im Schloßhof einfanden, ist in einer Beschreibung eines Ettersburgers überliefert, die in vollem Wortlaut im Kapitel über brauchgebundene Tänze wiedergegeben ist (siehe das Kapitel IX »Tanzen gehöret zum festlichen Tag«). Hier nur folgender Ausschnitt:

»Als nun die Herrschaft kam, so wendete sich Herr von Schardt an einen Bauern Pursch, damit er ihm ein schmuckes Bauernmädchen bringen möchte, mit welcher er vortanzen wollte; während dies geschah, führte Herr von Schardt diesem Bauer Purschen ein stattliches Fräulein zum Tanzen zu. Diesem Beyspiele folgten nun auch alle andern, und so mengten sich schnell die verschiedenartigen Stände. Unter den adlichen Tänzern waren Herr v. Staff, Hr. v. Knebel, Hr. v. Hendrich und sogar die beyden Prinzen, unser gnädigster Großherzog (Carl August) und Prinz Constantin. Frau Herzogin Amalia nahm auf Stühlen vor dem Schlosse mit älteren Damen und untanzlustigen Herrens Platz, wohin Frau Geheime Räthin von Fritsch, Hr. Cammerrath von Ly-

ncker, Hr. v. Göthe pp. gehörten. Vor dem Sitze der Frau Herzogin war ein Loch in den Hof gegraben, welches wohl 15 Ellen im Durchmesser hielt und sich in flachen Ufern endigte. Dieses Loch war mit Wasser angefüllt, – so daß das Wasser in der Mitte die Tiefe von einer reichlichen Elle hatte. Der Tanz begann mit einer Polonaise, wo man erst in mancherley Figuren im Hofe sich herumschwenkte, und dann gieng mit einem male der Tanz mitten durch das Loch. Die Fräuleins sträubten sich freylich sehr, ins Wasser zu gehen, doch wurden sie mit Gewalt von den rüstigen Bauernpurschen hinein gerissen. Nach diesem Auftritt gewann trotz den durchnässeten und besudelten Kleidungsstücken der Tanz mehr Ordnung und dauerte bis zur späten Nacht fort, wo sich alles nach und nach verlor. Die Erzählung von diesem Fest hat mir der alte Schwarz von Ettersburg gemacht, der sich noch mit Freude und Ehre erinnert, mit dem Fräulein von Göchhausen durchs Wasser getanzet zu haben.«[36]

Belvedere

»Donnerstag nach Belvedere«, so beginnt ein am 15. 1. 1813 im Tagebuch mit »Wochenlust« tituliertes ausgelassenes Lied, das Goethe für die »Lustigen von Weimar« schrieb. Nicht nur seine Frau Christiane und ihre Freundinnen, für die das Lied gedacht war, sondern jeder Weimarer wußte, daß der Donnerstag der spielfreie Tag war:

> »Montag reizet uns die Bühne;
> Dienstag schleicht dann auch herbei,
> Doch er bringt zu stiller Sühne
> Ein Rapuschschen frank und frei.
> Mittwoch fehlt es nicht an Rührung:
> Denn es gibt ein gutes Stück;
> Donnerstag lenkt die Verführung
> Uns nach Belveder zurück.«
> (»Nach Tische Dem. Engels, die dasselbe
>   sang«. Tagebuch 15. 1. 1813).[37]

Belvedere war wie Ettersburg ein Ort, an dem man sich sommers wie winters gern traf. Daß auch hier Jedermann willkommen war und sich ein naher Gasthof auf zahlreiche Besucher

ihr Sohn Carl August, das Erbprinzenpaar, Wieland oder andere Gäste. In den Jahren 1724–1726 war es als sternförmig angelegte Jagdschloßanlage errichtet worden, später in ein Barockschloß des Pavillontyps umgebaut worden, das ab 1750 durch die Orangerie und etliche Nebengebäude ergänzt wurde. Aus dem dazugehörenden ummauerten Rokokogarten entstand nach 1777 in Etappen ein ausgedehnter Landschaftsgarten mit Aussichtsbauten, von denen man das Gelände überschauen konnte, eine von der Ilm durchflossene hügelige Landschaft mit einem oberhalb gelegenen See. Gemeinsam mit seinen Gärtnern Reichert, Dietrich und Sckell wurde hier von Herzog Carl August kein finanzieller Aufwand gescheut, einen bedeutenden botanischen Garten mit vielen Kostbarkeiten anzulegen, der jedoch »die halbwilde Natur« blieb, die nicht nur Wieland »über Alles liebte«. Der Park zog viele Fachleute und Liebhaber an und durch den 1820/21 angelegten Katalog »Hortus Belvedereanus« wurde ihm und seinen 6300 angesiedelten Pflanzenarten sowie 1300 Varietäten bescheinigt, der »reichste des Festlandes« zu sein.

Ein Labyrinth, ein nach 1811 angelegtes aber kaum benutztes Heckentheater (Abbildung 19), ein Tiergehege, die »Große Fontäne« mit Grottenberg, Ruinenarchitektur und eine »Mooshütte« boten weitere Anziehungspunkte für den Besucher, der überdies bei günstigen Witterungsbedingungen von der Klangaura der Äolsharfen eingenommen werden konnte, eine Besonderheit, die später eingehend beschrieben wird.

In dieser Umgebung wurde am 5. September 1808 Wielands 75. Geburtstag gefeiert. Eine eindrückliche Schilderung verdanken wir sowohl der Wielandtochter Luise, als auch Caroline Herder, die in einem Brief vom 6. September an Knebel weitergab, was ihr über diesen Tag berichtet wurde: »Schon früh erweckte eine angenehme sanfte Musik unsern geliebten Vater zu diesem heitern Tag aus seinem Schlummer. In seiner Stube waren Kränze von Blumen, die wir den Tag zuvor geflochten hatten, ausgeschmückt, ein kleines Tischchen, auch mit Blumenkränzen behangen, mit kleinen Geschenken, Blumen und Früchten bedeckt, daneben die Kinder Carl,

eingerichtet hatte, beschreibt 1798 der aus Göttingen angereiste Philologe August Matthiae in einem Brief an seine Angehörigen: »Da kömmt alles, was sich zerstreuen will, hieher gefahren, geritten oder gegangen, und belustigt sich in dem herrschaftlichen Gasthofe mit Tanzen oder in der Orangerie und im Walde mit Spazierengehen.«[38] Der Gasthof und das erhöht gelegene Schloß mit Orangerie liegen südlich von Weimar, heute wie damals erreichbar über eine von Kastanien und Linden gesäumte Allee. Von 1756 bis 1776 wurde das Schloß Belvedere von Herzogin Anna Amalia bewohnt, hier hatte sie die ersten Monate ihrer Ehe mit Ernst August Constantin verbracht. Später logierten hier gelegentlich

Amalie, Julie, weiß gekleidet und bekränzt wie kleine Engel, und wir übrigen, den geliebten, verehrten Vater erwartend [...]. Zu Mittag kam dann die ganze Gesellschaft, die gewünscht hatte(n), an diesem schönen Fest mit teilzunehmen: (der Kanzler Friedrich) v. Müller, Bertuchs, Herr und Mad. Fritsch, die Familie v. Egloffstein, Einsiedel, Minister v. Voigt und noch einige Freunde [...]. Nach dem Diner, das in einem mit Eichenlaubkränzen geschmückten Saal des Schlosses eingenommen wurde, ging alles in den Garten oder Wald [...]. Im Freien wurde Kaffee getrunken. Dann begab man sich zurück in das Schloß, wo ein ›sehr artiger‹ Ball stattfand, und alt und jung tanzte nach Herzenslust.«[39]

Der Wilhelmsthaler Schloßpark

Bereits 1764 hatte einer der Gärtner der Sckellfamilie der Herzogin vorgeschlagen, den Wilhelmsthaler Schloßpark in einen »Garten natürlichen Stils« zu verwandeln. Daher verdient auch diese Residenz der Herzöge von Sachsen – Weimar, die in den Sog der Veränderungen und geselligen Einvernahmen geriet, an dieser Stelle Beachtung. Das Schloß mit seinen Ländereien war 1741 in den Besitz der Weimarer Herzöge gelangt, aber erst 1795 ließ Carl August den Lustgarten mit Wiesen, Gehölzen, einem See und einer Kaskade »verändern und anglisieren«. Tempel, Ruinen, Plastiken und Urnen blieben hier ausgespart. Johann Friedrich Reichardt, den wir als den überaus kenntnisreichen Gärtner in seiner »Herberge der Romantik« schon kennengelernt haben, war im August 1808 so angetan von der enthaltsamen Gestaltung des Wilhelmsthaler Geländes, daß er in seinen »Vertrauten Briefen« zu einer ausführlichen Schilderung ausholte:

»Welch ein Tal! Welche Umgebung! Nie hat mich ein neuer Anblick fröhlicher überrascht [...] Mitten in dem herrlichen Tale stehen die ansehnlichen, doch von aller Pracht reingehaltnen, herrschaftlichen Gebäude für den Herzog, die Herzogin, die Prinzessin, ihre Damen und Kavaliere, für Fremde und für die vereinte Gesellschaft (mit den Stall- und Kü-

chengebäuden zehn an der Zahl), einzeln, angenehm verstreut. [...] Im Hintergrunde eine köstliche, weite Wiese mit einer Schweizerei, ganz nach Schweizerart angelegt und gebaut. Das andere Ende des Tals schließt ein gut eingerichteter Gasthof [...] O Natur! Natur! du ewig schaffende! nie erschöpfte, nie alternde! Wie schwindet neben dir doch alle Kunst zu nichts! Da hab' ich nichts von Einsiedeleien, nichts von Ritterburgen und Teufelsbrücken gesehen; und doch ist der Eindruck der ganzen hoch einfachen Naturbildung größer, tiefer, inniger, als es alle jene Künsteleien nur je zu erreichen vermöchten! [...] Zwischen all diesen reinen, reichen Naturszenen hindurch bequeme, schöngeführte, sorgfältig reingehaltene Wege zum Fahren und Gehen, und liebliche Sitze auf großen und kleinen Plätzen, für Gesellschaft und für Einsame, immer am rechten Orte angebracht, immer da, wo jeder Mensch von Sinn und Gefühl am liebsten ruht«.[40]

Wenngleich der Herzog und Bauherr vornehmlich der Jagd wegen nach Wilhelmsthal ritt und die Umgebung dann von seinen Postillons und Jagdhörnern widerhallte, so konnte es doch auch hier vorkommen, daß – wie im August 1808 – »hübsche Musik und Gesang im Garten« erklangen.

Tiefurt

Spätestens im Jahr 1780 verlegte die Herzogin ihren Sommersitz von den Höhen Ettersburgs in »Tiefurts Thal«, das in Anlehnung an das antike Tibur am Anio, das heutige Tivoli, den Beinamen »Tiburs Hain« bekam (Abbildung 20).[41] Hier blieb das Vermächtnis, den Musen zu dienen, wohl am längsten lebendig. Im Oktober 1852 machte sich nämlich eine illustre Gesellschaft, zu der die greise Bettine von Arnim gehörte, zu einem Ausflug dorthin auf und Armgart von Arnim setzte sich an ein Spinett, um an diesem Ort ein Lied ihres Onkels Clemens Brentano zu singen: »Gehör der Welt nicht an, so ist's um dich getan«. Sie sang es in der nostalgischen Stimmung, einen Nachsommer noch einmal belebt und ein »letztes Abendleuchten« einer vergangenen Kunstepoche erlebt zu haben.

burger Zeiten fand sie hier vielmehr in den sehr einfachen Gebäuden die ländliche Idylle, von der sie wünschte, »daß Faunen und Nymphen sich nicht zu schämen brauchen, ihren Aufenthalt darinnen zu haben« (Brief vom 8. 11. 1782 an v. Knebel). Diesen Rekurs auf antike Wesen griff auch Goethe in seinem Gedicht »Ländliches Glück« auf:

> »Seyd, o Geister des Hains, seyd, o ihr
> Nymphen des Flusses,
> Eurer Entfernten gedenk, und euern Nahen
> zur Lust!
> Jene feyerten erst hier still die ländlichen
> Feste;
> Wir beschleichen geheim auf ihren Pfaden
> das Glück,
> Amor wohne mit uns, es macht der himm-
> lische Knabe,
> Gegenwärtige lieb, und die Entfernten euch
> nah.«[42]

»In Tiefurts Hainen« konnte sich zwischen 1781 und 1807 »ohne Hofmarschall und Casino« die Vorstellung eines unbeschwerten Miteinander besonders intensiv erfüllen. In gleichsam klassischer Zusammensetzung waren nach wie vor »amateurs, Kenner und gens de lettres« (Herzog Carl August) gleicherweise willkommen, um vor den Toren der Stadt zu »rustizieren«. Die Herzogin begnügte sich mit fünf Räumen, einem Schlafzimmer, einer Garderode, einem Wohn-, Empfangs- und Speisezimmer im Obergeschoß, denen sie der englischen Gartenästhetik folgend »sanfte egale Grundfarben« gab; ein Musik- sowie ein Billardzimmer luden zum Spielen ein. 1805 entstand noch ein »Salon«, der einen rindenverkleideten Pavillon ersetzte. In kleinen Kabinetten konnten Gäste wohnen, sofern sie nicht bei Landleuten in der näheren Umgebung einquartiert wurden. Über dem Eingang hatte Amalia den Matthisson-Vers angebracht:

> »Hier wohnt Stille des Herzens,
> Goldene Bilder steigen
> Aus der Gewässer klarem Dunkel.
> Hörbar waltet am Quell der leise Fittich
> Segnender Geister!«

Der Park wurde zu einem empfindsamen Garten mit »Stüfchen und Pfädchen« auf beiden Seiten des Flusses, einer modischen chinesi-

Abb. 20
Schloss Tiefurt, Westseite ·
1793
Conrad Westermayr · Sepiazeichnung
nach: W. Bode, Damals in
Weimar, Weimar 1917, S. 31

Abb. 21
Musentempel im Park
zu Tiefurt (1803)
Foto 1983
SWK

In dem 1765 erbauten, schlichten ehemaligen Pächterhaus, das von Prinz Constantin und seinem Erzieher Carl Ludwig von Knebel zu einem Schlößchen inmitten eines Parks umgestaltet worden war, in dem mit ländlichen Picknicks, Festen und Illuminationen bereits der Grund für die späteren Sommervergnügungen gelegt wurde, suchte Anna Amalia das Refugium, das ihren damaligen Vorstellungen entsprach. Es war weder konzipiert für männlich-herrscherliche Jagdgelüste wie die anderen Schlösser, noch als ein spätbarock strenges Lusthaus. Nach den furiosen Etters-

schen Hütte, wie sie auch im Hausgarten des Wittumspalais nicht fehlen durfte, Plätzen der Erinnerung und der Erbauung. Alles war umgeben von dunklen Koniferen, zu denen lichte Gehölze kontrastierten. Daß man Nutzgartenflächen und Gewächshäuser kultivierte, entsprach der Intention des tätigen Landlebens. Auch hier wurden freilich Gesellschaftsplätze ausgespart für allerlei theatralische Aktivitäten, gekrönt von einem der Muse Polyhymnia gewidmeten, sechssäuligen Musentempel (Abbildung 21). Da seit der ersten Aufführung von Wolfgang Amadeus Mozarts Oper »Die Entführung aus dem Serail« am 5. April 1785 der beispiellose Siegeszug des Mozartschen Werkes am Weimarer Hoftheater begonnen hatte, huldigte man ihm auch hier in besonderer Weise und setzte ihm 1799 ein Denkmal. Es war das erste außerhalb seines Heimatlandes, eine »Mozart und den Musen« gewidmete Säulentrommel, die eine Leier trägt (Abbildung 22). Goethe hatte 1787 in der »Italienischen Reise« geschrieben: »Alles unser Bemühen daher, uns im Einfachen und Beschränkten abzuschließen, ging verloren als Mozart auftrat. Die Entführung aus dem Serail schlug alles nieder«.[43]

Wie sehr man sich aber vor allem der Exzeptionalität des eigenen Kreises bewußt war und Anna Amalia das Bedürfnis hatte, ihre Freunde zu ehren, zeigen die Büsten, die sie ab 1782 im sogenannten Lohhölzchen aufstellte. Unter einem mächtigen Lindenbaum neben einem Steintisch und zwei steinernen Bänken, dem Lieblingsplatz Wielands, stand eine von Martin Gottlieb Klauer ad vivum angefertigte Büste mit der Sockelinschrift Goethes (heutiger Zustand Abbildung 23):

»Wenn zu den Reihen der Nymphen, versammelt in heiliger Mondnacht,
Sich die Grazien heimlich herab vom Olympus gesellen:
Hier belauscht sie der Dichter und hört die schönen Gesänge,
Sieht verschwiegener Tänze geheimnisvolle Bewegung,
Was der Himmel nur Herrliches hat, was glücklich die Erde
Reizendes immer gebar, das erscheint dem wachenden Träumer.

Alles erzählt er den Musen, und daß die Götter nicht zürnen,
Lehren die Musen ihn gleich bescheiden Geheimnisse sprechen.«[44]

Martin Klauer schuf zudem zur Ehrung der Sängerin und Komponistin Corona Schröter einen Amor, der mit seinem Pfeil eine Nachtigall füttert. Auch diese Inschrift stammt von Goethe:

»Dich hat Amor gewiß, o Sängerin, fütternd erzogen,
Kindisch reichte der Gott dir mit dem Pfeile die Kost:

Abb. 22
Mozart-Denkmal im Park zu Tiefurt · 1799, entworfen von Heinrich Mayer und Martin Klauer
SWK

43

Abb. 23
Büste Christoph Martin
Wielands im Park zu Tiefurt,
1802. Johann Gottfried
Schadow. Foto 1995. SWK

Schlürfend saugtest du Gift in die unschuldige Kehle.
Denn mit der Liebe Gewalt trifft
Filomele das Herz.«[45]

Johann Gottfried Herders gedachte man mit einem 1804 aufgestellten Erinnerungsmonument, einer von einem Schmetterling gezierten Pyramide, dem Symbol des Genius; auch Goethe wurde mit einer Büste geehrt.

Gemeinsames Spiel, Tanzen, Musizieren und ausgedehnte Picknicks waren in dieser Umgebung eine Selbstverständlichkeit. Zu den denkwürdigen Ereignissen gehörte die Aufführung des »Wald- und Wasserdramas: Die Fischerin« von Goethe mit der Musik von Corona Schröter. Es kam am 22. Juli 1782 zur Aufführung mit Corona in der Titelpartie, die erstmals den von ihr vertonten Balladentext des »Erlkönig« sang (Faksimile, Abbildung 24). »Die Zuschauer«, so berichtete Goethe am 27. Juli an Knebel: »sasen in der Mooshütte wovon die Wand gegen das Wasser ausgehoben war. Der Kahn kam von unten herauf pp. Besonders war auf den Augenblick gerechnet wo in dem Chor die ganze Gegend von vielen Feuern erleuchtet und lebendig von Menschen wird«.[46] Die Besonderheit dieses Ereignisses und gerade dieser Szene ist von Georg Melchior Kraus nicht ohne Grund im Bild festgehalten worden (Abbildung 25). Der Maler spürte, daß sich im Kreis der Zuhörer und Aufführenden das vollzog, was sich Herder so sehnlich gewünscht hatte, daß das Volkslied seiner Bestimmung wieder zurückgegeben werden würde (vergleiche auch das Kapitel VI, »Stimmen der Völker in Liedern«).

Daß diese musikbegeisterte Atmosphäre lange anhielt und es die Weimarbesucher immer wieder nach Tiefurt drängte, um wenigstens zeitweilig diesem Kreis anzugehören, schildert der dänische Dichter Adam Oehlenschläger, der mit Reichardt 1806 eine Reise nach Weimar und Tiefurt unternahm. Seit 1805 hatte er sich Reichardt angeschlossen, war oft in Giebichenstein zu Gast und schildert in seinen Lebenserinnerungen, daß sie zur Teezeit der herzoglichen Familie, in Anwesenheit von Wieland, Frau von Schiller und anderen Gästen, gebeten wurden zu musizieren: »Reichardt spielte ihnen vor, und ich mußte der Aufforderung zufolge einige alte dänische Kämpeweisen singen, die ihnen gefielen.«[47] Reichardt mochte die Zuhörer mithin mit den neuesten Kompositionen aus seiner Feder be-

XVII. Der Erlkönig.

Etwas langsam und abentheuerlich.

Wer reit't so spät durch Nacht und Wind? Es ist der Vater mit seinem Kind; er hat den Knaben wohl in den Arm, er faßt ihn sicher, er hält ihn warm.

Mein Sohn was birgst du so bang dein Gesicht? —
Siehst Vater du den Erlkönig nicht?
Den Erlenkönig mit Kron und Schweif? —
Mein Sohn es ist ein Nebelstreif. —

Du liebes Kind, komm' geh' mit mir,
Gar schöne Spiele spiel' ich mit dir,
Manch' bunte Blumen sind an dem Strand,
Meine Mutter hat manch gülden Gewand. —

Mein Vater, mein Vater, und hörest du nicht
Was Erlenkönig mir leise verspricht? —
Sey ruhig, bleibe ruhig Kind,
In dürren Blättern säuselt der Wind. —

Willst feiner Knabe du mit mir gehn?
Meine Töchter sollen dich warten schön,
Meine Töchter führen den nächtlichen Reihn,
Und wiegen und tanzen und singen dich ein. —

Mein Vater, mein Vater, und siehst du nicht dort
Erlkönigs Töchter am düstern Ort? —
Mein Sohn, mein Sohn, ich seh' es genau,
Es scheinen die alten Weiden so grau.

Ich liebe dich, mich reizt deine schöne Gestalt,
Und bist du nicht willig, so brauch ich Gewalt! —
Mein Vater, mein Vater, jezt faßt er mich an!
Erlkönig hat mir ein Leids gethan.

Dem Vater grauset's, er reitet geschwind,
Er hält in Armen das ächzende Kind;
Erreicht den Hof mit Müh und Noth;
In seinen Armen das Kind war tod.

Göthe.

kannt gemacht haben, während Oehlenschläger spätmittelalterliche Balladen skandinavischer Provenienz vortrug.

Zu den durchaus unkonventionellen Tiefurter Aktivitäten gehörte das »Journal von Tiefurt«, ein nur für den engsten Freundeskreis bestimmtes handschriftliches Magazin, das vom August 1781 bis zum Juni 1784 in unregelmäßigen Abständen erschien. In einem scherzhaften »Avertissement« (Abbildung 26) wurde 1781 verkündet, daß »eine Gesellschaft von Gelehrten, Künstlern, Poeten und Staatsleuten, beyderley Geschlechtes, zusammengetreten« sei und sich vorgenommen habe, »alles was Politick, Witz, Talente und Verstand, in unsern dermalen so merkwürdigen Zeiten, hervorbringen, in einer periodischen Schrift den Augen eines sich selbst gewählten Publikums, vorzulegen«. Unter der Regie des »gnädigst verordneten Redacteurs«, des Kammerherrn von Einsiedel und seiner »Sekretärin« Luise von Göchhausen, entstanden 47 Nummern in »Groß-Median-Quart fein Pappier«. Jede Auflage zählte lediglich 11 Exemplare und unter der Wahrung strikter Anonymität griffen nahezu alle zum Kreis der Eingeweihten Gehörenden zur Feder, um Prosaskizzen, Anekdoten, Reflexionen über Musik und

Abb. 24
»Der Erlkönig« von Goethe »in Musik gesezt« von Corona Schröter · 1782 aus: Fünf und Zwanzig Lieder … von C. Schröter, Weimar 1786, Nr.17
GMD

Malerei (Wieland), Scharaden, Preisfragen, Lieder, Epigramme oder Fabeln zu liefern (Dokumente 6 und 7). Skurrile Geschichten standen neben satirisch verpackter Gesellschaftskritik, wie etwa der Adaption der Wiener Erzählung »Der Hausball« durch Goethe (Dokument 7), die er zu einer »deutschen Nationalgeschichte« umgestaltete und an deren grotesk ruinösem Verlauf ihn die gesellschaftlichen Anpassungszwänge gereizt haben mochten. Wohl aus der Feder Luise von Göchhausens, der »Thusnede« der Tiefurter Runde, stammt eine in den Anfang der Tiefurter Zeit, März/April 1782 datierbare Erzählung, deren altdeutscher Titel: »Der Ritter Eckbert von Tiefurt« eine als launige »Nachricht aus dem zwölften Jahrhundert« eingekleidete Schilderung der sich allmählich einrichtenden Tiefurter Gesellschaft war:

»Ritter Eckbert von Tiefurt ware bieder und brav. Nächst an seiner Burg am Ufer der Ilme ware eine Laube von Erlen, die hat er in seiner Kindheit gepflanzt. In Frühlingstägen und Sommerabenden war er in der Laube. Wenn er von Kriegen, Fehden und Turnieren zurückkam, dann wurde da seine Ankunft gefeyert, wenn seines redlichen Weibes Geburts-Tag ware, dann wurde er gefeyert in der Laube. Wenn Freund und Gäste kamen; dann bewirtet er sie in der Laube. Dann stiesen sie ihre Römer zusammen und sangen frohe Lieder. Jeder Gast war ihm lieb, und der besonders lieb, der schöne Lieder zu singen wuste, dem Tiefurt gefiel, der von Herzen sang, trunk, und sich freute [...] Tiefurt gefällt ihm (dem angekommenen C. L. Knebel). Die klar und schnell ströhmende Ilme, der waldige Hügel, die Ebene, mit Gebüschen so schön durchwachsen, reizten ihn! Eckbert sah, wie er mit seinem geflügelten Pferd herabschoß, er sah wie durch Knebels Fleiß des Pachters Hütte zum angenehmen guten Landhauß wurde. Wie der Wald zum schönen Garten wurde, und doch Wald bliebe. Wie beyde, Kunst und Geschmack, Knebeln leiteten, wie sie täglich mit ihm Fußpfäd absteckten, Bäume tilgten und Bäume pflanzten, und dann wieder jeden ihrer Tritten mit den Blüthen ungekünstelter Natur überdeckten [...] Er sah wie ein junger Fürst in Jünglings = Jahren, in unschuldigen Zerstreuungen, in ländlicher Ruh, zum edlen reinen Menschengefühl in Tiefurt reifte.

Abb. 25
Szene aus Goethes Singspiel
»Die Fischerinn« · 1782
Georg Melchior Kraus ·
Aquarell
SWK

Sah wie mehrmalen bey freundlichem Mahle Geist, Munterkeit, Laune und Geschmack einander in Tiefurt die Hände boten. Sah und hört es wie Carl August mit biedrer Teutschheit den Prunk der Höfen zu entfernen, Geist und Verdienst zu ehren weiß. [...] Er sah wie Amalia in schönen Gebüschen längst seiner lieben Ilme einsam einhergehet, sah es, wie die Musen alle sich bestrebten Ihr nach entladner Bürde die Stunden der Ruhe zu verschönern, zu versüßen. Wie Terpsichore und Thalia sie ergötzten. Wie die Saiten unter ihren Fingern ertönten. Aber wie freut sich Eckbert als er sahe wie die Fürstin auf den Rasen an das Ufer der Ilme, an den Platz wo seine Laube stunde, sich hinsetzet, und mit eigner Hand sie Tiefurt abbildet?

Er sah nun auch wie Amalia in Tiefurt an ungesehenem stillem Ort denen Musen einen kleinen Tempel errichtet. Wie Sie Selbst Psychen und Amor aufstellt. Wie Göthe das Bild der Phantasie und Wieland die Bilder der Gratzien darinne aufstellten. Wie Herder die Bilder der Weißheit und Tugend hingießet (denn Liebe, Weißheit und Gratzien sind mit einander verschwistert), auch sahe er wie Herder denen Musen ihren Platz im Tempel vorzeigte. Dann sah er wie der kleine Tempel durch Herders holde Gattin, Prinz Augusten, Seckendorf und Einsiedel mit sanftem Gefühl, Geist, Laun und Witz ausgeschmückt wurde, und auch wie Dalberg einige minder schöne Blumen, doch voll guten Willens, hinbringt«.[48]

Auch wenn manche dieser so ideal erlebten Aktivitäten von der nächsten Generation weitergetragen wurden, so erlosch mit dem Tode der Herzogin das pulsierende Leben in Tiefurt und es wurde rasch spürbar, wie sehr der Ort durch sie geprägt war. Henriette von Knebel berichtet darüber, betrübt Abschied nehmend, in einem Brief vom 3. Juni 1807 an ihren Bruder, der – durch den Text Luise von Göchhausens gewürdigt – an der Einrichtung und Inszenierung dieses Ortes wesentlichen Anteil hatte. Sie fand nur zwei Monate nach dem Tod Anna Amalias folgende Worte: »Ich konnte jedoch ein eigenes schmerzliches Gefühl nicht los werden, so wie es ist, wenn man auf den Gräbern seiner Freunde wandelt. Das liebe Tiefurt kam mir verwaist vor und erinnerte

Avertissement.

Es ist eine Gesellschaft von Gelehrten, Künstlern, Poeten und Staatsleuten, beyderley Geschlechtes, zusammengetreten, und hat sich vorgenommen alles was Politick, Witz, Talente und Verstand, in unsern dermalen so merkwürdigen Zeiten, hervorbringen, in einer periodischen Schrift den Augen eines sich selbst gewählten Publikums, vorzulegen.

Sie hat beliebt gedachter Schrift den allgemeinen Titel: Journal oder Tagebuch von Tieffurth zu geben, und selbige in ihrer Einrichtung dem bekannten und beliebten Journal de Paris vollkommen ähnlich zu machen; nur mit dem Unterschied, daß davon nicht von Tag zu Tag, sondern nur wöchentlich ein Bogen ausgegeben, auch darauf nach Willführ, entweder mit baarem Geld — das auf das mindeste ein Goldstück seyn muß — oder mit beschriebenen Papier als Beyträgen, abonnirt werden kann. Zu Ende der ist laufenden Woche wird der erste Bogen ausgegeben. Tieffurth den 15 August 1781.

mich zu lebhaft an Umwandlung und Vergänglichkeit.«[49]

Der Park an der Ilm

»Mit Goethe vor Tisch nach seinem Garten gefahren«, so beginnt die mit Montag, den 22. März 1824 datierte Schilderung des Goethevertrauten Johann Peter Eckermann, die einem gemeinsamen Besuch im Haus des Freundes am »unteren Garten« gilt, das er nach langer Pause wieder einmal aufsuchen wollte. Seit der Übernahme dieses bescheidenen Anwesens im Jahre 1776 bis zum Antritt seiner Italienreise im Mai 1786 war es ihm ein wichtiges Refugium gewesen; der Ort, an dem er seiner Individualität wie auch gesellligen Laune freien Lauf lassen konnte. Eckermann entwirft ein plastisches Bild der Umgebung und schreibt: »Die Lage dieses Gartens, jenseits der Ilm, in der Nähe des Parks, an dem westlichen Abhange eines Hügelzuges, hat etwas sehr Trauliches. Vor Nord- und Ostwinden geschützt, ist er den erwärmenden und belebenden Einwirkungen des südlichen und westlichen Himmels offen, welches ihn, besonders im Herbst und Frühling, zu einem höchst angenehmen Aufenthalte macht. [...] Gegen Westen und Südwesten blickt man frei über eine geräumige Wiese hin, durch welche, in der Entfernung eines guten Pfeilschusses, die Ilm in stillen Windungen vorbeigeht. Jenseits des Flusses erhebt sich das Ufer gleichfalls hügelartig, an dessen Abhängen und auf dessen Höhe, in den mannigfaltigen Laubschattierungen hoher Erlen, Eschen, Pappelweiden und Birken, der sich breit hinziehende Park grünet, indem er den Horizont gegen Mittag und Abend in erfreulicher Entfernung begrenzet.

Diese Ansicht des Parkes über die Wiese hin, besonders im Sommer, gewährt den Eindruck, als sei man in der Nähe eines Waldes, der sich stundenweit ausdehnt. Man denkt, es müsse jeden Augenblick ein Hirsch, ein Reh auf die Wiesenfläche hervorkommen. Man fühlt sich in den Frieden tiefer Natureinsamkeit versetzt, denn die große Stille ist oft durch nichts unterbrochen, als durch die einsamen Töne der Amsel oder durch den pausenweise abwechselnden Gesang einer Walddrossel.

Aus solchen Träumen gänzlicher Abgeschiedenheit erwecket uns jedoch das gelegentliche Schlagen der Turmuhr, das Geschrei der Pfauen von der Höhe des Parks herüber, oder das Trommeln und Hörnerblasen des Militärs der Kaserne. Und zwar nicht unangenehm; denn es erwacht mit solchen Tönen das behagliche Nähegefühl der heimatlichen

Stadt, von der man sich meilenweit versetzt glaubte.»[50] (Abbildung 27).

Noch heute ist diese Atmosphäre spürbar und kann es gelingen, sich zu vergegenwärtigen, was 1778 an Umgestaltung notwendig war, um die »raupigte Einöde« des Ilmtals zu einem Landschaftspark zu verwandeln. Das, wozu Herzogin Anna Amalia bereits 1767 durch ihren Hofgärtner angeregt wurde, eine Umformung im »natürlichen Stil« vorzunehmen, mit »Wasserwerck, selbstwachsender Hütte, Eremitage, Felsenwerck, Bassins und Nieches«, wurde erst um 1778 realisiert.[51] Den Beginn der Parkumgestaltung brachte Goethe mit dem »Louisenfest« am Namenstag von Herzogin Louise Auguste am 9. Juli 1778 zusammen, der mit einem heiteren Diner im Freien begangen wurde. In seinem Rückblick notierte er, daß dieser »Lebenspunct unsre fortdauernde Aufmerksamkeit« verdiene, »indem die sämmtlichen Wege [...] von hieraus ihren Fortgang gewonnen; wobei man die Epoche der übrigen Parkanlage von diesem glücklich bestandenen Feste an zu rechnen billig befugt ist« (siehe Dokument 4; von Goethe irrtümlich mit dem 25. August 1777 datiert).

Auf dem Grundriß von Lossius (von 1785) können wir das Gelände des Ilmparks am rechten oberen Kartenrand nur andeutungsweise durch Wegmarkierungen strukturiert ausmachen (siehe Lossiusplan Abbildung 11). Was jedoch für den damaligen Zeichner offenkundig gegenwärtiger war und liebevoll mit allen Details eingezeichnet wurde, war der ›Welsche Garten‹ (Lossius XXI./ Abbildung 12). Dieser war der Schauplatz vieler öffentlicher Freiluftkonzerte und Vauxhalls (siehe unten) und im 17. Jahrhundert nach dem Muster italienisch- französischer Renaissancegärten auf einer rechteckigen, etwa sechs Hektar großen Fläche zwischen Marienstraße und dem Oberweimarer Weg, umfriedet von einer Mauer, angelegt worden. Eine Besonderheit dieser geometrisch strengen Anlage war schon damals eine doppelgeschossige hölzerne Turmkonstruktion, die traditionell mit »Schnecke« bezeichnet wurde und es erlaubte, den Garten von oben zu betrachten. Dieser ovale, von Linden umgrünte Pavillon diente zudem zum Tafeln und Musizieren. Er war ein

Abb. 27
Die Floßbrücke im Ilmpark, links im Hintergrund Goethes Gartenhaus · um 1776/77
Johann Wolfgang Goethe · Kohlezeichnung mit Kreide (32 × 53 cm)
SWK

bei auswärtigen Besuchern stets Erstaunen erregendes Baumgebäude, »desgleichen nirgend sonst in Europa befindlich«, das wegen seiner häufigen und kostspieligen Reparaturen und nach einem Unfall des Erbprinzen im Jahr 1808 abgebrochen werden mußte.[52] Was auf dem Lossiusplan nicht mehr sichtbar ist, sind die früheren Kanäle mit Schiffen, die Lauben, Volières und der plastische Schmuck, die den »Englisierungen« bei der Umgestaltung zum Opfer fielen. Goethe notierte am 23. Juli 1777 erleichtert in sein Tagebuch: »Die Mauer vom Welschen Garten eingeworfen«, denn damit hatte man Abstand genommen von der Stilisierung der Natur in rational eingezwängte geometrische Gebilde.[53] Offenheit und Freizügigkeit sollten künftig zum Besuch einladen, besonders zu den nach 1789 stattfindenden Divertissements, zu denen »Personen aus allen Ständen und Klassen« willkommen waren.

Der 1685 erstmals erwähnte »Sterngarten« war ein »mit Bäumen und Büschen wohl ausgestatteter Raum« (Goethe), der seit den 1770er Jahren von den Mitgliedern der herzoglichen Familie neu entdeckt und wieder »zu Versammlung und Unterhaltung« genutzt wurde; wiederholt lud Goethe auch Gäste dazu ein, am Stern »Musik zu hören«.

Vom Welschen Garten, der Schnecke und dem Stern aus wurde der Parkbereich ilmaufwärts bis in die Grünzone ausgedehnt mit einigen wenigen Bauten. Das gestaltete Gelände reichte schließlich bis zum Schloßpark Belvedere und ilmabwärts bis zum Tiefurter Park.

Im Januar 1778 schritt die Parkgestaltung weiter voran und es entstand das »seltsame Plätzchen«, das Goethe zum stillen Gedenken an den Freitod des Hoffräuleins Christel von Laßberg eingerichtet hatte. Es gab auch Ruheplätze, Brücken, eine Sphinxgrotte, das Borkenhäuschen als Einsiedelei und Requisit des »Louisenfestes« von 1778 sowie einen Gesellschaftsplatz für theatralische Aktivitäten. Zwischen 1792 und 1798 wurde am Steilhang des linken Ilmufers das herzogliche Gartenhaus gebaut, das unter dem Eindruck von Goethes Italienreise römisch-klassizistisch ausfiel und als elegantes »Römisches Haus« von Herzog Carl August bewohnt wurde. Auch das 1823 fertiggestellte »Tempelherrenhaus«, das an der Westseite mit einem Alkoven für die im Freien aufspielenden Musiker versehen war, wurde in die natürliche Landschaft integriert.

Vauxhalls

Gemäß der Devise: »to please the vulgar« waren 1732 in London am rechten Themseufer die »Vauxhall Gardens« eröffnet worden, ein kommerzieller Betrieb zur Unterhaltung eines bezahlenden, gemischten Großstadtpublikums. Diese Einrichtung wurde derart beliebt, daß sie an vielen Orten außerhalb Englands Nachahmer fand, etwa 1767 im nordamerikanischen Charleston, in Paris oder 1784 im westfälischen Minden. »Vauxhalls« zu betreiben hieß, den flanierenden Besuchern in Gärten und Pavillons ein bunt gemischtes Unterhaltungsprogramm anzubieten, wobei man den Londoner »Vauxhalls« folgte, die enthusiastisch bedient wurden von prominenten Musikern wie Georg Friedrich Händel (1685–1759), später Thomas Arne oder Johann Christian Bach. Mit einer in einer »grand Nich« des Parks aufgestellten, 135cm hohen Marmorstatue von Louis – François Roubilac (1702–1762) ehrte man Händel 1738, also zu seinen Lebzeiten, was damals noch ungewöhnlich war und eine Ära der öffentlichen Künstlerverehrung einleitete (Abbildung 28).[54] Von der populären »Music for Vauxhall« waren 1764 selbst Leopold Mozart und später Joseph Haydn beeindruckt.

In Weimar wurden diese Vergnügungen ebenfalls Mode, und im Revolutionsjahr 1789 öffnete sie Herzog Carl August für »alle Stände und Klassen«. Fortan konnte man sich von Pfingsten bis Michaelis allsonntäglich und manchmal auch mittwochs von 16 bis 22 Uhr im Gelände des Welschen Gartens und an der schon erwähnten »Schnecke« in den Rondells und Lauben vergnügen (Abbildung 12). Konditoren und ein Schankwirt sorgten für die Erfrischungen, und während man sich erging oder mit Freunden plauderte, spielte ein von Alexander Bartholomäus Eberwein geleitetes Ensemble von Stadtmusici auf, das Joseph Rückert nicht ohne kritischen Kommentar be-

2

VAUXHALL GARDENS shewing the Grand Walk at the entrance of the Garden, & the Orchestra with the Musick Playing.
London Printed for Rob.t Sayer, at the golden Buck, Fleet Street.

Abb. 28
Vauxhall Gardens in London ·
nach 1750
anonyme Radierung
»printed for Robert Sayer«
Washington, Library of
Congress

schrieb: »Die Musik, welche größtenteils aus Blas-Instrumenten bestand und beliebte Stücke aus Opern wiederhören ließ, erfüllte von der Höhe, aus der sie ertönte, den ganzen Garten nach allen Punkten. Dieses künstliche Orchester in der Natur brachte notwendig eine Stimmung der Gemüter hervor, die dem reinen Genusse der Natur nicht günstig war. Deswegen vermutlich hat der Regent diesen Sonntags – Vauxhall im Parke gänzlich abgeschafft.«[55]

Bis 1797 blieben »Vauxhalls« regelmäßig stattfindende Vergnügungen, waren wichtige Einnahmequellen nicht zuletzt für die Stadtmusiker und ein so selbstverständlicher Treffpunkt, daß Karl August Böttiger unmittelbar nach seiner Ankunft in Weimar seine Aufzeichnungen mit den Sätzen beginnt: »Heute früh (den 26ten Septembr(is) [1791] predigte Herder in der Schloß- oder Garnisonkirche.

Dieß war das erstemal seit länger, als einem Halbjahr, und da es schlechterdings zum guten Tone gehört, Sontags Nachmittags im Vauxhall oder in der Theegesellschaft fragen zu können: Haben Sie Herder gehört? so walfarthete noch vor 9 Uhr die ganze beau monde in diese in der äusersten Vorstadt gelegene Kirche.«[56]

Nach 1797 gab es eine Unterbrechung bis 1801, und 1806 wurden die Vauxhalls bis zum Einmarsch der Napoleonischen Truppen erneut zugelassen.

Wielands Gärten

>»Mein höchster Wunsch war einst ein klei-
nes Feld,
ein Garten, eine Quelle nah am Hause,
und etwas Wald dazu: die Götter haben
mehr
und bessers mir gegeben [...]«

Diese, vom greisen Christoph Martin Wieland übersetzten Verse der sechsten Satire des Horaz aus dem zweiten Buch der »Sermones« trafen auch seine eigenen, zeitlebens gehegten Wünsche.[57] Die »halbwilde Natur« etwa des Parks von Belvedere liebte er besonders, in der er »Paradies und Elysium« in »seliger Ungebundenheit« fand. Noch in hohem Alter zog es ihn dorthin und in seinem Briefwechsel mit Elisabeth Gräfin von Solms-Laubach schildert er, wie sein Tag dort verlief: »Dieß ist also der Ort, den ich mir für dießmal, einer vieljährigen Gewohnheit zu Folge, zu meinem Sommeraufenthalt, aus dreyen, worunter der Herzog mir die Wahl zu lassen die Gnade hatte, auserwählt habe. Ich bestimmte mich für Belvedere: erstens, weil es nur eine ¾ Stunde von W. entfernt ist, und durch eine herrlich schattengebende Allee von Linden- und Kastanienbäumen, zu großer Bequemlichkeit der Freunde und Freundinnen, die mich und meine Kinder besuchen wollen, mit Weimar zusammenhängt; zweytens, weil die Luft in dieser Höhe eine meiner Gesundheit besonders zuträgliche Temperatur hat; drittens, weil ich hier sehr bequem wohne; und viertens, weil ich, wie alle meine Gelichters, die halbwilde Natur, von welcher ich hier auf allen Seiten umgeben bin, über Alles liebe [...]. Abends von 7– halb 9 Uhr mit meinen Mädchen Boston spielen und sie, wie billig, gewinnen lassen, sodann mit ächt animalischem schwäbischem Appetit zu Nacht speisen, und (um den Tag wenigstens nach der pythagorischen Lebensregel zu beschließen) mir von meiner Enkelin Amalie ein Paar Sonaten von Mozart, Klementi, oder Pleyel vorspielen lassen, dieß ist, in diesem Zustande, die ganze Geschichte meines Tags«.[58]

Wieland war aufgewachsen mit Bauern- und Bürgergärten im schwäbischen Oberholzheim, hatte während seiner unglücklichen Jahre als Kanzleiverwalter in Biberach ein Gartenhaus mit »angenehmster Landaussicht« bewohnt und sich dem Reichsgrafen von Stadion angeschlossen, dessen Schloß und Park in Warthausen ihm seine erste nachhaltige Berührung mit höfischer Umgebung erschloß. Wo immer er war, suchte er sich seine »unwiderstehliche Lust nach Land- und Gartenleben« (Goethe 1797) zu erfüllen, selbst wenn dies seine finanziellen Möglichkeiten überstieg. Stolz hatte er 1776, vier Jahre nach seiner Ankunft in Weimar, verkündet, »einen Garten vor der Stadt gekauft« zu haben. Wenig später konnte er ein »großes bequemes Haus vor der Stadt, zwar nur zwanzig Schritte vom Thore, aber mit allen agrémens der illusion als ob ich auf dem Lande lebte – in der beneidenswerthesten Freyheit und Ruhe – lebe (außer wenn ich von Zeit zu Zeit Belvedere, Ettersburg und Tiefurth, wo unsere Herzoginnen und Prinz Constantin – jedes eine Stunde vom andern, den Sommer zubringen, besuchen muß) fast ganz allein mit mir selbst und den Meinigen«.[59]

»Poetischer Landjunker« wurde Wieland erst im Frühjahr 1797, als er sein »Osmantinum«, sein »ächtes Horazisches Sabinum« (an seinen Verleger Georg Joachim Göschen), ein Landgut im 10 km nordöstlich von Weimar gelegenen Oßmannstedt, kaufte. Es schien ihm und seiner insgesamt elfköpfigen Familie überschau- und bewirtschaftbar zu sein, umfaßte einen großen Schloßgarten, »eine Art von Lustwäldchen, die Wildniß genannt«, eine Wiese und 40 Hektar Ackerland. Die Einrichtung zu einem Sommersitz mit Wasserspielen, Karussell und Heckentheater stammte von Anna Amalia; sie erwarb das Gut 1762 nach dem Tode ihres ehemaligen Ministers, Reichsgraf Heinrich von Bünau aus dessen Besitz; dieser hatte begonnen, einen terrassierten Lustgarten mit Wasserbecken und Brunnenhaus anzulegen. Die Herzogin ließ diese Arbeiten weiter fortführen, überließ das Anwesen allerdings nach 1775 zugunsten der Parks von Belvedere, Ettersburg und Tiefurt »der Natur«, so daß es aller Anstrengungen bedurfte, aus dem verwahrlosten Lustgarten erneut ein »Paradies« zu gestalten.

Leider stand Wielands Kauf unter keinem günstigen Stern: Mißernten, Geldnöte, vor allem aber der Tod zweier ihm lieben Personen – Sophie Brentano, die Enkelin Sophie von La Roches starb im September 1800 und seine Frau Anna Dorothea im November 1801 – verleideten ihm den Aufenthalt, so daß er das Anwesen bereits im Mai 1803 wieder aufgab.

In den sechs Jahren bis zu seinem Weggang umgab den Dichter jedoch die Aura, die er gesucht hatte und die er mit zahlreichen Gästen teilen konnte. Daß in dem zweistöckigen barocken Gutshaus auch Musik erklang, davon zeugt ein Tafelklavier, wohl ab 1798 sogar ein »Pianoforte«, das er »von unserm trefflichen Claviermacher Schenk für 15 L(ouis)d'or erhalten« hatte, weil er »sich aufs neue üben« wolle und »man so eine Stimmung der Seele durch ein äuseres Instrument doppelt in seinen Jahren« brauche.[60] Auch vermerkte er in seinem Haushaltsbuch den regelmäßigen Besuch des »Musikmeisters Reich«, der wohl die Töchter unterrichtete und dessen Honorare und Forderungen für »Musicalien« Wieland »pr. Quartal« auszahlte.[61] Zu den eindrucksvollen Berichten über den Tagesablauf in Ossmanstedt gehören die Schilderungen Sophie von La Roches, seiner Jugendliebe, die ihn 1799 besuchte: »Ich schlief spät ein, denn meine Seele war zu sehr bewegt, und ich hörte noch Wielands ungekünsteltes, aber Seelenvolles Clavierspiel, mit welchem er alle Abende seine Ideen und Gefühle, unter dem Einfluß seines sympathetischen Freundes Horaz, in sanften Einklang bringt. Vor 49 Jahren belauschte ich ihn das Erstemal bey der Aussicht nach dem weiten einsamen St. Martinskirchhof in Biberach – heute tönte jede Saite aus Sabinums Gegenden zu meinem stillen Zimmer; denn Wielands Piano steht mitten unter diesen reitzenden Bildern, und es entzückte mich, den schönen Wunsch des Horaz bey ihm erfüllt zu sehen: ›Ein Landguth, welches ihn ernährt – ein gesundes Alter – Stärke der Seele, und jeden Tag die Musik, die er liebt‹ – [...] Die Ansicht aus dem Fenster war mir feyerlich. Zwey große symmetrische Wohngebäude, welche auf einer Seite durch eine dichte Reihe hoher schlanker Bäume verbunden sind, und auf der andern an die Mauer des Vorhofes sich anschließen, der ein schönes Wasserbecken in der Mitte hat, welches unter dem Schutz einer Syrene den Ab-

lauf eines doppelten Springbrunnens erhält. Mit wie vielem Vergnügen und Theilnahme lernte ich das ganze Innere der Gebäude und den weiten Umfang des Gartens kennen, welcher sich an den Ufern der Ilm mit einem Birkenwäldchen schließt, unter dessen Lauben die edelsten Schatten Griechenlands ihren Freund unbelauscht und ungestört besuchen können. Ich speiste täglich mit sieben Kindern von Wieland, sah vier seiner Enkel, und sein zweyter Sohn wurde mir von ihm als Verwalter seiner Landwirthschaft vorgestellt. Dieses patriarchalische Leben hatte für mich unendlichen Werth.«[62]

Eine weitere Beschreibung stammt aus der Feder des »Privatgelehrten« Johannes Daniel Falk (1768–1826), der auf Wielands Rat 1797 nach Weimar gekommen war und sich gern in der Nähe seines Mentors aufhielt. In einem Brief vom 9. Januar 1800 an Karl Morgenstern in Danzig schreibt er: »Vorigen Sommer brachten wir wohl 14 Tage auf Wielands Landgute Oßmannstedt zu. Es war gerade Kirmeß und eine Zeit des Wohllebens und der Freude unter den Bauern, die sich jedem Gesichte mitteilte. – Mitten im Dorf, unter einer großen Linde wurde getanzt. Wielands Töchter und meine Frau wurden von den rüstigen Bauernburschen wacker auf dem grünen Rasen herumgeschwenkt. Es tat mir wohl, den ehrwürdigen Wieland zu sehen, wie der edle Greis im hundertjährigen Schatten der Linde da saß und mit ruhigem Mut als Gutsherr den muntern Burschen Bescheid tat, die ihm mit vielen Kratzfüßen einen Stuhl setzten und nach Herkommen ein Glas reichten. Hier kommen wir und unsre Kirmeßgäste doch wieder zusammen, sagte er zu seiner Frau beim Nachhausegehen, als wir an der Ecke des kleinen Dorfkirchhofs (waren), wo der Mond eben über die blauen, bescheidenen Kreuze bald mit hellen, bald mit dunklen Schatten lief; und in der Tat will Wieland mitten unter seinen Bauern begraben sein. Sein kindlich frommes Gemüt läßt ihn auch im Leben unter diesen guten Menschen wohl sein. Die Fron hat er aufgehoben.«[63]

Der letzte Satz trifft Wielands nicht nur literarisch eingeforderte, sondern auch tätig umgesetzte Humanität, die ihn freilich bisweilen in Situationen wie die folgende bringen konnte, von der er etwa am 5. Januar 1799 an Luise von Göchhausen schmunzelnd berichtete: »Sie, mein gnädiges Fräulein, sind, wie ich zum Himmel hoffe, in diesen Tagen der Freude, der Fêten und Lustbarkeiten und Divertissementer ohne Zahl immer so wohl gewesen, als ich wünsche und als es nöthig war, um Ihren gebührenden Antheil daran zu sich nehmen zu können. Auch mir hat es (wiewohl ordentlicherweise bey mir wie bey unserm lieben Herr Gott (sans comparaison ein Tag wie der andere ist) nicht gänzlich an ergötzlichen Veränderungen gefehlt, und wenn Sie das Divertimento Musico, das mir von dem hiesigen Herrn Cantor und seinen zwanzig Adjuvanten am Neujahrstage gebracht wurde, mit eignen Ohren vernommen hätten, so würden Sie gestehen müssen, in Ihrem Leben weder zu Weimar noch zu Mailand, Rom, Neapel und Venedig einen Gesang und eine Musik wie diese gehört zu haben. Besonders machten die agréments und staccatos, die eine unerhörte Diskantstimme durch die Nase zur Verzierung der Choräle hören ließ, einen außerordentlichen Effekt; wenigstens versichern meine Leute, daß die Ratten und Mäuse, die sich in meinem sogenannten Schlosse in Masse häuslich niedergelassen hatten, seit dem ersten Januar wo nicht sämmtlich emigriert wären, doch an Anzahl und Embonpoint considerabel abgenommen hätten. Das wäre denn, wofern das Factum sich verificieren sollte, ein unleugbarer Vorzug der Neuen vor den Alten: denn Sie werden nicht ein einziges Beyspiel finden, daß der Zauber der göttlichen Tonkunst solche Wunder selbst in Griechenland, dem eigentlichen Sitz der Musen, gewirkt hätte. Orpheus versammelte die wilden Thiere des Himmels durch seinen Gesang um sich her; aber sie dadurch zu verjagen, ist ein Vorzug, der den Orféen von Osmanstädt vorbehalten war.«[64]

Nicht ohne Wehmut verließ Wieland das Gut, es wurde jedoch seinem Wunsch entsprochen, ihn im Oßmannstedter Park nahe der Ilm neben seiner Frau und Sophie Brentano zu begraben.

B. »Die erzitternde äolische Harfe«, Hörnerklang und »Harmonika-Empfindungen« (Walter Salmen)

Äolsharfen

Die Naturschwärmerei des 18. Jahrhunderts bedurfte sowohl der entrückenden Stille, als auch einer besonderen Klangaura. In den Parks, in deren künstlich erstellter Natürlichkeit man sich eine vielfältige, die Einbildungskraft beflügelnde, auch akustische Kulisse zu schaffen verstand, um »nature's music« erleben zu können, spielten drei Instrumente eine nicht zu unterschätzende Rolle. Das Waldhorn ist schon wiederholt erwähnt worden (etwa im Kapitel Giebichenstein). Ein besonderer Reiz ging in einem empfindsamen Park zudem vor allem von Äolsharfen und den verschiedenen Harmonikas aus.

Nach 1746 war die nach dem antiken Windgott Aeolus benannte Äolsharfe auf den britischen Inseln als ein die bewegte Natur, ja sogar die Sphärenharmonie repräsentierendes Symbolum beliebt geworden. Als »heav'nly harp« oder »Geisterharfen« besungene Instrumente wurden sie nach 1760 zu einem signifikanten Ausstattungsgegenstand auch der englischen Gärten auf dem Kontinent. Und wieder waren es die Parkanlagen von Wörlitz, in denen sich um 1788 die Muster fanden, denen man in den Gärten von Weimar nacheiferte. In Wörlitz hatte man eine runde Öffnung an der Grotte des »Vulkans« ausgespart, in die eine Äolsharfe eingelassen war. Das windabhängige, hin- und herflirrende Spiel der Obertöne hatte vor allem Johann Gottfried Herder inspiriert, einen Lobgesang »Die Äolsharfe« anzustimmen (siehe Dokument 9). Nicht nur für ihn war sie das Sinnbild für Weltmusik, ihr Klang gemahnte an die Unsterblichkeit, die alle Trübsal des Erdenlebens in himmlische Freuden verwandelte. Sie vermittelte die »klagenden Laute« des umfassenden »Weltgeistes« (Abbildung 29).

In seiner seit 1801 herausgegebenen Zeitschrift »Adrastea« beschäftigte sich Herder in einer Abhandlung über die Freimaurerei mit der »Harfe der Lüfte« als einem Zeichen der gläubigen Zuversicht und als Sinnbild für die Vereinigung aller Menschen im Geiste der Humanität. Wie nachhaltig geheimnisvoll ihm Äolsharfen »klangbare Körper« waren, denen der Wind die »zartesten Feinheiten« wie »angehaucht« entlocken konnte, erfahren wir aus den bilderreichen Briefen, die Caroline sowie Johann Gottfried Herder und Jean Paul miteinander wechselten.[65]

Schiller verglich in seinem 1796 entstandenen Gedicht »Würde der Frauen« die Regungen einer weiblichen Seele mit dem Klang der Äolsharfe:

»Aber, wie leise vom Zephir erschüttert
Schnell die äolische Harfe erzittert,
Also die fühlende Seele der Frau . . .«[66]

Seit der 1797 verfaßten letzten Stanze der »Zueignung« (Verse 25–32) seiner »Faust«-Tragödie waren Äolsharfen auch für Goethe sonderbare »Künder«, die er mehrfach in sein Spätwerk einbezog. Im Faust II, 1. Akt ließ er den Gesang des Luftgottes Ariel: »Wenn der Blüten Frühlingsregen/ Über alle schwebend sinkt« von Äolsharfen begleiten, die unter diesen Klängen dem Faust den erlösenden Heilschlaf verheißen. Die Äolsharfe verkörperte für ihn das Sehnen nach dem Geisterreich, sie war ihm aber auch, etwa in seinem 1822 entstandenen Dialoggedicht »Äolsharfen« tröstende Metapher für das Leid beim Abschied von der Geliebten, über die man durch den vom Wind getragenen Klangzauber seelisch vereint bleibt.[67]

In der Rezension einer Sammlung serbischer Volkslieder von 1826 zog er sehr eigenwillige Parallelen zwischen dem stets augenblicklichen, nicht repetierbaren Klang dieses Saiteninstrumentes und dem Wesen dieser Lieder: »Hiebei gestehen wir denn gerne, daß

Abb. 29
Äolsharfe · 2.Drittel 19.Jahrh.
Herkunft unbekannt
München, Deutsches
Museum

jene sogenannten Volkslieder vorzüglich Eingang gewinnen durch schmeichelnde Melodien, die in einfachen, einer geregelten Musik nicht anzupassenden Tönen einherfließen, sich meist in weicher Tonart ergehen und so das Gemüt in eine Lage des Mitgefühls versetzen, in der wir einem gewissen allgemeinen unbestimmten Wohlbehagen, wie den Klängen einer Äolsharfe hingegeben, mit weichlichem Genusse gern verweilen und uns in der Folge immer wieder sehnsüchtig darnach zurückbestreben«.[68]

Keine der in den Parks, Grotten, Bäumen oder Pavillons installierten Windharfen ist erhalten geblieben. Die Materialien, aus denen sie bestanden, das Holz des Corpus, meist Mahagoni, Pappel- oder Ahornholz und die Darmsaiten-Bespannung, vermochten die ständigen Wetterwechsel nur kurzzeitig zu überdauern. Im Schloßpark von ›Belvedere‹ ist indessen im Altan über der ›Grossen Grotte‹ eine 90cm lange, schartenartige Einbaustelle für dieses Klanggerät heute noch sichtbar.[69] Georg Christoph Lichtenberg bietet in seinem 1792 im »Göttinger Taschenkalender« erschienenen Aufsatz »Von der Äolus Harfe« eine Beschreibung, die auch für die damals in Weimar von Tischlern gefertigten Instrumente zutreffend gewesen sein dürfte: »Es wird ein schmaler, etwas hoher und langer Kasten von trockenem Tannenholze verfertigt, der unten einen Resonanzboden hat, auf diesem werden über zwei Stege, die nahe an den schmalen Enden einander gegenüber liegen, acht bis zehn Darmsaiten, alle im Einklang (unisono), nicht allzu stark aufgespannt (hier ist beizufügen, daß diese Saiten von verschiedener Dicke, also auch von verschiedenem Spannungsgrad sein müssen, um das akustische Phänomen hervorzurufen), eine der breiten Seiten (des Kastens) läßt sich aufschieben, so, daß man einen dünnen, aber breiten Luftstrom quer auf die Saiten leiten kann. Um diesem den Durchgang zu verschaffen, kann der obere schmale Boden wie ein Pultdeckel aufgehoben werden, der an beyden Seiten noch Flügel hat, theils um auch bey der Öffnung desselben die Luft von den Saiten einzuschränken, und theils um den Deckel bey jedem Grade von Öffnung durch Friktion festzuhalten. So eingerichtet wird das Instrument mit der Öffnung am Schieber dem Winde ausgesetzt. Sobald nun dieser durchzieht, tönt das Instrument. Die tiefsten Töne sind die des obigen Einklangs, aber so wie sich der Wind mehr erhebt, so entwickelt sich eine Mannigfaltigkeit entzückender Töne, die alle Beschreibung übertrifft. Sie gleichen dem sanft anschwellenden und nach und nach wieder dahinsterbenden Gesang entfernter Chöre, und überhaupt mehr einem harmonischen Gaukelspiel ätherischer Wesen, als einem Werk menschlicher Kunst«.[70]

Äolsharfen waren somit autophone, vom Zufall der jeweiligen Luftbewegung abhängige rechteckige Kastenzithern. Durch die von einem Luftzug erzeugten Schwingungen der Saiten ergaben sich infolge der wechselnden Spannungen unterschiedliche Zusammenklänge der Partialtöne. Carl Friedrich Zelter, der auf musikalische und akustische Fragen Goethes unermüdlich Auskunft erteilende Partner, erläuterte dem Freund in einem zwischen dem 8. Mai und 14. Juli 1808 als Fortsetzungsbrief verfaßten Schreiben das Phänomen der Teiltöne am Beispiel der Äolsharfe: »Auch die Äolsharfe gibt das nämliche Experiment und da, besonders bei starker und anhaltender Luftbewegung auch die höhern Zahlen 8. 9. 10. 11. 12. 13 u. s.w hörbar werden und dissonierend mittönen; so entsteht der wundervolle Eindruck der Äolsharfe indem diese Töne zugleich notwendig und willkürlich erscheinen.«[71] Starker Wind ergab also unheimlich wirkende Geräusche, gelindere Luftbewegungen hingegen den angenehmen Eindruck eines »Geisterhauches«. Dieses Erlebnis mochte Goethe zu der bereits erwähnten Stanze in der Zueignung im »Faust« I, (Verse 25–32) inspiriert haben:

> »Und mich ergreift ein längst entwöhntes Sehnen
> Nach jenem stillen Geisterreich,
> Es schwebet nun in unbestimmten Tönen
> Mein lispelnd Lied, der Äolsharfe gleich,
> Ein Schauer faßt mich, Träne folgt den Tränen,
> Das strenge Herz es fühlt sich mild und weich;
> Was ich besitze seh' ich wie im weiten,
> Und was verschwand wird mir zu Wirklichkeiten.«[72]

Die Holzkästen der Windharfen waren bis 1790 kaum größer als 50 x 20 cm. Danach wurde ihre Form verändert und auch im Park von Belvedere ein Instrument eingebaut, das die Größe 90 x 15 cm hatte. Auch die Bespannung berechnete man neu und folgte ab 1803 den Überlegungen von Karl Steudal und J. C. Dietz, die in Gotha eine 8–10saitige, in zwei Ebenen liegende Bespannung eingeführt hatten. Aus den Schatullakten Prinz Carl Friedrichs ist erschließbar, daß im September 1817 zu den »Holzharfen« im Schloßpark Belvedere 17 Saiten geliefert wurden, daß im Mai 1818 sogar 48 Darmsaiten sowie 24 Wirbel für Ausbesserungen benötigt wurden. Im Juli 1818 waren abermals 2 neue »Resonancy«-Saiten sowie »Stimmwürbel« erforderlich. Im Mai 1819, 1820 bis 1823 oder im Juni 1824 standen weitere Reparaturen an.[73] Im August 1823 vermerkte die Gartenverwaltung: »Einen Thaler, 6 Groschen für Resonanzböden auf die Aeolsharfe, die im Erbgrossherzogl. Park zu Belvedere auf der Grotte steht zu verfertigen«. Im Dezember wurde das Klanggerät stets ausgebaut und während des Winters im Trockenen verwahrt.

Da Goethe noch 1827 von Zelter einen Chorsatz »zur Begleitung von Äolsharfen« erbittet, darf man annehmen, daß die 1825 vom Instrumentenmacher Bernhard Keil in Gotha annoncierten: »Aeolsharfen von jeder Form. Einfache und doppelte. Einfache mit rom. Saiten bezogen, 2 Thlr. 6 Gr. mit inländ. Saiten 1 Thlr. 16 Gr.« damals sommertags noch in den Parks oder auch, von Windmaschinen »angehaucht«, gelegentlich im Theater erklungen sind.

Hörnerklang

»Es war (nachts) so ganz stille. Wedels Waldhörner hörte man nur von weitem, und die stille Ferne machte mich reinere Töne hören, als vielleicht die Luft erreichten«, so schrieb Herzog Carl August am 17. Juli 1780 an Carl Ludwig Knebel.[74] Schilderungen wie diese sind zu dieser Zeit nicht selten und wenn Friedrich Justin Bertuch über eine winterliche Fahrt nach Ettersburg berichtet: »Nachmittags lockte der Ton der Waldhörner das Wild auf die Wiese unter dem Schlosse«,[75] oder der Dessauer Hofkapellmeister Friedrich Wilhelm Rust 1785 aus Ballenstedt am Harz schreibt: »[...] Gestrigen Abend verschönte noch der helleuchtende Mond und das herrliche Echo von zwo Waldhörnern, die am Berge unter des Fürsten Zimmer sich hören ließen«,[76] so klingt aus diesen Zeilen beides, das Jagdfieber und die poetische Idylle, der man sich damals gern in Parks und Gärten schwärmerisch hingab, bisweilen bewußt inszeniert, wie etwa in Reichardts Garten.

Die bis zur Mitte des Jahrhunderts gültigen Assoziationen von Postkutschen, die ihr Ankommen oder Abfahren mit Hornsignalen verkündeten, wie Goethe noch 1810 vermerkte »Das Posthorn tönt«, von fürstlichen Parforcejagden und wilden Jägern, waren einem romantischen Naturbild gewichen. Dieses verklärende Bild hat nicht nur bei der Wahl des Titels für eine der bedeutendsten, von Goethe und Reichardt begleiteten Liedersammlungen Achim von Arnims und Clemens Brentanos: »Des Knaben Wunderhorn« als poetische Metapher Pate gestanden,[77] sondern war auch Wieland gegenwärtig, als er sich 1780 von Chaucers »Merchant's Tale« und Shakespeares »Midsummer-Night's Dream« zu seinem »Romantischen Heldengedicht« Oberon inspirieren ließ. Dem Elfenkönig Oberon, der im »zweyten Gesang [...] gestützt auf einen Lilienstängel« erscheint, hängt er »ein elfenbeinern Horn« um die Schultern, auf dem er »den lieblichsten Ton« bläst, nach dem alle, die ihn hören, der Tanzwut verfallen und das er dem »wackren Hüon« als schützendes Pfand überläßt.[78]

In Thüringen benutzte man für Signalzwecke hölzerne Hirtenhörner neben den metallenen Parforcehörnern, die zur Jagdzeit im Umfeld der Jagdschlösser zu Grossbrembach, Saalborn, Bad Berka oder Dianenburg auch von berittenen Jagdbläsern geblasen wurden. Für die große Jagdgesellschaft und die Gäste waren sie weithin hörbar.[79] Zum Personal des Hof Marstalls gehörten um 1790 noch neun »Kutscher und Jagd Postillons«, die vielseitig eingesetzt wurden, etwa bei höfischen Zeremoniellen wie dem eingangs geschilderten Einzug des am 24. März 1756 aus Braunschweig in die Stadt ziehenden, soeben getrauten Fürstenpaares, das damals von 13 blasenden Postillons begrüßt wurde. Postillons begleiteten auch die Jenenser Studenten bei ihren Auszügen (Abbildung 30).

In seinen »Ideen zu einer Ästhetik der Tonkunst« faßte 1784 Christian Friedrich Daniel Schubart die verschiedenen Funktionen des »Jagdhornisten« zusammen und stellte fest, daß er lärme, Jäger und Wild aufwecke: »Sein Stil ist abgestoßen und immer im ungleichen Takte hüpfend [...]«. Der »Hornist im Tempel« dagegen »weint, zieht die Noten aus voller Seele und beseelt durch seinen Hauch gleichsam die ganze Instrumentenbegleitung. Im Konzert- und Opernsaale ist der Waldhornist zu unzähligen Ausdrücken zu gebrauchen. Er wirkt in der Ferne wie in der Nähe. Lieblichkeit und, wenn man so sagen darf, freundschaftliche Traulichkeit ist der Grundton dieses herrlichen Instruments. Zum Echo ist nichts fähiger und geschickter als das Horn«.[80]

In den Parks und in der freien Natur spielte diese »freundschaftliche Traulichkeit« eine favorisierte Rolle, der die Instrumentenbauer ab 1750 mit Weiterentwicklungen des Instrumentes entgegenkamen. Fortan wurden nicht nur zweiwindige Horntypen gebaut, sondern auch sogenannte Inventionshörner mit Aufsteckbögen und flexibleren Stimmtonhöhen (hoch B oder hoch C). Daß man in Weimar an den Neuerungen teilnahm, belegt eine Annonce von 1819, in der angezeigt wird, daß die abermals »verbesserten Waldhörner«, die der preußische Kammermusiker Heinrich Stölzel zum Versand gebracht hatte, eingetroffen seien. »Feine Wiener Waldhörner« oder »Posthörner« waren damals »bey dem Kaufmann, Herrn Helmershaußen«, der auch Schirme und andere Geräte vorrätig hielt, zu erwerben.[81]

Abb. 30
Szenen aus dem Leben Jenaer Studenten · 1771 · Miniaturen im Stammbuch des stud.jur. Johann Georg Friedrich Heyer aus Helmstedt. a) Hausmusik mit Violine und Traversflöte. b) Schlittenfahrt im Januar 1771 mit 11 Stadtmusikern. c) »Abschiedstag« am 3. 2. 1771 mit Postillons. NSW, Abt. VI Hs 13, Nr.65a, S. 35a, S. 138 und S. 196

Abb. 31
Notizblatt Goethes mit der
Aufzeichnung der »Natur-
töne des Waldhornes«
SWK

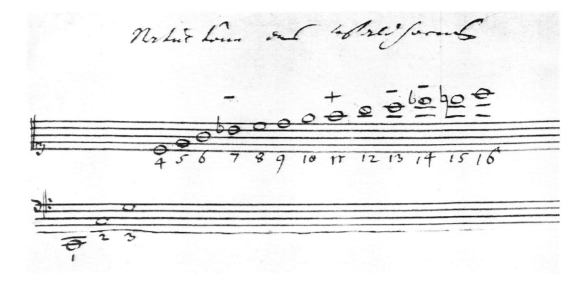

Goethe beschäftigte sich mit dem Waldhorn so intensiv, daß er zu den Materialien für eine geplante »Tonlehre« ein Blatt anfertigte mit dem Notat der ersten 16 »Naturtöne des Waldhornes« (Abbildung 31). Er markierte mit einem Minuszeichen die zu tief ansprechenden Töne 7 (b'), 13 (a'') und 14 (b''); mit einem Pluszeichen versah er hingegen den stets zu hohen 11. Naturton (f''). Auf der Suche nach den allgemeinen Klanggesetzen hatte er dem Geheimnis des Hornklanges ebenso akribisch nachzugehen versucht, wie dem auf dem Phänomen der Partialtöne beruhenden Klangzauber der Äolsharfen, über den er sich im Juli 1808 mit Carl Friedrich Zelter ausgetauscht hatte.

In den Parks in und um Weimar hörte man Waldhörner in verschiedenen Zusammenhängen, wobei ihr Klang den im Freien aufgeführten Singspielen freilich stets ein besonderes Flair gab. So berichtet Carl Ludwig von Knebel über die Aufführung des »Walddramas« von Friedrich Hildebrand Freiherr von Einsiedel, dem Zigeuner-Schauspiel mit Gesang: »Adolar und Hilaria« auf der Naturbühne von Ettersburg im Jahr 1780:

»Eine große Zuschauermenge hatte sich aus Weimar eingefunden. Herzog Carl August hielt an demselben Tage Jagd auf dem Ettersberge ab. Sobald er mit seinen Jagdgefährten am Abend unter Hörnerklang zum Schloß Ettersburg zurückgekehrt war, verkündeten im Walde aufsteigende Raketen den Anfang der Vorstellung. Durch eine lange leuchtende Gasse bunter Lampen, die sich vom Schloß in den Wald hinein bis zu der kleinen Naturbühne hinzog, schritt Herzogin Anna Amalia, geführt von ihrem Sohne Carl August, der noch den grünen Jagdrock und darüber ein ledernes Koller trug. Das Stück begann. Auf dem von Eichen und Buchen umschlossenen freien Platze sah man einen Feuerherd von Rasen, auf dem Asche glimmte und einige indische Küchengeschirre standen. Es war das Lager der Zigeuner. Unter dem Sternenhimmel, mit Musik, Gesang, Tanz und fernem Waldhornklang, mit wundervoller phantastischer Beleuchtung der Gruppen ging das Spiel vonstatten [...]«[82] (Abb. siehe Umschlag).

Die große Zahl der am Ende des Jahrhunderts entstandenen Kompositionen zeugt davon, daß es einen gesteigerten Bedarf an Gebrauchsliteratur für Hörner gab und so entstanden einfache »Jägerhornstücke«, Lieder im Volkston oder Bearbeitungen, die im Freien erklingen konnten, etwa bei einer Kahnfahrt, wie sie auf Abbildung 32 ins Bild gesetzt wurde. Das Bild vergegenwärtigt, was Luise von Göchhausen so plastisch aus Wörlitz beschrieben hatte, als sie »die Mondhellen Abende auf dem stillen See, bey Musik von blasenden Instrumenten« als »unaussprechlich lieblichen« Eindruck schilderte.

Erklungen sein konnte das als Beilage in der

Nymphäum zu Wörlitz.

L. A. Günther.

Allgemeinen Musikalischen Zeitung von 1805 veröffentlichte Lied des Georg »Es fing ein Knab' ein Vögelein« aus Goethes Drama »Götz von Berlichingen« in einem Satz von F. L. Seidel für zwei Hörner, der vorzüglich für die Ausführung im Freien bestimmt war. Reichardt vertonte für diesen Zweck Goethes Gedicht »Jägers Nachtlied« sogar in zwei Fassungen. Er richtete das Lied sowohl für eine Singstimme mit Klavierbegleitung ein, als auch textlos »für 2 Waldhörner«.

Bei diesen Klängen kamen Wieland die Trä-nen.[83] Ludwig Tieck versuchte den Klangzauber von Hörnern in seiner Novelle »Waldeinsamkeit« einzufangen, in der er eine Szene beschreibt, die er an einem geöffneten Fenster belauscht. Auf einem »lichten Waldfleck« erklangen zwei Waldhörner, »die erst gemeinsam bliesen, sich dann anmutig antworteten und zuletzt wieder ihre Töne vereinigten. Ein schwärmendes Echo antwortete in den Pausen, und die Blätter der Linden rieselten wie in freudiger Bewegung«.[84]

Abb. 32
Vor dem Nymphäum im Park zu Wörlitz, Waldhornbläser auf einem Kahn · 1793
Christian August Günther · Radierung (41,5 × 51 cm)
Foto M.-L. Werwick, 1996
Dessau-Wörlitz, Kulturstiftung, Inv.Nr. IV – 799

»Harmonika – Empfindungen«

Auch die Harmonika sollte »höhere Harmonien« vergegenwärtigen und war mithin den Äolsharfen vergleichbar. Goethe vermeinte wie Herder, aus der modischen Glasharmonika das »Herzblut der Welt« herauszuhören. Daß Fürst Anton Heinrich Radziwill (1775–1833) in seiner zwischen 1808 und 1830 entstandenen »Composition zu Göthe's Faust« (Berlin 1835) die »Armonica« in der Beschwörungs-Sczene (Nr.1) mit einem stationären Cis-Dur-Akkord einsetzte: »Ihr schwebt, ihr Geister, neben mir« und damit besonders dem Vers »Harmonisch all' dies All' durchklingen« den ihm adäquat erscheinenden Klang gab, muß vorzüglich den Intentionen des Dichters entsprochen haben.

Der Weimarer Hof war besonders angetan von der Glasharmonika des Wieners J. Chr. Müller, des Autors einer »Anleitung zum Selbstunterricht auf der Harmonika«, die in Leipzig 1788 erschien.[85]

Heute ist allerdings nur noch schwer nachzuvollziehen, welches Instrument sich hinter der Bezeichnung »Harmonika« verborgen hat, da damals eine Vielzahl von Harmonikainstrumenten, oft die Ergebnisse phantastischer Neuentwicklungen, diesen Namen trugen. Es konnte die von Benjamin Franklin neukonstruierte Glasharmonika gemeint sein oder nach 1798 »das Euphon des Hrn. Chladni« (1756–1827), die aus gläsernen Stimmgabeln bestehende »Quandtsche Harmonie«,[86] oder auch das 1805 in Friedrichsroda (bei Gotha) von Johann David Buschmann erfundene, von Johann Nepomuk Hummel noch 1832 hoch geschätzte »Terpodion«.[87] Diese Instrumente entsprachen dem sentimentalischen Wunsch, »himmlische Töne« oder, wie es Novalis formulierte, die »innere Musik der Natur« zu hören. Schiller versprach sich von der Harmonika, die ihm sein Freund Christian Gottfried Körner 1795 vorgeführt hatte, eine »hohe Inspiration«, ob der »mächtigen Wirkung dieses Instrumentes in gewissen Situationen«.[88]

Im März 1803 war der Initiator der experimentellen Akustik Ernst Florens Chladni mit seinem »neuen Instrument« zu Gast im Hause Herders. Er fand dort vor allem bei der Hausherrin Caroline offene Ohren für die »natürlich sanften Töne«.[89] Sie tauschte sich daraufhin wiederholt mit Jean Paul über ihre »Harmonika – Empfindungen« und romantische Ergriffenheit aus. In seiner »Kleinen Nachschule zur ästhetischen Vorschule« nannte der Briefpartner die gestrichene Harmonika das Instrument, das »am meisten die romantischen Geister herbeiruft«.[90]

Reichardt suchte 1792 mit einem lieblichen »Grazioso« die schmelzenden Glasharmonikaklänge auszukomponieren. Es ist ein anspruchslos-gefälliges Stück, das man sich in einer Umgebung gesammelt Lauschender vorstellen kann.

In dem Erleben der drei Instrumente standen sich zwei Verhaltensweisen gegenüber, die man später mit Epochenbezeichnungen wie Klassik und Romantik zu fassen versuchte. Das eigene Tun etwa im Singen und Musizieren begegnete der lauschenden Hingebung an eine Klangaura als dem reinen, vorgestellten Zauber der Natur.

Kapitel IV

Gabriele Busch-Salmen

Professionelle, ›Kenner und Liebhaber‹ der Künste am Hof der Herzogin

In den nach seiner Berufung an das Weimarer Gymnasium (1791) niedergelegten Erinnerungen belegt Karl August Böttiger das Liebhabertheater wiederholt mit Spott. Die Freiluftaufführungen etwa, die sich die Hofgesellschaft gab, werden an einer Stelle als die Versuche des »immer dienstfertigen Seckendorf« abgetan, der komponiere und versifiziere, »was man haben wollte.« Über das von ihm mit »Zigeunerwirtschafft« bezeichnete Schauspiel mit Gesang: »Adolar und Hilaria« von Friedrich Hildebrand von Einsiedel erfährt man lediglich, daß es eine »Comödie bey Fakkelschein im Walde« gewesen sei und er setzt hinzu: »Bode spielte die erste Violine, Einsiedel das Violoncello.«[1]

Böttiger vermochte offenkundig keine Sympathie zu entwickeln für die Spätphase des experimentierfreudigen Liebhabertheaters, dem gewiß zum Zeitpunkt seiner Berufung nicht mehr der entscheidende Stellenwert als intimes theatralisches Forum zukam, den es bis in die 1780er Jahre hatte, als es unter der Leitung Goethes noch ein wesentliches Movens dieses Hofes war.

Damals war das gemeinsame Theaterspielen und Musizieren, an dem nahezu der gesamte Hof teilnahm, das Ergebnis vieler in den vorausgegangenen Kapiteln umrissenen äußeren Faktoren, aus denen sich schließlich ein Spezialinteresse entwickeln konnte, das zur allmählichen Verlegung der offiziellen Hofaktivitäten in die exquisiten privaten Zirkel führte. Luise von Göchhausen zeichnet ein eindrucksvolles Bild, wenn sie im Juni 1796 an Goethe schreibt: »Wir gedenken Morgen Abend vor einer kleinen Gesellschaft bey verschlossenen Thüren Ihre Operette, Erwin und Elmire zu spielen. Die Herzogin weiß nichts davon, und wir hoffen, ihr eine kleine Freude damit zu machen.«[2]

Der Ausgangspunkt für diese Eigendynamik, die das Liebhabertheater am Hof entwickelt hatte, war die bereits 1756 vom Fürstenpaar gefällte Entscheidung, sich – der Not eines maroden Finanzhaushaltes gehorchend – von den Mechanismen der allenthalben im Feudalsystem üblichen »Eskalation der Verschuldung« zu trennen.[3] Da bereits die innerhöfischen Vergnügungseinrichtungen wie die Oper und der dafür notwendige Aufwand an Virtuosen, Sängern und Tänzern ins Kreuzfeuer der öffentlichen Kritik geraten war, sollte in Weimar bei der »künftig zu errichtenden Hochfürstl. Capelle« ein sparsamer Weg eingeschlagen werden. Herzog Ernst August II. Constantin ließ sich schon vor der Übernahme seiner Herrschaft durch Reichsgraf von Bünau die Gutachten von zwei ihm vertrauten Musikern der Gothaer Hofkapelle erstellen und gab damit zwar ein Zeichen, daß ihm die Wiedereinrichtung einer leistungsfähigen Hofmusik nach ihrer Auflösung im Jahr 1735 ein ernsthaftes Anliegen sein würde, machte aber zur Voraussetzung, daß auf die »sothane Capelle ein mehreres als jährlich 2500 Thlr. nicht verwandt werden könne«.[4] Außer den unentbehrlichen Hoftrompetern und -paukern, sowie einigen Hautboisten war von der ehemaligen Hofkapelle noch der Hoforganist Johann Caspar Vogler (1698–1763) übriggeblieben, eine Besetzung, die den musikalischen Interessen des Herrscherpaares keineswegs adäquat war.

Mit zwei »Unterthänigen Pro Memoriae«, verfaßt von dem Kapellmeister Johann Ernst Bach, der den Herzog im Violinspiel unterwiesen hatte und dem Gothaer Hofkapellmeister Georg Anton Benda, wurden zwei Vorschläge unterbreitet zur kostengünstigen Neuinstallierung, die von unterschiedlichen Status- und Funktionsdefinitionen ausgingen. Georg Benda sah ein 16köpfiges Ensemble »geschickter« ausgebildeter Musiker vor und suchte darzulegen, daß »wenn nur die gewöhnlichsten Stücke aufgeführt werden, und die Capelle einigermaßen complet seyn soll, folgende Perßonen« [...] unentbehrlich seien: »als nehmlich: Ein Capellmeister, 4 Violinisten, 1. Bratschiste, 1. Violonzelliste, 1. Contravioloniste, 1. Flautrawerßiste, 2. Hoboisten, 2. Waldhornisten, 2. Fagottisten, 1. Claveceniste [...] Bey wählung derselben hätte man nicht so wohl auf einen berühmten Nahmen, welcher oft höher als die Kunst bezahlet werden muß, sondern hauptsächlich auf die Geschicklichkeit zusehen, durch welche der Endzweck der Capelle, gegen mäßige Belohnungen, eben so gut, als durch berühmte Leute erhalten wird.« Sein Entwurf für eine professionelle Kapellstruktur durchschnittlicher Größe wurde durch den dringenden Rat bekräftigt, die Hofkapellisten nicht mit Kollegen eines anderen sozialen Ranges, etwa der Hautboistenbande, zu verstärken, weil sich »dabey große Schwirichkeiten!« ergäben. Liest sich dieses Gutachten mithin als ein Plädoyer für eine höfische Institution mit klar umrissenem Status und einschlägigen Pflichten, wie sie an mittleren Hofhaltungen durchaus üblich war, aber auch zunehmend in Gefahr geriet, außer Funktion gesetzt zu werden, so gehörte gerade die Beibehaltung der Mehrfachfunktion des Hofpersonals zum wichtigsten Argument des Gutachtens von Johann Ernst Bach:

»Bey nur gedachter Hochfürstl. Capelle könnten von denen Leuthen, so schon in Hochfürstl. Diensten stehen, folgende gebrauchet und nach ihren Diensten, so sie bey Hochfürstl. Capelle leisteten, mit einer kleinen Capell= Besoldung, theils um solche zu mehrerem Fleiß, theils auch um solche zur Reinlichkeit in der Kleidung zu animiren, begnadiget werden. [...] Alle diese Leuthe würden das ihrige thun, um durch ein ferneres Exercitium noch mehr prees tiren zu können.

Da auch so wohl unter der weimarischen als Eisenachischen Hautboisten Bande sich noch einige Subjecta finden würden, aus welchen einiger Gebrauch zu machen wäre, so könnten solche zu denen ripien= Stimmen gestellet werden, ohne daß sie eine Capell=Besoldung bekähmen. Hierdurch würden die meisten davon, in Hofnung einer Capell=Besoldung ebenfalls einmal theilhaftig zu werden, sich selbst zum fleißigen exerciren antreiben, u. so hätten S. Hochfürstl. Durchl. auch immer eine gute Bande von Hauboisten.

Hierbey aber würde wohl ein starker Violiniste, der das Amt eines Concert=Meisters übernehmen müste, nöthig seyn, deßen Besoldung ohngefähr 250. rth. seyn könnte.

Bey dieser Einrichtung würden S. Hochfürstl. Durchl. viele Vortheile haben. Deren nur einige zu gedenken, so könnte

1.) mit wenigen Kosten die stärkste music aufgeführt werden.
2.) Sind alle oben bemeldete Leuthe allbereits schon in Hochfürstl. Diensten und ihrer conduite nach bekanndt, dahero nicht nöthig wäre, mit vielen Kosten fremde musicos, deren Aufführung, da sie bißweilen nicht die artigste, dem Herrn vielen Verdruß causiret, zu verschreiben.
3.) Hätten S. Hochfürstl. Durchl. es sey in Weimar oder Eisenach, die oben entworffene Capelle mit leichten Kosten bey sich, indem die, so am Hof wären, ohnedieß mit reißen müsten, die Hautboisten aber nicht so pretiös, als virtuosen, zu transportiren sind.
4.) Wäre hierbey nicht einmal ein Capellmeister nöthig.

Wolten aber S. Hochfürstl. Durchl. in der Kirche und bey Hofe Vocal = Music haben, so würden 4. Sänger erfordert werden, deren Gehalt sich ohngefähr auf 800.- belauffen würde, es wäre dann, daß ein oder mehrere hiervon, als litterati oder im Rechen und Schreiben geübte, in andern Hochfürstl. Diensten gebraucht werden könnten, dahero ihnen von der Capelle nur eine Zulage zu geben wäre.

Die Sänger könnten, da sie doch mehrentheils auch Instrumentalisten sind, ebenfals bey Concerten am Hofe, wenn sie nichts zu singen hätten, mit gebraucht und durch solche die Instrumental = music verstärket werden.

Eines hierbey nöthigen CapellMeisters = Besoldung würde sich (doch nach Beschaffenheit des Mannes mehr oder weniger) ohngefähr auf 400.rth. belauffen – – – – 400.-
summa 2140.
Summa der gantzen Hochfürstl. Capell=Besoldung 2140. rth. Gotha d.21.9 br. 1755.«[5]

Dieser Vorschlag wurde akzeptiert, auch weil er um mehr als 4000.- Thlr günstiger als der Bendasche ausfiel, und Bach wurde zum Hofkapellmeister berufen. In seinem Gutachten hatte er treffend formuliert, was für die Anstellungspolitik an diesem Hof mehr oder weniger verbindlich bleiben sollte, selbst als sich nach dem Ende des Siebenjährigen Krieges ab 1763 der Finanzhaushalt zu erholen begann. Die Kapelle kam bis in die 1780er Jahre mit nur wenigen professionellen Mitgliedern aus.

Bis zum Tod des Herzogs im Jahr 1758 bestand die Kapelle, bisweilen verstärkt durch die Hoftrompeter, aus maximal 12 Mitgliedern, die eine der Hofhaltung zweier Musikbegeisterter entsprechend vielfältige Tätigkeit

Abb. 34
Ernst Wilhelm Wolf · vor
1792
Liebe nach Johann Ernst
Heinsius · Kupferstich
GMD

E. W. WOLF.

Leipzig kommenden kurfürstlich- sächsischen Hofkomödianten unter ihrem Prinzipal Gottfried Heinrich Koch gehörten, die ab 1768 im Theatersaal des Schlosses erklangen, mochten einer der Auslöser gewesen sein, sich diesem Genre besonders nachhaltig zuzuwenden. Der Erfolg der Truppe gipfelte am 29. Januar 1770 sogar in der denkwürdigen Uraufführung des später nahezu an jeder Bühne gespielten Singspiels »Die Jagd« von Johann Adam Hiller und Felix Weiße, das der Herzogin gewidmet war.

Wie wenig während dieser Jahre des neuerlichen Aufbaues der Hofkapelle von den durch Bach vorgeschlagenen Prämissen abgewichen wurde, zeigt ein Blick in den »Hochfürstl. S. Weimar= und Eisenachischen Hof= und Address-Calender« von 1777. Dem »Hof-MarschallAmt« waren zwar 7 »HofTrompeter und -Pauker« als unverzichtbare Hofrepräsentanten, aber nur 12 der »Bettmeisterey« und »Haus Voigtey« nachgeordnete Hofkapellmitglieder, sowie 6 »Hof Hautboisten« unterstellt (Abbildung 33). Daß Böttiger den 1778 als Sekretarius der Gräfin Charitas Emilie von Bernstorff nach Weimar gekommenen ausgebildeten Musiker, Übersetzer, Verleger und einflußreichen Freimaurer Johann Christoph Bode[6] in der eingangs zitierten kurzen Beschreibung als Geiger erwähnt, ebenso wie er Friedrich Hildebrand Freiherr von Einsiedel als Cellisten nennt, den die Herzogin ob seiner musikalisch-literarischen Kenntnisse zum Kammerherrn in ihrem kleinen Hofstaat gemacht hatte, bestätigt die Fähigkeit Amalias, alle künstlerisch Tätigen in ihre Nähe zu bringen. Nach wie vor hatten die meisten der Kapellisten mehrere Funktionen wahrzunehmen: die 1777 im Hofkalender als ›Vocalistin‹ aufgeführte Tochter des Geigenvirtuosen Franz Benda, »Madame Caroline Wolffin« war seit 1761 Kammerfrau der Herzogin oder es figurierte Johann Adam Aulhorn auch als Hof Tanzmeister.[7] 1777 war auch das erste Jahr, in dem der Name Corona Schröters im Hofkalender genannt werden konnte, die gerade für eine jährliche Gage von 400 Talern als Vocalistin für das Ensemble gewonnen worden war (Abbildung 35). Daß sie von Goethe als gewandte Gesellschafterin, fertige Klavier- und Flötenspielerin, Tänzerin, versierte Komponi-

aufnahmen, die von den zeremoniellen Auftritten bei Empfängen, der Tanzbegleitung auf den Bällen und Redouten, der Tafel- und Unterhaltungsmusik, der Kirchenmusik bis zu den sonnabendlichen Hofkonzerten reichte. Im Zusammenwirken mit der am Hof engagierten reisenden Theatergesellschaft des Carl Theophilus Doebbelin umfaßte sie vor allem aber die wöchentlich dreimal zu leistende Begleitung der Opern und Singspiele im Hoftheater, im Schloß Belvedere und im Stadthaus. Finanzielle Mißhelligkeiten mit der Theatertruppe führten dazu, daß der Herzogin geraten wurde, sich unmittelbar nach dem Tode ihres Gatten im Jahr 1758 sowohl von den Komödianten, als auch von den meisten Mitgliedern der Kapelle zu trennen, deren Anteil an den damaligen künstlerischen Erfolgen unterschiedlich beurteilt wird.

Für Anna Amalia hatte eine Zeit schwieriger politischer Verantwortungen als Regentin und drastischer Sparmaßnahmen begonnen und erst im Jahr 1761, nach der Ernennung Ernst Wilhelm Wolfs (1725–1792) zu ihrem und ihrer Söhne persönlichem Klavier- und Hofkonzertmeister, später sogar zum Kapellmeister, wurde wieder an eine Restituierung des Kapellbestandes gedacht (Abbildung 34). Es konnten wieder Schauspielergesellschaften in Weimar engagiert werden und die so populär wie aktuell gewordenen Singspiele, die zum Standardrepertoire der aus

stin und literarisch bewanderte Frau an den Hof empfohlen wurde und fortan als Konzertsängerin ebenso wie in den großen dramatischen Rollen etwa der Goetheschen »Iphigenie« (1779) wirken konnte, machte sie zu einer idealen Partnerin für den Kreis Anna Amalias. Ihre Rolle im Liebhabertheater war zentral und so findet sich ihr Name auf den Programmzetteln nahezu jeder Aufführung. Die lange Liste der Mitwirkenden etwa an der Aufführung der Posse »Jahrmarktsfest zu Plundersweilern« (1778), in der sie die »Tyrolerin« spielte, zeigt besonders eindrucksvoll, in welcher Weise erwartet wurde, daß Hofdamen und Gesellschafterinnen der Herzogin, Kammerherren, Kammerjunker, Gouverneure, Prinzenerzieher, Hofräte, Hofmaler, Pagenmeister, Vokalisten, Tanzmeister und Kapellmitglieder zusammenwirkten; ein Aufwand, der »der hochlöbl. Kammer zwar ein tüchtiges Geld kosten, dafür aber auch diese Seite von Weimar zu einem Tempel und Elysium machen« würde, wie Wieland aus Ettersburg in einem Brief an Heinrich Merck zu der Realisation des Jahrmarktsfestes berichtete.[8] Sein Brief begann mit »Kranz«, dem Orchestermeister (Abbildung 36) »und Kraus als Decorateur«, der »seit 14 Tagen alle Hände voll zu thun« habe und er fährt fort: die »Herzogin lebt und webt und ist in dem Allen von ganzer Seele, von ganzem Gemüth und von allen Kräften [...] Der halbe Hof und ein guter Theil der Stadt spielt mit.«

Die darstellerisch musikalische Befähigung der Hofchargen aller Ränge war mithin eine wichtige Voraussetzung, wenn man am Amalischen Hof reussieren wollte: nicht nur Luise von Göchhausen wurde von Anna Amalia als die engste Vertraute und erste Hofdame 1775 aufgrund ihrer literarisch- schauspielerischen Talente in ihre Nähe gerufen. Wenig später hatte sie auch verstanden, die Wogen der Enttäuschung zu glätten, als der umfassend gebildete, weitgereiste fränkische Aristokrat Karl Friedrich Siegmund Freiherr von Seckendorff – Aberdar in der Hoffnung auf Aufgaben an den Hof ihres Sohnes gekommen war. Er fand die ihm versprochene Position eines geheimen Legationsrates durch Goethe besetzt und sich in den Rang eines Kammerherrn zurückversetzt. Die dadurch ausgelöste Turbulenz, die

Abb. 35
Corona Schröter schlafend ·
19. 7. 1777
Johann Wolfgang Goethe ·
Kohlezeichnung.
SWK

in den ersten Regierungsjahren Carl Augusts kein Einzelfall blieb, wurde für Seckendorff erst im Umfeld der Herzoginmutter erträglich, die seine Fähigkeiten als ausgebildeter Musiker, Komponist und Dichter erkannte und ihn zum »Directeur des plaisirs« ihres Hofstaates machte. Er wurde trotz des belastenden Einstandes an diesem Hof einer der wichtigen Partner Goethes, vertonte zahlreiche Singspiellibretti und erwies sich als erfahrener Arrangeur von Balletten und Maskenzügen. 1779 und 1782 brachte er seine »Volks- und andere Lieder« heraus, die bereits von Wieland gefeiert und in seinem »Teutschen Merkur« veröffentlicht worden waren und nahm mithin an allen Façetten der damaligen Diskussion auch um die Fragen des von Herder postulierten Volksliedbegriffs aktiv teil.

Ein mindestens ebenso ambitionierter Schwerpunkt der Regierung Amalias war das Bildungswesen. Es entsprach der aufgeklärt philanthropischen Ausrichtung vieler Höfe, sich um die Verbesserung der Möglichkeiten an den Schulen und der Universität zu kümmern und breite Bevölkerungsschichten in den Genuß einer Allgemeinbildung kommen zu lassen. Selbstredend stand mithin für die Herzogin die Öffnung des Hoftheaters auch in diesem Zusammenhang. Und so konnte Wieland schon 1773 im »Teutschen Merkur« berichten: »[…] daß Sie (die Herzogin) wollten, daß auch die untern Classen von einer öffentlichen Gemüthsergötzung, die zugleich für selbige eine Schule guter Sitten und tugendhafter Empfindungen ist, nicht ausgeschlossen seyn sollte.«[9]

Es ist erstaunlich, daß es während ihrer Regierungszeit nicht auch zur Gründung einer Musikschule gekommen ist, die sie so dringend in ihrem 1799 niedergelegten 17seitigen Essay »Gedanken über die Musick« gefordert hatte: »Es ist ein sehr rühmlicher Patriotismus daß man junge teusche Talente hervorsuche u unterstütze; Es were aber noch weit rühmlicher daß man zur ausbildung solcher Talente zu erst gute Schulen anlegte. Ohne guten Unterricht läßt sich unmöglich etwas gutes hierinnen stiften […] Da man für die bildende Künste Schulen hat so weiß ich nicht warum man nicht auch für die Ton-Kunst, die weit mehr Liebhaber findet, gesorget hat«.[10]

Abb. 36
Konzert- und Kapellmeister
Johann Friedrich Kranz
am Klavier · um 1780
anonymer Scherenschnitt
GMD

Gab es sicher Gründe, diesen Schritt nicht zu tun, der auch von anderer Seite immer wieder empfohlen wurde, so hatte sie jedoch das gesamte allgemeine Schul- und Ausbildungswesen einer Reform unterzogen und stets die größte Sorgfalt auch bei der Wahl kompetenter Prinzenerzieher verwandt, in deren Hände sie die Ausbildung ihrer Söhne legte. 1772 berief sie Christoph Martin Wieland als Nachfolger von Johann Eustachius Graf von Görtz zum Hofmeister ihrer beiden Söhne, ein Entschluß, zu dem sie bezeichnenderweise nach der Lektüre seines 1772 veröffentlichten vierbändigen, staatsbelletristischen Romans: »Der goldne Spiegel« kam. Unter dem Motto:»König wirst du sein, wenn du richtig handelst« fand Wieland in diesem, in Anlehnung an die Gattung des Fürstenspiegels verfaßten Werk zur Formulierung einer Konzeption der Erziehung zu einem wohlgebildeten »edlen« Monarchen, der für ihn der Garant eines »glücklichen« Staatswesens war.[11] Selbstbewußt kündigte der damals 39jährige Erfurter Philosophieprofessor sein Werk als »neuen Regierungskatechismus« an. Die Herzogin konnte also hoffen, in Wieland einen »Danischmend«, wie er sich selbst gern nach dem weisen Hofphilosophen seines »Spiegels« nannte, für ihre Söhne gewonnen zu haben und wußte, daß sie einen der damals überaus bewunderten Schriftsteller in ihre Nähe holt, von dem das gesamte Hofleben, besonders aber das Theater neue Impulse bekommen würde. Mit seiner Berufung setzte sie auch fort, was ihr wenige Jahre zuvor mit ähnlichem Kalkül durch die Verpflichtung von Johann Carl August Musäus gelungen war, den sie, wohl wissend, daß sie mit ihm zugleich einen kritisch- satirischen Autor für ihr Liebhabertheater gewonnen hatte, der auch als Schauspieler zu agieren vermochte, 1769 zum Professor am Weimarer Gymnasium ernannt hatte.

Daß Wieland andere Größen nach sich zu ziehen vermochte, entwickelte sich an diesem Hof zu einer bemerkenswerten Eigendynamik. Carl Ludwig von Knebel beispielsweise kam seinetwegen in die Stadt und im Oktober 1774 wurde er als ›Gouverneur‹ Prinz Constantins vereidigt. Er war es, der wenig später in Frankfurt den folgenreichen Kontakt zu

Goethe knüpfte, der nach seiner Berufung wiederum Johann Gottfried Herder in die Position des Generalsuperintendenten empfahl und für das Liebhabertheater aus Leipzig die Sängerin Corona Schröter gewann.

Unablässig verstand es die Herzogin, später ihr Sohn, den an ihre Hofhaltungen verpflichteten Künstlern und Gelehrten verantwortungsvolle Hofämter- oder Verwaltungsdienste anzubieten, sie in Lehrpositionen an den verschiedenen Schulen einzubinden, sie sogar neue Schulen gründen zu lassen und ihnen damit einen großen Handlungsspielraum zu eröffnen. So rief der »angenehmste Gesellschafter«, wie ihn Goethe nannte, Georg Melchior Kraus, 1776, ein Jahr nach seiner Berufung zum Zeichenmeister des jungen Herzogs, die »Fürstliche freye Zeichenschule« ins Leben. Er war damit nicht nur einer der unentbehrlichen Theatermaler, der von den Kostümentwürfen bis zu den Prospekten schier jede Aufführung begleitete, sondern hatte ein frei zugängliches Institut eingerichtet, in dem Interessierte aller Klassen eine gründliche zeichnerische Ausbildung erhielten. Zudem wurde er zum unverzichtbaren Porträtisten.

Ihm vornehmlich verdanken wir die bildliche Dokumentation der Weimarer Verhältnisse. Zu seinen Schülern gehörten nahezu alle Mitglieder des »Musenhofes« und des Umkreises, Pagen, Offiziere oder Beamte, aber auch Weimarer Bürger, die ab 1786 als Stecher oder Koloristen im Bertuchschen Verlagsunternehmen ihr Auskommen fanden.

Kaum einer der in den 1770er Jahren an den Hof Berufenen war durch dieses Netzwerk direkter Beziehungen und geselliger Einbindungen materiell oder ideell unabhängig vom Hof, selbst ein Unternehmer wie Friedrich Justin Bertuch blieb Geheimschreiber und Schatullier des Herzogs und rechnete mit Hofaufträgen.

Diese gegenseitige Abhängigkeit war gewürzt, bisweilen auch belastet von den divergierenden Interessen der Herzogin und ihres Sohnes, den Animositäten und Intrigen innerhalb der Hofgesellschaft, namentlich in den ersten Jahren der Amtsübernahme Carl Augusts, sie erzeugte jedoch auch das Klima des produktiven Miteinanders, das namentlich den künstlerischen Aktivitäten in dieser Stadt die nötige Basis zu geben vermochte.

Kapitel V

Gabriele Busch-Salmen, Walter Salmen

Singen in Schule, Kirche und Haus

Johann Gottfried Herder und der Gesang in Kirche und Schule

In die Zeit des turbulenten Regierungsübergangs und der zeitweiligen Spaltung in Interessensgruppen fiel die Ankunft Johann Gottfried Herders und seiner Familie, die in Weimar am 1. Oktober 1776 eintraf.

Obwohl die Herzogin ihr besonderes Augenmerk auf das Gymnasium gelegt hatte, dessen Collegium musicum und Chor längst ein Teil der höfischen wie städtischen Musik geworden war, fand Herder das Kirchen- und Schulwesen zu diesem Zeitpunkt noch keineswegs hinreichend konsolidiert vor. Seine Positionen als Oberhofprediger, Oberkonsistorial-, Kirchenrat und Superintendent, die er nach fünfjähriger Vakanz einnahm, wurden ihm vielmehr zu einem »einsamen Wirrwarr und geistlichen Sysiphus-Handwerk« (1778). Nicht nur die sozialen Belange der ihm unterstellten Lehrer an den Schulen mußte er vertreten, es ging ihm selbstredend auch um inhaltliche Fragen seiner Theologie und Kirche.

Als eifriger Verfechter einer wahren und reinen Kirchenmusik wurde er nicht müde, gegen die damaligen Mißstände und das Desinteresse vor allem der Oberschicht zu wettern. Von Charlotte von Stein sind Einzelheiten einer seiner Kanzelphilippiken überliefert, in denen er der Gemeinde vorhielt, daß sie »die Kirchenlieder nicht oft genug läse, daß es nur die Handwerker und Bauern täten«.

Wie sehr ihm indessen der Gesang zur Beförderung der Andacht aller am Herzen lag, legte er im Jahre 1800 noch einmal ausführlich in seiner Ästhetik »Kalligone« dar:

»Drei Regionen insonderheit sind, in denen Wort und Ton, Ton und Gebehrde, mit einander innig verbunden, aufs stärkste wirken, das Reich der Andacht, der Liebe und der wirkenden Macht. Der Andacht stehen alle Gefühle zu Gebot, von der sinkenden Ohnmacht zur umfassendsten Kraft und Allmacht, von banger Traurigkeit zu lautem Jubel. Das Einfachste in Worten, Tönen und Gebehrden bezeichnet und wirkt hier das Größeste, das meiste«.[1]

Mit diesen, den Kirchengesang betreffenden Zeilen umriß Herder im Zeitalter der Aufklärung ein Problem, das ihn als Repräsentanten der Kirche in einer liberal geprägten Residenz besonders betreffen mußte. Die musikalische Andacht im privaten wie kirchlichen Bereich war ins Abseits gedrängt worden und das, obwohl die kirchlichen Musikämter in Weimar zeitweise gut besetzt waren: in der Stadtkirche wirkten als Kantoren ab 1778 Johann Christoph Liebeskind, ab 1789 Johann Matthäus Rempt, als Organisten konnte man dort bis 1788 Johann Samuel Maul, dann Johann Friedrich Adam Ei(y)lenstein hören, denen seit 1773 der Stadtmusikus Johann Bartholomäus Eberwein mit seinen Gesellen verstärkend zur Seite stand. An der Hofkirche dienten ab 1769 Johann Christoph Rudolph und bis 1792 als Organist der Komponist, Konzert- und Musikmeister der Herzogin, Ernst Wilhelm Wolf. An der Jakobskirche versahen nach 1779 Johann Valentin Göckingh und Johann Daniel Sondhaußen das Amt des Kantors, Johann August Werner spielte bis 1794 die Orgel. Was in diesen Kirchen zu hören war, beschränkte sich auf die damals populären Passionsmusiken und Oratorien von Johann Adolph Hasse, Georg Friedrich Händel (im März 1782), sowie bisweilen die von Wolf vertonten Kantaten nach Herders Texten.[2] Als 1779 und 1780 in der Stadtkirche die Passionsmusik »Der Tod Jesu« von Carl Heinrich Graun aufgeführt wurde, konnte man das Textbuch beim Stadtkantor Liebeskind für »6 Pfennige« erwerben.

Diese Aktivitäten konnten jedoch nicht über die längst entstandene Kluft hinwegtäuschen, die zwischen den einfachen Bürgern und den gebildeten Ständen entstanden war, die selbst für Goethe beunruhigend gewesen sein muß, wenn er sich am 13. Juli 1804 an Zelter wandte: »Wir sind darin mit Ihnen einverstanden daß der Musik zuerst und allein durch den Kirchengesang zu helfen sei und daß für ein Gouvernement selbst in jedem Sinne nichts wünschenswerter sein müßte als zugleich eine Kunst und höhere Gefühle zu nähren und die Quellen einer Religion zu reinigen, die dem gebildeten und ungebildeten gleich gemäß ist.«[3]

Wie und was sang man in den Kirchengemeinden Sachsen – Weimars, die wie andernorts auch unter der weitgehenden Aufgabe liturgischer Formen litten, so daß die sonntäglichen Gottesdienste im wesentlichen durch die Schriftverkündigung und die Predigt bestimmt waren?

Verbindliche Vorlagen für die Bewohner und den Organisten dieses Fürstentums waren vor allem die diversen Ausgaben des bei Hoffmann gedruckten »Weimarischen Gesangbuchs«, um dessen Erneuerung sich Herder seit 1778 wiederholt bemühte, sowie das 1799 von Johann Matthäus Rempt im Selbstverlag edierte »Vierstimmige Choralbuch zum Kirchen- und Privatgebrauche«.[4] Gesangbücher waren ein gewichtiger Familienbesitz, deren Verlust öffentlich angezeigt wurde, so daß man bisweilen in den Weimarischen Wöchentlichen Nachrichten unter der Rubrik »abhanden kommen« lesen konnte: »ein Gesangbuch, in schwarzem Carduan-Band und vergoldet auf dem Schnitt, in der Kirche liegen blieben.«[5]

In beiden Büchern finden sich jene Lieder, über die sich Herder und Goethe einig waren, daß sie »polirt« und »kastigirt. [...] entnervt und verderbt« seien. Auf dem Wege einer umständlichen Reform dieser Gesangbücher fand Herder schließlich zu einer Auswahl von 358 Liedern aus den 1140 Nummern, die noch die Ausgabe von 1767 gefüllt hatten. In ausführlichen amtlichen Schriftstücken begründete er seine Wahl und so ist in einem Protokoll über eine der Sitzungen des Fürstlichen Oberkonsistoriums des Jahres 1793 zu lesen, was Herder auf die Frage: »[...] welche Lieder aus dieser unselig überhäuften Menge großen Theils schlechter Gesänge beizubehalten seyn möchten?« geantwortet hat: »Diese Frage kann, meines Erachtens, nicht nach dem bloßen Geschmack unserer Zeit, er sei poetisch oder theologisch, selbst nicht allemal nach dem absoluten Werth eines Liedes entschieden werden; vielmehr ist bei ihr vorzüglich auf den relativen Werth der Lieder Rücksicht zu nehmen, was dieses oder jenes Lied dem großen Haufen sei? was er darinn gefunden habe und finde? ob er des selben entbehren könne und entbehren möge? Denn

1. ist es nicht nur bekannt, daß das Gesangbuch vorzüglich für den gemeinen Mann sei, der in ihm Trost und Erbauung findet, dem man also soviel möglich lassen muß, woran er von seiner Kindheit an Trost und Erbauung fand; sondern auch

2. ist es eben so bekannt, daß es der Einführung eines neuen Gesangbuchs am meisten hinderlich sei, wenn alte oder fromme Leute ihre gewohnten Herzens- und Lieblingsgesänge darinn nicht finden.«

Herder plädierte also dafür: »so viel möglich unverändert« zu belassen und konkretisierte diese Haltung: »a) die Lutherschen ganz unverändert, als testimonia confessionis unsrer Kirche. b) Die Änderungen, die in einigen spätern Gesängen gemacht werden, müßen äußerst selten, äußerst nothwendig und unmerklich seyn, so daß, wenn auch aus zwei verschiednen Gesangbüchern gesungen wird, der öffentliche Chor nie gestört werde. Ich für meine Person bin dem Änderungskitzel von Herzen gram und feind.«

Damit übertrug er offenkundig seine Vorliebe für das altüberlieferte, angestammte Volkslied auch auf das kirchlich approbierte Lied, wie es vornehmlich aus dem 16. und 17. Jahrhundert überliefert war. Aus seiner Feder stammt der Liedtext: »Herr, unser Gott, wann kommt dein Reich?«, mit dem er exemplarisch versuchte, an dem Vermächtnis Martin Luthers anzuknüpfen.

Diese Anschauung teilte er mit Johann Matthäus Rempt, dem es in seinem »Vierstimmigen Choralbuch« von 1799 um ähnliche Ziele ging. Als ehemaliger Leipziger Thomasschüler und Student von Johann Friedrich Doles war er seinem Vorbild Johann Sebastian Bach und seinem Amtsvorgänger Johann Gottfried Walther verpflichtet. In seiner Vorrede zum Choralbuch legte er ein eindrucksvolles Bekenntnis zu diesen Autoritäten ab: »Man hat eine Menge neuer und alter Vorspiele, mit und ohne Choral. Mit dem Choral bleiben die Waltherischen, die nie alt werden, und die selbst der Vater der Harmonie, J. Sebastian Bach, nach seinem schriftlichen Bekenntnisse, höher als seine eigne Arbeit schätzte, allemal die vorzüglichsten, und so zu sagen, Meisterstücke.«

Nicht nur Rempt blieb der Tradition verhaftet, sondern auch sein Amtskollege Ernst Wilhelm Wolf, von dem bekannt ist, daß er Bachsche Werke besaß und etwa am 23. Dezember 1784 gemeinsam mit »Des Herrn Ministers v. Fritsch Excellenz [...] den 2. Teil der Bach'schen Choralgesänge« subskribierte.

Das »Weimarische Gesangbuch« von 1795 zur verpflichtenden Lektüre für die Kinder »unbescholtener Eltern« zu machen, die ab ihrem 5. Lebensjahr in der Bürgerschule, später im »Fürstlichen Gymnasium« oder in der von Herder 1788 gegründeten Lehrerbildungsanstalt unterwiesen wurden, war der ausdrückliche Wunsch Herders, dem er in seiner Vorrede Nachdruck verlieh: »Die Schule muß (hiebei) der Kirche helfen. Von Jugend auf müssen die Kinder, so wie aus alten, so auch aus diesen hinzugekommenen Gesängen trefliche Verse auswendig lernen; sie gewinnen dadurch einen Schatz von Lehre und Unterweisung für ihr ganzes Leben. Hat man sie inne, so lernt man die Predigt und auch die Bibel mehr verstehen. Das Wort Gottes kommt gleichsam näher zu uns; und spricht in einzelnen Pflichten und Beziehungen mit uns nach unsrer Weise. Durch diese Lieder lernen wir so manchen Zweifel der neueren Zeit überwinden, von dem die ältere Zeit noch nichts wußte; man lernt die Religion ansehen, wie sie für uns dienet.«

Am herzoglichen ›Gymnasium illustre‹ lag um 1775 die Vermittlung von Kenntnissen und Fertigkeiten in der Musik und im Tanz in den Händen des Cantors und »Collega IV« Johann Sebastian Brunner, dem als Exercitienmeister verpflichteten Hoftanzmeister Johann Adam Aulhorn sowie dem Musikdirektor Georg August Zahn (von 1765 bis 1797).[6] Im Jahr 1800 hatte Kantor Rempt die Schulung des »Chor musici« übernommen. Nach seinem Tode wurde, gegen den Willen Herders, der seit 1799 als Kapellmeister an den Hof verpflichtete Franz Seraph (François) von Destouches mit dieser zusätzlichen Aufgabe betraut. Ab 1798 (bis 1828) war der Cammermusicus Johann Adam Zipfel gemeinsam mit Aulhorn für die Ausbildung der Schüler im Instrumentalspiel und deren Mitwirkung im Collegium musicum zuständig.

Wie alle damaligen höheren Schulen, so unterhielt auch dieses ab 1791 unter die Leitung des Altphilologen Karl August Böttiger gestellte Institut außer dem Chor und dem Collegium musicum eine Currende zur Versorgung der Armenschüler, die »in langen Mänteln« singend auf den Straßen bettelten und ein Zubrot auch bei Begräbnissen verdienten.[7]

Daß der Chor bei Begräbnissen sang, war – wie andernorts auch – ein selbstverständlicher Dienst. So las man am 18. Dezember 1793 in den Weimarischen Wöchentlichen Anzeigen, daß der am 13. Dezember verstorbene Johann Joachim Christoph Bode »bey einer sehr ansehnlichen Versammlung seiner Freunde u. Verehrer [...] eingesegnet« worden sei, »O. C. Rath Böttiger eine feyerliche Rede« gehalten habe »und vom Musik-Chor Auferstehungs-Arien abgesungen wurden.«[8] Am 8. Juni 1816 um vier Uhr morgens wurde Christiane Goethe in Abwesenheit des Dichters auf dem Jakobsfriedhof beerdigt, »mit Gesang des Chores mit der Ganzen Schule erster Classe.«[9]

Höhepunkt eines Schuljahres war – analog zur jährlichen Verabschiedung der examinierten Studenten in Jena – der »Valedictionsactus«. Dazu fand sich stets eine »ansehnliche Versammlung« nachmittags im großen Hörsaale des Gymnasiums ein. Der Direktor dieser Lehranstalt, bis 1804 Karl August Böttiger, verfaßte zu diesem Fest ein bis zu drei Bogen umfassendes Programm, dem die mehrsprachigen Prologe, Hymnen, Oden oder Panegyrici zu entnehmen waren, die von ehemaligen und den scheidenden Gymnasiasten verfaßt wurden, denen die Abschiedslieder und »Anreden an die Abgehenden« folgten. Ausführlich geschildert wurde der Ablauf dieser Feiern stets in den »Weimarischen Wöchentlichen Anzeigen.« Einer dieser Berichte mit der Wiedergabe eines dieser Casualcarmina erschien am »Mittwoch, den 16. October 1799« und sei hier in Auszügen vermittelt:

»Schulfeierlichkeit.
»In dem am 7 October gehaltenen Valedictionsactus hatte der Director, und Ober= Consistorialrath, Herr Carl August Böttiger, in einem Programm Jihyita oder die Hexe, ein archäologisches Fragment nach Lessing, 54 Seiten in 8. (im Verlage der Hoffmannischen Buchhandlung allhier) eingeladen. Die Abgehenden sprachen in folgender Ordnung: Herr Heinrich Christian Friedrich Peucer aus Buttstädt ein Gedicht über die Thorheiten des Studentenlebens. Das Gedicht, was ganz allein sein Werk war, erhielt den verdienten Beyfall. Er geht nach Göttingen, um sich dort der Philologie und Jurisprudenz zu widmen. Herr

Wilhelm Lebrecht Martin de Wette, aus Man-stedt, sprach französisch über den Satz der Stoicker: nur der Weise ist König. Er geht nach Jena, um dort Theologie zu studieren ... Den zurückbleibenden Commilitonen empfahl sich und seine Freunde Peucer durch eine Ab-schiedselegie, welchem darauf Sylvi. Theod. Gottl. Dennstedt, von Weimar, gleichfalls in einer Elegie antwortete. Den Beschluß machte ein von Emil Herder gefertigtes und vom Herrn Cantor Remde dazu componirtes Ab-schiedslied, welches auch hier eine Stelle ver-dient:

Abschiedslied.
Der ganzen Schöpfung süßes Streben
Ist liebende Geselligkeit;
Vom Wurm zum Engel steigt das Leben
Nur durch erhöhter Liebe Streit,
Ein Band knüpft alle Wesen nur
In deiner Hand, Natur!
　　Chor.
Ein Band knüpft alle Wesen nur
In deiner Hand, Natur!

Der ganzen Menschheit süsses Streben
Ist liebvereinte Thätigkeit;
In andern und für andre Leben,
Ist, was uns Pflicht und Herz gebeut.
Mit Freuden theilen Freud und Schmerz,
Erneut und stärkt das Herz.« etc.[10]

»In die Musik gesetzt durch Herrn Capell-meister Wolf«[11] oder Kantor Rempt, konnten diese Carmina von den Choristen auch als huldigende Abendmusiken zu Ehren der Her-zogin oder ihres Sohnes dargebracht werden. Derart zu einem Teil der musikalischen Dar-bietungen bei Hofe geworden, wurde es zu einem stillschweigenden Einverständnis, daß der Schul- und Seminaristenchor unentbehr-lich war sowohl bei den Oratorienaufführun-gen in der Stadtkirche, als auch und vor allem bei den Aufführungen der Singspiele und Opern im Comödienhaus. Für Herder als dem Ephorus der Schulen sorgte diese Mitwirkung der Gymnasiasten oft für heftige Auseinander-setzungen. Er bezichtigte den Schuldirektor, die Gymnasiasten einem zwielichtigen Milieu zu empfehlen. Das war es auch, was Herder bewog, die Auflösung des Schüler – Theater-

chores zu verlangen, als ihm die Bestellung des Hofmusikers Destouches zum »Musikdi-rektor des Gymnasiums« angetragen wurde, gegen die er sich heftig zur Wehr setzte. Er befürchtete, daß der »Theatergeschmack« die Reinheit der Kirchenmusik gefährden könnte.

In Opposition zu Böttiger war Herder be-reits geraten, als er erfuhr, daß der Altertums-kenner einen Unterricht gab, der seiner Anti-kenvorstellung gründlich widersprach. Daß die Choristen immer häufiger als Sänger und Statisten auf der Theaterbühne erschienen, statt auf der Empore der Stadtkirche, bewirkte eine ernste Krise, deren Gipfel die Befürwor-tung der Berufung Destouches gegen Herders Willen war, die von Goethe in einem schrift-lichen Gutachten begründet wurde: »Von Sei-ten des Theaters hat man gegenwärtig schon die Einrichtung getroffen, daß die Proben von Elf bis Zwölf und abends von vier Uhr an gehalten werden. Auch wird hierin zu beider-seitiger Zufriedenheit vollkommene Ordnung bestehen können, wenn der Konzertmeister Destouches die dortigen Verhältnisse kennt und seine Incumbenzen zu vereinigen sucht«.[12]

Einen weiteren Schritt in diese Richtung der Emanzipation von kirchlichen Diensten ging die »ganz neue Erziehungs – Anstalt«, die der vor der Revolution in Frankreich geflohene Jean Joseph Mounier 1797 mit der Billigung Herzog Carl Augusts in dem damals bereits verlassenen Schloß Belvedere einrichtete. Jo-seph Rückert widmet ihr in seinen »Bemer-kungen« einige Seiten, in denen er erwähnt, daß der »Unterricht in verschiedenen Kün-sten [...] von dem nahen Weimar aus besorgt« wird und daß sich die »größtenteils aus Eng-ländern« bestehenden Scholaren »vorzüglich eifrig mit der Musik beschäftigen«.[13]

Insgesamt gehörten die Schüler der Wei-marer Schulen mithin zu einem wichtigen Be-standteil des städtischen Musiklebens und es war folgerichtig, daß der ehemalige Weimarer Gymnasiast Johann Heinrich Christian Remde nach 1811 eine »Singakademie für die Jugend« ins Leben rief, die zu einem Singinstitut für Kirchen- und Opernmusik wurde.[14]

Chorgesang – Hauschöre

»Was wir in Gesellschaft singen,
Wird von Herz zu Herzen dringen.«[15]

Mit diesem epigrammatischen Vorspruch, den er seinen geselligen Liedern vorausschickte, tat Goethe kund, daß er am gemeinsamen Gesang im Chorlied, Kanon oder im bekenntnishaften Unisono, wie sie um 1800 zur Unterhaltung, wenn nicht gar zur Pflicht gehörten, aktiv Anteil nahm. Man hatte sich erneut auf eine bereits im 16. und frühen 17. Jahrhundert unter Literaten und Akademikern geübte Praxis des gemeinsamen Singens besonnen, mit dem man vermochte, sowohl das »être d'accord« zu befördern, als auch den Klassendünkel (wenigstens temporär) abzubauen. Über dieses gemeinschaftsfördernde Singen wurde in der aufgeklärten Pädagogik viel diskutiert und auch der Berliner Hofkapellmeister Johann Friedrich Reichardt formulierte seine Ansichten dazu in einem 1777 veröffentlichten Aufsatz zur »Aufmunterung zum reinen und richtigen Gesang, als ein Teil der guten Erziehung in unsern Zeiten.«[16] Über den Chorgesang stellt er darin ins Zentrum seiner Betrachtung, was er in einem späteren Plädoyer für den geselligen Gesang und das Lied im allgemeinen ähnlich formulieren sollte (vergl. das Kapitel VII): »die Harmonie unserer Stimmen erregte Harmonie unserer Seelen, wir wurden gegen einander freymüthiger und zutraulicher als wirs vorher waren, wir hatten alle nur einen gemeinschaftlichen Zweck: die Frölichkeit«.

Das Gewinnen und Stiften von Gemeinsamkeit war mithin einer der Beweggründe für die Bildung von »Singanstalten« oder »Singakademien«, deren Tun nicht selten in den Fachzeitschriften wie der »Allgemeinen Musikalischen Zeitung« ausführlich vorgestellt wurde.[17] Wie es bei diesen Gesellungen zugehen konnte, beschrieb Reichardt eindrucksvoll in einem seiner »Vertrauten Briefe« nach einem Besuch bei dem Industriellen Friedrich Alberti im abgelegenen schlesischen Schmiedeberg, der »auch eine Lese= und Tischgesellschaft gestiftet (hat), die unter dem Namen Odeon einen Abend jeder Woche eine zahlreiche und ansehnliche Gesellschaft versam-

melt. Man versammelt sich gegen sechs Uhr, liest erst ein paar Stunden – an den Abenden, denen ich beiwohnte, wurde aus Shakespeare und Goethe vorgelesen –, dann tafelt man lustig miteinander. Bei der Tafel wurden frohe Lieder gesungen, wozu ein eifriger Kunstfreund, der Senator Fritze, ein zweckmäßiges Liederbuch veranstaltete, welches jedes Mitglied neben seinem Teller liegen hat. Angenehme Damenstimmen, an denen es hier nicht fehlt, singen die Lieder mit Klavierbegleitung, und die ganze Gesellschaft stimmt im Chor mit ein. Nach der Tafel sorgt der jedesmalige, erwählte Freudenmeister für die lustige Unterhaltung des übrigen Abends . . .«[18]

In seinem eigenen Hause in Giebichenstein (vergl. das Kapitel III. Giebichenstein), in dem Goethe und andere Weimarer häufig seine Gäste waren, bildete sich nahezu täglich »ein treffliches Sängerchor« aus allen jeweils Anwesenden. Dieses »angenehme Chor« wurde zum Vorbild für jene Versammlungen, die Goethe 1802 seinen »Hauschor« oder seine »kleine Singschule« nannte. Schiller besang den »heitern bunten Reihn« mit ihrem »bunten Kranz der Lieder« derartiger Treffen enthusiastisch in »Die Gunst des Augenblicks«, die Carl Friedrich Zelter als Kantate vertonte.[19]

Wir können davon ausgehen, daß zu diesem »bunten Kranz der Lieder« die Tafel- und Trinklieder, Jahreszeitenlieder zum Singen im Freien, Standeslieder für Feierstunden, die religiösen Erbauungslieder, Bekenntnislieder und Lobgesänge gehörten; wie Schillers »Lied an die Freude« (Abbildung 57) oder, »langsam und gehalten« vorgetragen, die vierstimmige Vertonung durch Reichardt seines Gedichts »Ideale«, gewiß aber auch dessen 1781 erschienene sehr beliebte »Frohe Lieder für deutsche Männer«.

Goethes Singchor

Nachdem Goethe in »Wilhelm Meisters Lehrjahren« bereits eine »wunderliche kleine Hauskapelle« beschrieben hatte, die bei Serlo »einmal wöchentlich Konzert hatte« und in diesem Zusammenhang den Satz formulierte, daß man »alle Tage wenigstens ein kleines Lied hören« solle, konnte er sich diesen Wunsch erst ab 1807 in seinem eigenen Haus erfüllen. Er gründete ein »Singquartett«, das von Rudolf Karl Heß geleitet werden sollte, denn ihm war »eine gewisse konzertmeisterliche Geschicklichkeit eigen, mit der Violine dem Gesang nachzuhelfen und dem Sänger Sicherheit, Mut und Lust einzuflößen.«[20] Indem er seinen kleinen Hausgesang, wie er seinem Freund Zelter am 20. April 1808 schrieb, »im Kleinen baute und pflanzte, hervorbringen und geschehen ließ«, gehörte Goethe zweifellos in Weimar zu den emsigsten Beförderern des mehrstimmigen Singens. Zum »Vorrat seines kleinen musikalischen Archivs« (an Zelter, 21. Dezember 1809) gehörten bald neben den Reichardtsätzen die Ausgaben der Chorkompositionen von Joseph Haydn, Wolfgang Amadeus Mozart, Georg Friedrich Händel, Niccolò Jommelli, des Dresdeners Johann Gottlieb Naumann oder Carl Friedrich Zelters. Und dennoch bedurfte es immer wieder einiger Anstrengungen, den Kreis von Sangeskundigen, der wechselnd aus Singschülern, Sängern und Schauspielern, »Personen aus der Stadt« sowie einigen Stadt- und Hofmusikern bestand, zusammenzuhalten. Man traf sich unregelmäßig donnerstags oder sonntags, klagte mal über das Fehlen von Mitgliedern, mal über den Mangel an geeigneten Kompositionen. Obwohl nicht nur Goethe und Schiller eine große Zahl an »Tisch- oder Bundesliedern« bereitstellten, galt ihre größte Sorge den rechtzeitig gelieferten Vertonungen. Insbesondere Goethe hat Reichardt und Zelter in seinen Bittbriefen nach Giebichenstein oder Berlin wiederholt »um ein Paar kleine Stücke Musik« und größere »Singsachen« gebeten. Mal war es »ein sanfter, andächtiger, herzerhebender vierstimmiger Gesang«, den er sich wünschte: »mit lateinischem Text, der ohngefähr acht Minuten dauert. Es kann ein Stück aus einer Messe sein, oder was es auch sonst ist«[21], ein anderes Mal etwas Erheiterndes in leicht faßlichem Satz.

Von den ortsansässigen Komponisten erfüllten diese Wünsche vor allem der junge Carl Eberwein (Abbildung 38) und später der 1810 berufene Hofkapellmeister August Eberhard Müller. Eberwein, der durch Heß bei Goethe

bekanntgemacht worden war, schildert den Beginn seiner Tätigkeit in seinen Erinnerungen, einem nüchternen Text, der dennoch einen Eindruck von der Atmosphäre etwa während der Proben vermittelt, die meist »im Zimmer der kleinen Frau, wie Goethe seine liebenswürdige Gemahlin nannte« stattfanden: »Großmutter und Tante der Geheimrätin, die ein heiteres Asyl bei Goethe gefunden, hörten dem Gesang mit Andacht zu. Goethes Hauskapelle bildeten: Heß (Dirigent), Demoiselle Engels (erster Sopran), Demoiselle Häßler (zweiter Sopran oder Alt), Morhard (Tenor) und Deny (Baß), sämtlich Mitglieder des weimarischen Theaters. Nachdem die Sänger mich durch Vortrag meiner Kompositionen erfreut, erschien der Geheimerat in einem Überrock. Er begrüßte mich freundlich als den ehemaligen Gespielen seines August und dankte für meine Bereitwilligkeit, mich an seiner Hauskapelle beteiligen zu wollen. Acht Uhr ging es zu Tische. Ehe wir es uns versahen, war Goethe verschwunden, um in seinem Studierzimmer zu soupieren. Wenn der Meister uns zum Schlusse des Essens mit seiner Gegenwart beehren wollte, so stand schon ein Stuhl zunächst der Türe, wo er eintrat, für ihn bereit. Er öffnete dann hastig die Türe, setzte sich blitzschnell auf seinen Sessel, und ehe wir uns erheben konnten, rief er uns zu: »Kinder, bleibt sitzen!«[22]

Eberwein hatte, was für einen Stadtpfeifer damals noch unüblich war, das Klavierspielen gelernt und den Vorschlag gemacht, mit einem Klavier die Proben zu begleiten: »Schon in der nächsten Versammlung hatte die Geheimrätin auf meinen Wunsch für ein Pianoforte gesorgt, womit ich nun den Gesang begleitete [...]. Zur Feier des ersten Januars 1808 dichtete Riemer einen Lobgesang an Goethe, den ich fünfstimmig in Musik setzte, damit auch Heß sich dabei beteiligen möchte [...]. Früh 8 Uhr versammelte sich unser Septett im Urbino-Zimmer des Goetheschen Hauses. Als der zu Feiernde in das Zimmer trat und wir ihn mit dem Gesang:

›Meister göttlichen Gesanges,
Den Du uns in's Herz gesungen,
Sieh, wir nahen Dir, durchdrungen
Von Verehrung, Lieb' und Dank,

Abb. 38
Franz Carl Adalbert Eberwein
nach 1824
Johann Joseph Schmeller ·
Kohlezeichnung mit Kreide
(52,6 × 38,2 cm)
SWK

Dir zu weih'n die Huldigungen
Unsrer Herzen; unsre Zungen
Strömen festlich Vollgesang!

Wünsche für Dein teures Leben
Senden wir zu hohen Sphären,
Götter wollen sie gewähren!
Ja, so ahnet unsre Brust!
Mögest Du voll Huld uns hören:
Dir zu dienen, Dich verehren,
Unser Stolz ist's, unsre Lust!‹

begrüßten, prägte sich in seinem Gesicht die tiefe Bewegung aus, in welche ihn unser Gesang versetzte.«[23]

Auch über die halböffentlichen Veranstaltungen berichtet Eberwein, zu denen Goethe lud, um das Erarbeitete einem größeren Zuhörerkreis zu vermitteln: »die beifällige Aufnahme der Goetheschen Hauskapelle von Seiten unserer erhabenen Fürstinnen und ihrem Gefolge reizte auch Goethes Verehrer und Freunde, von dessen musikalischen Genüssen zu kosten. Um allen freundlichen Ansprüchen in dieser Beziehung Genüge zu leisten, so gab er im Winter jeden Sonntag von halb Elf bis halb Eins eine musikalische Unterhaltung, wozu Jene ein= für allemal eingeladen waren. Der weimarische Adel und die Schöngeister fanden sich nicht allein zahlreich des Sonntags früh bei Goethe ein, sondern brachten auch Fremde von Distinktion mit, so daß die Zahl der Zuhörer sich oft bis fünfzig steigerte … Das Programm bezeichnete im Allgemeinen das sonntägliche Leben. Zunächst waren unsere Gesänge dem Höchsten gewidmet, dem wir alles Wahre, Gute und Schöne zu danken haben. Die Offertorien von Jomelli, Joseph Haydns Motetten, kirchliche Gesänge von Fasch, Mozart und Anderen gestatteten eine wünschenswerte Abwechselung. Nach dem Allmächtigen wurden Natur und Welt in Betracht gezogen; ›der Frühling‹ von Max Eberwein, ›Wanderers Nachtlied‹ von Goethe und Reichardt, ›das Vaterland‹ und ›Generalbeichte‹ von Zelter […] ›An die Freunde‹, ›die Gunst des Augenblicks‹, ›Dithyrambe‹, und ›der Zauberlehrling‹ von Goethe und Zelter versetzten die Zuhörer in die heitere Region der Kunst. Den Schluß bildeten komische Gesänge, wie das Lied ›Herr Urian‹ und das

Terzett von Wenzel Müller aus der ›travestierten Alceste‹:

»Die verdammten Heiraten,
Wenn s' nur allweil geraten taten,
Ja, hernach wär's recht.
Aber unsre Heiraten,
Stechen wie die Fischgraten,
G'raten meistens schlecht.«

Der Komponist hat den trivialen Text mit so viel Humor ausgestattet, daß der Effekt jedesmal durchschlagend war.«[24]

Ebenfalls als »Musikalische Unterhaltung« angekündigt, fand eines dieser Konzerte am 22. Februar 1810 um »Halb sechs Uhr« im Comödienhaus statt und war für die Zuhörer sogar kostenpflichtig (Abbildung 39). Die Einnahmen bedeuteten für die beteiligten professionellen Musiker einen willkommenen Zuverdienst. Die zweiteilige Programmfolge ausschließlich von Vokalwerken, eine Seltenheit im Konzertleben zu Beginn des 19. Jahrhunderts, verrät die von Eberwein geschilderte sorgfältige Regie, nach der mit der »Huldigung der Künste« als »Musenanrufung« begonnen und mit dem beschriebenen heiteren Terzett von Wenzel Müller geendet wurde. Die Kanons von Jacopo Gotifrede Ferrari dürften für damalige Ohren ebenso ungewöhnlich gewesen sein, wie das scherzhafte Terzett in Wiener Mundart von Mozart: »Liebes Mandel, wo is's Bandel?« (KV 441). Von Eberwein sang man drei, von Zelter fünf Sätze und auch der Jugendfreund Goethes, Christoph Kayser war noch präsent mit einer Weihnachtskantate. Der Dichter folgte in der Programmplanung dem Zelterschen Vorbild und begründete seine Auswahl in einer Notiz in den Tag- und Jahresheften für das Jahr 1810: »Man führte solche Musikstücke auf, welche zu hören das Publikum sonst keine Gelegenheit findet und woran jeder Gebildete sich wenigstens einmal im Leben sollte erquickt und erfreut haben.«[25]

Die Zuhörer bekamen mithin das breite Spektrum damaliger Chormusik zu hören: Chorlieder wechselten mit einem Chor aus einer italienischen Oper, ein »Gesang« (!) reihte sich an ein lateinisches Offertorium des ehemaligen Stuttgarter Hofkapellmeisters Niccolò Jommelli, Triviales stand neben Erhabenem und Ergötzlich- heiterem. Aus seiner Korrespondenz mit Zelter wissen wir, daß Goethe als Auftraggeber vor allem von dessen Vertonungen der Gedichte Schillers beeindruckt war. Seinem Freund hatte er bereits am 21. Dezember 1809 beteuert: »Die Schillerschen Sachen sind ganz vortrefflich gefaßt. Die Komposition suppliert sie, wie eigentlich das Lied durch jede Komposition erst vollständig werden soll. Hier ist es aber ganz was eignes. Der denkende oder gedachte Enthusiasmus wird nun erst in das freie und liebliche Element der Sinnlichkeit aufgehoben oder vielmehr aufgeschmolzen. Man denkt und fühlt und wird mit hingerissen.

Daß die scherzhaften Sachen ihren Effekt nicht verfehlen, können Sie gleichfalls denken, da ich zu diesen Dingen mehr Neigung habe und am Ende sich's jeder gefallen läßt, froh zu sein oder zu werden.»[26]

Noch heute ist bestaunenswert, was Goethe und sein Zirkel »mit dem besten Effekt« bei den Zuhörern aufzuführen vermochten, hatte er doch an Zelter wiederholt mit Bedauern geschrieben, nur das verwirklichen zu können, »was dem Tag und den Umständen nach möglich ist.«

Am 28. Juni 1810 sandte Reichardt an Goethe die gerade bei Breitkopf & Härtel in Leipzig edierte Gesamtausgabe von »Schillers lyrischen Gedichten« mit dem Vermerk, daß sie »manchen vierstimmigen Gesang für Ihr Hauschor enthalten.« Gemeint war unter anderem die auf den Seiten 4–7 wiedergegebene Vertonung des Gedichts »Die Ideale«, eines schwierigen Textes, dem Reichardt eine bemerkenswerte Ausdeutung gab. Mehrfach hatte er sich mit diesem Text beschäftigt, so daß der Chorfassung zwei andere Liedversionen voraus gingen. Schrittweise suchte er diese elfstrophige Ideendichtung vom Ich-Ausdruck eines teilnehmenden Herzens ins Allgemeinere eines Wir- Ausdrucks zu transferieren. Man kann verfolgen, wie er von einer kleingliedrigen galanten Liedmelodie mehr und mehr abrückte zugunsten einer abgeklärten, von »edler Simplizität« geprägten Deklamation im gewichtigen 4/2 Takt. Eindringlich wird die Harmonik mit der Häufung alterierter Akkorde und Leittöne semiotisch aufgebrochen, um den im Text ausgedrückten Schmerz- wie auch den Freudenphantasien

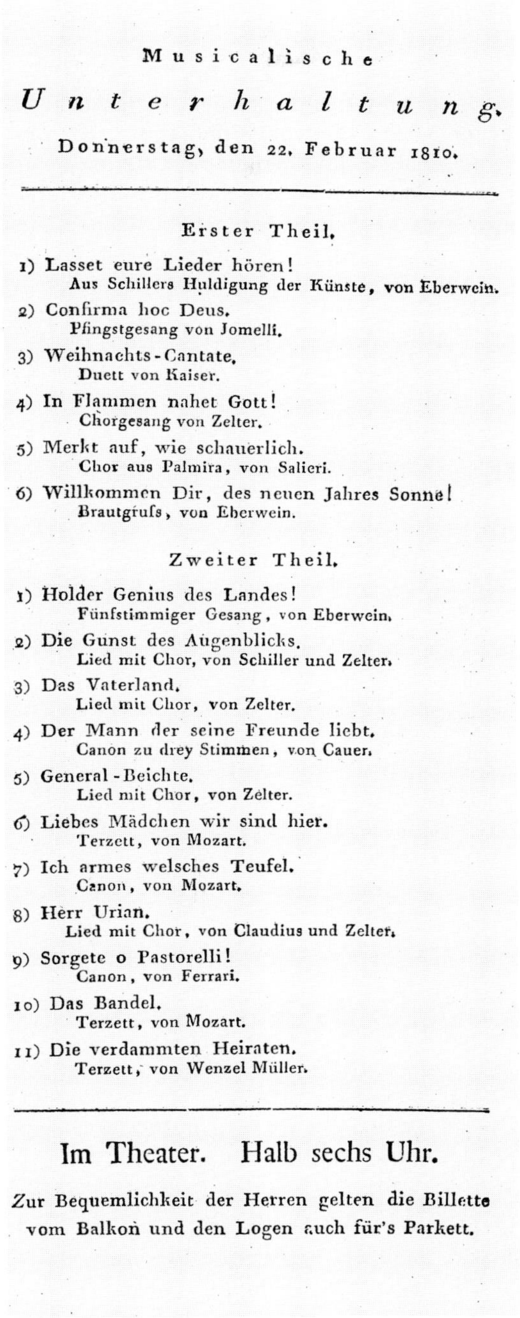
Musicalische

Unterhaltung.

Donnerstag, den 22. Februar 1810.

Erster Theil.

1) Lasset eure Lieder hören!
Aus Schillers Huldigung der Künste, von Eberwein.

2) Confirma hoc Deus.
Pfingstgesang von Jomelli.

3) Weihnachts-Cantate.
Duett von Kaiser.

4) In Flammen nahet Gott!
Chorgesang von Zelter.

5) Merkt auf, wie schauerlich.
Chor aus Palmira, von Salieri.

6) Willkommen Dir, des neuen Jahres Sonne!
Brautgruſs, von Eberwein.

Zweiter Theil.

1) Holder Genius des Landes!
Fünfstimmiger Gesang, von Eberwein.

2) Die Gunst des Augenblicks.
Lied mit Chor, von Schiller und Zelter.

3) Das Vaterland.
Lied mit Chor, von Zelter.

4) Der Mann der seine Freunde liebt.
Canon zu drey Stimmen, von Cauer.

5) General-Beichte.
Lied mit Chor, von Zelter.

6) Liebes Mädchen wir sind hier.
Terzett, von Mozart.

7) Ich armes welsches Teufel.
Canon, von Mozart.

8) Herr Urian.
Lied mit Chor, von Claudius und Zelter.

9) Sorgete o Pastorelli!
Canon, von Ferrari.

10) Das Bandel.
Terzett, von Mozart.

11) Die verdammten Heiraten.
Terzett, von Wenzel Müller.

Im Theater. Halb sechs Uhr.

Zur Bequemlichkeit der Herren gelten die Billette vom Balkon und den Logen auch für's Parkett.

Abb. 39
Programmzettel einer »Musicalischen Unterhaltung« Goethes am 22. 2. 1810 im Hoftheater
GMD

oder der Erfahrung des Verlustes einer »goldenen Zeit« musikalisch zu entsprechen. Geschrieben hatte Reichardt auch diese Chorfassung zur »Förderung des gesellschaftlichen Gesanges« und so sollte der Satz vor allem für die Chöre gebildeter Zirkel nachvollziehbar bleiben.

Dieser Sangesenthusiasmus mag den Dresdener Maler Theobald Freiherr von Oër bewogen haben, in einem 1860 datierten Historiengemälde den »Musenhof« um die Herzoginwitwe und ihren Sohn Carl August, den Hofstaat und zahlreiche Gäste idealisiert vor dem Musentempel im Park von Tiefurt darzustellen, die der Deklamation Schillers lauschen und gewiß einen gemeinsamen Gesang anstimmen (Abbildung 37).

»Stimmen der Völker in Liedern« (Johann Gottfried Herder)

Abb. 40
Die Tiroler Nationalsänger Leo aus dem Zillertal · um 1825
Otto Speckter · Lithographie
Innsbruck, Tiroler Landesmuseum Ferdinandeum

Mit Johann Gottfried Herder war 1776 ein Mann nach Weimar gekommen, der weit über sein kirchliches Amt hinaus wirkte, der sich grundlegend zur Musikrealität und den damaligen Opernkonzepten geäußert hat und dessen Verhältnis zur Musik wir den eindrucksvollen Zeilen eines Briefes an seine spätere Frau, Caroline Flachsland, entnehmen können. Am 20. September 1770 hatte er ihr geschrieben: »Sie sind eine so tiefe Liebhaberin von der Musik; ich bin's bis zum Unaussprechlichen.«[1] Johann Friedrich Reichardt, der ihn 1796 gar in sein Verzeichnis der »Musikheiligen« aufnahm, weil er »absichtlich für die Tonkunst« dichte, beteuerte später, daß er zu den seltenen Dichtern zähle, »die auch Sinn und Gefühl für die Tonkunst haben. Nie hat mir jemand richtigere Bemerkungen über meine Arbeiten gemacht, als Herder.«[2] Daß er während seiner Weimarer Jahre jedoch in eine so unversöhnliche Opposition zu seinem früheren Freund Goethe geriet, dem er seit ihrer denkwürdigen Begegnung in Straßburg im Jahre 1770 in vielen Fragen Mentor gewesen war, dem er sogar die Empfehlung nach Weimar verdankte, ist eine fast tragische Wendung, die eine überaus produktive Phase des Austauschens und Konzipierens gemeinsamer Gedanken nahm.

Begonnen hatte diese Beziehung mit dem Bekanntwerden von Herders bedeutsamem Bekenntnis zum Wert des Volksliedes. Was ihn aus Furcht vor dem allgemein verbreiteten Vorurteil und der Verspottung 1773 noch veranlaßt hatte, die geplante Drucklegung seiner Sammlung der »Alten Volkslieder« zurückzuziehen, fiel in Weimar vor allem durch den gewonnenen Konsens mit Goethe auf einen bereiteten, fruchtbaren Boden, so daß er gleich nach seiner Übersiedelung an die planmäßige Fortsetzung und Ergänzung seiner Volksliedsammlung ging, die 1778 mit ausführlicher Kommentierung im Druck erscheinen konnte. Sie wurde von ihm in einem im November 1777 publizierten Aufsatz angekündigt als: »Eine kleine Sammlung solcher Lieder aus dem Munde eines jeden Volks [...] in eigener Sprache, zugleich gehörig verstanden erklärt, mit Musik [...]; in der Ursprache und mit genugsamer Erklärung [...] womöglich mit Gesangweise.«[3] Wie sehr Goethe die Vorstellun-

gen vom bewahrenden Sammeln sowohl längst verklungener Gesänge, als auch vital gesungener Lieder als dem »Stamm und Mark der Nation« (Herder) teilte, geht nicht nur daraus hervor, daß er als Jurastudent in Straßburg bereits begonnen hatte, Lieder und Balladen des Elsaß »aus denen Kehlen der ältesten Müttergens« zu notieren, die er Herder im Oktober 1771 zuschickte,[4] sondern auch aus den wiederholten Versuchen, Volkslieder und Balladen in sein dramatisches Werk zu integrieren. Am eindrucksvollsten gelang ihm das durch die aus der Herderschen Sammlung genommenen Balladen und Lieder, die er in sein »Wald- und Wasserdrama: Die Fischerin« einflocht, das am 22. Juli 1782 »auf dem natürlichen Schauplatz zu Tiefurt« mit der Musik von Corona Schröter erstmals aufgeführt wurde. Seine Widmungsverse an Caroline und Johann Gottfried Herder, machen die Nähe deutlich, in der er sich damals noch zu Herder befand:

»Dies kleine Stück gehört, so klein es ist,
Zur Hälfte Dein, wie Du beim ersten Blick
Erkennen wirst, gehört Euch beiden zu,
Die Ihr schon lang für Eines geltet. Drum
      Verzeih', wenn ich so kühn und ohngefragt,
Und noch dazu vielleicht nicht ganz geschickt,
Was er dem Volke nahm, dem Volk zurück
Gegeben habe [...]«

Mit diesen Versen, dem Volke zurückzugeben, was man ihm zuvor (sammelnd) genommen habe, spielte er programmatisch auf den Wert an, den man im Aufzeichnen der «Stimmen der Völker» erkannt hatte.

In diesem Sinne hatte Goethe bereits 1775 in der ersten Fassung seines »Schauspiels mit Gesang: Claudine von Villa Bella« den alten Gonzalo klagen lassen: »Ich sage immer: Zu meiner Zeit war's noch anders; da ging's den Bauern wohl und da hatt' er immer ein Liedchen, das von der Leber wegging und einem 's Herz ergötzte.«[5]

Mit diesem Satz verwies er deutlich auf einen Mangel und bekannte sich zu einer Sache, die in der Weimarer Umgebung zunächst keineswegs von allen geschätzt wurde. Wie in den meisten Residenzen auch, wurden erst langsam Aufmerksamkeit und Zuneigung zu den »wahren Stimmen« und Liedern der Untergebenen entwickelt, deren Weisen erst allmählich nicht mehr als der barbarische Ausdruck von Unbildung angesehen wurde, über die man sich mit ästhetischem Hochmut stolz hinwegsetzen konnte. Zumindest partiell konnte diese Haltung korrigiert werden und es mischten sich, als das Ergebnis eines heftigen, nicht immer konfliktlosen Opponierens gegen das frühere Aristokratieverständnis, der Herzog und seine Minister gern bei den dörflichen Kirchweihfesten der Umgebung unter die Menge, um im Sinne Luthers dem Volk »aufs Maul« zu schauen.

In diesem Klima fanden die Gedanken Herders besondere Resonanz. Hier konnte er weiterführen, was er als ein Protagonist den Äußerungen des Volkes vom Baltikum bis nach Italien mit offenen Ohren abgelauscht, sowie durch das Sammeln literarischer Quellen aufgezeichnet hatte. Diese Lesefrüchte ließen ihn nach 1771 aus der Benennung »Lied des Volkes« das bis heute weltweit gebräuchliche Wort »Volkslied« entwickeln, das keineswegs mit dem Gesang des »Pöbels auf den Gassen« gleichzusetzen, sondern als Leitbegriff zu verstehen war. Es stand ein für eine Erneuerung der Poesie und des Singens aus der Erfahrung von Ursprünglichkeit und »Wildheit« von »lebenden Völkern, [...] denen unsre Sitten noch nicht völlig Sprache und Lieder und Gebräuche haben nehmen können, um ihnen dafür etwas sehr Verstümmeltes oder Nichts zu geben.«[6] Herder war erfüllt von der Utopie einer im Volksgesang bewahrten Unverdorbenheit, Frische, Echtheit und Sinnlichkeit, von der sich das Leben in der Zivilisation weit entfernt habe. Ihn beflügelte die Hoffnung, in Weimar seine begonnenen Sammlungen fortsetzen zu können und an die Erfahrungen anzuknüpfen, die er in Riga mit den Aufzeichnungen lettischer Dainos gemacht hatte.

Daß in den Weimarer Singspielen mit der Adaption von Volksliedern als einem gezielt eingesetzten Kunstmittel experimentiert worden ist, entsprach einer neuen, durch ihn geweckten Sympathie für die Volkspoesie, die bereits 1772 in seinem als Einzeldruck erschienenen Aufsatz »Ueber Ossian und die Lieder alter Völker«, leidenschaftlich als »wundertätige Kraft [...] eines lebendigen, freiwirkenden Volkes« gepriesen worden. Die 1778 und 1779 gedruckten Bändchen mit dem schlichten Titel »Volkslieder« sind erst vier Jahre nach dem Tode Herders von dem Herausgeber Johannes von Müller mit dem neuen Titel: »Stimmen der Völker in Liedern« versehen worden. Zusammen mit der Vorrede begegnet uns in den Distichen der vorangestellten »Zueignung der Volkslieder« einer der gleichnishaften Bekenntnistexte Herders. In den Versen holt er zu bedrängenden Bildern über die komplexe Vielfalt der »Stimme des Volkes der zerstreuten Menschheit« aus, die er den Adrasteen, der Wahrheit und Gerechtigkeit als den »Ordnerinnen der Welt«, »weiht« (vollständiger Text und Kommentar siehe Dokument 14). Er beschwört sie, den Liedern wieder Gehör zu verschaffen, ihnen den Ort zurückzugeben, an dem sie erneut wirken und »in die Herzen« dringen können. Es gälte, ihren »verholenen Schmerz, ihren verspotteten Gram;/ Und die Klagen, die Niemand hört, das ermattende/ Aechzen/ Des Verstoßenen, deß Niemand im Schmuck sich erbarmt« wahrzunehmen, denn nur die mündliche Tradition vermöge es, das Dunkel der Vorzeit erfahrbar und damit wieder gegenwärtig zu machen. Welchen Bereichen die Lieder entstammen, zählt er eindrucksvoll auf und entwirft damit in nuce ein umgreifendes Konzept für die Klassifikation sowie die inhaltliche Bestimmung des im Lied Besungenen vom »geselligen Trost«, dem »unschuldigen Scherz«, dem »fröhlichen Spott und der hellen Lache des Volkes« bis zum Liebes- und Kinderlied: »der Eltern zärtliche Sorge.« Damit sondierte er erstmals die Liedgattungen nach ihren jeweiligen Funktionen als zeitgeschichtlich politisches Lied, als sozialkritische Anklage, aber auch als Scherz-, Spott- oder Hochzeitslied, legte den Grund für die spätere Volksliedforschung und läßt überdies deutlich werden, welch ein weit gespanntes Netzwerk von Sehnsüchten, Erfahrungen und Erinnerungen diese einfachen »Volkslieder« bergen.

Für Goethe kamen noch die Qualitäten des »Stämmigen, Tüchtigen« hinzu, mit denen die Liedgegenstände »gefaßt, behalten, sich zugeeignet und mitunter fortgepflanzt« werden.

Um dieses Fortpflanzen sorgte man sich in

81

Weimar fortan mehr als andernorts und nahm Herders Aussagen über die Zivilisation ernst, die »am äußersten Rande des Abgrundes« und damit vor dem endgültigen Verlust produktiver Umsingprozesse stehe. Zu den wenigen, die diesen Enthusiasmus nicht teilen konnten, gehörte Wieland. Schon 1774 hatte er im fünften Gesang seines spöttischen Gedichts: »Der verklagte Amor« zu einer Inversion der Musenanrufung mit den Versen ausgeholt:

> »Die Musen krähen uns in fremden rauhen
>   Tönen
> Kamtschatkische Gesänge vor,
> Entsagen, um neu zu seyn, dem Schönen,
> Betäuben den Verstand, und martern unser
>   Ohr . . .«[7]

Er schloß sich aus den vielfältigen Bemühungen Goethes und Herders aus, die als »Schatzgräber«, wie sie sich nannten, alle Anstrengungen als Sammler, Dichter und selbst Singende unternahmen, um mit Übersetzungen und Arrangements wenigstens aus zweiter Hand zu bewahren, was in Vergessenheit zu geraten drohte. Sie konnten jedoch nicht verhindern, daß die Zeugnisse von genuin Alltäglichem, in den Jahres- oder Lebensrhythmus eingebundenem Gesang und die Berichte etwa über das Sternsingen am 6. Januar, die Maibräuche, Spinnstuben- oder Fastnachtsgesänge aus dem damaligen Weimar spärlich geblieben sind: So finden wir etwa in einem Brief vom 2. Januar 1792, den Carl Ludwig von Knebel an seine Schwester richtete, eine Klage über »das Neujahrsbetteln«, das ihm »den Kopf so taub« mache und über die Pfingstzeit berichtete er am 3. Juni 1806, daß »In allen Dörfern Musik, Tanz und lustiges Zusammensein« sei. Goethe hatte in der Nähe von Weimar die Ballade von der »Tochter des Kommandanten zu Großwardein« aufgezeichnet, die ihm eine alte Bäuerin vorgesungen hatte und die er im 28. Stück des »Tiefurter Journals« mitteilte. Unter dem 17. Januar 1827 schreibt Eckermann, daß Goethe vehement für die Kinderspiele und Jugendvergnügungen als einer unentbehrlichen Form einer »immer sich verjüngenden Welt« eingetreten sei: »Deshalb soll man auch die Johannisfeuer nicht

verbieten und den lieben Kindern die Freude daran nicht verderben«.[8]

Aus der Praxis der Nachtwächter ist bekannt geworden, daß sie z. B. bei der Ankunft Herders in Weimar ihr Hornsignal ertönen ließen und das Kirchenlied »Eins ist not! Ach Herr, dies Eine lehre mich erkennen doch« anstimmten. Auch wird berichtet, daß Charlotte von Stein bisweilen Liedchen wie das heitere »Ä Töpfle, ä Scherble un ä Reible Is Alles, was i hab'« geträllert habe (1806). Wie gegenwärtig die Vorstellung vom Volkslied als einem Garanten für die verlorene Nähe zur Natur war, zeigt das plastische Bild, das Goethe in seiner Rezension der lyrischen Gedichte von Johann Heinrich Voß von 1804 gebraucht: »[. . .] wenn wir uns denken mögen, daß ein Harfner sich bei der Heu-, Korn- und Kartoffelernte finden wollte; wenn wir uns vorstellen, daß er die Menschen, die sich um ihn versammeln, aufmerksam auf dasjenige macht, was ihnen als etwas Alltägliches widerfährt; wenn er das gemeine, indem er es betrachtet, dichterisch ausspricht, erhöht [. . .] so darf man sagen, daß er seiner Nation eine große Wohltat erzeige [. . .]. Man singe das Kartoffellied wirklich auf dem Acker.«[9]

Freilich war man vor allem darauf angewiesen, die Lieder im »Volkston« produktiv nachzuschaffen wie der Schriftsteller und Pädagoge Johannes Daniel Falk, der unmittelbar nach seiner Ankunft in Weimar (1797) den Text des populären Weihnachtsliedes »O du fröhliche« verfaßte, den man nach der Melodie des von Herder in den »Volksliedern« mitgeteilten sizilianischen Schifferliedes »O sanctissima« sang.

Da Herder wiederholt und eindringlich betonte: »Das Wesen des Liedes ist Gesang [. . .]. Lied muß gehört werden, nicht gesehen; gehört mit dem Ohr der Seele«, wurde freilich als schmerzlich empfunden, daß es zu den meisten der gesammelten und aus Drucken erfaßten Volkslieder keine Melodien gab.[10] Man mußte sich mithin oft mit dem Lesen der Texte begnügen[11] oder lud »Gassensänger« von auswärts ein. Ab 1801 war vor allem der Tenor Wilhelm Ehlers ein gern gesehener Gast, der »Balladen und andere Lieder zur Gitarre mit genauester Präzision der Textworte, ganz unvergleichlich vortrug!«, wie Goethe 1801 in

seinen »Tag- und Jahres-Heften« (niedergeschrieben um 1822) vermerkt. Meist wurden
die Texte jedoch zu Liedern am Klavier bearbeitet oder auf bekannte Melodien gesungen.[12]
Einer der rührigsten Partner in Herzogin
Amalias Runde war Siegmund Freiherr von
Seckendorff, dessen 1778/79 bei Ludolf Hoffmann in Weimar edierte Sammlung: »Volks-
und andere Lieder, mit Begleitung des Forte
piano« zu den beliebten und viel gesungenen
Liedsammlungen gehörte. In seiner »Vorerinnerung« hatte Seckendorff im Sinne Herders
gemahnt:

> »Willst du Gesang und Klang empfinden,
> So mach dich aller Fesseln los,
> Und such in warmer Einfalt blos
> Verdienst und Kunst – du wirst sie finden.
> Wer singt und spielt mit Vorurtheil
> Macht sich und andern Langeweil«.[13]

Da es aber vor allem Goethe war, der aktiv mit
den Texten umging und sich um deren Rück-
führung in die Praxis sorgte, ist es nicht verwunderlich, daß Achim von Arnim und Clemens Brentano die Texte der berühmt gewordenen Sammlung »alter deutscher Lieder«:
»Des Knaben Wunderhorn«, die sie in Heidel-
berg im Jahr 1806 herausgaben, »Sr. Exzellenz
des(m) Herrn Geheimerat von Goethe« wid-
meten. Unmittelbar nach ihrem Erscheinen
empfahl sie Goethe seinem Freund Zelter mit
den Worten: »Sie haben doch das Wunderhorn
im Hause und lassen sich dadurch wohl
manchmal aufregen? Teilen Sie mir ja die Melodien mit, die gewiß dadurch geweckt werden.«[14] Ebenfalls im Januar 1806 ließ er in der
»Jenaischen Allgemeinen Literaturzeitung«
seine enthusiastische Besprechung des ersten
Bandes dieser Ausgabe erscheinen, in der er
dringend empfahl: »Von rechts wegen sollte
dieses Büchlein in jedem Hause, wo Gesang-
und Kochbücher zu liegen pflegen, zu finden
sein, um aufgeschlagen zu werden in jedem
Augenblick der Stimmung oder Unstimmung,
wo man denn immer etwas Gleichtönendes
oder Anregendes fände, wenn man auch allenfalls das Blatt ein paarmal umschlagen müßte.
Am besten aber läge doch dieser Band auf
dem Clavier des Liebhabers oder Meisters der
Tonkunst, um den darin enthaltenen Liedern
entweder mit bekannten hergebrachten Melodien ganz ihr Recht widerfahren zu lassen,
oder ihnen schickliche Weisen anzuschmie-
gen, oder wenn Gott wollte, neue bedeutende
Melodien durch sie hervorzulocken.«[15]

Sein eigenes Interesse läßt sich auch an seiner Bibliothek ablesen, in der sich etwa die auf
dem Buchmarkt angebotenen Ausgaben von
»Volksliedern der Serben« befanden, und daß
er Aufzeichnungen aus Italien mitbrachte, wo
er gebannt den singenden Fischern zuhörte,
ist bereits erwähnt worden. Er gehörte darüber hinaus zu den Übersetzern von Liedern
aus Brasilien, England, Finnland (vermittelt
über eine französische Übersetzung), Sizilien
oder Irland und verwendete immer wieder
Strophen aus Volksballaden, Verse aus neapo-
litanischen Gesängen in seinen Singspielen
und Dramen.[16] Wie sehr er daran interessiert
war, vor allem genuin Gewachsenes zu hören,
geht daraus hervor, daß er die durch Weimar
reisenden Sänger und Wandermusikanten
stets einlud, um sie in seiner Nähe zu hören.
So bat er etwa im Jahr 1826 die Tiroler Sängerfamilie Leo mit den Brüdern Balthasar, Sebastian, und Anton Leo gemeinsam mit Cres-
zentia Faidl und Matthias Widmoser in seinen
Garten und die »fesche« Crezentia ließ er sogar von Josef Schmeller porträtieren. Auch das
hier abgebildete Blatt befand sich in Goethes
Besitz (Abbildung 40).[17] Von diesen Gelegenheiten, ungewöhnliche Klänge wahrzuneh-

Abb. 41
Goethes Hausgarten mit
Christiane und Sohn ·
1793 Carl Lieber · Radierung
nach Goethes Entwurf
GMD

men, geben uns die Aufzeichnungen Karl August Varnhagen von Enses einen beredten Eindruck, der die Sommerabende des Jahres 1811 im Schloßgarten beschreibt: »Oft, wenn wir zu spät nach Hause kehrten, war es schwer, das Freie schon zu verlassen, die hellen Sterne am dunkeln Himmel, die mächtigen Baumschatten, die Stille der lauen Luft, alles wirkte wie Zauber auf das Gemüt, und wenn dann bei offnen Fenstern Karoline Longhi, eine schöne Harfenspielerin aus Neapel, ihre Übungen vornahm, oder unter den Fenstern des Herzogs von Weimar Böhmische Musiker meisterhaft spielten, so war es unmöglich, solchem nächtlichen Zauber nicht selbstvergessen zu lauschen. Noch ein besonderer Reiz wirkte dabei mit. Den Norddeutschen war damals das Jodeln der Tiroler und Steiermärker größtenteils unbekannt, und die eigentümliche Sangesweise machte den wunderbarsten Eindruck. Ein junger böhmischer Offizier hatte darin größte Meisterschaft erlangt, und wenn er, allein, oder von einigen Kameraden unterstützt, vor der Wohnung des Herzogs die seltsamen Liedertöne erschallen ließ, öffneten sich alsbald die Fenster der ganzen Nachbarschaft, und der gesellige Herzog spann neue muntre Gespräche an«.[18]

Freilich konnte man bei diesen Vorträgen trotz der Sympathie für die »Stimmen der Völker« nur passiv bleiben und das Ideal, Lieder »in Gesellschaft mitzusingen,« bei gelegentlichen Vorführungen von Sendboten aus der Fremde nur hörend verwirklichen.

Private gesellige Zirkel
und ›musikalische Unterhaltungen‹

Abb. 42
Chr. M. Wieland mit seiner
Familie · 1774/75
Georg Melchior Kraus · Öl
auf Leinwand
SWK

Das 1774/75 datierte Gemälde von Georg Melchior Kraus, das Wieland im Kreise seiner Familie zeigt, ist in vielfacher Hinsicht ein bemerkenswertes Dokument (Abbildung 42). Es sei diesem Kapitel vorangestellt, weil es ein beredter Spiegel der persönlichen Neigungen und des Werks des Dichters ist und zeigt, welchen Stellenwert die Musik in seiner nächsten Umgebung einnahm. Er mochte das Bild bei Kraus nach der so überaus erfolgreichen Zusammenarbeit für die Realisation der Oper »Alceste« in Auftrag gegeben haben, die 1773 mit seinen Dekorationen in Szene gegangen war.[1] Mit den Maßen 100 x 120 cm ist es ein großformatiges Familienbildnis und eine der ersten Arbeiten, die Kraus für die Mitglieder des Hofes anfertigte. Eindrucksvoll wird dargestellt, in welchem Kontext sich Wieland auf dem Zenit seines Erfolges sehen wollte. Das Bild entstand noch im Frankfurter Atelier des Malers, der erst im Oktober 1775 als Zeichenmeister des Herzogs an seinen neuen Wirkungsort wechselte. Als der »angenehmste Gesellschafter« (Goethe) wurde er zu einem beliebten und unentbehrlichen Mitglied der Zirkel. Goethe hatte ihn regelmäßig in seinem Frankfurter Atelier besucht und das im Entstehen begriffene Gemälde gesehen. Sein Urteil ist aus einem Brief bekannt, den Kraus am 5. März 1775 an Friedrich Justin Bertuch schrieb: »Des Hn. Hofraths Wieland Portrait lobt er über alle massen; diese gantze Familie gefält ihm ... Die Anordnung vom gantzen Bild gefällt ihm nach meiner Skitze sehr wohl, nur mit der Einrichtung des Zimmers ist er nicht ganz zufrieden, es scheinen ihm die darinnen angebrachte Meubles zu reich und prächtig für einen Autor zu seyn! Daran läst sich denken und ändern ohne dem gantzen zu schaden. Goethe ist jetzo lustig und munter in gesellschaft, geht auf Bäle und tantzt wie rasend!«[2]

Ob dieses Urteil zur Anlage des Bildes die Endfassung beeinflußt hat, die Wieland in einen Hausrock gehüllt, das für ihn typische Tuch zu einem Turban um den Kopf geschlungen, als Familienvater bürgerlich wohlsituiert und mit allen Attributen seines Werkes zeigt, ist leider nicht mehr rekonstruierbar. Das Gemälde blieb jedoch repräsentativer als alle Bildnisse, die wir von den Weimarer Dichtergrößen kennen und ist auch späteren Interieurdarstellungen nicht vergleichbar. Zu diesen Dokumenten gehört etwa die 1802 entstandene Zeichnung, die das Arbeitszimmer Friedrich Schillers im Haus an der Esplanade zeigt oder der um 1825 datierte Kupferstich von Carl August Schwerdgeburth, der Herzog Carl August und Goethe im sogenannten Junozimmer abbildet (Abbildung 43[3]). Auf diesen Darstellungen sind Klavierinstrumente zu erkennen, die auch in Verbindung mit einer Gitarre (Schiller spricht von einer Mandoline) zum selbstverständlichen Inventar ihrer Wohnungen gehörten.

Im Falle Wielands hatte Kraus gewiß den Raum, in dem er die Familie ansiedelte, zu idealisieren gesucht und den auf sein Werk verweisenden Details, mit denen sich der Dichter gern umgab, eine anspielungsreiche Ordnung gegeben. Zwei im Hintergrund sichtbar werdende Gemälde etwa: »Herkules am Scheidewege« und ein Reliefbild, den ruhenden Herkules darstellend, verweisen auf die Libretti, mit denen er sich bei Hofe im Jahre 1773 eingeführt hatte: sein von langer Hand vorbereitetes Singspiel ›Alceste‹, sowie das ebenfalls von Anton Schweitzer »in Musik gesetzte« lyrische Drama »Die Wahl des Herkules«, dem Erbprinzen Carl August zu dessen 17. Geburtstag dediziert.[4] Die rechts im Bild sichtbar werdende Wandmalerei der drei Grazien spielt auf sein Gedicht »Die Grazien« an und die auf seinem Schreibtisch stehende Sokratesherme, an die das Porträtmedaillon des Xenophon (Aristophanes?) gelehnt ist, erinnern an die Jahre 1769 und 1770, in denen sein »Sokrates Mainómenos oder die Dialoge des Diogenes von Sinope« erschienen sind. Vergraben unter abgelegten Folianten neben seinem Schreibtisch erkennt man eine »Homer«-Ausgabe, daneben die gebündelten Druckfahnen der 1773 letztmalig korrigierten, mit Zusätzen und Ergänzungen versehenen Fassung seines autobiographischen Modellromans »Die Geschichte des Agathon«. Verweist dieses absichtsvoll in unfertigen Faszikeln ins Bild gebrachte Werk auf den Autor selbst, so ist in einem grünen Umschlag daneben eine Sammlung der Briefe seiner Gönnerin, der Herzogin Anna Amalia zu erkennen, der er seine Existenz als eines »Hofpoeten« ver-

Abb. 43
Schillers Arbeitszimmer von
1802 bis 1805 mit Tafelkla-
vier und Gitarre
Steindruck bei Edwin Lobe,
Weimar
GMD

dankte, der nahezu uneingeschränkt seinen künstlerischen Neigungen nachgehen konnte. Da er zu den vehementen Verfechtern der Idee vom Verbund der »schwesterlichen Künste« gehörte, wäre dieses Wielandbildnis unvollständig ohne die Musik. Auf der linken Gemäldeseite wird daher ein Tafelklavier sichtbar, auf dessen Pult Noten aufgeschlagen liegen.

Früh im Klavierspiel und Generalbaß unterwiesen, verfügte er über ein geschultes Urteil und ein, wie Karl August Böttiger schreibt: »äuserst feines musikalisches Gehör«. Zu seinen Wohnungseinrichtungen hatte stets ein Klavier, in Erfurt auch die Harfe des La Roche-Sohnes Fritz gehört[5] und Böttiger schildert, daß er für sein Gut in Ossmannstedt sogar »ein schönes Instrument ein Pianoforte von unserm trefflichen Claviermacher Schenk für 15L(ouis)d'or erhalten« hatte.[6] Seinen Haushaltsbüchern sind regelmäßige Ausgaben für Tanz-, Musik-, den »Claviermeister« oder »H. Camer Mus.Reich« zu entnehmen, die seine Töchter unterrichteten und »Musicalien« mitbrachten, die diese in Rechnung stellten.[7] Die façettenreiche, oft skurril gebrochene Musikreflexion in seinem dichterischen Werk, ein

umfangreicher Briefwechsel mit Musikern, Sängern und Ballettmeistern, vor allem das Interesse an der Weiterentwicklung des deutschen Singspiels in Zusammenarbeit mit Anton Schweitzer, gründeten sich auf das Fundament früh erworbener solider Kenntnisse. Für ihn galt mithin, was für alle Angehörigen der kleinen Hofhaltung der Herzoginwitwe selbstverständlich war, daß er zu den aktiven Teilnehmern der Lesegesellschaften, der »musicalischen Unterhaltungen« und der Teeabende gehörte.

»Gleichgestimmte Gesellschaften«

Diese Zirkel und Clubs sollten möglichst »gleichgestimmte, sinnige Gesellschaften« sein (Johann Friedrich Reichardt, 1809), in denen ohne den Zwang professioneller Darbietung gelesen, gezeichnet oder musiziert wurde. Nach dem Muster, das die Herzogin mit ihren lebhaften Tafelrunden gegeben hatte, deren männliches Äquivalent die abendliche Leserunde der »Weltgeister« war, die Herzog Carl August um sich versammelte,[8] waren es neben dem Wittumspalais oder Fürstenhaus verschiedene Orte, an denen man sich traf. Auf Anregung Caroline Herders gehörte zeitweilig das Superintendentenhaus dazu, waren es die großzügigen Räumlichkeiten Friedrich Justin Bertuchs, zog man auch zu Goethes »Famulus« Friedrich Wilhelm Riemer, sobald er eine eigene Wohnung am Markt bezogen hatte. Einladungen zu den kleinen Runden Charlotte von Steins wechselten mit den Empfängen, Diners mit Lesezirkel und Hauskonzerten im Palais der Gräfin Charitas Emilie von Bernstorff; auch im Haus und Garten Johann Carl August Musäus' nahe der Altenburg verlebte man »reizendste Sommeraufenthalte« (Adelheid von Schorn). Ab 1790 wurden die »Freundschaftstage« in den Mansardenräumen Luise von Göchhausens zu einer Attraktion, fortgesetzt in der kurzlebigen »Cour d'amour«, dem Mittwochskränzchen Goethes, das sich nach »Minnesänger Sitte« im Winter 1801/02 in Paaren einfand. Friedrich Schiller gehörte zu dem Kreis und schrieb am 16. November 1801 an Theodor Körner, daß man sich »hier aufs beste durch den Winter hindurch zu helfen« wisse, denn: »Goethe hat eine Anzahl harmonierende Freunde zu einem Klub oder Kränzchen vereinigt, das alle vierzehn Tage zusammenkommt und soupiert. Es geht recht vergnügt dabei zu, obgleich die Gäste zum Teil sehr heterogen sind, denn der Herzog selbst und die fürstlichen Kinder werden auch eingeladen. Wir lassen uns nicht stören, es wird fleißig gesungen und pokuliert. Auch soll dieser Anlaß allerlei lyrische Kleinigkeiten erzeugen, zu denen ich sonst bei meinen größeren Arbeiten niemals kommen würde.«[9] Gesuchter Treffpunkt war nach 1809 auch das Deutschritterhaus am Töpfenmarkt, das seit der Legalisierung der Beziehung zwischen Caroline Jagemann und dem Herzog ihre großzügig eingerichtete ›Residenz‹ war.

Bald gehörten diese Gruppierungen so sehr zur Weimarischen Lebensform, daß deren längere Unterbrechung als ein Verlust empfunden wurde. »Diesen Winter habe ich fast gar keine Musik vernommen, und ich fühle welch ein schöner Teil des Lebensgenusses mir dadurch abgeht«, so klagte Goethe am 27. Februar 1804.[10] Zu diesem außergewöhnlichen Austausch konnte es freilich nur kommen,

weil das Ideal einer geselligen Kultur mehr oder weniger von allen geteilt wurde. Dichter, Maler und Komponisten waren bereit, sowohl ihre Werke in diesen Foren zum Gesprächsstoff zu machen, als auch realisierbare Stücke zu schreiben oder sich einfach zu Nachmittagsunterhaltungen zu treffen, wie sie Henriette Knebel ihrem Bruder am 24. Juni 1803 beschreibt: »Gestern wußten wir uns nicht zu helfen, da wir in der eingeheizten Stube noch froren und die Prinzessin Zahnweh, als daß wir Pasquillen und Spottgedichte aufs Wetter machten und Prinzeß zeichnete das Zahnweh wie die Melancolia, die Schönheit und Hoffnung mit Füßen trat. Bald darauf aber schickten Gores, die immer gut und artig sind, und ließen uns zum Thee bitten, wo drei italiänische Musikanten spielten und die Grillen verscheuchten. Auch Böttiger hat für uns gesorgt und uns die neue Uebersetzung vom ›Reineke Fuchs‹ (von Soltau) mitgetheilt, der uns sehr amüsirt und gefällt.«[11]

Wie man sich auf die »Freundschaftstage« der Luise von Göchhausen vorbereitete, schildert die Schriftstellerin Amalie von Voigt: »Sobald der Sonnabend heranrückte, suchte jedes Mitglied des Vereins etwas aufzufinden, was zur Würze der Unterhaltung beitragen möchte; bald war es ein kleines Gedicht, eine Komposition, ein neues Buch, bald eine scherzhafte Erzählung oder auch nur eine interessante Anekdote [...]. War die Gesellschaft klein, so wurde wohl auch einmal ein dramatisches Dichterwerk mit verteilten Rollen gelesen [...] Da in dem größeren Zimmer sich ein Pianoforte befand, so konnte auch die Musik zur Ergötzlichkeit beitragen. Wölfel, ein Klavierspieler von Ruf, und der beliebte Komponist Himmel spielten hier oftmals; andere sangen«.[12] Am Pianoforte zu singen gehörte zu den Besonderheiten dieser Treffen, von dem auch Karl von Lyncker berichtet: «Goethe dichtete, und Siegmund von Seckendorff komponierte und sang den Huldinnen die gefühlsvollsten Lieder [...] Einige dieser jungen Damen übten sich selbst in der Poesie wie in der Musik, deklamierten ihre Gedichte, und wenn man bei Sommernächten durch die Straßen ging, ertönten aus vielen Fenstern die lieblichsten Melodien [...]. Eins dieser empfindsamen Lieder begann mit der Strophe: ›Ein Veilchen auf der Wiese stand, gebückt in sich und unbekannt; es war ein herziges Veilchen‹.[13]

Der Wechsel von Rezitation, gemeinsamem Gesang und Musizieren, auch mit Harfen- und Gitarrenbegleitung, muß für Außenstehende so außergewöhnlich und eindrucksvoll gewesen sein, daß ein Berichterstatter im »Musikalischen Taschen-Buch auf das Jahr 1805« über die »zahlreichen Cirkel in Weimar« schreiben konnte, daß »der größte Theil der Unterhaltung nach vorgängiger Recitation der neuesten Meisterwerke unserer Lieblingsdichter, in Musik und Gesang besteht. Nicht nur bloßes Anhören, nein! Auch wirklicher Genuß dessen, [...] das in sie der Componist gelegt hervorgebracht, belebt diese Cirkel vortreflicher Menschen. Einen Beweiß hierzu liefert die Empfänglichkeit für Zelterische, Reichardtische und anderer vorzüglicher Meister, Compositionen. Man muß geradezu selbst in diesen Cirkeln gegenwärtig gewesen seyn, um das tiefe Stillschweigen, das kein Athemzug verräth, bemerken zu können, wenn Ehlers mit seiner volltönenden Stimme, im Geist des Gedichts und der Composition eingedrungen, die von Göthe gedichtete und von Zelter in Musik gesetzte Ballade: Der Gott und die Bajadere mit Begleitung seiner Guitarre,... vorträgt«.[14]

Mit dem Satz, hier einen Vortragston erlebt zu haben, der dem »Geist des Gedichts und der Composition« nahekam, war das Besondere des Weimarer Liedes getroffen. Erst später fand Wilhelm Ehlers, der mit seiner Kunst auch in die benachbarten Städte reiste und schließlich nach Berlin und Wien wechselte, zu einem eindrucksvollen, den Anspruch Goethes wiedergebenden Appell an zukünftige Liedinterpreten (1817), ein Text, der unten ausführlich vorgestellt wird.

Am Ende des Jahres der verheerenden Verwüstungen durch die französische Soldateska, 1806, war die Wohnung, die Johanna Schopenhauer an der Esplanade bezog, ein besonderer Treffpunkt geworden. Sie hatte einen Salon eröffnet und ihrem Sohn darüber am 14. November 1806 geschrieben: »Alle Sonntag und Donnerstag von fünf bis gegen neun werden sich meine Freunde bei mir versammeln ... Ich gebe Tee, nichts weiter; das übrige Vergnügen muß von der Gesellschaft selbst ent-

stehen. Wärst Du doch hier, lieber Arthur! Welchen Wert könnte gerade dieser Zirkel für Dich haben! Goethe, Meyer, Fernow, Schütze, Madame Ludecus, Conta und die Schwester, Bertuchs, Falks, Ridels, Weylands sind vors erste eingeladen; die übrigen werden sich von selbst finden.«[15] Mit ihrer Bemerkung: »das übrige Vergnügen muß von der Gesellschaft selbst entstehen«, charakterisierte sie, was man erwartete, wenn man sich traf und so sind die Berichte der von Goethe dominierten Teeabende, die die Gastgeberin ihrem Sohn schilderte, ungeschminkte Zeugnisse eines zwanglosen Miteinanders. Am 5. Januar 1807 schrieb sie: »Goethe ist ein unbeschreibliches Wesen, das Höchste wie das Kleinste ergreift er, so saß er denn den ersten Feiertag eine lange Weile im letzten meiner drei Zimmer mit Adelen und der jüngsten Conta, einem hübschen unbefangenen 16jährigen Mädchen, wir sahen von weitem der lebhaften Konversation zwischen den dreien zu [...]. Wir hatten den Abend nichts zu lesen; ein Aufsatz über die verschiedenen Mundarten der italienischen Sprache, welchen Fernow mit der ihm ganz eigenen Grazie und Klarheit geschrieben und vorgelesen und der uns einige Abende unterhalten hatte, war aus [...]. Also kam es dann wieder in mein Ausschneiden, wofür Goethe sich lebhaft interessiert. Mein Ofenschirm ist in voller Arbeit. [...] die übrigen standen umher und konversierten im zweiten Zimmer; Conta und die Bardua sangen zwischendurch ein Liedchen,[16] und Goethe ging ab und zu, bald an meinen Tisch, wo ich mit Meyern arbeitete, bald nahm er teil an jenem Gespräch. Mit einem Male kam man, ich weiß nicht wie, dort auf den Einfall, die Bardua, die sich ohnehin leicht graut, mit Gespenstergeschichten angst zu machen. Goethe stand gerade hinter mir. Mit einem Male machte er ein ganz ernstes Gesicht, drückte mir die Hand, um mich aufmerksam zu machen, und trat nun gerade vor die Bardua und fing eine der abenteuerlichsten Geschichten an, die ich je hörte; daß er sie auf der Stelle ersann, war deutlich, aber wie sein Gesicht sich belebte, wie ihn seine eigene Erfindung mit fortriß, ist unbeschreiblich«.[17] Am 27. Januar konnte sie ihrem Sohn über ein Hauskonzert berichten: »Wie wenig kostet ein solcher Zirkel und wie

Abb. 44
Charlotte v. Stein
anonyme Silhouette
Kochberg, Schloss

hübsch ist er! Ich hatte ein kleines Konzert. Mein neues Piano ist wunderschön von Ton; Werner, mein Musikmeister, spielt es sehr schön [...]. Die Bardua und der erste Sänger bey der Oper, Strohmeyer, sangen Duette, Arien und auch kleine Lieder, meistens von Göthen, zur Guitarre. Dann waren noch drey Musici von der Kapelle des Herzogs da. Alles dies kostete nichts als einige Gläser Punsch; diese Leute spielen nicht für Geld, sie kommen aber, wenn man sie bittet.«[18]

Von der Herrenrunde des Herzogs abgesehen, waren diese Gesellungen mehrheitlich Zirkel »beyderley Geschlechts.« Es hatte zu einer besonderen Tugend der Herzoginmutter gehört, den Frauen in ihrem näheren Umkreis zu Mitsprache, Respekt und Einfluß zu verhelfen, sie zu fördern und ihnen Ausbildungsmöglichkeiten zu eröffnen. Wie sehr sie das Problem beschäftigte, geht aus ihren um 1789 niedergelegten »Gedancken über das Verhältnis der Geschlechter« hervor, in denen sie die »gegenseitige Hochachtung« als eine der gesellschaftlichen Grundvoraussetzungen fordert und weiter ausführt: »Die Geringschätzung des weiblichen Geschlechts ist der

Geißel zu der Unsittlichkeit [...]«, nur »die Hochachtung [...] erhält das Band des gesellschaftigen lebens. Giebt es keine Achtung mehr so fällt der Mann in seine Roheit zurück.«[19] Diese Haltung hatte wesentlich befördern geholfen, daß Frauen die vielfältigen Bildungsangebote wahrnahmen, gediegenen Gesangs- und Instrumentalunterricht genossen, die »Fürstliche freye Zeichenschule« besuchen und sich als Sängerinnen, Instrumentalistinnen, Literatinnen oder Malerinnen in den privaten Zirkeln, wie auch in der Öffentlichkeit ein reiches Wirkungsfeld eröffnen konnten. Die Herzogin hatte bei der Bestallung ihrer Hof- und Gesellschaftsdamen Caroline Benda, die sich 1770 mit Ernst Wilhelm Wolf verehelichte, Charlotte von Stein (Abbildung 44) und Luise von Göchhausen bereits Wert darauf gelegt, selbständige, gebildete und vielseitige Persönlichkeiten in ihre Nähe zu verpflichten. Sie waren in den Hofkonzerten, im Liebhabertheater oder in der Tafelrunde maßgebliche Partner und durch die Berufungen der Sängerinnen Corona Schröter und Caroline Jagemann gewann sie hochbegabte Künstlerinnen dazu, die zu verehrten Mittelpunkten wurden. Den Aufzeichnungen der 1787 als Vierzehnjährige nach Weimar gekommenen Henriette von Egloffstein kann man entnehmen, wie hellhörig Anna Amalia namentlich auf musikalische Begabungen ihrer Umgebung reagierte: »Kaum hatte die Herzogin vernommen, daß eine Stimme des Wohllauts in mir wohne, so sandte sie ihren Kammersänger (Heinrich) Grave zu mir, damit diese Naturgabe, durch einen vorzüglichen Meister ausgebildet werden möchte. Der laute Beifall des Künstlers belehrte mich nun erst von der seltenen Reinheit, von dem Umfang und der Kraft meiner Stimme, die sich bei seinem vortrefflichen Unterricht immer mehr entwickelte und ihn selbst so sehr begeisterte, daß er der Herzogin die Versicherung gab, es könne eine zweite Mara aus mir werden [...]. Sie bestand nunmehr darauf, mich singen hören zu wollen, und da meine Ängstlichkeit ihr nicht entging, bestimmte sie einen Abend dazu, an welchem Niemand bei ihr vorgelassen werden sollte, als ich und Grave. Dieser sprach mir Mut ein, den ich allerdings gar sehr bedurfte, und wählte unter den Arien, die ich nach seiner

Methode bereits einstudiert hatte, den bekannten rührenden Gesang der Sonnenjungfrau Cora, von Naumann komponiert. Als der Moment herbeikam, wo ich, von Grave auf dem Fortepiano akkompagniert, singen sollte, führte mich die Herzogin liebkosend an's Instrument und setzte sich dann so, daß ich sie nicht sehen konnte, was meine Beklommenheit unendlich erleichterte [...]«.[20] Henriette konnte für die kurze Zeit, die sie bis zu ihrer Eheschließung in Weimar blieb, alle Unterstützung der Herzogin genießen und bewunderte in ihrer Tante, der »Ober-Cammerherrin« Caroline von Egloffstein, in Charlotte von Kalb, Henriette von Knebel oder Gräfin von Bernstorff gewiß auch idealisierend jene Frauen, die »mit einzelnen gelehrten Männern, das Regiment führten, ohne es zu mißbrauchen«.

War die »Fürstliche freye Zeichenschule« unter ihrem Leiter Georg Melchior Kraus das Institut, in dem die bildnerischen Fähigkeiten geschult wurden (Abbildung 45), so fehlte für die musikalische Unterweisung eine vergleichbare Anstalt trotz der eindringlichen Forderung aus den eigenen Reihen.[21] Wenn man sich nicht untereinander unterwies, verblieb mithin der Musikunterricht in den Händen der Stadt- oder Hofmusici, die wie Heinrich Grave oder Corona Schröter dazu bestimmt wurden und durch ihre Unterrichtstätigkeit ihr Einkommen verbesserten. Musikalische Grundbegriffe wurden freilich auch im Gymnasium vermittelt, in dem die Nachmittagsstunden den Übungen im Fechten, Tanzen und in der Musik gehörten. Traditionell wendete man sich auch an den Organisten oder holte sich einen der mittellosen Absolventen von Universitäten ins Haus. Diese annoncierten in den »Weimarischen Wöchentlichen Anzeigen« und boten ihre »Dienste« als Hofmeister oder Hauslehrer an. Im Januar 1773 etwa war zu lesen: »Ein junger Mensch, 20 Jahr alt, welcher rechnen, schreiben, das Clavier spielen und das Haar frisiren kann, suchet bey guter Herrschaft Dienste [...]«,[22] oder »Ein junger Mensch von guten Herkommen, welcher bey adelichen Herrschaften in Diensten gestanden, und auf Reisen gewesen, mit Musik, rechen und Schrei-

Abb. 45
Frau v. Fritsch und Frl. Imhof
beim Zeichnen
Georg Melchior Kraus ·
Aquarell
BM

ben versteht, auch Rasiren und Frisiren kann«.[23] Daß derartige Dienste durchaus gesucht wurden, geht aus einer Stellenausschreibung hervor, die 1798 in den »Wöchentlichen Anzeigen« aufgegeben wurde, in der man »ein braves Frauenzimmer, protestantischer Religion, von mittlerem gesetzten Alter« suchte, die außer der französischen und deutschen Sprache »zugleich im Clavierspielen, Geographie und denen weiblichen Handarbeiten Unterricht geben könne.« Überdies wurde gefordert, daß die gesuchte Lehrkraft »sowohl durch ihre Sitten und Betragen als durch ihre Fähigkeiten den Kindern eine gute Erziehung gebe.«[24] Die Häufigkeit dieser und ähnlich lautender Ausschreibungen und Ansuchen zeigt, daß das Musizieren zu jenen Lerngegenständen gehörte, die notwendig zur standesgerechten bürgerlichen Erziehung beitrugen.

Das erforderliche Notenmaterial wurde entweder durch Abschriften selbst erstellt oder man bezog es durch Buchhändler und Hofmusiker, die bisweilen ein stattliches Lager unterhielten. 1792 warb etwa der Hofmusicus J. H. Pettersilje um »alle Musik-Liebhaber«, denen er aus seinem »Musikalien-Lager« anbot: »neu gestochene Musikalien, als Sinfonien, Quintetten, Quartetten, Trios, Duos, Concerten, Sonaten für alle Instrumente, wie auch Sonaten, Concerte, Lieder und Arien fürs Clavier aus den neuesten Teutschen, Französischen und Italienischen Operetten« sowie »vortreffliche

Violin-Saiten«. 1799 betrieb auch der Konzertmeister François Destouches Werbung für etliche seiner im Selbstverlag vertriebenen Kompositionen, die »für billige Preiße bei ihm zu haben« seien.[25] Sowohl die »Wöchentlichen Anzeigen« mit ihrer Rubrik »Neue Schriften«, als auch das »Journal des Luxus und der Moden« hielten ihre Leser mit nicht selten langen Listen auf dem laufenden über Musikalien, die »in der Hoffmannschen privil. Buchhandlung« oder im Industrie- Comptoir des Verlegers Bertuch vorrätig waren.[26]

»Singen – das ist jetzt in Weimar Mode« (J. D. Falk) – Das Lied in Weimar

Im »I. Stück« seines »Musikalischen Kunstmagazins« gab der kaum dreißigjährige Johann Friedrich Reichardt 1782 den »jungen Künstlern« auf die Frage nach dem »wahren Nutzen« ihrer Kunst die gleiche einfache Antwort, die er bereits 1777 zum Zweck des Chorgesanges formuliert hatte: »Fröhlichkeit ist aller Gesellschaft höchster Zweck: durch nichts wird dieser Zweck schneller, sicherer, allgemeiner erreicht als durch Gesang.« Mit deutlichem Seitenhieb auf »unsere größere Gesellschaften«, in denen »so wenig Leben und Fröhlichkeit herrscht,« fährt er fort: »Unter allen gesagten und nicht gesagten Gründen, warum wir Deutsche so wenig Gesang haben, ist dieser wieder nicht der geringste, daß die meisten unsrer neuern Lieder zu allgemeinem Gebrauch nichts taugen.«[27] Ein Jahr zuvor hatte er eine in Berlin erschienene Sammlung mit dem Titel »Frohe Lieder für Deutsche Männer« versehen und die Verheißung, durch die Lieder »Fröhlichkeit« zu stiften, muß für damalige Gesellungen so willkommen gewesen sein, daß im gleichen Jahr über einer anonymen Sammlung stand: »Zweihundert und zehn Lider frölicher Geselschaft und einsamer Frölichkeit«, die in der philanthropischen Buchhandlung zu Dessau verlegt wurde. Reichardt titulierte seine in den Jahren 1796 und 1797 erschienenen zwei Bände einer Sammlung von 100 jahreszeitlich geordneten Gesängen gleichfalls mit: »Lieder geselliger

Freude«.[28] Daß besonders diese Ausgabe im »Journal des Luxus und der Moden« ausführlich besprochen und den »Freundinnen des geselligen Gesanges« empfohlen wurde, zeigt, daß der Bedarf an diesen Liedern groß war[29] und geübt wurde, was Herder mit dem bereits an anderer Stelle erwähnten Satz gefordert hatte: »Lied muß gehört werden, nicht gesehen.« Der Satz sei durch das oft zitierte Gedicht Goethes »An Lina« aus dem Jahr 1799 ergänzt, das seine Vorstellung vom gesungenen Lied zu einem Zeitpunkt ausdrückt, da die berühmte Altersfreundschaft zu Carl Friedrich Zelter begann:

> »Liebchen, kommen diese Lieder
> Jemals wieder dir zur Hand,
> Sitze beim Klaviere nieder,
> Wo der Freund sonst bei dir stand.
>
> Laß die Saiten rasch erklingen
> Und dann sieh ins Buch hinein;
> Nur nicht lesen! Immer singen,
> Und ein jedes Blatt ist dein!
>
> Ach, wie traurig sieht in Lettern,
> Schwarz auf weiß, das Lied mich an,
> Das aus deinem Mund vergöttern,
> Das ein Herz zerreißen kann!«[30]

Diese Sangesbegeisterung rief manchmal auch Schmunzeln hervor, etwa bei dem stets zu Witz und Satire aufgelegten Herausgeber des »Taschenbuch für Freunde des Scherzes und der Satire«, Johannes Daniel Falk. In seinem spöttelnden 12strophigen Register: »An die Damen von Weimar beim Eintritte des Jahres 1805«, das im »Journal des Luxus und der Moden« erschien, heißt es in der ersten Strophe:

> »Was Mod' ist und was Mode war,
> In der vergangnen Periode:
> Das sing' ich Euch zum Neuenjahr;
> Denn Singen – das ist jetzt in Weimar
> Mode.«[31]

Längst gehörte der Gesang jedoch nicht nur zu einem Ingrediens des geselligen Miteinanders, sondern wurde hier die alte Forderung nach einer poetisch- musikalischen Ganzheit neu diskutiert. Im Gesang zur Gitarre vermeinte man namentlich nach der Rückkehr aus Italien 1788, von wo sich die

Herzogin ein Instrument mitbrachte, sogar ein Stück antikes Arkadien zurückgewonnen zu haben.[32] Es galt, den Begriff des Musiker-Poeten auf besondere Weise wieder zu beleben, die dichte Verschränkung von Dichtung und Musik über die Forderungen der ersten Berliner Liederschule hinaus zu heben und Komponisten zu gewinnen, die imstande waren, die poetischen Ideen in Noten zu setzen. Dieses Bild eines schöpferischen Miteinanders hatte Herder erneut mit dem Bild gezeichnet: »Der Tonkünstler dichtet, wenn er spielt, so wie der echte Dichter singt, wenn er dichtet.«[33] Er charakterisierte mit diesem Satz die Nähe, die man hier kontinuierlich über mehrere Jahrzehnte mit den in Weimar lebenden wie auch von außen kommenden Musikern suchte. In zahlreichen zwischen Herder, Goethe, Schiller und den Komponisten Philipp Christoph Kayser, Friedrich Siegmund von Seckendorff, Johann Friedrich Reichardt, vor allem aber Carl Friedrich Zelter hin- und hergehenden Briefen, Bitten oder Erklärungen wurde ein über die älteren Theoretiker hinausreichender ästhetischer Standpunkt zu profilieren gesucht. Namentlich die viele hundert Briefe umfassende Korrespondenz zwischen Carl Friedrich Zelter und Goethe ist für diesen Prozeß des Abwägens und Prüfens eine einzigartige Quelle. Maßstab für die Qualität einer Vertonung war für Goethe stets der Grad der Verschmelzung, des Treffens einer der Poesie jeweils eigenen »Stimmung«. Das »sogenannte Durchkomponieren«, wie er in einem Brief an Wilhelm von Humboldt erklärt, war ihm ein »Vordringen« von Einzelheiten, durch die der »Eindruck des Ganzen« zerstört würde.[34] Es sollte vielmehr ein musikalisches Äquivalent zur Dichtung gefunden werden, von der die Poesie in der vorgegebenen strophischen Struktur getragen wurde. Diese angestrebte »Einheit der Stimmung« oder »Empfindung« war es, die ihn bewegte, Zelter in Briefen aus Karlsbad im Mai 1820 wissen zu lassen: »Die reinste und höchste Malerei in der Musik ist die welche Du auch ausübst, es kommt darauf an den Hörer in die Stimmung zu versetzen welche das Gedicht angibt, in der Einbildungskraft bilden sich alsdann die Gestalten nach Anlaß des Textes«. Wenige Tage später heißt es enthusiastisch: »Deine Kompo-

sitionen fühle ich sogleich mit meinen Liedern identisch, die Musik nimmt nur, wie ein einströmendes Gas, den Luftballon mit in die Höhe. Bei andern Komponisten muß ich erst aufmerken wie sie das Lied genommen, was sie daraus gemacht haben.«[35] Er reagierte immer dann mit Unverständnis, wenn er das Primat der Dichtung gefährdet sah und konnte daher »nicht begreifen«, »wie Beethoven und Spohr das Lied gänzlich mißverstehen konnten, als sie es durchkomponierten«.[36] Vielmehr waren es vor allem Reichardt und Zelter, denen es durch die musikalische Ausprägung von Empfindung gelang, den Regelzwang galanter Lieder der ersten Berliner Liederschule hinter sich zu lassen und einen kunstvoll einfachen Ton zu finden.

Den dazu nötigen spezifischen Vortragsstil entwickelte Goethe im Kontakt mit ausgebildeten Sängern, vor allem dem erwähnten Tenor Wilhelm Ehlers, der seit 1801 Mitglied des Theaterensembles war. In seinen Tag- und Jahres- Heften vermerkte Goethe zum Jahr 1801: »Er (Ehlers) war unermüdet im Studiren des eigentlichsten Ausdrucks, der darin besteht, daß der Sänger nach E i n e r Melodie die verschiedenste Bedeutung der einzelnen Strophen hervorzuheben und so die Pflicht des Lyrikers und Epikers zugleich zu erfüllen weiß. Hievon durchdrungen ließ er sich's gern gefallen, wenn ich ihm zumuthete, mehrere Abendstunden, ja bis tief in die Nacht hinein, dasselbe Lied mit allen Schattirungen auf's pünctlichste zu wiederholen: denn bei der gelungenen Praxis überzeugte er sich, wie verwerflich alles sogenannte Durchcomponiren der Lieder sei, wodurch der allgemein lyrische Charakter ganz aufgehoben und eine falsche Theilnahme am Einzelnen gefordert und erregt wird.«[37] Es war ihm um einen modifizierenden Vortragston gegangen, mit welchem erreicht werden sollte, was auch Zelter in einem Brief vom 30. Januar 1800 formulierte: »die vielen Strophen so zu modulieren, daß das Gedicht am Ende nicht kalt werde, weil die Melodie so oft wiederholt wird.«[38] Zelter hatte dem Dichter in dem gleichen Brief von seiner Erfahrung berichtet, das Lied »gleichsam (zu) sprechen« mit einer »etwas hohlen Stimme, wie man wohl etwas schauderhaft Geheimnisvolles zu erzählen pflegt«. Ein solcher Vortrag ließ die bis dahin gültigen Kriterien des durch Verzierungen galanten Liedvortrags weit hinter sich.

Diese Überlegungen sah Goethe durch Ehlers so ideal eingelöst, daß er den Sänger bat, eine Auswahl der von ihm interpretierten Lieder im Druck herauszugeben. Im Jahr 1804 erschienen 24 »Gesänge mit Begleitung der Chittarra, eingerichtet von Wilhelm Ehlers« mit einem kurzen Vorbericht bei Cotta in Tübingen[39]. Diese Ausgabe entsprach so sehr den Wünschen Goethes, daß er dem Sänger dafür ein Honorar von 50 Talern in Gold überreichte.[40] Von Johann Heinrich Voß, der damals am Weimarer Gymnasium angestellt war, wird das intensive Miteinander von Ehlers und Goethe eindrucksvoll bestätigt, wohl auch in Erinnerung an seine eigene langjährige Freundschaft zu Johann Abraham Peter Schulz und ihre gemeinsamen Überlegungen zur Liedästhetik.[41] Da einige der Lieder in dem von Goethe und Wieland herausgegebenen »Taschenbuch für das Jahr 1804« erschienen, fragt Voß einen Freund im Mai 1804: »Kennst Du schon den Goetheschen Almanach? . . . Sieh aber zu, daß Du die Ehlersschen Kompositionen dabei bekömmst; sie sind unter Goethes Aufsicht gemacht. ›Die Generalbeichte‹, das Lied: ›Mich ergreift, ich weiß nicht wie, himmlisches Behagen‹, ›Der Rattenfänger‹, ›Die Hochzeit des Grafen‹, das ›Frühlingsorakel‹. Das sind Stücke, die wir oft bei Goethe singen und anhören. Ich wollte, Du hörtest Goethe einmal seine ›Generalbeichte‹ vorlesen oder sähest sein Gesicht, wenn Ehlers das Lied: ›Mich ergreift, ich weiß nicht wie‹ vorsingt. Der Gesang ist bei Goethe durch die Schauspieler recht einheimisch geworden, und der Ehlers muß so recht die Stelle des Demodokos vertreten. Herrlich ist's, wenn Goethe in seinem tiefen, klaren Basse intoniert. Ehlers spielt die Gitarre wirklich sehr schön, und den Geist der Goetheschen Lieder hat er auch erfaßt.«[42]

Die Kommentare dieser Ausgaben beschränkten sich nur auf einige wenige an die Gitarristen gerichtete Handreichungen, Bemerkungen, die damals gewiß von all denjenigen gesucht wurden, die begannen, an der Mode des gitarrenbegleiteten Liedes teilzunehmen. Erst in einer späteren Drucklegung

formulierte Ehlers eine ausführliche »Vorerinnerung« an die Sänger, in der er die wichtigsten, durch Goethe gewonnenen Erkenntnisse zusammenfaßte: »Der wahre gute Vortrag des Sängers aber kann nur darinn bestehen, die, in dem vorzutragenden Gesang ausgedrückte Empfindung dem Geist und Sinne des Dichters und Komponisten gemäss, in die Seele der Zuhörer zu übertragen. Dazu aber wird eine genaue Bekanntschaft mit dem Geist und Sinne des Gedichts und der Komposition, und eine klare bestimmte Kenntnis der auszudrückenden Empfindung erfordert. Wie verschieden ist das innere Wesen einer Bravourarie, wo es mehr auf glänzende Virtuosität, auf Fertigkeit der Kehle abgesehen ist, und wo die Menschenstimme (im Grunde wohl ihrer Natur und ihrem Entzweck zuwider) mehr als Instrument behandelt wird, von dem Wesen einer Cavatina; der Vortrag einer sogenannten Character – Arie wo eine, durch Situation bestimmte Empfindung ausgedrückt wird, von dem Vortrage eines gefälligen Rondo, und endlich wie verschieden von allen diesen ist der Vortrag des Liedes; eine der schwersten Aufgaben für Dichter, Komponist und Sänger. Im Liede soll die grösste Einfachheit, aber ohne Einförmigkeit herrschen. Je einfacher aber eine Melodie ist, desto schwerer ist es für den Sänger, ohne Sinn und Gefühl verdrängende Künsteleien und Ausschmückungen, jene Mannigfaltigkeit in den Vortrag zu bringen, wodurch die Einfachheit vor Einförmigkeit bewahrt, und die Theilnahme des Zuhörers erweckt wird. Aber nicht durch unnöthig schwülstige Harmonien, eingemischte Läufer und Coloraturen, wird diese Mannigfaltigkeit erlangt. Ein reiner gehaltener Ton, (Portamento), eine durch die wechselnden Empfindungen begründete Modulation der Stimme (die nicht blos in der Abwechslung des piano und forte besteht) ein schärferes oder gelinderes Betonen der Wörter oder Sylben und dergleichen mehr, sind hinreichende Mittel, dem einfachsten Gesange Mannigfaltigkeit und anziehendes Interesse zu geben. Hierzu gehört aber vor allem noch eine reine und deutliche, jedoch von aller Härte freie, Aussprache. Ohne diese kann der Sänger beim Vortrage eines Liedes, (wo der Ausdruck durch keine harmonische Massen verstärkt wird) selbst bei dem vortrefflichsten Vortrage einer neuen italiänischen Schule, nie nach Wunsch auf den Zuhörer wirken, weil dieser, sobald die Worte unverständlich bleiben, nur die äussere Wirkung des vorgetragenen Gesanges empfinden, nicht aber den inneren Sinn desselben in seiner Seele auffassen kann. Die deutliche reine Artikulation aber erstreckt sich auf Worte und Sylben wie auch die eigentlichen Töne«.[43]

Den Grundsätzen, die der Lehrer Corona Schröters, Johann Adam Hiller, in seiner, der Herzogin gewidmeten: »Anweisung zum musikalisch-zierlichen Gesange« noch 1780 als die Summe seiner Leipziger Lehrpraxis formuliert und mit zahlreichen Exempla kunstvoll verzierter Bravourarien herausgegeben hatte, war ein neuer Vortragsstil entgegengesetzt worden und Ehlers warb bereits für den subtilen textorientierten Liedvortrag mit den Mitteln der Gestik und Deklamation.[44] Die Schilderung der konkreten Arbeit an einem angemessenen Vortrag im Sinne Goethes verdanken wir den Erinnerungen eines späteren engen Mitarbeiters Goethes, des Schauspielers und Sängers Eduard Genast. Die Szene verlegt er in das Jahr 1815, als er kaum 18jährig anfing, Goethe vorzusingen: »Ich sang zuerst ›Des Jägers Abendlied‹, von Reichardt komponiert. Er saß dabei in einem Lehnstuhl und bedeckte sich mit der Hand die Augen. Gegen Ende des Liedes sprang er auf und rief: ›Das Lied singst du ganz schlecht!‹ Dann ging er, vor sich hinsummend eine Weile im Zimmer auf und ab und fuhr dann fort, indem er vor mich hintrat und mich mit seinen wunderschönen Augen anblitzte: ›Der erste Vers sowie der dritte müssen markig, mit einer Art Wildheit vorgetragen werden; der zweite und vierte weicher, denn da tritt eine andere Empfindung ein; siehst du, so (indem er scharf markierte): da ramm, da ramm, da ramm, da ramm!‹ Dabei bezeichnete er zugleich, mit beiden Armen auf- und abfahrend, das Tempo und sang dies ›da ramm‹ in einem tiefen Tone. Ich wußte nun, was er wollte, und auf sein Verlangen wiederholte ich das Lied. Er war zufrieden und sagte: ›So ist es besser! Nach und nach wird es dir schon klar werden, wie man solche Strophenlieder vorzutragen hat.‹[45]

An Dichter, Komponist und Ausführende wurden damit Anforderungen gestellt, die dem Lied als differenzierter Kunstgattung einen neuen Stellenwert gaben und darüber hinaus besonders der Goetheschen Lyrik jene hohe Dignität verliehen, die er als Dichtersänger idealiter gesucht hatte. Einige Lieder und Deklamationen wiesen daher bereits weit über das gesellige Lied hinaus, so daß im »Gothaer Theaterkalender auf das Jahr 1799« der hymnische Satz zu lesen war: »Göthens Dichtergenius und Reichardts musikalisches Genie stehn in der genauesten Verbindung, und Göthe scheint bloß diesem Künstler, der im Einfachenrührenden so groß, als Göthe der Sprache an's Herz fähig ist, in die Hände gearbeitet zu haben«.

Auf welch breiter Basis sich dieser hohe Kunstanspruch bewegen konnte, läßt sich eindrucksvoll vor dem Hintergrund der zahlreichen in und für Weimar entstandenen wie dort gebräuchlichen Lieder und Liedausgaben darstellen, die im Folgenden gekennzeichnet seien.

Die beiden Sammlungen, die der Hofkapellmeister Anna Amalias, Ernst Wilhelm Wolf, im Verlaufe seiner Amtszeit vorlegte, zeigen deutlich, in welcher Vorstellung vom generalbaßbegleiteten Lied er befangen blieb und daß er die Überlegungen der ihn umgebenden Literaten nicht teilen konnte. Weder seine kleinen Vertonungen der Texte Justin Bertuchs, die 1775 als »Wiegenliederchen für deutsche Ammen« in Riga bei Johann Friedrich Hartknoch erschienen und mit moralisierenden Absichten von »guten, zärtlichen Müttern« am Clavier gesungen werden sollten, noch die 1784 herausgegebenen »Ein und fünfzig Lieder der besten deutschen Dichter mit Melodien« nehmen auf sie Bezug. Letztere Sammlung wurde von der Weimarer Buchhandlung Hoffmann in Kommission vertrieben und war ein Kompendium von ihm vertonter, in 25 Jahren gesammelter Liedtexte, die dem Poesieverständnis der Berliner Liederschule und Hofrat Christian Gottfried Krause verpflichtet blieben, in dem der Name Goethes oder Herders noch fehlten. Vielmehr hatte er die Lyrik von Matthias Claudius', des Ästhetikers Heinrich Wilhelm von Gerstenberg, des patriotisch empfindsamen Johann Wilhelm Ludwig

Gleim, die rokokohaften Verse Friedrich von Hagedorns, des schwermütigen Ludwig Christoph Heinrich Hölty oder einer »noch unbekannten Dichterin« vertont und zu affektbetonten, galant simplen, »artigen« Melodien (J. Fr. Reichardt, 1782) gefunden, die den Odenton fortsetzten. Sein Claudiuslied: »Arm und klein ist meine Hütte«, wurde ein viel gesungenes Lied, in dem Biedermeier-Traulichkeiten vorausgenommen wurden.[46] Von seinen Zeitgenossen bereits sehr kritisch kommentiert, hielt sich Wolf später zurück und blieb auch in anderen Fragen der ästhetischen Neuorientierung ein Skeptiker, wie später noch darzulegen sein wird.

Der Jugendfreund Goethes, der ebenfalls in Frankfurt am Main geborene Philipp Christoph Kayser (1755–1823), war – abgesehen von Bernhard Theodor Breitkopf, der bereits im Herbst 1769 »Neue Lieder in Melodien gesetzt« im hauseigenen Verlag des Vaters hatte setzen lassen – einer der ersten Musiker, den Goethe nach 1775 bewegen konnte, seine Lied- und Singspieltexte zu komponieren. Dessen Präsenz im gesellschaftlichen Leben Weimars blieb jedoch eine, wenn auch von vielen Hoffnungen begleitete, kurze Episode (Abbildung 46). Er sah sich außerstande, über einige Monate hinaus, die er 1781 in der Stadt ver-

brachte, die ihm zugedachte Rolle eines Hauskomponisten zu übernehmen und ging nach Zürich zurück, wo er sich niedergelassen hatte.[47] Bei Hofe wie im Umfeld der Weimarer Größen zu leben und zu wirken, entsprach weder seinem Naturell, noch seinen Fähigkeiten, die Goethe wohl überschätzt hatte. Dennoch war er für die Jahre des ersten Etablierens neuer Maßstäbe am Hof, vor allem aber während des zweiten Romaufenthaltes Goethes im Sommer 1787 ein zeitweilig unentbehrlicher Ansprechpartner, der willig mancherlei Wünsche des Freundes erfüllte. Dazu gehörte, daß er ihm im Jahr 1778 ein Notenheft mit mehr als 70 Liedern zusammenstellte, das Goethe noch im Alter bewundernd und enttäuscht zugleich aus dem Notenschrank nahm. Es war ein für die Singpraxis in Weimar gedachtes, bunt gemischtes Konvolut, dem Kayser 1775 eine in Winterthur und Zürich gedruckte Ausgabe »Vermischter Lieder« folgen ließ. Gedichte wie »Der du von dem Himmel bist«[48], »Füllest wieder Busch und Tal« oder »Im Felde schleich ich still und wild« erklangen in Kaysers gewiß nicht immer den Vorstellungen Goethes entsprechenden Weisen durchaus in Weimars Stuben.

Bis heute wird der vielseitig tätige, in den Belangen der Musik ausgebildete Aristokrat Carl Friedrich Freiherr von Seckendorff unterschätzt. Wie an anderer Stelle bereits ausgeführt, mußte er, bis er den Hof 1784 verließ, im Rang eines Kammerherren verbleiben, brachte jedoch in der Tafelrunde Anna Amalias seine Erfahrungen als der »Directeur des plaisirs« ein. Er genoß das Lob und die Zustimmung seiner Zeitgenossen[49] und Karl von Lyncker zeichnet ein plastisches Bild, wenn er schreibt:

»Voller Kenntnisse, war er zugleich ein vorzüglicher Musiker und Komponist, und Goethe schien ihn sehr zu schätzen. Sein persönliches Benehmen war übrigens das sonderbarste, was man wohl je an einem Hofe sah. Wenn er im Audienzzimmer vor der Herzogin erschien und seine Verbeugung gemacht hatte, sprach er gewöhnlich nicht ein Wort, schien ganz in sich gekehrt und nachdenkend, pflegte jedoch dabei an den Knöcheln seiner Finger so zu kauen, daß sie beständig feuerrot, ja oft blutig waren. Er war ganz gut gewach-

Abb. 46
Philipp Christoph Kayser ·
1783
Johann Rudolf Schellenberg ·
Radierung aus J. C. Lavater,
Essay sur la Physiognomie, II,
La Haye 1783

Abb. 47
»Liebes-Treue«, Text von Chr. M. Wieland, aus: Siegmund Freyherrn von Seckendorff, Volks- und andere Lieder, mit Begleitung des Forte piano, 3. Sammlung, Weimar 1779, S. 10 f.

Liebes-Treue.

Ihr Ritter und ihr Frauen zart,
So roth von Mund und Wang,
Und junge Knappen edler Art,
Horcht alle meinem Sang!
Seyd eurem Liebchen treu und hold,
Und dient ihr um den Minnesold,
So seys auf Lebenlang!

Dem Mann, der ohne Liebe bleibt
Und doch von innerm Drang
Sich rastlos hin und wieder treibt,
Ist in der Haut so bang!
Ist alles ihm so kalt, so todt!
Er ist wie Wangen ohne Roth,
Und Geigen ohne Klang.

Doch Liebe sonder Ehre wär'
Ein Demant ohne Glanz,
Ein Sommerwölkchen, bunt und leer,
Ein dürrer Blumenkranz,
Ein Biederherz ist wahr und frey,
Und wenn es liebt, so liebt es treu,
Und giebt sich rein und ganz.

Was hebt uns bis zum Götter-Rang?
Das thut die Liebe, traun!
Drum horchet alle meinem Sang,
Ihr Ritter und ihr Fraun!
Wolt ihr den ächten Minnesold?
Seyd eurem Liebchen treu wie Gold,
Und liebt auf Lebenlang.

Wieland.

sen, doch mochte sein Körper sehr vermagert sein, denn die Bekleidung, welche jederzeit elegant war, hing weitläufig um ihn herum. Sein Gesicht war blaß und voller Falten, der Mund sehr aufgeworfen, die Nase sehr spitzig, und die Stimme unangenehm hohl. Begann er aber zu sprechen, so geschah dies auf eine höchst unterhaltende Art. In allen Kunst- und wissenschaftlichen Fächern war er zu Hause, konnte über alle maßen lustig, dabei aber auch äußerst witzig sein. Die jungen Damen schienen sehr glücklich, wenn er mit ihnen sprach, und wie sehr sie ihm günstig waren, beweist wohl, daß das schöne Fräulein v. Kalb, nur Fiekchen genannt, nicht selten Tränen vergoß, wenn er sich gegen sie gleichgültig zeigte. Dies war fast täglich in unserm Hause zu beobachten, wo Beide gewöhnlich des Abends anwesend waren. Die jüngste meiner Tanten war sehr musikalisch und besaß ein gutes Fortepiano, auf dem unser Kammerherr gewohnt war, seine Kompositionen, sobald er sie zu Noten gebracht oder auch nur im Kopfe entworfen hatte, zu probieren.«[50]

Zu diesen Kompositionen gehörten Bühnenwerke, Sonaten, Divertimenti und Serenaden, vor allem aber Airs oder »Volks- und andere Lieder, mit Begleitung des Forte piano«, die er in zwei Sammlungen zu je 12 Liedern 1779 über den Buchhändler Karl Ludolf Hoffmann zum Kauf anbieten ließ. Ein drittes Heft gab er mit gleichem Titel 1782 in Dessau heraus.[51] Er gehörte zu den wenigen Komponisten, denen Wieland einige seiner Texte zur Komposition anvertraute und dessen Klavierlieder er als Beilagen zum »Teutschen Merkur« übernahm (Faksimile/Abbildung 47).[52] Seckendorff hatte sich also vor allem Wieland und Herder angeschlossen, die die Noblesse seiner Singstücke rühmten, besonders der Texte aus der europäischen Volksliedüberlieferung. Die Drucklegung der »Volks- und anderen Lieder« hatte er mit einer »Vorerinnerung« versehen, die bereits im vorangegangenen Kapitel als sein Credo zitiert wurde, in dem er das in Weimar entstandene Problem beim Namen nennt:

»Willst du Gesang und Klang empfinden,
So mach dich aller Fesseln los,
Und auch in warmer Einfalt blos

Verdienst und Kunst – du wirst sie finden.
Wer singt und spielt mit Vorurtheil,
Macht sich und andern Langeweil«[53]

Die Kritik etwa der Anhänger der Berliner Liederschule ahnend, beschloß er diese Ausgabe mit einer weisen »Nacherinnerung«, mit der er sich schützend vor die Wahl seiner Texte, wie auch der kompositorischen Mittel stellte:

»Allen zu gefallen, ist nicht möglich;
Allen gefallen wollen, ist betrüglich;
Drum mag tadeln, wer da will,
So soll's kümmern mich nicht viel.«

Im Sinne »warmer Einfalt« vertonte er »Aennchen von Tharau«, die Ballade »Edward« oder »Der kurze Frühling«, Texte , die er von Herder erhielt. Auch Goethe überreichte ihm handschriftlich »Lass Dich geniessen«, »Der Fischer« oder das »Veilchen« aus »Erwin und Elmire.« Seine Lieder, (deren Texte teilweise aus seiner eigenen Feder stammten, z.B. »An Fatimma oder Duo zweier Mädchen«) sollten »einen erquickenden, süssen Genuss« bereiten. Sie spekulierten nicht auf jene Höhenflüge, wie sie Goethe anstrebte, sondern hatten ihren Ort im »traulichen Zirkel« unter Freunden, wo er sie gern vortrug und man sie gern sang. Bezeichnend für ihre Funktion ist ein Brief, den Luise von Göchhausen am 23. April 1782 an Ludwig von Knebel schickte, in dem es heißt: »Diesen Winder hat mich aber vorzüglich das Clavier beschäftigt, ich habe wieder Stunden genommen; Seckendorfs Lieder und einige andere gute Musick machten meine alte Liebe zum Klavier wieder lebendig, und ich habe ihm in diesen trüben Tagen viel zu danken gehabt. Das Lied von Seckendorf, das im künftigen Monat des Merkurs kommen wird: des Lebens Tag ist schwehr und schwühl hat er auf meine Bitte componiert, und ich habs in guten und bösen Stunden fleißig gespielt.«[54]

Corona Schröter (Abbildung 35) gehörte zu den vielbeschäftigten und bewunderten Mitgliedern am Hofe von Anna Amalia, die ihre Lieder und Balladen, wenn auch erst spät, einem größeren Interessentenkreis zugänglich machte. Nach einigen Einzelnummern in Wielands »Teutschem Merkur«[55] legte sie, getragen von 56 Weimarer Subskribenten, unter ihnen die herzogliche Familie, Frau von Göchhausen, Goethe, Herder, Wieland, Wolf, der Hoftanzmeister Aulhorn, Charlotte von Stein u. a., im Jahr 1786 ihre erste im Selbstverlag herausgebrachte Ausgabe von »Fünf und Zwanzig Liedern« vor. Darin enthalten war der »Erlkönig«, ihre eigene Vertonung der Herder/ Goetheschen Ballade, die durch sie selbst vorgetragen zu einer der Höhepunkte der Uraufführung des Wald- und Wasserdramas »Die Fischerin« am 22. Juli 1782 geworden war (vergl. die Kapitel III »Tiefurt« und VI »Stimmen der Völker«; Faksimile/Abbildung 24). Der Erfolg der Ausgabe war so groß, daß sie 1794 im Industrie-Comptoir Bertuchs eine zweite Sammlung, die »Gesänge mit Begleitung des Fortepianos« folgen ließ, die ebenfalls erstaunlich große Verbreitung fanden. 64 Exemplare gingen nach Leipzig, 38 nach Jena, 76 nach Frankfurt am Main, 27 ins entfernte Wien, Verkaufsziffern, die von ihrem Bekanntheitsgrad als hervorragende Konzert- und Opernsängerin zeugen. Ein wesentlicher Teil ihrer Abnehmer waren »Damen und Demoiselles«, für die die zahlreichen Liedsammlungen gesetzt waren, die unter Titeln wie »für das schöne Geschlecht« oder »für Frauenzimmer« erschienen, die vereinzelt auch von Frauen verfaßt waren. Wenn in der »Allgemeinen Musikalischen Zeitung« in einem späten Nachruf ihren Liedkompositionen bescheinigt wurde, »man musste sie dieselben selbst vortragen hören, um bestimmt zu erfahren, was in ihnen war, oder vielmehr seyn sollte«[56], so wurde die Grundfrage vieler Gesänge des Weimarer Umfeldes getroffen, die eines spezifischen Vortrages bedurften. Corona Schröter, geschult am Vortrag italienischer Arien, stand zwischen mehreren Stilebenen und versuchte neben ariosen Stücken das Lied im Volkston ebenso zu treffen, wie den edlen, allgemeine »Empfindungen« deklamatorisch vortragenden Ton des Kunstliedes. Goethe, der zu ihren uneingeschränkten Bewunderern gehörte, setzte ihr in seinem Gedicht »Auf Miedings Tod« ein Denkmal und rühmte an ihr die Einheit von Natur und Kunst: »Und die Natur erschuf in ihr die Kunst«, die als hohes Ideal »den Künstlern nur erscheint« (vergl. Dokument 6).

REICHARDT.

Abb. 48
Johann Friedrich Reichardt ·
1796
D. H. Bendix · Kupferstich
Privatbesitz

Ein unschätzbarer Gewinn für den Weimarer Musenhof war der intensive Kontakt zu Johann Friedrich Reichardt (Abbildung 48). Bereits als reisender Violinvirtuose und Student in Leipzig hatte er durch die Vermittlung Corona Schröters im Jahr 1772 begonnen, sich mit der Lyrik Goethes zu beschäftigen und nahm seither über vier Jahrzehnte an allem lebhaft Anteil, was der Dichter schuf. Zu einem hochgeschätzten Gesprächspartner und Ratgeber in allen Fragen der Musik wurde er dem Dichter besonders während der Jahre 1789 bis 1795 sowie 1801 und 1806. Daß das Verhältnis immer gefährdet war und es aus politischen Gründen zu jahrelangen Entfremdungen kam, faßte Goethe in seinen »Tag- und Jahres-Heften« 1795 zusammen: »Man war mit ihm, ungeachtet seiner vor- und zudringlichen Natur, in Rücksicht auf sein bedeutendes Talent, in gutem Vernehmen gestanden: er war der erste, der mit Ernst und Stetigkeit meine lyrischen Arbeiten durch Musik ins Allgemeine förderte, und ohnehin lag es in meiner Art, aus herkömmlicher Dankbarkeit unbequeme Menschen fortzudulden [...] Nun hatte sich Reichardt mit Wut und Ingrimm in die Revolution geworfen ... Reichardt hatte auch die Lieder vom Wilhelm Meister mit Glück zu komponieren angefangen, wie denn immer noch seine Melodie zu ›Kennst du das

Abb. 49
Johann Friedrich Reichardt:
›Kennst du das Land?‹ ·
Liedbeilage zu: ›Wilhelm
Meisters Lehrjahre, ein
Roman von Goethe‹, Bd. 2
Berlin: Unger, 1795
GMD

Land‹ als vorzüglich bewundert wird [...]. Und so war er von der musikalischen Seite unser Freund, von der politischen unser Widersacher, daher sich im Stillen ein Bruch vorbereitete, der zuletzt unaufhaltsam an den Tag kam.« Noch 1823 bemerkte er gegenüber einem Neffen Reichardts, Wilhelm Dorow: »Seine Kompositionen meiner Lieder sind das Unvergleichlichste, was ich in dieser Art kenne«.[57] Goethe fand in dem Komponisten den »denkenden Künstler« mit umfassender Welterfahrung, den er zur Klärung vieler Fragen zur Musik brauchte und so entspann sich nach ihrer denkwürdigen ersten Begegnung vom 23. April bis zum 5. Mai 1789 in Weimar eine enge Beziehung, welche die Bindung an Kayser ablöste. Man plante nicht nur die kommenden Opernprojekte, sondern ging gar an die Erarbeitung einer Ton- und Schallehre. Im Zentrum stand jedoch die Vertonung von Goethes Lyrik, von der Reichardt schrieb, daß sie »selbst Musik habe«, die lediglich der »Vervollständigung« bedürfe.[58] Das gesamte Dichtwerk harmonisch bedeutend zu einem

lückenlosen Einen zu verbinden, war Reichardts Wunsch. Den Weg, den er dabei ging, beschreibt er im Vorwort zu seiner 1780 in Berlin erschienenen ersten Ausgabe von »Oden und Liedern«: »Meine Melodien entstehen jederzeit aus wiederholtem Lesen des Gedichts von selbst, ohne daß ich darnach suche, und alles was ich weiter daran thue, ist dieses, daß ich sie so lang mit kleinen Änderungen wiederhole, und sie nicht eh' aufschreibe, als bis ich fühle und erkenne, daß der grammatische, logische, pathetische und musikalische Akzent so gut mit einander verbunden sind, daß die Melodie richtig spricht und angenehm singt, und das nicht für Eine Strophe, sondern für alle.« Um den hohen Ansprüchen Goethes genügen zu können, galt es, sich zu einer Tonsprache vorzutasten, die das romantische Stimmungslied vorausnahm mit individuellen, charakteristischen Melodieverläufen. Dynamische Schattierungen, Melodik und Harmonik mußten differenzierter und der jeweiligen Aussage angepaßt werden. Reichardt überwand dabei sogar den Gegensatz von Rezitativischem, Ariosem und Lied-haftem und fand zu dramatisch bewegten, den konventionellen Liedbereich sprengenden Deklamationen. Am eindrucksvollsten gelang ihm dieser Schritt in der »Deklamation: Prometheus«, indem er den heroisch-pathetischen Text in eine spannungsreiche, fast szenische Abfolge brachte.[59] Einen seiner ästhetischen Grundgedanken hatte er 1796 in dem gewichtigen Satz formuliert: »Das Lied soll der einfache und faßliche musikalische Ausdruck einer bestimmten Empfindung seyn, damit es auch die Theilnahme einer jeden zum natürlichen Gesange fähigen Stimme gestatte; als ein leicht übersehbares kleines Kunstwerk muß es um so nothwendiger ein korrektes vollendetes Ganze seyn, dessen eigentlicher Werth in der Einheit des Gesanges besteht, und dessen Instrumentalbegleitung, wo nicht entbehrlich, doch nur zur Unterstützung des Gesanges da seyn soll.«[60] Das Ergebnis dieser Beschäftigung mit Goethes Dichtungen plante Reichardt in einer Gesamtausgabe: »Musik zu Goethes Werken« im Druck herauszugeben, ein Vorhaben, das mit Kompositionen »zum großen Faust« abgeschlossen werden sollte. Wenn dieser Plan auch ein Torso blieb, so konnten nach mehreren Jahren und zahlreichen Einzelveröffentlichungen im Jahr 1809 seine Gesänge und Singspiel-Vertonungen in drei Teilen erscheinen, die Reichardt dem Dichter am 1. August 1809 als sein persönliches Vermächtnis sandte (Abbildung 50).[61] Zu den Einzelveröffentlichungen hatten auch die eingestreuten Lieder gehört, die der Erstausgabe von Goethes »Wilhelm Meisters Lehrjahre« beigegeben waren (Abbildung 49). Reichardt fand zu den geschilderten Gesangsszenen, den Liedern der Mignon oder des Harfners, schlicht- eingängige Melodien, die man bei der Romanlektüre mitsang oder vorsingen ließ um so die Lektüre »wichtiger und eindringlicher« werden zu lassen.[62] Der erfahrene Hofkapellmeister war nicht allein Goethes Partner, es gelang ihm nicht minder, wie an anderer Stelle bereits ausgeführt wurde, den liedästhetischen Erwartungen Johann Gottfried Herders und Friedrich Schillers zu entsprechen und damit der tonangebende Liedkomponist der Weimarer Zirkel zu sein (vergl. die Kapitel V »Singen in

Schule, Kirche und Haus« und VI »Stimmen der Völker«).[63] Nicht selten war er Gast im Hause der Johanna Schopenhauer und trug seine Lieder selbst am Klavier vor. Da er über eine geschulte Tenorstimme verfügte und als gesuchter Deklamator galt, ist sein Vortrag wiederholt geschildert und festgestellt worden: »[…] wenn er singt, hört man erst was Lieder sind«.[64]

Schiller bekundete oft, daß er sich seine Gedichte wünschte »in Gesellschaft singen zu hören« und daß ihm Reichardt im Jahr 1795 noch ein willkommener Partner war, den er wenig später im Xenienstreit heftigen Angriffen aussetzte, geht aus einem Brief hervor, den er in Vorbereitung auf seine Almanach-Ausgabe von 1796 an Reichardt richtete: »In der Voraussetzung, daß er (der Buchhändler Michaelis) Sie auf dieses Gesuch werde vorbereitet haben, nehme ich mir die Freyheit Ihnen einige Stücke von GehRath Göthe zuzusenden, und werde, wenn Sie es erlauben in einigen Wochen noch einige Lieder von mir selbst nachfolgen lassen. Wie sehr es mein Interesse ist, daß Sie, mein vortrefflicher Freund, die Music zu meinem Almanach geben, brauche ich Ihnen nicht zu sagen.«[65] Erschienen in diesem »Musen-Almanach für das Jahr 1796« insgesamt 8 Kompositionen Reichardts, darunter die Vertonungen von Schillers Gedichten: »Die

Abb.50
Titelblatt zum ersten Band der Ausgabe »Goethe's Lieder...« von J. F. Reichardt, Leipzig 1809

101

Abb.51
Carl Friedrich Zelter ·
1823/28
Kopie des Gemäldes von
Johann Eduard Wolff · Öl auf
Leinwand
GMD

Macht des Gesanges« und »Die Würde der Frauen«, so hatte schon zu Beginn des Jahres 1796 mit Xenien wie diesen die unfruchtbare Polemik gegen ihn begonnen:

Vers 46: »Dem Großsprecher/ Öfters nahmst du das Maul schon so voll und konntest nicht wirken/ Auch jetzt wirkest du nichts, nimm nur das Maul nicht so voll.«

Vers 338: »R . . . sche Compositionen/ Dies ist Musik fürs Denken. So lang man sie höret, gefällt sie / Keinem, zwei Stunden darauf macht sie erst rechten Effekt.«

Vers 339: »Der böse Geselle/ Dichter, bitte die Musen vor ihm dein Lied zu bewahren,/ Auch dein leichtestes zieht nieder der schwere Gesang.«[66]

Wenn auch schwer betroffen, so ließ der Komponist jedoch nicht davon ab, insgesamt 46 Gedichte Schillers zu vertonen und sie unter dem Titel: »Schillers lyrische Gedichte« 1810 in Leipzig bei Breitkopf & Härtel gesammelt herauszubringen. Daß sich manche seiner Dichtungen mit den damaligen Mitteln nur unzureichend umsetzbar und sperrig erwiesen, erfuhr Reichardt besonders schmerzhaft bei der anhaltenden Diskussion um die Vertonung des Gedichtes »Der Tanz« (siehe Dokument 11). Das schwierige Metrum, der Griff zu philosophischer Metaphorik erforderten Lösungen, zu denen Reichardt erst später in der Lage war, als er zu breit ausladenden Monologen oder den schon genannten »Deklamationen« fand, in denen auch die Beglei-

tung einen größeren Spielraum erhielt. Daß ihn die Suche nach einem adäquaten Ton lange beschäftigen konnte, zeigen die drei Versuche, das Gedicht »Die Ideale« zu gestalten, die bereits im Kapitel über Goethes »Singchor« paradigmatisch für eine schrittweise inhaltliche Interpretation genannt wurden. Erst in der letzten Fassung gelang es, dieses metaphysische Gedicht vom intimen Lied am Klavier als subjektivem Gefühlsausdruck zum erhabenen Gesang in einer anspruchsvollen Runde anzuheben.

Als letzter und bereits vielfach genannter namhafter Liedkomponist gehörte der Leiter der Berliner Singakademie und vielseitige Pädagoge Carl Friedrich Zelter zu Goethes späten, unverzichtbaren Freunden und Partnern (Abbildung 51). Für Reichardt galt der ehemalige Baumeister noch 1796 als ein »Dilettant«, obwohl er damals bereits als »feiner Kunstrichter und gründlicher Komponist« bekannt geworden war, der aus der Schule des »Königlichen Kammermusikus« Carl Friedrich Faschs stammte, dessen Unterricht er mit dem ihm eigenen trockenen Humor in seiner Selbstbiographie schildert.[67] Die Annäherung an Goethe hatte im Mai 1796 mit der Zusendung der »Zwölf Lieder am Clavier zu singen«[68] begonnen, einer Sammlung, die auch Singstücke zu »Wilhelm Meister« enthielt. Bis Zelter seinen ersten Brief am 11. August 1799 an Goethe richtete und seine Geschicke von diesem Zeitpunkt an begann, an die des Dichters zu binden, hatte er bereits einige Beiträge, etwa für den »Musen-Almanach« Friedrich Schillers, herausgegeben. Zu Zelter konnte Goethe eine nahe, vertrauliche Altersfreundschaft entwickeln. Er war »neugierig auf die Bekanntschaft« gewesen und hatte an August Wilhelm Schlegel schon im Juni 1798 beteuert: »Gerade diese Verbindung zweier Künste ist so wichtig, und ich habe manches über beide im Sinne, das nur durch den Umgang mit einem solchen Manne entwickelt werden könnte.«[69] Zelter wurde ihm ein kritischer Partner in allen Musikfragen, auch wenn ihm Reichardt manche Erfahrung eines weltgewandten Musikjournalisten und Kapellmeisters voraushatte. Wie sehr Zelter in der Lyrik seines Freundes lebte, schilderte er noch einmal am 9. Juni 1820 anläßlich der Beurteilung eines Liederheftes seines ehemaligen Schülers Carl Eberwein: »Indem ich ein Gedicht ansichtig werde und mich auf seine Individualität beschränke setzt sich eine Totalempfindung fest die ich nicht los werde und nach langer Zeit oft erst den Ton finde den sie verlangt. Dieser Ton aber ist das Haupt einer Familie von Tönen; und geht man zu Tische ehe sich das liebe Gut alles beisammen findet so wird die ganze Mahlzeit lückenhaft. Nun kommt es endlich erst an die Beschränkung welche aus der Wortstellung entsteht, da oft genug gerade wo eine Sylbe zu viel ist eine Bedeutung liegt, oder das Hauptwort malerisch an einem Orte liegt wohin die Melodie geführt werden muß wenn das Gedicht bleiben soll was es ist.

Das ist nun besonders in Deinen Gedichten ein Punkt der beachtet sein will, wenn das Gedicht Musik und nicht was anderes werden soll. Unter was anderes verstehe ich: wenn die Worte eine bloße Unterlage, eine Art Lerchenspieß für irgend eine Melodie werden sollen oder ein Krystallisationsfaden da man doch nur gern singt um der Stimme Motion zu machen, wo nicht um Fühlens und Denkens überhoben zu sein?«[70] Einmal mehr bekundete und bestärkte Zelter, daß ein Gedicht nicht durch den Gesang übertönt werden solle und fügte sich ebenfalls dem Primat der Dichtung im Sinne der Selbstbeschränkung, die das Verfahren des »Durchkomponierens« weitgehend ausschloß. Das »Mitternachtslied« lobte Goethe mit den Worten: »Dein mitternächtiger Sechsachtel Takt erschöpft alles. Solche Quantitäten und Qualitäten der Töne, solche Mannigfaltigkeit der Bewegung, der Pausen und Atemzüge! dieses immer gleiche immer wechselnde! Da sollen die Herren lange mit Balken und Hütchen – ∪ ∪ – sich untereinander verständigen, dergleichen bringen sie doch nicht heraus.«[71] Auch die Vertonungen von: »Trost in Tränen« (1812) oder »Rastlose Liebe« und seine wohl bekannteste Ballade vom »König in Thule« sind in diesem Sinne Meisterwerke.[72] Ein besonderes Talent hatte er für Lieder, die der Geselligkeit gewidmet waren, die Goethe ausrufen ließen: »Die Gunst des Augenblicks, Herr Urian u so manches andere erhebt und erfreut uns jedes in seiner Art; ich wüßte nicht, wo ich das Kernhafte mit dem Gefälligen so verbunden angetroffen hätte, als in Ihren Arbeiten.«[73]

Seine Dichtungen sowohl zu einem die Geselligkeit beflügelnden Ereignis gemacht zu sehen, als auch zu Kunstwerken, die erst durch die Musik eine einzigartige Wirklichkeit erfuhren, das war es, was ihn vor allem bewegte, sich immer wieder intensiv auf den Diskurs mit Komponisten einzulassen und schließlich zur Praktizierung einer »in sich bündig-geschlossenen Liedidee« zu finden.[72]

»Spielen soll sie mir auch das Clavier«

Mit diesem Satz traf Goethe im 2. Gesang »Terpsichore« (Vers 270) seines Versepos »Hermann und Dorothea« noch einmal die damaligen Vorlieben für das Klavierspiel, die er bereits in den »Leiden des jungen Werthers« an signifikanter Stelle zum Symbol der Verbindung zwischen Lotte und Werther gemacht hatte. Spiegelte das Klavier im »Werther« die Sprache der Seele und war es kein Zufall, daß für das Titelkupfer der in Leipzig 1787 erschienenen Ausgabe »Lotte am Klavier« gewählt wurde (Abbildung 52), so gab er diesem Satz 20 Jahre später in »Hermann und Dorothea« eine zusätzliche sozialkritische Dimension. Er legte ihn dem Vater Hermanns in den Mund, einem einfachen Gastwirt, der seinen Sohn zu korrigieren sucht, als dieser erfahren mußte, daß er den Zitaten aus Mozarts »Zauberflöte«, die ihm »Minchen« am Klavier vorgespielt hatte, nicht zu folgen imstande war. Gedemütigt hatte Hermann gesagt: »Ich weiß nicht, es prägte/ Jener Verdruß sich so tief bei mir ein, ich möchte fürwahr nicht/ Sie am Claviere mehr sehn und ihre Liedchen vernehmen.« Für den Vater bedeutete das »Clavier« nicht nur das Zeichen für eine wohlerzogene Tochter des gehobenen Bürgertums, sondern es symbolisierte zugleich gesellschaftliches Ansehen und häusliche Kultur, in die er aufzusteigen hoffte: »Spielen soll sie mir auch das Clavier, es sollen die schönsten,/ Besten Leute der Stadt sich mit Vergnügen versammeln,/ Wie es Sonntags geschieht im Hause des Nachbars.«[75]

Das Klavierspielen gehörte zum »guten Ton« und repräsentierte das aufsteigende Bil-

Abb. 52
»Goethe's Schriften. Erster
Band« , Leipzig 1787,
bei G. J. Göschen
Titelkupfer: Lotte am Klavier
(Meil/ J. H. Ramberg)

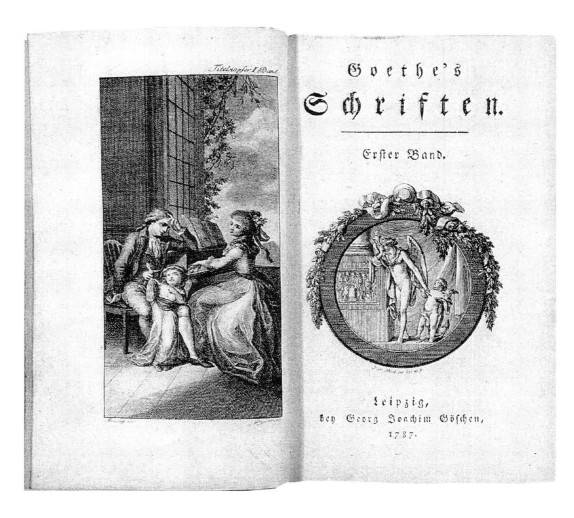

dungsbürgertum, eine Entwicklung, die auch in Weimar auf fruchtbaren Boden fiel, so daß hier zu vielen Haushaltungen die verschiedenen Klavierinstrumente gehörten. Ein Piano-Forte zu besitzen muß so attraktiv gewesen sein, daß es sogar als Gewinn einer »Classen= Lotterie« ausgespielt wurde. Am 4. April 1800 ließ der Hofschauspieler Weyrauch in den »Weimarischen Wöchentlichen Anzeigen« folgende Nachricht verbreiten: »Das mit gnädigster Erlaubniß ausgespielte Forte piano nach der Gothaischen 1ster Classe =Lotterie ist auf die No. 11823. gewonnen worden. Innhaber dieses Looses beliebe sich bey dem Herrn Hof= Fechtmeister Kirscht das Instrument abholen zu lassen.«

Wie eingangs dargestellt wurde, waren Klaviere selbstverständliches Inventar der Woh-

nungen Goethes, Herders, Schillers, Wielands, der Charlotte von Stein, Luise von Göchhausen oder Johanna Schopenhauers. Im Wittumspalais Anna Amalias stand stets mindestens ein Instrument bereit (Abbildung 53).

Klavierinstrumente, das hieß in der zweiten Hälfte des 18. Jahrhunderts ein Nach- und Nebeneinander verschiedener Tasteninstrumente. Den verläßlichsten Überblick über die damalige Vielfalt an Formen und Sonderformen vermittelt Daniel Gottlob Türk in seiner 1789 im nahe gelegenen Halle entstandenen »Klavierschule, oder Anweisung zum Klavierspielen für Lehrer und Lernende.«[76] Als gebräuchlich schildert er den »Flügel« (= ein- und zweimanualiges Cembalo), das Klavicytherium (= ein aufrecht stehendes Cembalo), das Spinett (= ein kleines, einregistriges Cembalo mit einer quer zu den Saiten stehenden Klaviatur), das Lautenklavier (ein mit Darmsaiten bespanntes Cembalo), den Theorbenflügel (großes Cembalo in 16'-Lage), das Fortepiano (= durch Hämmer angeschlagenes Tasteninstrument), das Pantalon (mit Darmsaiten bespanntes rechteckiges Fortepiano) sowie das »Clavier« oder »Klavier«, womit man mehrere Tasteninstrumente bezeichnete, auch das viel benutzte Clavichord.

Wie den Annoncen und Beschreibungen im »Journal des Luxus und der Moden« zu entnehmen ist, kamen nach 1787 weitere Neuheiten vor allem im Bereich der Hammerklaviere hinzu, so daß anzunehmen ist, daß man sich auch hier auf die jeweiligen Veränderungen eingestellt hat.

Angesichts dieser Vielfalt ergeben sich zuweilen Probleme bei der Interpretation von Texten oder Bildern aus dieser Zeit, etwa der um 1775 datierten Federzeichnung Goethes, die möglicherweise Lili Schönemann am Spinett oder am Tafelklavier darstellt (Abbildung 54).

Wie sich an den »Weimarischen Wöchentlichen Anzeigen« ablesen läßt, rechnete man mit verschiedenen Instrumententypen. 1799 heißt es etwa in einer »Ankündigung an die Musik Freunde«, daß die von François Destouches in Auftrag gegebenen Sonaten, Arietten mit Variationen, petites Pièces, eine Fantaisie sowie eine »Sonate avec accompagnement d'un violon é Violoncelle obligés«, als: »Kompositionen für das Clavier oder Piano-Forte« (auch französisch: »pour le clavecin ou Piano Forte«) zu »billigen Preißen« von 8 Groschen bis 1 Reichsthaler 15 Groschen zu erwerben seien. Das Clavecin, das Cembalo, war mithin immer noch im Gebrauch, das zur Zeit des Beginnes der Regentschaft von Anna Amalia den Ton angab. Sie besaß ein zweimanualiges Cembalo, das sie 1769 auf dem repräsentativen Porträt von Johann Georg Ziesenis zu einem bildbestimmenden Attribut hatte machen lassen (siehe Frontispiz). Für dieses Instrument komponierte sie eine »Sonatina in G«, ein Cembalokonzert, Musiken zu Singspielen (siehe Abbildung 81). Auch Reichardt dedizierte »der Regentin von Sachsen – Weimar« 1772 eine Sonate in B-Dur »per il Cembalo«, der er 1778 weitere »Sei Sonate per il

Abb.53
Ecke im Musikzimmer des Wittumspalais, heutiger Zustand
Foto SWK

Clavicembalo« folgen ließ. Nicht zuletzt dürfte es ihr Unterrichtsinstrument gewesen sein, an dem sie von ihrem Klaviermeister Ernst Wilhelm Wolf unterrichtet worden ist. Selbst nachdem sie zum Hammerflügel wechselte, muß dieser Unterricht beim Klangideal des Cembalos verblieben sein, da Wolf etwa die damaligen dynamischen Nuancierungen, die auf dem Hammerflügel durch Dämpfertechniken (Kniehebel) erreicht werden konnten, strikt ablehnte. Er blieb seiner am Werk Johann Sebastian Bachs geschulten Haltung treu und erhob es in seinem mit »Weimar, im October 1784« datierten »Vorbericht (als eine Anleitung zum guten Vortrag beym Clavier-

Abb.54
Lili Schönemann (?) am Clavier · um 1775
Johann Wolfgang Goethe · Federzeichnung
SWK

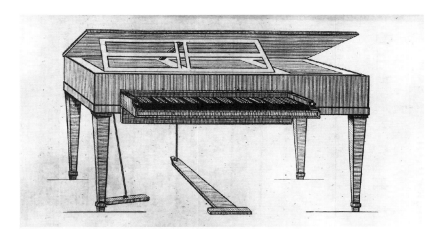

spielen.)« zu einer Ausgabe von »affectvollen Sonaten« sogar zum Maßstab für eine solide Technik. In einer Passage heißt es: »[. . .] demohngeachtet aber kann ich nicht unberührt lassen diejenigen Tonstücke, welche wahre Erleuchtung zu verrathen scheinen; die wie eine zwote Natur, wie eine zwote Schöpfung zur Verwunderung und himmlischen Erbauung da stehen; die uns, je länger wir sie anschauen, je mehr wir sie hören, immer mehr neue Schönheit und Stärke, immer mehr Glorie gewahr werden lassen, so wie sie uns Händel durch seinen Messias, und Bach durch den Chor seines Heilig dargestellet haben. Wer diese ganz erhabene Meisterstücke, und zu Erlangung mechanischer Fertigkeiten auf dem Klaviere Joh. Seb. Bachs Fugen und Praeludia fleissig studiret und übet, der kann sich in Rücksicht harmonischer Künste, und des erhabensten Ausdrucks wahren Nutzen versprechen. Wer sich aber nur eine Summe sanftfließender, schöner Melodien sammeln will, dem werden die Opern eines Hasse grossen Reichthum davon darbieten«.[77]

Der Wechsel von Klangidealen und Instrumenten hatte jedoch längst eingesetzt, Cembali wurden zunehmend in die Magazine verbannt oder zum Verkauf angeboten und wichen den Hammerklavieren oder Clavichorden. Am 29. September 1804 reagierte Zelter auf eine Anfrage zum Verbleib eines Cembalos im Weimarer Schloß mit den Worten: »Ihr Herr Hof Kammer-Rat Kirms hat mir geschrieben und mein Urteil über den Silbermannschen Flügel verlangt, den ich in Ihrem Herzogl. Schlosse gesehn habe. Man wird Ihnen wenig dafür geben wollen und das Instrument ist gut wenn es auch außer der Mode ist. In

einem Palaste, wo des Guten und Schönen so viel Raum hat, wird sich ja ein abgelegnes Zimmer finden wo dieses nicht geschmacklos gearbeitete Instrumente, etwa unter Bildern der alten Helden Ihres Fürstenhauses einen bescheidnen Platz finden wird, bis einmal eine Zeit kommt wo es ein Kenner wegnimmt und ein abgedroschnes Fortepiano dafür hinstellt.«[78]

Das intime Clavichord, das nicht nur der erwähnte Musikdirektor Türk für das »eigentliche Klavier« hielt, dürfte in vielen Haushaltungen gestanden haben, da man das empfindsame Phantasieren in einsamen Stunden oder den stillen Gesang »beym Clavier« gesucht hat und Herder gar die Metapher prägte: »Die Musik spielt in uns ein Clavichord, das unsre eigene innigste Natur ist«.[79]

Als Goethe 1776 jedoch als »Stubenmöbel« für sein Gartenhaus ein Klavier anschaffte, dürfte es sich um ein Tafelklavier gehandelt haben. Anna Amalia ließ sich in England »ein schönes Fortepiano« besorgen und man kann annehmen, daß dies ein Hammerflügel aus der Werkstatt des damals favorisierten John Broadwood war, an dem sich viele deutsche Hersteller messen lassen mußten. Im Intelligenz- Blatt des »Journals der Moden« vom Juni 1786 heißt es etwa über einen um Käufer werbenden deutschen Hersteller, daß seine Instrumente »natürlicherweiße den englischen Vollkommenheiten nicht ganz beykommen können.«[80]

Weimar wurde von manchem Klavierbauer umworben. Nicht selten liest man in den »Weimarischen Wöchentlichen Anzeigen« Annoncen wie die folgende eines Mainzer Klaviermachers aus dem Jahr 1798, der sich gerade in Erfurt niedergelassen hatte und »Fortepiano's in Flügelform von der besten Sorte verfertiget, für deren Güte er allezeit zu haften sich erbietet. Die Heilmannischen Flügel mit ihrer vortrefflichen Mechanik, leichter egaler Spielart, und unvergleichlichen Tone sind zu bekannt, als daß man zu deren Lobe noch etwas beyzufügen nöthig habe. Obgemeldeter Künstler hat bereits fertiges Instrument, welches große Vorzüge hat und von den Liebhabern in Augenschein genommen werden kann. Sein Auffenthalt ist im Gasthofe zum grünen Schilde«.[81]

Furore machte im Jahr 1800 der spätestens seit 1789 als »Hof=Instrument= und Orgelmacher« bestallte Johann Georg Schenck (1760 – um 1830) mit einem »Pianoforte mit der Schwebung« (Abbildung 55). Schenck stammte aus dem bayerischen Ostheim und hatte nach absolvierter Lehre bei dem Augsburger Johann Andreas Stein, in Weimar eine lebenslange Anstellung gefunden. Wohl unmittelbar nach seiner Ankunft hatte er, um sich bekannt zu machen, eine »Anzeige« veranlaßt, die im August 1789 im »Journal der Moden« erschien, in der er seine »Clavier= Instrumente« ausführlich vorstellte, begleitet von einem Gutachten Ernst Wilhelm Wolfs, in dem es heißt: »Die gute Qualität von Herr Schenck's Instrumenten bezeuge ich hierdurch öffentlich auf sein Verlangen.«[82] Den Lesern wurde er mit folgendem Text vorgestellt: »Wir achten es für Pflicht gegen einen Teutschen Künstler und unsre Leser, letzteren unsern sehr geschickten Hof=Instrumentmacher Herrn Schenck, deßen Claviere, Flügel und Piano= Fortes wegen ihres schönen Tons, haltbarer Stimmung, und Dauer ihrer ganzen Arbeit, hie und da auswärts schon bekannt sind, bey Gelegenheit seiner folgenden Nachricht, bestens zu empfehlen. Alle seine Instrumente, sind, ausser ihrer inneren Güte auch von außen so schön von Form, Holz und Arbeit, daß sie zugleich ein sehr feines Meuble für ein geschmackvolles Zimmer sind.« Anbieten konnte Schenck verschiedene Piano-Forte Typen vom »simplen Clavier, von der kleinsten Sorte« bis zum »Piano=Forte, zu 24. Pistolen« in »Flügel= Format, von schicklicher Größe, von Nußbaum, sauber fournirt«, über das er hinzufügt: »Ich schmeichle mir daß Liebhaber, die es probiren, den Mechanismus des Hammerwercks, der Dämpfung, sowie den Ton und seine Leichtigkeit im Spielen vorzüglich gut finden werden.« Sein »Piano=Forte, in Clavier- Formate, zu 10 Pistolen« sei »mit grösstem Fleiße gearbeitet, mit verschiedenen Veränderungen, und hat sowohl einen sanften als auch scharfen Anschlag des Hammers, so daß es vollkommen zu einem Zimmer=Concert gebraucht werden kann. Die Füße sind von anticker Form, und schlagen sich zusammen wenn es transportirt wird.«

Als »eine ganz neue Art von Clavier=Instrument« annoncierte er im Jahr 1800 jenes schon genannte »Pianoforte mit der Schwebung«, das mit einem von ihm entwickelten Mechanismus einen Echoeffekt erzeugen konnte.[83] Klaviere aus seiner Werkstatt standen, wie man sicher weiß, bei Wieland, im Haus Justin Bertuchs oder Charlotte von Steins. Sein Angebot einschließlich bundfreier Clavichorde war jedoch so groß, daß anzunehmen ist, daß sich seine Instrumente in vielen Weimarer Haushaltungen befanden.

Goethe hat vom Pyramidenklavier im elterlichen Hause, einem eigenen Clavecin, Clavichord und Tafelklavier, einem 1808 vom Weimarer Mathematiker Johann Friedrich Werne

Abb.56
Die Stickerin mit abgelegter Gitarre · 1811
Georg Friedrich Kersting · Öl auf Leinwand
Kunstsammlungen zu Weimar

burg entwickelten und bestaunten Klavier mit chromatischer Klaviatur[84] und schließlich der Neuerwerbung eines großen Hammerflügels aus der Wiener Werkstatt der Nanette Streicher, im Laufe seines langen Lebens an allen Wandlungen und »Verbesserungen« der Klavierinstrumente teilgenommen. Vor dem Kauf des Flügels im Sommer des Jahres 1821 holte er das Urteil des Leipziger Musikschriftstellers Friedrich Rochlitz ein und bezog das Instrument über den Musikalienhändler Peters in Leipzig, das im Juli in den Raum seines Hauses am Frauenplan gestellt wurde, in dem ab 1823 der beherrschende Gipsabguß der sogenannten Juno Ludovisi stehen sollte, der dem Zimmer seinen Namen gab. Über seine Neuerwerbung berichtet Goethe erst am 28. September 1821 an Zelter heiter: »ich habe nun einen vieloktavigen Streicherischen Flügel angeschafft, man sagt er sei glücklich ausgefallen

und ich hoffe daß mein Winter dadurch etwas musikalischer werden soll. Wollten Ew. Lieben also zum Besuch, Urteil und Genuß Sich selbst an Ort und Stelle verfügen, so bitte daß es in der zweiten Hälfte des Oktobers geschehe und zwar auf Anmeldung nicht mit Überraschung.«[85] Dieser Flügel erlaubte es, die neueren Klavierwerke etwa Ludwig van Beethovens zu spielen, auf ihm ließ sich im November 1821 der zwölfjährige Felix Mendelssohn Bartholdy hören, den Zelter angekündigt hatte als seinen »besten Schüler«, dem er gern »Dein Angesicht zeigen« wolle, »ehe ich von der Welt gehe, worin ichs freilich so lange als möglich aushalten will.«[86] Daß auch der Hofkapellmeister und Pianist Hummel gelegentlich im Hause Goethes konzertierte und »den Besitz des vorzüglichen Instruments ins Unschätzbare zu erheben verstand«, signalisierte bereits eine neue Ära.

Kapitel VIII

Gabriele Busch-Salmen

Gesänge in der Freimaurerloge
»Amalia zu den drei Rosen«

Abb.57
Becher mit der aufgemalten
»Ode an die Freude«
von Schiller · 1811
G. S. Nolm · Transparent-
malerei
Wien, Museen der Stadt, I. V.
116 700

Ein aktives Logenleben war zur Zeit der Aufklärung an größeren wie kleineren, vornehmlich protestantischen Residenzen ein wichtiger Bestandteil des Miteinanders. Das vor allem, wenn sie, wie in Weimar, eine große Zahl von Gelehrten in ihre Nähe gezogen hatten.[1] Der am 25. Geburtstag Anna Amalias in den Räumen des Wittumspalais gegründeten und fortan dort tagenden Johannisloge, die den Namen der Herzogin trug, gehörten denn auch unter ihrem amtierenden Meister vom Stuhl oder, folgt man der Nomenklatur der Striken Observanz: dem Hauskomtur, Geheimrat Friedrich Freiherr von Fritsch nicht nur die Hof- und Kammerräte in Offiziers- und Beamtenfunktionen an, sondern nahezu alle Gelehrten des Hofes: Johann Carl August Musäus, Friedrich Justin Bertuch, Freiherr Siegmund von Seckendorff, der aus Hamburg kommende und der dortigen Loge »Absalon« im Rang eines Meisters verpflichtete Johann Joachim Christoph Bode, der weimarische Leibarzt Christian Loder, ab 1780 Goethe und zwei Jahre später auch Herzog Carl August.[2] Wiewohl die zu erlegenden Rezeptionsgelder beträchtlich waren, die »mit jedem Grade stiegen«, stellten Beobachter fest, daß es hier um 1780 zum guten Ton gehörte, »Freimaurer zu sein, und die jungen Herren ließen sich gern halbe Tage lang vor Beginn der Logen mit weißglacierten Handschuhen und ernsten Gesichtern im Publiko sehen.«[3] Ideologische Uneinigkeiten über Fragen des Rituals zwischen Bode und Bertuch haben allerdings 1782 zur Aufhebung der Loge geführt, an deren Stelle die Tätigkeit des Illuminatenordens trat, bis es 1808 unter dem Schutz der Hamburger Provinzial-Großloge zu einer Neugründung kam und unter dem zum Logenmeister gewählten Bertuch, Gymnasialdirektor Karl August Böttiger, Hildebrand von Einsiedel oder Christoph Martin Wieland (ab 1809), später auch die Professoren der Universität Jena und andere hohe Beamte angezogen wurden. Herder, der ab 1766 in Riga der Loge »Zum Schwert« angehört hatte, hielt sich aus Rücksicht auf sein kirchliches Amt zurück, war jedoch beratend tätig und besuchte regelmäßig die Sitzungen der Illuminaten.

Was die maurerischen Feste, Logenarbeiten, die Aufnahmezeremonien, Feiern zum Johannistag oder dem Stiftungsfest, die tabuisierten Tafel-, Meister- oder Trauerlogen in unserem Zusammenhang erwähnenswert macht, ist die Rolle, die der gemeinsame Gesang in dieser Runde spielte. Wie er zur Arbeit der ersten englischen Logen gehörte, so übernahm man ihn auch in die Rituale und geselligen Zusammenkünfte außerhalb Englands. Bis zur Veranlassung einer verbindlichen Liedersammlung durch die Hamburger Provinzial-Großloge am Ende des 18. Jahrhunderts, verwendeten fast alle Logen ihre eigenen Gesänge, die in den Protokollen immer wieder Erwähnung finden.[4] So etwa, wenn es im Jahr 1809 heißt, daß »an den Abenden des 1.–3. April Wieland, nach eingeholter Genehmigung der Großloge, mit Rücksicht auf sein hohes Alter historisch in die drei Grade eingeführt (wurde). Bei seinem Eintritt in den Bruderkreis, am 4. April, wurde er durch ein Lied von Br. Zach. Werner begrüßt, das bei der Tafel vorgetragen wurde.«[5] Es besang im Sinne der Humanisierung jenes »Wir« , in dem vom »Ich« zugunsten der brüderlichen Gemeinsamkeit Abstand genommen werden sollte:

»Ihr, der Menschheit treue Söhne,
Laßt uns heut ein Fest begehn,
Laut der Maurer Freudentöne
Durch die stillen Hallen wehn!

(Strophe 3)
Was ertönt im Maurerliede,
Ist der Jugend stille Kraft,
Ist der Weisheit goldner Friede,
Der das Ewigschöne schafft.
(Strophe 7)
Unser Bund, er pflanzet Blüten
Um der Menschheit Hochaltar;
Wird sie still und treulich hüten,
Bis die Frucht wird offenbar.

Darum halten wir umschlungen
Den, der Blüten, Frucht errungen,
In des Bundes Namen wir,
Singen, Wieland, Jubel dir!«
(es folgen zwei weitere Strophen: »Brüder,
jetzt das Glas gehoben . . .«)[6]

Obwohl einige Mitglieder Freimaurergesänge verfaßten, war es vor allem Goethe, der Texte beisteuerte und ihre Komposition veranlaßte. Er entfaltete eine Tätigkeit, die man ihm in der

Ernennungsurkunde zum Ehrenmitglied der Loge »am 23. Juni 1830«, dem Tag, an dem »zu Frohster Feyer« der »Fünfzigste(n) Wiederkehr Des Tages Seiner Aufnahme In Ihre Hallen« gedacht wurde, als eine seiner »Maurerischen Tugenden« bescheinigte. Er habe »Durch Den Zauber Des Gesanges/ Weit Entlegene Völker/ Zu Heitrer Geistgenossenschaft Vereinigt«, so heißt es im Urkundentext u. a.[7]

Eines der Lieder, die zum Motto vor allem der geselligen Treffen wurden, war sein vielfach vertontes »Bundeslied«:

> »In allen guten Stunden,
> Erhöht von Lieb' und Wein,
> Soll dieses Lied verbunden
> Von uns gesungen sein.
> Uns hält der Gott zusammen,
> Der uns hierher gebracht,
> Erneuert unsre Flammen,
> Er hat sie angefacht.«[8]

Von Goethe stammen auch jene pathetischen Verse, die er nach seiner eigenen 36jährigen Logenzugehörigkeit seinem Sohn August zu dessen Beförderung zum »Gesellen« am 28. Dezember 1816 auf den Weg gab:

> »Heil uns! Wir verbundne Brüder
> Wissen doch, was keiner weiß.
> Ja, sogar bekannte Lieder
> Hüllen sich in unsern Kreis.
> Niemand soll und wird es schauen,
> Was einander wir vertraut:
> Denn auf Schweigen und Vertrauen
> Ist der Tempel aufgebaut.«[9]

Der elitären Abgrenzung gegenüber der Außenwelt unter dem Gebot der Verschwiegenheit wird in diesem Lied gehuldigt und damit ein Hinweis auf einen besonderen Typus von Männerliedern gegeben, die in den vertraulichen festlichen Runden ihren Ort hatten.[10]

Da diese »Verschwiegenheit« nur Weniges an das Licht der Öffentlichkeit gelangen ließ, es selbst in späteren Liedausgaben heißt, daß sie nur zum internen Gebrauch bestimmt seien, »weit entfernt«, als Sammlung »durch den Buchhandel in's nicht maurerische Publicum« gebracht zu werden, ist heute nur noch punktuell auszumachen, in welchem Ausmaß gesungen und musiziert wurde.[11]

Wir sind daher auf die Mitteilungen der Logenprotokolle angewiesen, die in den Weimarischen Freimaurer- Analekten[12] niedergelegt wurden oder die Äußerungen Beteiligter, z. B. wenn es galt, Komponisten für maurerische Gedichte zu gewinnen. Nach Goethes Aufnahme in den Bund, am 23. Juni 1780 war er bestrebt, zum Gelingen vornehmlich der Tafellogen Lieder und Gedichte beizutragen und bereits in Vorbereitung seiner »gütigen Aufnahme« bat er den Komponisten und Freund Johann Christoph Kayser, der damals in Weimar war, auf seine Verse »Melodien« zu setzen. Später schrieb er ihm: »Da Sie den Geist meiner Maurerei kennen, so werden Sie begreifen, was für einen Zweck ich mit vorstehendem Liede habe und mit mehreren, die nachkommen sollen. Ich wünsche, daß es eine Melodie in Ihrer Seele aufregen möge, es würde mich zu mehreren aufmuntern.«[13] Leider haben sich die damals entstandenen Liedsätze nicht erhalten. Auch über die Art der Ausführung sind wir nur unzureichend unterrichtet und angewiesen auf die wenigen Liedausgaben, wie sie etwa im Jahr 1780 in den »Weimarischen Wöchentlichen Nachrichten« mit dem Hinweis auf die ›dritte Sammlung‹ der »Freymäurer Lieder« angekündigt wurden, die im selben Jahr in Gotha erschienen war.[14] 1782 brachte der ungenannte Bruder »H **« in Berlin in der Vertonung durch den Dresdener Kapellmeister Johann Gottlieb Naumann »Vierzig Freymäurerlieder« zum »Gebrauch der deutschen und französischen Tafellogen« heraus. Das Klavierlied Nr. XI: »Auf das Johannisfest« z. B. hat den gleichen bekennenden Tonfall, wie ihn Goethe in dem bereits zitierten Lied zur Gesellenbeförderung seines Sohnes angeschlagen hatte. In der letzten Strophe heißt es:

> »Heil uns! denn unser ist der Lohn;
> Wir sind der Pflicht getreu.
> Uns schützt der Themis liebster Sohn:
> Heil unsrer Maurerey!«

Nach der Reihung in der Justin Bertuch'schen Ausgabe »Gesänge für Freimaurer, zum Gebrauche aller Teutschen Logen«, die er 1813 in seiner Eigenschaft als Meister vom Stuhl herausgab, gehören Lieder wie dieses zu den »Dank-, Fest- und Gelegenheitsliedern«, die

»a) Der Gottheit, b) dem Landesfürsten, c) der Landesfürstin« galten, aber auch »d) Zum Johannis-Fest, e) Zur Einweihung der Loge, f) Zum Stiftungsfeste, g) Bei Eröffnung der Arbeitsloge, h) Bei Eröffnung der Tafel Loge« und als »i) Schluß-Lieder« gebräuchlich waren.[15] Dieser Sammlung ist eine Charakterisierung des Maurer=Gesanges vorangestellt, über den es heißt, daß »Was Geist und Herz veredlen, was heitere, gesellige und gemäßigte Fröhlichkeit befördern kann, [...] die Maurerei schon seit langer Zeit in Anspruch« nimmt. Neben den »Liedern bei festlichen Gelegenheiten«, den Preis- und Aufmunterungsliedern zur Tugend und zur geselligen Freude« überwiegen daher die Gelegenheitslieder in dieser Sammlung.

Casuale Reimereien dieser Art, die die Brüder zum Einstimmen in den Tutti – Refrain aufforderten, etwa den Wielandschen Refrain seines »Freundschaftsliedes«: »O! der ist nicht vom Schicksal ganz verlassen/ Dem in der Noth ein Freund/ Zum Trost erscheint«, ernteten freilich auch Kritik.[16] Der Außenseiter Schiller etwa distanzierte sich entschieden von derlei »plattem prosaischen Ton der Freimäurerlieder«, wie er in einem Brief an Wilhelm von Humboldt vom 18. 8. 1803 schreibt.[17] Von dieser Kritik nahm er seinen Freund Goethe keineswegs aus und machte wiederholt deutlich, daß er den »Ton« dieser Lieder für »den heillosesten« unter den Gesellschaftsliedern hielt (1802). Für ihn waren es diese »Liedchen«, die für die Poesie eine »erstaunliche Klippe« seien, da sie das Singen in die Niederung der Trivialisierung brächten, eine Gefahr, die Goethe durchaus bewußt war. Am 21. 9. 1781 bittet er das Ehepaar Herder sogar: »Laßt sie niemand sehen«.[18]

Ungeachtet dieser Einwände hat Goethe es vermocht, gelegentlich einen Ton zu treffen, der die »Bundeslieder«, vor allem aber sein Gedicht »Symbolum«: »Des Maurers Wandeln, Es gleicht dem Leben . . .«, auch außerhalb der Freimaurerzirkel populär werden ließ. Aus dem Tagebuch der Ernestine Engels erfahren wir etwa, daß am 4. Januar 1816 »Nach dem Essen [...] Moltke ein Freimaurer Lied [...] sang.«[19] Zu diesen beliebt gewordenen Liedern gehörte: »Hier sind wir versammelt zu löblichem Tun«, und das bereits erwähnte: »In allen guten Stunden« , das Goethe für eine Hochzeitsfeierlichkeit in Offenbach im Jahr 1775 geschrieben und Wieland 1776 erstmals im »Teutschen Merkur« bekannt gemacht hatte. Es wurde zum beliebtesten unter den Logenliedern, weil es in den fünf Strophen die Qualitäten besang, die man suchte: den »Bund« , den »treuen Brudersinn«, die »Ermutigung« oder die maurerischen Symbola.[20] 1799 wurde es von Friedrich Franz Hurke unter eine »Auswahl von Maurer- Gesängen« aufgenommen und die wichtigsten Vertonungen stammen aus dem näheren befreundeten Umkreis Goethes. Während Reichardt den Text zweimal zu dreistimmigen »Feierlich froh« vorzutragenden Chorfassungen vertonte, fand die Version, die Carl Friedrich Zelter im Jahr 1799 vorlegte, Goethes besonderen Zuspruch. Sie schien ihm geeignet, im Singen den »beschränkten Kreis zu einer Welt auszudehnen«, wie er im 17. Buch von »Dichtung und Wahrheit« schreibt. Später wurde dieser Text von dem in Weimar gern gesehenen Komponisten Albert Methfessel und auch von Franz Schubert erneut in Musik gesetzt.

Kapitel IX

Gabriele Busch-Salmen / Walter Salmen

»Tanzen gehöret zum festlichen Tag«

(J. W. Goethe)

Tänze – Bälle – Redouten – Schlittenfahrten

Abb.58
Titelblatt zum Album: Chr.
M. Wieland »Oberon« · 1804
Johann Heinrich Ramberg ·
aquarellierte Federzeichnung
Biberach an der Riss,
Wieland-Museum

Vom Tanzen in Weimar

Das Gelegenheitsgedicht, dem das Titelzitat entnommen worden ist, schrieb Goethe als Zwiegesang und »Wechsellied zum Tanze« um 1780 für eine Tanz – Festivität. Charlotte von Stein bewahrte die Zeilen auf, die er ihr am 5. Juni 1780 zugeschickt hatte.[1] Als geübter Tänzer, dem die Tanzabfolge eines geregelten Balles durchaus vertraut war und der nur zu gut wußte, daß einer geradtaktigen, in zwei korrespondierenden Reihen getanzten »Angloise« ein paarig getanztes »Menuett« im $\frac{3}{4}$ folgen konnte, legte er seinen leitbildartigen Satz »In der Bewegung einer Engloise« den »Gleichgültigen« in den Mund; diese singen:

> »Komm mit, o Schöne mit mir zum Tanze;
> Tanzen gehöret zum festlichen Tag.
> Komm mit, o Schöne, komm mit mir zum Tanze;
> Tanzen verherrlicht den festlichen Tag.«

Im »Menuet«-Rhythmus stimmen hingegen »die Zärtlichen« in der zweiten Strophe an:

> »Ohne dich, Liebste, was wären die Feste?
> Ohne dich, Süße, was wäre der Tanz?
> Wärst du mein Schatz nicht, so möcht ich nicht tanzen;
> bleibst du es immer, ist Leben ein Fest.«[2]

Goethe brachte mit diesen Versen nicht nur eine heitere Laune zum Ausdruck, sondern faßte in Worte, was essentiell für den »Musenhof« und ein von allen Bevölkerungsschichten geteilter Bestandteil des geselligen Lebens in Weimar war. Höfisches wie bürgerliches Leben definierte sich hier wie andernorts über jahreszeitlich oder zeremoniell eingebundene Feste und daß auf eine festliche Opernaufführung ein Ball folgte, gehörte zur Selbstverständlichkeit. Mehr oder weniger offizielle Berichte, Tagebuchnotizen und zahlreiche Briefe sind die Zeugen dafür, daß man hier häufig und »viel tanzte« (Siegmund von Seckendorff, 1775). Wir erfahren, daß Friedrich Schiller als überaus eifriger Ballteilnehmer, bereits schwerkrank, am 29. Januar 1805 einen Ball bei der Herzoginmutter Anna Amalia besuchte oder Carl Bertuch in seinem Tagebuch unter dem 26. Juni 1806 festhält: »Des Abends Ball auf dem Berg. Sehr voll, gegen 200 Perso-

nen. Steiner, Wieland, Schleyermacher, Steffens da – bis 12 Uhr«. Diese kurzen Vermerke stehen neben detaillierten Schilderungen, denen auch zu entnehmen ist, daß die Teilnahme an den repräsentativen Hofbällen eine anstrengende Pflicht sein konnte. So schrieb etwa die 15jährige, sehr eigenwillige Julie Gräfin von Egloffstein 1817 an ihre Mutter: »Das war eine heiße Woche für Hof und Stadt und für Deine armen Töchter, meine liebe, liebste Mutter! Und trotz der brillanten Fêten, die darin sich häuften – eine sehr armselige – denn es wurde in ihr nichts Kluges gedacht – gesprochen – geschrieben – noch getan – Putz, Tanz und Spiel, Repräsentieren und Figurieren und Probieren nahm uns alle Zeit zu vernünftigeren Dingen weg: kaum daß ans Schlafen zu denken war! – Geburtstagsbälle und Geburtstagskomödien – Assembléen – Beleihungszeremonien – der Landständeversammlung – Proben und Aufführung der Tableaus – endlich noch kl. Privatsoupers, die bis in die Nacht hineindauerten«.[3]

Die für die Bälle und Tänze eingerichteten Örtlichkeiten (siehe das Kapitel II, Häuser und Räume im Weichbild der Residenz) waren ein wichtiges Indiz für den Stellenwert, den man diesen Ereignissen beimaß und selbst, wenn die Lebensgefährtin Goethes, Christiane Vulpius auf dem Tanzboden gar zu ausgelassen war, rief ihr die Mutter Goethes aufmunternd zu: »Tantzen Sie immer, liebes Weibgen, Tantzen Sie – frôliche Menschen, die mag ich gar zu gern – und wenn Sie zu meiner Familie gehören, habe ich Sie doppelt und dreyfach lieb.«[4]

Der Tanz befreite »von der Schwere des Leibes« (Friedrich Schiller), war der Garant für »Anstand und Grazie«, blieb im gesamten 18. Jahrhundert ein harmonisierendes Statussymbol courtoiser wie auch bürgerlicher Darstellungskunst und so nimmt es nicht wunder, daß in einer von Künstlern und Dichtern beherrschten »Residenz der Musen« das subtile soziale Rollenspiel immer wieder zu dichterischen Reflexionen anregte.[5]

Allein im Werk Goethes spiegelt sich Tanz und Tänzerisches so vielfältig, daß sich vom oben zitierten Gelegenheitsgedicht über zahlreiche Libretti, Szenen in seinen Dramen bis zum Tanz als abgeklärter poetischer Metapher viele Façetten finden lassen, selbst jene, die der ländlichen Bevölkerung abgeschaut waren. Erinnert sei etwa an die Szene »Vor dem Tor« im ersten Teil des ›Faust‹, in der er die »Bauern unter der Linde« ihren »Tanz und Gesang« am Ostermorgen anstimmen läßt:

»Der Schäfer putzte sich zum Tanz,
Mit bunter Jacke, Band und Kranz,
Schmuck war er angezogen
Schon um die Linde war es voll;
Und alles tanzte schon wie toll [...]«[6]

Daß der Tanz unter der Linde oder auf dem Dorfanger für ihn durchaus real erlebte und gesuchte Praxis war, beschreibt Eduard Genast in seinen Erinnerungen. Zum Vogelschießen zog es den Herzog Carl August mit Vorliebe nach Rudolstadt und mit einem Teil seines Gefolges, zu dem Goethe gehörte, konnte er sich »unter das Volk mischend« wochenlang amüsieren: »[...] der Schluß war dann gewöhnlich, daß jeder seine hübsche Dirne an den Arm nahm, die Musik herbeigeholt und eine Polonaise eröffnet wurde, die den ganzen Anger und alle Säle durchwogte und an der das ganze Volk jubelnd Teil nahm.«[7]

Christoph Martin Wieland reflektierte den Tanz als eine Gratwanderung zwischen den durch die Antike vermittelten Idealen der Kalokakathia als der Erziehung zur ethisch-ästhetischen Vollkommenheit und den heiter satirischen Demaskierungen menschlicher Eitelkeiten, von denen sein Werk durchzogen ist. Daß ihn die Realität der theatralischen Pantomime besonders in Weimar zu interessieren begann, macht ihn zu einem der wichtigen Protagonisten des damals neuen Handlungsballetts. Er war nicht nur der Übersetzer des Tanztraktats des Lukian von Samosata: »De Saltatione« (›Von der Tanzkunst‹),[8] sondern gestaltete, fasziniert von den Neuerungen des »balet d'action« Jean-Georges Noverres, einen Gesang seines Versepos »Idris und Zenide« zu einem »Heroisch-komischen« Ballett, das mit großem szenischen Aufwand am 11. Juli 1772 im Weimarer Hoftheater aufgeführt wurde (Dokument 1).[9] Hellhörig geworden auf die tänzerischen Neudefinitionen, die er für die allgemeine Bühnenaktion fruchtbar machen wollte, faßte er die Aufgabe des Bühnentanzes in dem Lukianschen Satz zusammen: »Jeder

Gedanke ist Gebärde, jede Gebärde ist Gedanke«.[10] Wie sehr er sich für die neuen Ballettkonzepte Noverres einsetzte, geht daraus hervor, daß Wieland mehrfach sein Journal »Teutscher Merkur« zum Sprachrohr für den Tänzer machte, dessen Libretti er als Muster für »Poetische Mahlerey« mitteilte. Dabei hatte er bereits in seinem Versepos »Musarion oder die Philosophie der Grazien« (1768), besonders aber in der »geheimen Geschichte der Danae«, als einem zentralen Teil seines Romans »Geschichte des Agathon«, die Schilderung der Vorführung einer Pantomime zu einer Schlüsselszene gemacht, die zum Zeichen der Metamorphose der handelnden Personen wurde.

Wie nachhaltig man Wieland auch in der bildenden Kunst mit dem Tanz als dem Bild für Eleganz assoziierte, geht aus zahlreichen Huldigungsblättern für den Dichter hervor, wie dem 1804 von Johann Heinrich Ramberg gezeichneten Titelblatt zum Album zu Wielands »Oberon«, das die drei Grazien in den Mittelpunkt rückt (Abbildung 58).

Für Herder war »der Tanz das allgemeine Freudenfest der Natur auf der Erde«, die »sichtbar gemachte Musik«.[11] Goethe verglich in den »Leiden des jungen Werthers« das Walzertanzen mit dem »umeinander Rollen der Sphären« und bei Friedrich Schiller wird »Der Tanz« gar zum Symbol für die Schönheit des schöpferischen Spiels der Kunst zwischen der individuellen Freiheit und der Unterwerfung unter die Begrenzung durch die Regel. Die »ewig sich drehende Schöpfung« wird mit dem »luftigen Reihen« der Elfen, dem Wiegen des Zephyrs oder dem »gelehrigen Fuß« verglichen, der sich »auf des Takts melodischer Woge« als »ätherischer Leib« hebe. In den Schlußversen kulminiert das Bild zum »wirbelnden Tanz, der durch den ewigen Raum leuchtenden Sonnen« (siehe Dokument 11). Damit war eine durch den Tanz geschaffene Ordnung und Auflösung als »philosophische Idee« intendiert, von der er sich eine ,erhabene' Komposition vorstellte; die Verse seien »in idealischer Manier gedacht«, wie er am 3. August 1795 an den Komponisten Reichardt schreibt, den er wiederholt bat, zu einer seinen Vorstellungen adäquaten Vertonung zu finden, die leider nicht gelingen wollte.[12]

Wie sehr Schiller am Bild des Tanzes als einer umfassenden Metapher hing, zeigt, daß er seinen folgenschweren »Musen-Almanach für das Jahr 1797« mit der Gestalt der Muse des Tanzes schmücken ließ. Bekanntlich wurde diese Almanachausgabe zur literarästhetischen Streitschrift und zum Forum satirischer Epigramme, die den erbitterten Xenienstreit entfachten. Mit der abgebildeten Muse Terpsichore (Abbildung 59) blieb er in seltsamem Kontrast zum Inhalt in der Tradition der Almanachillustrationen, bei denen sich die Stecher gern auf Orpheus und die Musen beriefen.

Tänzerisches begegnet uns im Werk der Weimarer Dichter mithin auf allen Reflexionsebenen. Des Reigenbildes etwa bedient sich Goethe zur Schilderung des »Reihen der Nymphen«, des »Reihen der Geister« (»Harzreise im Winter«) oder des »nächtlichen Reihn« der Töchter des Erlkönigs. Freilich

fehlt das Fanal eines bacchantischen Tanzfestes, mit dem Wieland seinen Roman »Geschichte des Agathon« eröffnet ebenso wenig wie dessen kontrastierendes idealisches Gegenbild der Pantomime der schönen Tänzerin »Danae« im 6. Kapitel des 4. Buches. Er hatte bereits in seinem 1764 erschienenen satirischen Roman »Der Sieg der Natur über die Schwärmerey oder die Abenteuer des Don Sylvio von Rosalva« das hispanisierende Motiv der Zigeunertänzerin verwendet, und von der Tanzwut werden all jene ergriffen, die Huons Horn in seinem romantischen Heldengedicht 'Oberon' vernehmen.[13]

So stilisiert und metaphorisch uns der Tanz in der Dichtung der Klassiker auch begegnet, er entbehrte nicht der praktischen Erfahrung. Wollte man bei Hofe reussieren, so bedurfte es der Kenntnisse der komplizierten Touren der damaligen Tänze und der Hofetiquette und so waren von den konkreten Tanzereignissen, um die es im folgenden gehen wird, alle Hofangehörigen mehr oder weniger betroffen.

Ein Blick in die Hofakten und Fourierbücher des Großherzoglichen Hausarchivs zeigt, daß etwa im Jahr 1781 »10 Redouten« stattfanden (Faksimile und Dokument 8/ Abbildung 60). Unter dem Vermerk »heute abend ist die erste Redoute« wurde die Saison am 5. Januar eröffnet, die mit der 2. Redoute am 12. Januar fortgesetzt wurde. Weitere Redouten folgten am 19.1., 26.1., 2.2., 9.2., 16.2., am 27. 2. war Fastnachtsredoute und am 2.3. war die »letzte Redoute«. Am 17.10. begann bereits die nächste Ballsaison.[14] Zu dieser dichten Abfolge kamen zusätzlich am 14. Februar die »fürstliche Tafel« der gesamten Noblesse und ein anschließender Ball bei der Herzoginwitwe Anna Amalia, sowie am 23. Februar eine »Freiredoute in Gotha mit dem Herzog«.[15] Diese Zahlen waren nicht ungewöhnlich, denn im Jahr 1782 sah der Tanzkalender mit 9 Redouten und 3 Bällen im Redoutenhaus sowie einem Ball am 11. November bei der Herzoginwitwe ähnlich aus.[16]

Goethe nahm im Januar und Februar des Jahres 1777, so lesen wir in seinen Tagebüchern, an 6 Redouten teil: (Januar) »4.) ♃ wars auf der Redoute wohl worden. [. . .] 7.) . . .Sehr lustig war Herz. L. | Abends zur ☉ getanzt . . . [. . .] 10.) . . . im Schlitten gefahren Nachts Redoute . . . [. . .] 31. . . . .Redoute. sehr voll. (Februar) 1.) Bey ♃ geschl. nach der Redoute. Phantasie!. [. . .] 7. . . . .Nicht zur Redoute geblieben . . . [. . .] 11.) Glücklicher Abend. In der Bauer Masque auf die Red. Gegen 3 zu ♃.«[17] Er ließ mithin nahezu keine der offiziellen Redouten aus und beteiligte sich darüber hinaus an zwei Tänzen bei Hofe am 7. Januar und am 24. August, sowie an Tänzen in Ottersberg (24. 4.), Stützerbach (1.9.), Bechtolsheim (8. 9. = »von 6 bis Morgens 3«), in der Ruhl (27.9.) und zur Kirchweihe am 11. November in Troistedt. 1780 vermerkt er 4 Redoutenbesuche zu Anfang des Jahres, einen Ball am 3. März, Tänze in Tiefurt (28. März), im Theater (13. Mai) sowie in Eisenach (27. September). Noch der 74jährige Dichter tanzte leidenschaftlich mit der 18jährigen Ulrike von Levetzow. Schiller war, wie er vermerkte, u. a. am 2. Januar 1800 »mit Lotte auf dem Ball«, am 31. Oktober 1800 »mit Goethe auf der Re-

doute«, am 13. November 1804 beim Hofball, zwei Tage später, am 15. November auf einem Ball bei Graf Reuß und am 16. November bei einer »Redoute bis 3 Uhr morgens«.

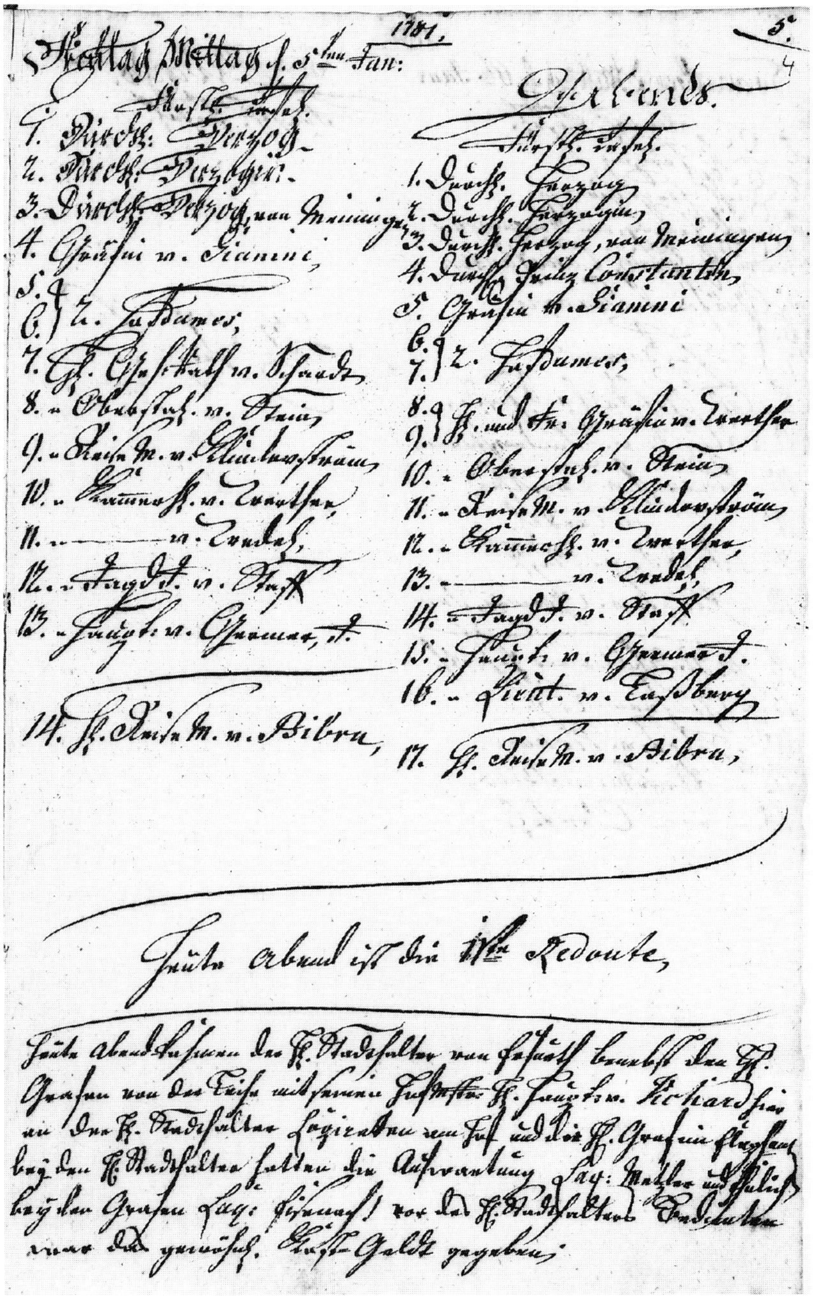

Redouten, Hofbälle en masque, Bälle und Tänze waren reglementierte und inszenierte Veranstaltungen, die der offiziellen Ankündigung oder Einladung bedurften. Jährlich konnte man den »Weimarischen Wöchentli-

Abb. 60
Aus dem Hausarchiv Herzog Carl Augusts, E, Nr. 30, Fourierbuch 1781 mit Eintragungen vom 5.1. 1781
THSA

chen Anzeigen« die Ankündigungen für die Ballsaison entnehmen, in denen es heißen konnte: »Mit gnädiger Erlaubniß wird durch Besorgung des Herrn Hof Jägers, Hauptmann, den Achten Januarii, und dann jedesmahl den Freytag bis Fastnacht, Bal en Masque oder Redoute in dem Saal des neuen Landschafts Hauses gehalten werden. Die Einrichtung dabey ist bereits bekannt, weshalb nur kürzlich erinnert wird, daß ohne Masque und Billet zum Ball niemand paßiret wird; daß die Billets besagter Tage bis 5 Uhr Abends in des Entreprenneurs Behausung, nach dieser Zeit aber beym Entree vor Einen Gulden zu haben seyn werden; daß dafür ausser der freyen Musik, auch der Thee frey gegeben werden soll [...]. Der Ball selbst aber wird 6 Uhr eröffnet werden. Da aber auch dieser Ball zum Vergnügen bloser Zuschauer durch die Gelegenheit der im Saal befindlichen Galerie dienen kann, so wird zugleich bekannt gemacht, daß das Billet vor die Zuschauer, auf besagter Galerie bey obengenanntem Entrepenneur vor Vier Groschen ebenfalls abgeholt, oder unten beym Eingang ins Haus zu haben seyn werden.«[18]

War zu diesen Ballveranstaltungen der Zutritt jedem gestattet, der ein Billet erworben hatte, so bedurfte die Teilnahme an einem Hofball einer Einladung, war also Ehre und Pflicht zugleich und die ungeladene Anwesenheit war eine empfindliche Verletzung des Reglements. Wie sehr das ungebetene Eindringen als soziale Herausforderung empfunden wurde, belegt eine häufig nacherzählte Episode, die der stets unangepaßte Jakob Michael Reinhold Lenz in den 1770er Jahren provozierte, als er sich in einen vom »zeremoniösen Graf Görz« ausgerichteten »Hofball en masque« des Herzogs drängte: »Er läßt sich einen roten Domino holen, und erscheint so Abends im Saal, wo nur Adlige Tanzrecht und Zutritt haben. Ehe man ihn noch durchbuchstabieren kann, hat er schon ein Fräulein von Lasberg [...] an der Hand und tanzt frischweg. Es wird ruchbar, daß ein bürgerlicher Wolf unter die Herde gekommen sei, alles wird aufrührerisch. Der Hofball desorganisiert sich. Der Kammerherr von Einsiedel kommt atemlos zum Herzog herauf und erzählt ihm die Geschichte. Dieser befiehlt ihm, Lenzen heraufzuholen, und liest ihm ein derbes Kapitel.«[19]

Unabhängig davon, daß es verschiedene Formen von offiziellen, aber auch privaten Bällen, Tänzen und Assembléen gab, die eigene Konditionen und Abläufe hatten, unterschied Goethe 1799 lediglich »repräsentative« Tänze von »naiven«, »charakteristischen« (etwa den in Italien erlebten) und »kultivierten«, die er besonders hoch einschätzte. Er selbst nahm so bereitwillig an allen Ballformen teil, daß Herder ihn nicht ohne Neid in einem Brief vom 11. Juli 1782 an Johann Georg Hamann als jemanden charakterisiert, der »überall der erste Akteur, Tänzer« sei.

Daß das so war, ist nicht verwunderlich, da er von Kindesbeinen an in das Tanzen als ein Medium der Selbstdarstellung und der gesellschaftlichen Ortung, aber auch der Selbstfindung, eingewöhnt war. Die Teilnahme am Tanz war ihm mithin so selbstverständlich, daß er seine Rolle als »directeur des plaisirs«, wie ihn Herder nannte, perfekt einzunehmen verstand.

Frühe Tanzübungen der Kinder

In »Dichtung und Wahrheit« (2. Teil, 9. Buch) berichtet Goethe von seinen ersten Begegnungen mit dem Tanzen in seiner Kindheit und den späteren Erfahrungen während seines Studiums: »Von früher Jugend an hatte mir und meiner Schwester der Vater selbst im Tanzen Unterricht gegeben, welches einen so ernsthaften Mann wunderlich genug hätte kleiden sollen; allein er ließ sich auch dabei nicht aus der Fassung bringen, unterwies uns auf das bestimmteste in den Positionen und Schritten, und als er uns weit genug gebracht hatte, um eine Menuett zu tanzen, so blies er auf einer Flûte douce uns etwas Faßliches im Dreivierteltakt vor, und wir bewegten uns darnach, so gut wir konnten. Auf dem französischen Theater hatte ich gleichfalls von Jugend auf, wo nicht Ballette, doch Solos und Pas de deux gesehen und mir davon mancherlei wunderliche Bewegungen der Füße und allerlei Sprünge gemerkt [...]. Während meines Aufenthalts in Frankfurt war ich von solchen Freuden ganz abgeschnitten; aber in Straßburg regte sich bald, mit der übrigen Lebenslust, die Taktfähigkeit meiner Glieder. An Sonn= und Werkeltagen schlenderte man keinen Lustort vorbei, ohne daselbst einen fröhlichen Haufen zum Tanze versammelt, und zwar meistens im Kreise drehend zu finden. Ingleichen waren auf den Landhäusern Privatbälle, und man sprach schon von den brillanten Redouten des zukommenden Winters. Hier wäre ich nun freilich nicht an meinem Platz und der Gesellschaft unnütz gewesen; da riet mir mein Freund, der sehr gut walzte, mich erst in minder guten Gesellschaften zu üben, damit ich hernach in der besten etwas gelten könnte. Er brachte mich zu einem Tanzmeister, der für geschickt bekannt war; dieser versprach mir, wenn ich nur einigermaßen die ersten Anfangsgründe wiederholt und mir zu eigen gemacht hätte, mich dann weiter zu leiten. Er war eine von den trockenen, gewandten französischen Naturen und nahm mich freundlich auf.«[20]

Hatte Goethe eine geradezu professionelle Tanzausbildung und damit notwendige Vorbereitung auf sein Amt genossen, so lernten die Kinder im Hause Herders spielerisch das Auf-»dem Seil tanzen«, eine in der damaligen Pädagogik, vor allem von dem Gründer des Dessauer Philanthropins, Johann Bernhard Basedow (1724–1791) diskutierte Empfehlung, den im frühen Kindesalter aufkeimenden »Trieb der Neubegierde« zu unterstützen[21] (Abbildung 61). Die Disziplin der Balance und wohl gesetzten Schritte war freilich eine gute Vorbereitung auf den galanten Tanz.

Zu den gern gesehenen Weimarer Attraktionen gehörten Seiltänzer und Springer, die sich meist zur Zeit des jährlichen Vogelschießens im Schießhausgarten einstellten und dort bewundert wurden. Goethe notierte am 29. 8. 1780 in seinem Tagebuch: »Abends die Springer gesehen«.[22]

Bereits im Kapitel III über Goethes »Gärtgen vorm Thore« ist skizziert worden, in welchem Maße Goethe Anteil nahm an den Aktivitäten der Kinder seiner Umgebung. Besonders beliebt waren die in seinem Garten stattfindenden Kinderfeste, die von ihm choreographierten Kinderbälle, über die ein Sohn des bis zum Jahre 1800 amtierenden Ministers Jakob Friedrich von Fritsch dem Dichter Friedrich de la Motte-Fouqué erzählte: »Da

mußten ihm die näher Befreundeten (Fritschens Vater, ein angesehener Mann in weimarschem Zivildienst, endlich Minister, gehörte dazu) ihre Kindlein, Mädchen und Bübchen, ohne weiteres – nicht Eltern, nicht Aufseher durften sie begleiten – anvertrauen. Es galt hauptsächlich geselligen Tanz. Goethe empfing in völliger Hofgala seine Gästchen, die er allesamt ›Ihr kleinen Menschengesichter‹ zu titulieren pflegte. Er selbst eröffnete ganz feierlich den Ball mit einer der Dämchen, in welchem Worte (beiläufig bemerkt) ja auch anagrammatisch ›Mädchen‹ mit liegt. Nach dieser Feierlichkeit aber ließ er dem kindlichen Getriebe freien Lauf, doch so, daß er die ›kleinen Menschengesichter‹ als getreuer Aufseher keinen Augenblick aus den Augen verlor, ihren Tanz, ihre Genüsse bewachend, so daß keines Nachteil für Gesundheit oder Sitte zu erleiden hatte und dennoch allen unter dieser väterlich gastlichen Obhut unaussprechlich frei und wohl zu Sinne war, und sie auch wiederum zu rechter Zeit, gehörig abgekühlt und wohl eingepackt, heimgefördert werden.«[23]

Besonders zur Zeit der Fastnacht arrangierte Goethe wiederholt in seinem Hause »Fastnachtsspäße« und konnte am 3. Februar 1782 an Knebel sogar berichten: »Am 30. (Januar) haben wir ein Ballet meist von Kindern gegeben.« »Die Tanz- und Festlustige Jugend in Bewegung« zu halten, wie er es in einem Brief an Zelter vom 13. März 1822 von der Großherzogin schreibt, sie auf ein Leben vorzubereiten, das der Einübung in streng formalisierte Tanzfiguren noch bedurfte, war mithin auch sein Interesse.

Abb. 61
Seiltänzer und Harlequin, Kupfertafel zum »Elementarbuch für die Jugend« von Johann Bernhard Basedow, Altona und Bremen 1770, LIII

Brauchgebundene Tänze

In Weimar reagierte man, hellhörig geworden auf das, was in der näheren bäuerlichen oder bürgerlichen Umgebung gesungen und getanzt wurde, nur in Notfällen mit Verboten auf die jahreszeitlich gebundenen Bräuche. Vielmehr nahm die Oberschicht sogar am Tanzen der Bauern aktiv teil und beobachtete auf Reisen mit Interesse das ländliche Geschehen, etwa auf der Italienreise, die Goethe bekanntlich detailliert dokumentierte. Über die »Festine« des Römischen Karnevals schrieb er 1789: »[...] es sind dieses große maskierte Bälle, welche in dem schön erleuchteten Theater Aliberti einigemal gegeben werden.

Auch hier werden tabarros sowohl von den Herren als Damen für die anständigste Maske gehalten, und der ganze Saal ist mit schwarzen Figuren angefüllt; wenige bunte Charaktermasken mischen sich drunter.

Desto größer ist die Neugierde, wenn sich einige edle Gestalten zeigen, die, wiewohl seltener, aus den verschiedenen Kunstepochen ihre Masken erwählen und verschiedene Statuen, welche sich in Rom befinden, meisterlich nachahmen. So zeigen sich hier ägyptische Gottheiten, Priesterinnen, Bacchus und Ariadne, die tragische Muse, die Muse der Geschichte, eine Stadt, Vestalinnen, ein Konsul, mehr oder weniger gut und nach dem Kostüme ausgeführt.

Tanz

Die Tänze bei diesen Festen werden gewöhnlich in langen Reihen nach Art der englischen getanzt; nur unterscheiden sie sich dadurch, daß sie in ihren wenigen Touren meistenteils etwas Charakteristisches pantomimisch ausdrücken; zum Beispiel, es entzweien und versöhnen sich zwei Liebende, sie scheiden und finden sich wieder. Die Römer sind durch die pantomimischen Ballette an stark gezeichnete Gestikulation gewöhnt; sie lieben auch in ihren gesellschaftlichen Tänzen einen Ausdruck, der uns übertrieben und affektiert scheinen würde. Niemand wagt leicht zu tanzen, als wer es kunstmäßig gelernt hat; besonders wird der Menuett ganz eigentlich als ein Kunstwerk betrachtet und nur von wenigen Paaren gleichsam aufgeführt. Ein solches Paar wird dann von der übrigen Gesellschaft in einen Kreis eingeschlossen, bewundert und am Ende applaudiert.«[24] In den »Italienischen Kollektaneen« von 1796 hielt er stichwortartig Impressionen von tanzenden Italienern »der oberen Klassen« fest, in denen man lesen kann:

> »Rom festini
> überhaupt Parade.
> Mantracktirtsals Kunst.
> Will sich sehen lassen.
> Schöner Menuet.
> Gesellschaften die erst
> Zusammen lernen und
> Probiren eh sie Bälle geben [...]«[25]

Seinen zeichnenden Reisebegleiter Christoph Heinrich Kniep (1748–1825) bat er 1787, Bilder von Tanzenden reportageartig zu fixieren. Die schnelle neapolitanische »Tarantella« zur Tamburin- und Kastagnettenbegleitung wird von ihm als »roh« und nur von Frauen der »niederen Klassen« getanzt beschrieben.[26]

»Rohere Tänze« waren gewiß in den Augen der Weimarer Höflinge auch jene mäßig geschwinden »Schleifer« oder Dreher, die man zur Kirmes im Thüringer Lande unter den Dorflinden oder »Lustlinden«, wegen ihrer eingebauten Plattform auch »Hochlauben« genannt, erlebte und gelegentlich mittanzte. Bereits zitiert wurde die Szene des Osterspaziergangs im 1. Teil des Faust, in dem Goethe auf diese Linden verweist:

> »Und von der Linde scholl es weit:
> Juchhe! Juchhe!
> Juchheisa! Heisa! He!
> Geschrei und Fiedelbogen.«

In Sachsenbrunn bei Eisfeld hat eine der einst zahlreichen säulengestützten Tanzlinden die Jahrhunderte überdauert.[27] In Blankenhain bei Weimar lebt die Erinnerung nach, daß dort noch um 1900 »die Musikanten oben in den Zweigen gesessen und von dort aus lustig aufgespielt hätten«. Am Jahrmarktstag im August wurde bis 1804 nicht nur der häufig in Tumulten endende »Schäfertanz« getanzt, sondern es waren auch die Frontänze als Pflichttänze noch geläufig.[28] Ein »Hämmel« war mit im Spiele, als Goethe 1798 das Freigut Oberroßla erwarb und es verpachtete. Bei der traditionell feierlichen Adjudikation und Übergabe des Anwesens am 22./ 23. Juni an die neue Gutsherrschaft und dem darauf folgenden Johannisfest wurden die Dorfbewohner mit Musik vor das Gut geführt, um dort mit dem dazugehörigen Ehrentrunk und dem anschließenden Tanz den »Hämmel« entgegenzunehmen.[29] Zu diesen Gelegenheiten luden die Dorfwirte auch die Stadtbevölkerung ein. In den »Weimarischen Wöchentlichen Frag- und Anzeigen« warb im Mai des Jahres 1800 der Besitzer eines Tanzsaales in Mellingen mit folgender »Bekantmachung«:

»Diejenigen, die sich auf unsern Jahrmarckt in Mellingen ein Vergnügen machen wollen, mache ich hiermit bekannt, daß selbiger den 13. D. M. fällt; ich habe vor dieses mahl die besten Anstalten getroffen, so, daß ein jedes gut und geschwinde bedienet werden soll; auch habe meinen Saal vergrößern laßen, wo 20 Paar ungenirt tanzen können und für sehr gute Musick gesorgt und in meinen Garten 2 große Lauben angebracht, wo mehr als 50 Personen bequem sitzen können: ich verspreche mir daher, einen zahlreichen Zuspruch«. [30]

Eine weitere, an tradierte Bräuche gebundene Tanzgelegenheit war das Hahnenschlagen, ein zu den Erntetänzen zählender Paartanz um einen Hahn, wie ihn Goethe 1777 in seinem Tagebuch erwähnt. Am 24. August heißt es: »Nach Ettersburg Hahnen schlagen viel getanzt«.[31] Der Ettersburger Christian Friedrich Koch schildert dieses ausgelassene Treiben detaillierter: »Aus den nahe gelegenen Ortschaften kamen alle junge Leute hier zusammen, gegen 200 Paare, welche den Schloßhof füllten. Im Schloßhofe waren zwey Baumstämme gelegt, auf denen ein großes Faß Wein und 6 große Fässer Bier ruheten [...]. Frau Herzogin Amalia nahm auf Stühlen vor dem Schlosse mit älteren Damen und untanzlustigen Herrens Platz, wohin Frau Geheime Räthin von Fritsch, Hr. Cammerrath von Lyncker, Hr. v. Göthe pp. Gehörten. Vor dem Sitze der Frau Herzogin war ein Loch in den Hof gegraben, welches wohl 15 Ellen im Durchmesser hielt und sich in flachen Ufern endigte. Dieses Loch war mit Wasser angefüllt, – so daß das Wasser in der Tiefe von einer reichlichen Elle hatte. // Der Tanz begann mit einer Polonaise [...] und dann gieng

mit einem male der Tanz mitten durch das Loch. Die Fräuleins sträubten sich freylich sehr, ins Wasser zu gehen, doch wurden sie mit Gewalt von den rüstigen Bauernpurschen hinein gerissen. Nach diesem Auftritt gewann trotz den durchnässeten und besudelten Kleidungsstücken der tanz mehr Ordnung und dauerte bis zur späten Nacht fort, wo sich alles nach und nach verlor.«[32]

Der in diesem Bericht als »untanzlustiger« Zuschauer geschilderte Goethe, der sich hier in würdevoller Distanz verhielt, machte bei anderen Gelegenheiten freilich keinen Hehl aus seiner Vorliebe, »mit den Bauernmaidels« zu tanzen, etwa bei Jagdausflügen oder Inspektionsfahrten. Am 6. September 1777 etwa ließ er Charlotte von Stein wissen, er habe »eine liederliche Wirthschafft bis Nacht eins« getrieben, was er sich wiederholt bei seinen Aufenthalten in Stützerbach im dortigen Wirtshaus »Weißes Roß« genehmigte. Vital nahm er mithin ebenso an allen tänzerischen Ausdrucksformen seiner Umgebung teil, wie er auch offene Ohren für die Volkslieder hatte.

Tanzmeister

Wollte man sich mit den figuren- und tourenreichen Tänzen vertraut machen, bedurfte es seit dem 16. Jahrhundert eines ausgebildeten Tanzmeisters.[33] Er war der unverzichtbare Vermittler der komplizierten gesellschaftlichen Umgangsformen und man erwartete von ihm, daß à la mode informierte und dazu ein versierter Musiker war. Daß man ihn dafür ehrte, geht aus vielen Epigrammen hervor, die man ihnen dedizierte. Dem Jenaer Tanzmeister etwa, »Mons. Urban, J. U. C., Violinisten und zugleich Maître de Danse« widmete der 1723 in Jena verstorbene Dichter Johann Christian Günther folgenden Vierzeiler:

»DIES, was dein Nahme giebt und deine
    Sitten lehren,
Das kann man auch an dir aus Strich und
    Fingern hören;
Trifstu das Räthsel nicht, so frage deinen
    Fuß,
Der von der Artigkeit nothwendig sprechen muß.«[34]

Es ist anzunehmen, in »Mons. Urban« dem akademischen Tanzmeister der Jenaer Universität zu begegnen, der die zukünftigen Staatsdiener auf ihr späteres Auftreten als Amtsträger vorzubereiten hatte. So selbstverständlich, wie es für eine Universität war, einen Tanz- und Fechtmeister zu verpflichten, ebenso notwendig war es freilich auch für einen Hof, einen Hoftanzmeister in Dienst zu nehmen. Jeden Ball, jede Redoute galt es einzustudieren, eingeübte Praktiken aufzufrischen, neue Tanzformen zu erlernen, Hofbedienstete und die Angehörigen des Hofes auf ihre Rollen vorzubereiten. Selbst eine so geübte Tänzerin wie Chistiane Goethe hatte 1810 an Nicolaus Meyer geschrieben: »Hier ist alles so tanzlustig, daß Alt und Jung wieder Tanzstunden nimmt, und wo Sie sich denken können, daß ich auch dabei bin.«[35]

Den Hauptstaatsarchivakten ist zu entnehmen, daß am 6. Februar 1747 in dieser Funktion Carl Joseph Vogt »in Gnaden angenommen« wurde, »in Ansehung seiner Geschicklichkeit und guten Aufführung.« Vor ihm war bis 1742 Friedrich Gottlob Jacobi tätig, später Johann Adam Aulhorn (1728–1808). Neben Aulhorn wirkte kurzzeitig auch der Ballettmeister Schubert am Hof, weitere Namen sind der 1806 aus dem Amt geschiedene Ulrich, Ernst Christoph Mädel, sowie bis 1808 der einzige französische Tanzmeister l'Epitre.[36] Daß die Position vor allem eines geschickten Tanzlehrers nicht nur wichtiger Bestandteil des Hofstaates, sondern auch schwierig zu besetzen war, zeigt ein Brief Goethes an Friedrich Zelter als es galt, einen Nachfolger für Johann Adam Aulhorn zu finden. Er bittet am 10. Oktober 1803, er möge sich in Berlin »um den jungen Locheri, Sohn des königl. Balletmeisters erkundigen, er ist beim Kadettenhause in Berlin angestellt. Wir brauchen in unsern Verhältnissen mehr einen Mann der den Tanz versteht, als der tanzt, einen, der eine leichte Methode im Unterricht und Geschmack zu theatral. Arrangements und Divertissements hätte. Er ist hierher empfohlen und ich möchte gerne durch Sie näher von ihm unterrichtet werden.«[37]

Bis zu diesem Zeitpunkt hatte in Weimar der in Lauenstein im sächsischen Erzgebirge geborene Aulhorn alle Aktivitäten im Bereich des gesellschaftlichen und theatralischen Tanzes tonangebend mitbestimmt. Der 1892 in München herausgegebenen Familienchronik ist zu entnehmen, daß Johann Adam Aulhorn vom Vater bestimmt war, Fleischhauer zu werden, ein Zwang, dem er sich durch Flucht entzog.[38] Er schloß sich einer Schauspielergesellschaft an, mit der er zu dem Zeitpunkt 1756 in Weimar eintraf, als das gerade vermählte Herzogspaar begann, seinen Hofstaat einzurichten. Den komplexen Anforderungen gemäß, die ein Mitglied einer wandernden Komödiantentruppe zu erfüllen hatte, war Aulhorn zu einem vielseitigen Komödianten, Solotänzer und Intermezzosänger ausgebildet worden, der ein monatliches Salär von »15 Reichsthalern 4 Groschen« bezog. Ab 1758 wurde er im »Hof- und Adreß – Kalender« als zum Hoftheater Personal gehöriger »Solotänzer und Intermezzo-Sänger« geführt; 1760 rückte er in die Position eines »Hof Tanzmeisters« auf, in der er sich über den Regierungsantritt Herzog Carl Augusts hinaus hielt und für die Durchführung der Ballette und Hofbälle zuständig war. 1762 gab er »Informations Stunden bey den Hl. Erbprintzen«. 1775 nahm er die Aufgaben eines Exercitienmeisters am Gymnasium illustre wahr. Unentbehrlich war er nicht nur als Choreograph aller Tänze in den Dramen und Singspielen, als Ansprechpartner, etwa für Goethe, der am 13. Mai 1780 im Tagebuch notiert: »Lies mir von Aulhorn die Tanz Terminologie erklären,« sondern auch als Komiker und Sänger im Liebhabertheater. In Goethes Satire: »Jahrmarktsfest zu Plundersweilern« übernahm er 1773 die Rolle des Hanswurst ebenso, wie den Schattenspielmann mit seinem »Orgelum, orgeley/ Dudeldumdey!«. Im Januar 1781 sang er eine Partie in der »Cantate, Bey der Geburts- Feyer der regierenden Frau Herzogin Durchl. Komponiert und aufgeführt von Ernst Wilhelm Wolf.«[39] In diesem Jahr stand Aulhorn sogar als der »einzige Hofsänger« bei Konzerten neben den Hofsängerinnen Karoline Wolf, Friederike Steinhardt, Maria Salome Philippine Neuhaus und Corona Schröter zur Verfügung. Bis ins hohe Alter erteilte er Tanzunterricht. Wir erfahren, daß er, 68jährig im Dezember 1795 bis Februar 1796 den Tenoristen August Leißring im Tanzen und feinen Umgangsfor-

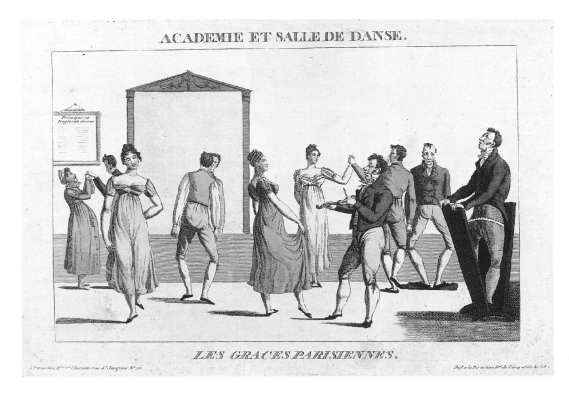

ACADEMIE ET SALLE DE DANSE.

LES GRACES PARISIENNES.

Abb.62
Tanzsaal mit Tanzmeister und Übenden · frühes 19.Jahrh.
Stich aus Paris
Paris, Bibliothèque Nationale, Est.Rés. Danse 23 (2)

men unterwiesen hat. Dieser Unterricht erforderte von den Eleven einen erheblichen Einsatz. Der zwischen 1780 und 1784 als Page in Dienst genommene Freiherr Karl von Lyncker (1767–1843), dem wir »ohne alle Schönfärberei« verfaßte Erinnerungen an das Hofleben verdanken, beschreibt diese Details sehr eindrücklich: »Mit dem lahmen Tanzmeister, Aulhorn, hatte es folgende Bewandtnis: Es waren demselben nämlich die Waden abgeschwunden und er trug falsche, daher er denn keine Sprünge machen konnte; jedoch war sein Unterricht zu jener Zeit sehr geschätzt. Er hielt besonders auf körperliche Grazie und auf Auswärtshaltung der Füße; die meinigen wurden wöchentlich zweimal in ein Brett geklemmt und mit Pflöcken dergestalt zurückgezwungen, daß sie mit ihrer vorderen Hälfte mehr rückwärts als vorwärts zu stehen kamen; dasselbe Manöver wurde auch mit meiner älteren Schwester gemacht und verursachte mancherlei Schmerzen«[40] (Abbildung 62). Zu dieser Lehrmethode, die der Tanzmeister Franz Anton Roller im Jahr 1800 in Leip-

zig noch vorfand, bemerkt er in seinem »Systematischen Lehrbuch der bildenden Tanzkunst«: »Ich fand daselbst noch Positionsbreter vor, herrührend von französisch seyn wollenden Tanzmeistern. Dies war eine runde, hölzerne Scheibe von zwei Fuß Durchmesser, auf derselben lagen zwei Bretchen, von der Länge und Breite des Fußes, mit zwei Randleisten versehen, und in der Mitte der Scheibe auf einem Stifte beweglich, um in jede Richtung gestellt zu werden. Auf diese zwei Bretchen stellte man die Schüler, und rückte dabei die Füße immer durch die Stellung der Bretchen mehr auswärts.«[41] Aulhorn gehörte mithin noch zu jenen, die mit ihren Vorstellungen dem System französisch geprägter Courtoisie verhaftet blieben, das im letzten Drittel des 18. Jahrhunderts stark in Frage gestellt und als unnatürlich abgelehnt wurde. Kritische Stimmen gab es auch aus dem Weimarer Umfeld. Despektierlich wetterte Schiller gegen die »theatralische Tanzmeisteranmut« und lehnte für sich den »Tanzmeisterzwang im Gange« ebenso ab, wie alles, was mit der »kleinlichen

Abb.63
Tanzmeistergeige (Pochette)
in Wannenform · süddeutsch
um 1680
viersaitig bezogen, 23,7 cm
lang, aus dem Besitz des Uni-
versitätstanzmeisters Schmidt
in Jena
Eisenach, Bachhaus

Erziehung durch die Schnürbrust der Hofetiquette«, wie es Karl August Böttiger über die
Jugend Herzog Carl Augusts schreibt.[42]

Dennoch gehörte Aulhorn zu den das Ver-
halten und den Tanz prägend mitgestaltenden
Persönlichkeiten am Weimarer Hof. Daß er als
Mitglied des Hofes, auch des engeren Zirkels
des Musenhofes so vielseitige Tätigkeiten entwickelte, war gewiß nur zum Teil eine Frage
seiner Neigungen, sondern auch materieller
Zwänge. Er war der Vater von 10 Kindern und
bezog beispielsweise am 16. Dezember 1784
lediglich »12 Reichsthaler 12 Groschen« Besoldung »zum Quartal Weihnachten,« eine Zu-
wendung, die ihn zeitlebens wohl auf Neben-
verdienste angewiesen bleiben ließ.

Aktiv an der Formung einer galanten gesellschaftlichen Kultur bei Hofe, wie auch in der
Bürgerschaft waren die an der Universität
Jena tätigen akademischen Tanzmeister beteiligt, die bereits erwähnt wurden. Wie sehr ihr
Wirken ein Bestandteil der Studien, aber auch
des ausgelassenen Treibens war, belegen
studentische Stamm- und Liederbücher, in denen gern besungen und illustriert wurde:
»[. . .] tantzen, fechten, reiten, ist täglich meine
Lust.«[43]

Zu einem qualifizierten Unterricht gehörte
entweder der Kommandostab oder die zierliche viersaitige Pochette, eine Taschen- oder
Tanzmeistergeige (Abbildung 63).[44]

Tanz- und Ballsäle

Tanzsäle, wie sie im Kapitel II »Häuser, Säle,
Räume« beschrieben wurden, bedurften stets
der besonderen Zurichtung für Ballveranstaltungen. Meist gab es darin eine Galerie oder
einen Balkon, entweder, um Platz für Zu-

schauer zu gewinnen, wie man 1773 in der
Ballankündigung Anton Hauptmanns lesen
konnte (siehe Abbildung 70 und 71), oder um
die Musiker exponiert plaziert zu können.
Wie wir aus Beschreibungen wissen, verfügten
sowohl der Saal der Hauptmann'schen »Redoute« an der Espanade, die Säle des Fürstenhauses, wie auch des 1780 eröffneten Herzoglichen Redouten- und Comödienhauses
über Galerien (siehe Kapitel X).

Auch zu privaten Hausbällen konnte in einigen Weimarer Häusern geladen werden. Die
Stadtwohnung etwa der Familie Kalb auf
Kalbsrieth bot diese Möglichkeit und wir wissen von einer Balleinladung, die Goethe am
26. 8. 1779 annahm. Von einem dieser exklusiven Privatbälle im Dezember 1788 berichtet
Carl von Knebel: »Diese (Charlotte von Kalb)
hat vorgestern einen sehr artigen Ball gegeben, wobei etlich und dreißig Personen zugegen waren. Alles war artig, mit Geschmack
und Ueberfluß angeordnet, und sie selbsten
war das Artigste von der Gesellschaft. Ohne
sich fühlen zu lassen, wußte sie alles angenehm zu erwecken; sie tanzte und sang nachher sehr artige Lieder und gab den Geist zu
der Gesellschaft.«[45] Ausreichend große Räume
fand man vor allem »bei der Gräfin Bernstorff«, zu deren Bällen Goethe ebenfalls geladen war, wie man aus seinem Tagebuchein-
trag vom 3. 3. 1780 entnehmen kann. Sie war
1779 in das stattliche dreiflügelige sogenannte
Pretzkische oder Rentzische Vorwerk vor dem
Frauentor gezogen, das Sophie von Schardt
erworben hatte.[46] Es lag in unmittelbarer Nähe
zur Esplanade und wurde von Christoph
Bode verwaltet. In enger Beziehung zur Herzoginwitwe wurde dieses Palais zu einem
gastfreien Haus für Bälle, Soupers, Lesezirkel
und Hauskonzerte.

In einer weiteren Tagebuchnotiz Goethes

vom 2. 5. 1780 kann man lesen: »tanzten auch einmal beym Graf Ley« (gemeint war Philipp Franz Graf von Leyen)[47] und Schiller schreibt am 15. November 1804 in seinen Aufzeichnungen, daß auch Graf Reuß zu sich einlud. Daß Hausbälle und Tänze nicht der gesellschaftlichen Brisanz entbehrten, erfahren wir durch die anonyme Sozialsatire »Der Hausball«, die Johann Thomas Edler von Trattner 1781 in Wien herausbrachte. Wie bereits im Kapitel III, »Tiefurt«, ausgeführt, ließ Goethe unmittelbar nach dem Bekanntwerden diese abschreiben und arbeitete den Text zu einer »Deutschen Nationalgeschichte« um, die er dem »Tiefurter Journal« als Fortsetzungsgeschichte beisteuerte (siehe Dokument 7).

Außerhalb Weimars waren es vorzugsweise die Kuraufenthalte in Bad Lauchstädt oder Bad Berka, die genutzt wurden, um Theatermit Ballbesuchen etwa im Lauchstädter »Tanzsaal« abwechseln zu lassen. Das »Journal des Luxus und der Moden« konnte im »May 1797« in einer »Badechronik« ankündigen, daß »den zweyten Rang unter den dortigen Vergnügungen« nach dem »Spiel [...] unstreitig das Tanzen [...] behauptet, und es vergehen wenig Tage wo nicht des Morgens, des Nachmittags oder des Abends getanzt oder, nach dem technischen Ausdruck, ein Dejeuner, Thée oder Souper dansant gegeben würde. Man bezahlt ohngefähr 6 gr. Für ein Dejeuner oder Thee dansant, das Souper aber kostet etwas mehr. Ich bemerke hierbey nur noch, daß die sonst übliche steife Etiquette im Tanzen von Jahr zu Jahr auch hier immer mehr verschwindet, und jetzt kein Fräulein mehr Anstand nimmt mit einem Unbekannten zu tanzen.«[48] In Bad Berka hatte Goethe selbst dafür gesorgt, daß beim Ausbau der Badeanlagen im Jahr 1812 ein Raum »für gesellige Unterhaltung« vorgesehen war; er bemerkte dazu am 22. 11. 1812: »An Tanzmusiken, Concerten und anderem Zeitvertreib würde es schwerlich ermangeln.«

Vom Menuett zum Walzer

Ballsäle waren stets Stätten der Eitelkeiten und der wechselnden Moden. Vom Tanzrepertoire, der Kleidung bis zu den Umgangsformen galt es, sich auf dem Laufenden zu halten, wollte man auf dem Tanzparkett brillieren. Den Journalen, Kalendern und Almanachen entnahmen die Leserinnen und Leser die nötigen Informationen über die Neuigkeiten aus den Ballmetropolen. Friedrich Justin Bertuchs ab 1786 in Zusammenarbeit mit Georg Melchior Kraus herausgegebene Damenzeitschrift: »Journal des Luxus und der Moden« war eines der Magazine, in dem sich die Trends wiederspiegelten. Der Rubrik »Aus dem gesellschaftlichen Leben« kam daher eine nicht zu unterschätzende Funktion zu, in der Ballroben, Episoden und Karikaturen aus dem Tanzsaal mitgeteilt wurden (Abbildung 64).

Da bestimmte Tanzformen stets Indikatoren für die Standeszugehörigkeit und gesellschaftlichen Abgrenzungen waren, das höfische Menuett am Ende des Jahrhunderts zu einem besonders heiklen Diskussionsgegenstand geworden war, können wir auch im Bertuchschen Journal verfolgen, welche Kontroversen man sich lieferte.

So erschien im Jahr 1797 unter dem Stichwort »Orchestrik« ein Artikel mit der Überschrift »Bemerkungen über körperliche Erziehung und Ausbildung der Kinder, und über das Tanzen insbesondere« mit einem bemerkenswerten Plädoyer für das im allgemeinen damals bereits durch andere Tänze abgelöste Menuett: »Der Menuet ist das Herz der ganzen Tanzkunst [...] Der menschliche Körper hat in keinem Tanze so viel Gelegenheit sich in seiner ganzen Schönheit, in seiner ganzen Grazie zu zeigen als in diesem. Jeder einzelne Theil des Körpers zeigt sich in seiner vortheilhaftesten Lage. Welche angenehme sanfte Lage bekommt der Kopf beim mannichfaltigen Wenden desselben? Wie lieblich wird der Blick? Welche Grazie zeigt sich nicht bey den Bewegungen der Arme, beym Geben sowohl der einzelnen als beyder Hände? In welcher Schönheit zeigt sich nicht das ganze Bein, beym Biegen und Steifen der Kniee sowohl als bey den 2 letzten Schritten des ganzen Pas, welche auf den Spitzen gemacht werden? Wel-

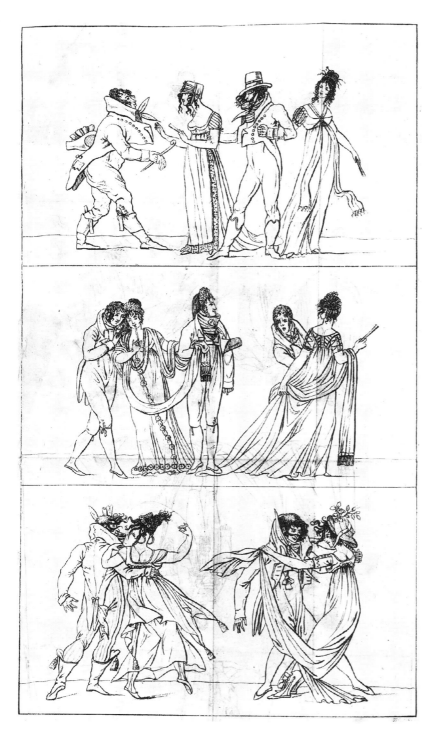

Abb. 64
Pariser Mode-Caricaturen ·
1801
abgedruckt als Tafel 27 im
Septemberheft des »Journals
des Luxus und der Moden«
GMD

ste und am wenigsten lustigste aller der Tänze, welche auf unsern Bällen getanzt werden.«[49]

Vier Jahre später hingegen zitiert dasselbe Weimarer Blatt aus einem Brief über »Tanzmoden in Br...« mit Anspielungen auf Wieland: »In unsern neusten Tanzmoden werden sie manches finden, was so ziemlich an allen Orten gefunden wird, manches, was wir uns als etwas Eigenthümliches anrechnen müssen. Auch aus unsern Tanzsälen scheinen die lieblichen, sittsamen Grazien gewichen und den wilden, unbändigen Mänaden, den Freundinnen ungestümer Lust, das Feld geräumt zu haben. Die ganze Kunst des Tanzes ist in die Füße gefahren, deren trunkene Begeisterung alle Schönheit der Bewegung verdrängt. An den niedlichsten Füßchen, die in bunten, ungeregelten Sprüngen sich durch einander wirren, kann der nüchterne Geschmack keine Anmuth finden. Sie erinnern sich ohne Zweifel hierbey an den schwärmenden Haufen von jungen Thrazischen Frauen, die mit allen ihren Reizen einen Agathon kalt und unbewegt ließen. Die Behendigkeit der Füße hat den Dienst der übrigen Glieder ganz entbehrlich gemacht. Was meynen Sie wohl, würde der metaphysische Plato zu so grob physischen Tänzen sagen? – Die Hopsangloise findet unter den jungen Herrn und Damen unbedingten Beyfall; sie dreht sich, als eine verfälschte Zwittergestalt, in dem ewigen Kreislaufe von einigen äußerst leicht zu begreifenden Touren umher – ein wichtiger Umstand für den Geist so mancher Tänzer – und in diesen darf der Walzer niemals fehlen. Wehe dem Vortänzer, der sich erdreusten wollte, diesem Liebling sein recht zu schmälern! Die Nymphen des Tanzes würden ihm seine Verwegenheit gewiß entgelten lassen. Abwechselung und Neuheit in den Touren verlangt man fast gar nicht; ein Jeder ist zufrieden, wenn er sich nur recht satt hüpfen kann. Daß die guten, sorgsamen Mütter dazu scheel sehen, versteht sich, – und mit allem Rechte. Man braucht nicht hypochondrischer Laune zu seyn, um zu beklagen, daß die Tanzlust so immer mehr ein Gift des Lebens werden muß; und wie schrecklich dieses Gift wirkt, wie es die Blüthe der Jugend zerstört und die Rosen der Wangen frühzeitig bleicht, zeigt schon so manches ernstlich war-

che sanfte Festigkeit und Accuratesse ist bey diesem Tanze im ganzen Körper zu sehen? Mit welcher Pünktlichkeit kommen die Füße nach jedem geendigten Pas in die reinste und beste Position? Und dennoch ist der Menuet, wie J. J. Rousseau mit Recht sagt, der einfach-

nende Beyspiel [...]. Der begünstigte Walzer oder Dreher nimmt eine etwas bescheidenere Miene an, und seine langsam schmelzende Bewegung schließt noch nicht allen Anstand und Grazie aus. Dagegen übertrifft der Wiener Walzer alles an wilder Raschheit; gewöhnlich löst sich der Dreher in denselben auf, seltener tanzt man ihn allein, und nur wenig Frauenzimmer – die von der eisernen Natur – überlassen sich seinen fortreißenden Schwingungen. Die meisten opfern sehr ungern diese Bacchantenlust dem strengen Verbothe der für die Gesundheit bekümmerten Mütter auf.«[50]

In der Spannung zwischen diesen beiden Stellungnahmen hatte sich damals die Tanzkultur neu zu orientieren und wir wissen, daß es der Walzer und die ihm verwandten Tanzformen waren, die zum Ausdruck einer egalisierten Gesellschaft wurden. Sie hatten nichts mehr zu tun mit den strengen Geometrien, den komplizierten Choreographien und sprechenden Gebärden, die für alle früheren Tanzformen kennzeichnend waren, sondern man konnte die leichten Schrittfolgen in relativ kurzer Zeit lernen und sich in Gesellschaft darüber schneller verständigen. Angesichts dieses Repertoirewandels gewinnt die Ballbeschreibung, die in Goethes »Werther«-Roman eine Schlüsselfunktion hat, eine zusätzliche Brisanz. Goethe bedient sich nach der Schilderung des Ballentrées mit dem traditionellen Menuett einer Tanzabfolge damals noch neuer und ungewohnter Tanzformen. Die unkomplizierten Contretänze und die »Deutschen« werden zu einem Mittel, den fiebrigen Rausch und die emotionale Bewegung um so lebhafter zu schildern: »[...] und da wir nun gar an's Walzen kamen und wie die Sphären um einander herumrollten, ging's freylich anfangs, weil's die wenigsten können, ein bißchen bunt durch einander [...]. Nie ist mir's so leicht vom Flecke gegangen. Ich war kein Mensch mehr. Das liebenswürdigste Geschöpf in den Armen zu haben und mit ihr herum zu fliegen wie Wetter, daß alles rings umher verging [...]«[51] Nicht minder brisant, weil konfrontiert mit christlichen Moralvorstellungen, ist die Verwendung des Walzermotivs in Friedrich Schillers Tragödie »Wallensteins Lager«, mit deren Uraufführung am 12. Oktober 1798 das umgebaute Hoftheater wiedereröff-

net wurde. Obwohl im 30jährigen Krieg angesiedelt, heißt es im Achten Auftritt (der Kapuzinerpredigt) in der Regieanweisung: »Bergknappen treten auf und spielen einen Walzer, erst langsam und dann immer geschwinder. Der erste Jäger tanzt mit der Aufwärterin, die Marketenderin mit dem Rekruten, das Mädchen entspringt, der Jäger hinter ihr her und bekommt den Kapuziner zu fassen, der eben hereintritt

Kapuziner: Heisa, juchheia! Dudeldumdei!
Das geht ja hoch her. Bin auch dabei!
Ist das eine Armee von Christen?
Sind wir Türken? Sind wir Antibaptisten?
Treibt man so mit dem Sonntag Spott,
Als hätte der allmächtige Gott
Das Chiragra, könnte nicht dreinschlagen?
Ist's jetzt Zeit zu Saufgelagen?
Zu Banketten und Feiertagen?
Quid hic statis otiosi?
Was steht ihr und legt die Hände in Schoß?
...«[52]

Bei den offiziellen Weimarer Bällen blieb freilich das Menuett mit den ihm vorausgehenden Reverenzen in der Rolle der festlich formalisierten Eröffnung. Da Tanzmusik zu den Casualmusiken gehörte, also selten aufbewahrt oder gesammelt wurde, verdanken wir es einem Zufall, daß wir die »Musik zu der Menuett« kennen, von der berichtet wird, daß sie bei den Hofbällen »viele Jahre dieselbe blieb.« Karl von Lyncker notierte die Musik in seinen Erinnerungen und berichtet über die Besetzung, daß man Flöten, Oboe, Klarinetten in C, Fagotte, ein Serpent, Hörner in D, Clarinen in D, Timpani in D und A sowie Posaunen einsetzte, also eine von den Stadtmusikern verstärkte Hofkapellbesetzung. Die Musik wurde laut Lyncker »maestoso« vorgetragen und, da die Hoftrompeter den Aufzug der Hofgesellschaft ankündigten, ist anzunehmen, daß sich das erste Menuett an diesem feudal selbstbewußten Timbre orientierte (Abbildung 65).

Menuette konnten damals freilich längst rokokohaft verspielt sein, etwa wenn in den »Weimarischen Wöchentlichen Nachrichten« von 1780 »Zwey neugestochene kuriose Menuetten für's Klavier. Dem Herrn Forkel in Göttingen zugeeignet« von einem anonymen Autor angezeigt wurden.

Abb. 65
Menuetto zur Eröffnung von
Hofbällen der Herzogin Anna
Amalia im Klavierauszug (ori-
ginale Besetzung: Flauti,
Oboe, Clarinetti in C,
Fagotti, Serpent, Corni in D,
Clarini in D, Timpani in D
und A sowie Trombone)
aus: K. v. Lyncker, Am Weima-
rischen Hof . . ., Berlin 1912,
S. 24–26.

Den Menuetten nachgeordnet waren die »sogenannten englischen Tänze«, die Angloisen oder Contertänze. Diese wurden sehr lebhaft ausgeführt mit stark betonter erster Note eines jeden Taktes (Abbildung 66). Die Choreographie dieser Tänze entnahm man den Lehrschriften, etwa der verbreiteten, im Jahr 1796 in Cilli erschienenen »Vollkommenen Tanzschule aller in Kompagnien und Bällen vorkommenden Tänzen, nebst zwölf ganz neu komponirten englischen Contra – Tänzen« von Georg Link. Johann Christian Bleßmann brachte in Lübeck im Jahr 1777 die Lehrschrift »Charakteristische Englische Tänze [...] mit zugehörigen Touren« heraus; man orientierte sich auch in den aktuellen Almanachen, wie dem von W. G. Becker in Leipzig im Jahr 1800

herausgegebenen »Almanach und Taschenbuch zum geselligen Vergnügen.«

Schiller wußte, wie er in seinen Kalliasbriefen schreibt: »für das Ideal des schönen Umgangs kein paßenderes Bild, als einen gut getanzten und aus vielen verwickelten Touren componirten englischen Tanz. Ein Zuschauer aus der Gallerie sieht unzählige Bewegungen, die sich aufs bunteste durchkreuzen, und ihre Richtung lebhaft und muthwillig verändern und doch niemals zusammenstoßen. Alles ist so geordnet, daß der eine schon Platz gemacht hat, wenn der andere kommt, alles fügt sich so geschickt und doch wieder so kunstlos ineinander, daß jeder nur seinem eigenen Kopf zu folgen scheint, und doch nie dem anderen in den Weg tritt. Es ist das treffendste Sinnbild

Abb. 66
Angloise für 2 Corni, 2 Flauti,
2 Violini e Basso
Musikbeilage Nr. 6 zu:
Pandora oder Kalender
des Luxus und der Moden
für das Jahr 1788
GMD

der behaupteten eigenen Freiheit und der geschonten Freiheit des anderen.«[53]

Angloisen waren ihm mithin ein Muster für
ein Sozialmodell, in dem Anmut und Würde
partnerschaftlich geäußert werden, die intendierte Freiheit des Einzelnen mit den Geboten
der Vernunft in Einklang gebracht werden

sollte. Diese Meinung teilte auch Goethe, der
für die von ihm organisierten Bälle immer auf
der Suche nach neuen Musiken dieses Typs
war. An Johann Friedrich Reichardt schrieb er
am 25. Oktober 1790: »An den Conte hab ich
nicht wieder gedacht. Es können die Ge-
schöpfe sich nur in ihren Elementen gehörig

organisieren. Es ist jetzt kein Sang und Klang um mich her. Wenn es nicht noch Fiedelei zum Tanze ist. Und da können Sie mir gleich einen Gefallen tun, wenn Sie mir auf das schnellste ein halbdutzend oder halbhundert Tänze schicken aus Ihrem rhythmischen Reichtume, zu Englischen und Quadrillen. Nur recht charakteristische, die Figuren erfinden wir schon.

Verzeihen Sie daß ich mit solcher Frechheit mich an einen Künstler wende. Doch selbst das geringste Kunstwerk muß der Meister machen, wenn es recht und echt werden soll.

Geht mirs dann im Tanze und Leben leidlich, so klingt ja wohl auch eine Arie wieder einmal an.«

Der Hofkapellmeister reagierte prompt, so daß Goethe bereits am 8. November dankbar bestätigen konnte: »Sie haben mir durch die überschickten Tänze viel Vergnügen gemacht und weil die Freude alles in Bewegung bringt was im Menschen ist, so soll sie hoffentlich auch das Tiefere, Ernstere regen.« Wahrscheinlich waren es 6 Tänze, die Reichardt dem Dichter schickte; da sie jedoch verlorengegangen sind, muß die Frage, ob sie dem bereits erwähnten »Wechsellied zum Tanze,« das ebenfalls von Reichardt vertont worden ist, ähnlich oder in der Faktur anspruchsvoller waren, unbeantwortet bleiben.[54]

Mit den Angloisen lockerten sich die strengen Ballzeremonielle, eine Tendenz, der auch die nächsten Tänze entsprachen die, wenn auch anfänglich abwartend, Eingang fanden: die Ecossaisen, also die Schottischen. Ein im »Journal des Luxus und der Moden« gedruckter Bericht vom 7. März 1801 »Ueber die Bälle und Tanzlust der Leipziger« vermittelt uns einen Eindruck vom damaligen Repertoirewechsel: »[...] das Ländrisch hatte Noth hier Eingang zu finden: aber die schottischen Reels oder Escossäsen, jetzt der Tanz der ganzen Welt, sind auch in diesem Saale aufgenommen. Ob das Gefühl eines gewissen Zwangs der Etikette oder der oft auf viele Zeiten zuvor erfolgten Engagements oder die Veränderlichkeit des hiesigen Publikums in der Wahl seiner Belustigungsörter überhaupt daran Schuld sey, weiß ich nicht: aber so viel ist gewiß, daß der Geschmack an diesem Ort der Zusammenkunft zu sinken scheint.«[55] Befürchtet wurde vor allem von den professionellen Tanzmei-

stern, daß die höfische Tanzkultur an ihr Ende kommen könnte, da man sogar die Menuetts begonnen habe mit simplifizierenden schottischen Schritten zu depravieren. Christiane Vulpius machte in ihren Briefen an Goethe, besonders wenn sie sich einige Tage in Bad Lauchstädt befreiter als in Weimar bewegen konnte, kein Hehl aus ihrer Vorliebe für die dort vor allem getanzten Ecossaisen. Am 11. Juli 1803 schreibt sie: »Es kamen Fremde von Leipzig, die Silie kannte; ich mußte mich putzen und mit in die Allee gehen. Alsdann ging ich allein in die Komödie; es wurde Wallensteins Lager gegeben und Der Stammbaum, die Einnahme war 148 Taler. In die Loge zu mir kam Herr von Nostritz, der große Offizier, und ladete mich zu dem Ball ein. Ich tanzte die erste Ecossaise mit ihm vor. Aber, mein Gott, wie schön tanzte der! Ich habe selbst noch nicht so schön getanzet. Alles sahe uns zu, und es wurde auch mit ihr (?) getanzet. Dieses schreibe ich noch, als ich um 1 Uhr vom Balle komme. das war ein Tänzer! So habe ich noch mit keinem getanzet. Ich habe auch aber 6 Tänze mit ihm getanzt.« Wenig später meldet sie »Heute Abend ist Ball, und ich bin schon 10 Tänze engagiert«, so daß sie schließlich berichten mußte: »Heute frühe gingen wir in die Allee, denn ich mußte mir Schuhe kaufen, weil sie alle durchgetanzt sind.«[56]

Zum tänzerischen Repertoire gehörten neben den erwähnten Deutschen und Walzern auch noch Polonaisen, Allemanden, Nationaltänze, die man auch »Vauxhalls« nennen konnte, sowie nach 1810 »lange endlose Cotillons«, über deren Choreographien Louis Casorti's in Ilmenau 1826 verlegtes Lehrbuch »Der instructive Tanzmeister für Herren und Damen« Auskunft gibt. Die Polonaise schätzte man wegen ihrer feierlichen, gravitätischen Manier. Sie gab »schön gewachsenen Personen« die Möglichkeit, »die Feinheit in ihre Bewegungen« zu legen und so war dieser Tanz auch geeignet für die würdevolle Eröffnung eines Hofballs. Der am 3. Juni 1803 veranstaltete Hofball etwa wurde mit einer Polonaise begonnen.

»Im luft'gen deutschen Tanz« hingegen berauschte sich bereits der junge Goethe oft und gern, wie er in »Dichtung und Wahrheit«

Abb.67
Allemande für 2 Corni,
2 Violini e Basso
Musikbeilage Nr.3 zu:
Pandora oder Kalender
des Luxus und der Moden
für das Jahr 1788
GMD

Abb. 68
Walzer für die Violine nebst
Choreographie · um 1800
Leipzig, Altes Rathaus

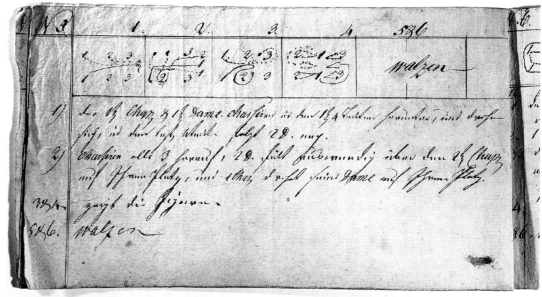

schreibt (Abbildung 67). Allemanden waren längst mit dem »Walzen und Drehen Anfang, Mittel und Ende« vieler Abend- Kollationen, Lindentänze und Bälle, oft nur begleitet von einer Geige oder Klarinette, die genügten, die Tanzenden in eine »fröhliche Laune« zu versetzen. Was dabei erklungen sein mochte, kann aus einer um 1800 datierten Notierung eines Walzers geschlossen werden, eine mit Phrasierungen versehene Gerüstnotation, die es erlaubte, daß sich extemporierend sowohl eine zweite Geige, wie auch ein Baß hinzugesellen konnte (Abbildung 68). Die Bodenwegzeichnung gibt mit einer kurzen Erläuterung eine der typischen, variantenreichen Choreographien wieder.

Gelegentlich übte man auch sogenannte »charakteristische« = »Nationaltänze« wie den »Kosakischen« ein, der für den Pagen Karl von Lyncker so außergewöhnlich gewesen sein muß, daß er ihn in seinen Erinnerungen kurz kennzeichnet: »es gehören zwei Personen, aber solche dazu, welche mit viel natürlichem Geschick begabt waren.«

Ausführlicher geht Carl Joseph von Feldtenstein in seinem damals sehr verbreitet gewesen Lehrwerk: »Erweiterung der Kunst nach der Chorographie zu tanzen« auf die »Nationaltänze« ein: »Die Schritte sind nach dem Affekt der Musik eingerichtet, so aber einer dennoch schwer nachahmen wird, der davon keine Anweisung hat, so wie auch kein Lehrer, der die Nation nicht kennet, darinnen treuen Unterricht wird geben können, welches eben so mit dem Massurischen Tanze beschaffen, der das Gegentheil von dem Hannakischen ist. Dann statt daß jener, das angenehme Tändelnde besitzet, so hat dieser das Wilde und Ausschweifende der Freude, welches sich eben so mit dem Kosakischen Tanze verhält. Nur ist der Unterschied von beyden ersten daß in diesem Kosakischen Tanz, Figuren bestimmet werden müssen, wann er anders angenehm ausfallen soll, weil er sonst, wenn ihn zwey Personen allein tanzen, nur ein wildes Herumhüpfen zeiget. Aber auch zu diesem Tanz ist es nöthig, geschickte Schritte erlernt zu haben. Zwar kann das oben genannte Wilde durch die Regeln der Vernunft, und von den Tanzenden die ihren Körper gebildet haben, und nach der Richtschnur der schönen Natur tanzen, schon von selbst dem Wilden eine Milderung geben, und wie der Hannakische Tanz, wegen seines angeführten und tändelnden, und ungezwungenen Affekts sehr angenehm ist, so sind auch die andern wegen ihrer Abwechselung, freyer Freunde nicht zu verachten.«[57]

Bälle und Redouten – Maskenzüge

»Bei uns hier, ist es wie es sonst auch war. Bälle, Redouten, Schauspiele. Konzerte, As-

Abb.69
Karneval in Rom · 1788
Georg Melchior Kraus · Figurinen zu » Das Römische Carneval« von Goethe, Weimar und Gotha 1789, kolorierter Kupferstich
GMD

sembleen, Eißfahrten, alles voll [...] nichts ist hier Neu – als das Jahr.« Diese Worte fand Christian August Vulpius (1762–1827), um seinem Freund Nicolaus Meyer am 19. Januar 1803 einen Eindruck von den Weimarer Aktivitäten im Januar zu vermitteln. Er tat das mit dem Gleichmut eines damals minder bezahlten Sekretärs bei Hofe, dem die Betriebsamkeit, mit der zwischen Weihnachten und Aschermittwoch ein Ball dem anderen folgte, zur notwendigen und aufreibenden Kondition eines Hoflebens geworden war. Selbst Goethe trieb bisweilen seinen Spott mit den in der Saison schier pausenlosen Vergnügungen:

»Tafel, Gesellschaft und Cors und Spiel
    und Oper und Bälle
Amorn rauben sie nur oft die gelegenste
    Zeit.«[58]

Den Höflingen konnte das Privatleben durch die ständig erwartete Präsenz erheblich eingeschränkt werden; und da zu den offiziellen Ballterminen stets die privaten und bürgerlichen Tanzvergnügungen hinzukamen, war und blieb eine Ballsaison auch finanziell ein aufwendiges Unternehmen. Der Ausruf Christiane Goethes: »Dieses Jahr habe ich keinen Ball und keine Redoute versäumt« signalisiert mithin auch hohe entstandene Kosten.[59]

Freilich genoß man mehrheitlich die Ballvergnügungen als willkommene ausgelassene Abwechslung, etwa wenn Luise von Göchhausen am 11. Februar 1782 an Heinrich Merck nach Darmstadt meldet: »Komödien, Bälle, Aufzüge, Redouten ec. Das alles hat sich gejagt. Auch Freund Göthe hat sein Goldstück zu Anderer Scherflein gelegt und auf der Herzogin Luise Geburtstag, der den 30ten war, eine artige Comédie ballet geliefert . . .«[60] In der Tat war es Goethe, der ab 1781 an der künstlerischen »Hebung« der Weimarer Redouten aktiv Anteil nahm und mit seinen zum Teil aufwendigen Maskenzügen ab 1781 »den Festlichkeiten Schwung und Zierde« gab. Über seine damit mitinitiierte neue Weimarer Tradition, die an die repräsentativen Ballhöhepunkte der italienischen Renaissancehöfe anknüpfen wollte, berichtet er Johann Kaspar Lavater am 19. Februar 1781: »Die letzten Tage der vorigen Woche hab ich im Dienste der Eitelkeit zugebracht. Man übertäubt mit Maskeraden und glänzenden Erfindungen offt eigne und fremde Noth. Ich tracktire diese Sachen als Künstler und so geht's noch . . .«[61] So lapidar er seine Einfälle auch kolportierte, so anspruchsvoll und vor allem aufwendig war die Realität, in der es darum ging, eine Redoute durch Tableaus und Aufzüge zu einem »Gesamtkunstwerk« zu machen, das sich aus den Darbietenden und der maskierten Ballgesellschaft mit bisweilen weit über 100 Personen ergab. »Maskenzüge sollten durch die Verbindung von Spiel und Fest zu ›Festdichtungen‹ werden«[62] und so entstanden bis zum Jahr 1818 nicht weniger als 13 allegorische oder mythologische Festzugslibretti mit phantasievollen Kostümanweisungen (Abbildung 69). Ihre Themen konnten sein: der ›Aufzug des Winters‹ (16. 2. 1781), den Karl von Lyncker in einer seiner detaillierten Redoutenbeschreibungen zu den »vorzüglichsten« zählte, der ›Aufzug der vier Weltalter‹ (12. 2. 1782), ›Die romantische Poesie‹ mit Personifikationen der Feudaltugenden (22. 1. 1810) oder Apoll und die Musen (30. Januar 1788), eine Choreographie, die in einer Beschreibung von Henriette Gräfin von Egloffstein überliefert ist.[63] Noch einmal in Szene gesetzte Weimarer Literatur- oder Theatererfolge waren ebenfalls beliebt, etwa Wielands »Oberon« sowie Figuren aus Schillers oder Goethes Dramen. Man schlüpfte in die Kostüme von Chinesen, arkadischer Hirten und Schäferinnen,

verkleidete sich als Musen oder gab sich als mittelalterliche Ritter. Ausgeführt wurden die Züge nach langer Probenarbeit von Angehörigen des Adels und der Hofgesellschaft. Als Beispiel sei das Gedicht: ›Die weiblichen Tugenden‹ mitgeteilt, das Teil eines Maskenzuges auf der Redoute vom 1. Februar 1782 war und »in einem Reihen« getanzt werden sollte, wie Goethe dazu ausführte. Luise von Göchhausen mag in ihrem oben zitierten Brief auf diesen Beitrag angespielt haben (siehe Dokument 13). Wie wir uns den Ablauf des Winteraufzuges vorzustellen haben, schildert Karl von Lyncker eindrucksvoll: »Eine der vorzüglichsten Maskeraden war der sogenannte ›Winteraufzug‹ (16. 2. 1781). In demselben wurde der Winter in einer Eisgrotte von einem graubärtigen Greise, mit einem Schneemantel bedeckt, dargestellt; ihn umgaben, vorausgehend oder folgend, allegorische Personen mit den Attributen alles Dessen, was dem Winter eigentümlich ist und ihn interessant macht, so z. B. das Theater in der Tragödie und Komödie, die Redoute selbst nach ihren verschiedenen italienischen Kostüms, die Kälte, das Feuer usw. Das Karneval in der Person eines Hanswurstes, durch den Kammerjunker v. Schardt repräsentiert, dem diese Rolle bei jeder Gelegenheit zufiel, führte dabei die vier Temperamente, unter denen ich mich auch befand, an einem Narrenseil, und somit bestand das Ganze wohl aus 50 und mehr Personen. Viele charakteristische Tänze waren hierzu einstudiert worden.«[64]

Wie schon angedeutet, unterlagen Bälle strengen Normen und Klassifikationen, deren Reglement den amtlichen Ballordnungen zu entnehmen waren. Die Vielfalt der Ballformen reichte von zeremoniellen Hofbällen, Balls en masque, Redouten, Assembléen, Hausbällen, Tanzmeisterbällen, Studentenbällen, Bällen, die sich etwa Theater- oder Konzertveranstaltungen anschlossen, Subskriptionsbällen, Thés dansants bis zu Kinderbällen. Offizielle Tanzordnungen und die Aufsicht führenden Tanzordner oder Tanzmeister sorgten für die Einhaltung des Regelkanons und wachten über das gesellschaftlich Schickliche.[65] Die amtlichen Ordnungen legten freilich auch fest, wann man von einem »Ball« sprechen konnte, der sich von den mehr oder weniger ungeregelten öffentlichen »Tänzen« unterschied, wie sie sommertags z. B. im Welschen Garten stattfanden. Noch 1829 wurde der Exklusivanspruch der Bezeichnung »Ball« von dem nach 1831 in Jena als Tanzmeister tätigen Friedrich Eduard Helmke in seinem Traktat: »Neue Tanz- und Bildungsschule« verteidigt. Mit seiner Definition: »Ein öffentlicher Ball ist eigentlich kein Ball und nur ein allgemeiner Tanz, an dem ein Jeder Antheil nehmen kann«, meinte er den reglementierten Ball gegen die nivellierenden Tendenzen des Vormärz verteidigen zu müssen.[66] »Den Namen Ball«, so führte er weiter aus, »verdient nur dann ein Tanzverein, wenn die Personen nicht gemischt und nur durch eigne Wahl verbunden, auch zu gleicher Achtung gegenseitig sich verpflichtet fühlen.«

Dieser Feststellung entsprechen die vielen Bezeichnungen, die man für die Einladungen wählte. So wissen wir, daß Goethe wiederholt zum ›Thé dansant‹ in sein Haus lud, etwa am 16. April 1821, der private ›Ball bei Graf Reuß‹ am 9. Dezember 1802 ist schon erwähnt worden, der Hof lud am 7. November 1775 zu einem ›Picknick mit Ball im Redoutenhaus an der Esplanade‹ oder eine Woche später, am 14. November, zu einer ›Assemblée und Ball.‹[67] Dazu kamen die Balleinladungen, die Herzogin Amalia persönlich aussprach, die ›Concerts mit Assemblée‹ (etwa am 1. 1. 1776), die ›Cours und Ball‹ (z. B. 30. 1. 1776) und die spätsommerlichen Bälle in Tiefurt (z. B. am 17. 9. 1776) oder Ettersburg, bei denen es gewiß freimütiger zuging als bei den offiziellen Bällen. Ausgelassen schrieb Luise von Göchhausen am 25. Oktober 1778 an Goethes Mutter: »Nach der Comedie wurde ein groses Banquet gegeben, nach welchen sich die hohen Herrschaften sämdlich (auser unsere Herzogin) empfahlen, uns Comoedianten Pack(t) aber wurde noch ein mächtiger Ball bereitet, der bis am hellen lichten Morgen dauerte, und alles war lustig und guter Dinge.«[68]

Der »Freytägliche Club«, der um 1800 gegründet wurde und »allein aus Adelichen« bestand, kam alle drei bis vier Wochen sogar »bloß des Tanzens wegen zusammen«, wie man bei Friedrich Ludwig Christian von Oertel nachlesen kann.[69]

Ballordnung und Reglement

Welches waren die Spielregeln der »Conduite und Civilité«, deren Kenntnis von einem Teilnehmer an einem Ball vorausgesetzt wurden? (Abbildung 71) Wieder verdanken wir dem Pagen Karl von Lyncker die Beschreibung eines Hofballes, an den er sich als Kind erinnert, der im Rittersaal der Wilhelmsburg vor dem Brand von 1774 stattfand: »Kinder, deren Eltern bei Hofe Zutritt hatten, wurden unter Aufsicht eines Hofmeisters oder einer Gouvernante bei Hofbällen zum Zusehen eingelassen, und so erinnere ich mich genau der hellgelb und rot montierten sogenannten Gardereiter, welche vor dem Rittersaale und vor den Zimmern der Herrschaften Wache standen und beim Ein- und Ausgehen Derselben präsentieren mußten. Sobald die Herzogin mit den Prinzen und dem übrigen Hofgefolge erschien, begann die Musik mit Trompeten und Pauken. Nach allseitiger Verbeugung traten zuerst die sechs Zutrittsdamen, dann die übrigen der Herzogin näher und wurden zum Rockkuß gelassen. Erstere bestanden aus der Gräfin Görtz, der alten Geheimrätin v. Stein (Mutter des Oberstallmeisters und der Hofdame gleichen Namens), der Obermarschallin v. Witzleben und der Geheimrätin v. Fritsch. Einer der angesehensten Fremden oder in Deren Ermanglung einer der vornehmsten (einheimischen) Kavaliere wurde beordert, mit ihr die alleinige Menuett zu tanzen, wobei sich ebenfalls Pauken und Trompeten hören ließen. Die Musik zu der Menuett blieb viele Jahre dieselbe (siehe Abbildung 65).

Hierauf gab der Obermarschall das Zeichen, daß die übrigen Anwesenden ebenfalls tanzen durften. Es war üblich, daß die Herren bei der dritten Tour ihre galonierten Federhüte aufsetzten und nicht eher wieder abnahmen, als bis die Abschiedskomplimente erfolgten. Der nachmalige Geheimrat v. Oppel, welcher, als ich ihn gesehen habe, unförmlich dick und in seinen ganzen Bewegungen etwas hölzern war, soll bei jenen Hofbällen der Vortänzer und als solcher unübertrefflich gewesen sein. Nach den Menuetten kamen die sogenannten englischen Tänze an die Reihe. Der Polonaisen erinnere ich mich wenig, wohl aber eines Tanzes zu drei Personen, den man den Schotti-

Abb.70
Ankündigung einer Redoute
vom 25.l0.1798
THSA

Ankündigung.

1) Freytag den 26. Oct. wird die erste Redoute gehalten.

2) Der Abonnent beym Schauspiel hat freyen Eintritt bey den Redouten: nur kann auf ein Abonnements= und Frey=Billet nur Eine auf selbigem benannte Person eingelassen werden, die in dem Vorzimmer, beym Einlaß, auf Verlangen, sich zu demaskiren nicht weigern wird.

3) Abonnenten auf den Ersten Platz haben die Entree in den Saal und auf den Balkon. Abonnenten auf den zweyten Platz nur in den Saal.

4) Ausserdem wird bezahlt:

Die Entree in den Tanzsaal	:	12 Groschen,
— — in die Logen	: :	12 Groschen,
— — auf die Gallerie	:	4 Groschen,

wozu die Billets, von 5 Uhr an, an der Casse im Comödienhause zu haben sind. Wer auf einen Platz bezahlt hat, kann sich nicht von da auf den andern begeben.

5) Der Saal ist um 6 Uhr eröffnet. Punckt 7 Uhr geht der Tanz an, man tanzt eine halbe Stunde Menuets; hierauf folgt eben so lang ein Dreher; um 8 Uhr beginnt der erste Englische, nach dessen Beendigung mit abwechselnden Tänzen fortgefahren wird.

6) Es werden keine Tanzbillets ausgegeben, dagegen wird niemanden, außer dem Vortänzer, verstattet abzutreten. Auch ist das Eintreten und Aufheben der Plätze in der Colonne gänzlich untersagt.

7) Der Livree und den Dienstmägden ist der Zutritt in Maske nicht gestattet.

8) Können auch Bediente und Mägde, welche sonst ihren Herrschaften Pelze und Mäntel zu bringen pflegten, weder in den Saal, noch auf das Orchester gelassen werden. Mäntel, Pelze und dergleichen, können im Vorzimmer, gegen eine Nummer, an eine eigends dazu bestellte Person, zum Aufheben, abgegeben werden.

9) In dem Tanz=Saal darf sich niemand demaskiren.

Signatum Weimar, den 25ften Octbr. 1798.

Fürstl. Commission zum Hof=Theater.

schen Tri nannte, wozu ein Herr und zwei Damen oder zwei Herren und eine Dame gehörten. Die Allemanden, Vauxhalls und raschen Walzer wurden erst späterhin üblich. Der jetzt nicht mehr bekannte Vauxhall- Tanz wurde von einem Herrn und einer Dame in einem sehr gemäßigten Tempo dergestalt aufgeführt, daß das Verschlingen der Hände die hauptsächlichste Tour ausmachte; wenn er von gehöriger Grazie und immer runder Bewegung der Arme begleitet war, nahm er sich sehr zierlich aus; mehrere Paare folgten dabei einander wie im Walzer. In meiner Eltern Hause wurden von jungen Herren und Damen viele Proben davon gehalten. Noch einer der ausgezeichneten Tänze war der Kosakische; es gehörten zwei Personen, aber solche dazu, welche mit viel natürlichem Geschick begabt waren, weshalb ihn nur Diejenigen unternahmen und öffentlich sehen ließen, die ein solches zu besitzen glaubten.

Man soupierte bei diesen Hoffesten gegen Mitternacht an der Herrschafts- oder Marschallstafel; die Bälle selbst endeten aber erst am frühen Morgen. Es ist mir noch sehr im Andenken, daß meine Eltern und Tanten kaum nach Hause zurückgekehrt waren und sich auskleideten, wenn ich als Knabe schon wieder aus dem Bett gestiegen war.«[70]

Für Lyncker war die Musik ein so selbstverständlicher Bestandteil des Balles, daß er sie nur dann erwähnt, wenn er etwa Außergewöhnliches für erinnerungswürdig hielt. Aus den Akten des Hauptstaatsarchives läßt sich erschließen, daß die Tanzmusik von den Hofkapellisten bestritten wurde, verstärkt durch die Stadtmusiker, bis 1804 auch die »Hautboisten des Bataillons«, denen die »Gelegenheit Music zu machen« in diesem Jahr jedoch entzogen wurde, so daß sie eine Einnahmequelle verloren.[71] Die Hofmusiker hatten jährlich mindestens fünfmal die Musik vor allem

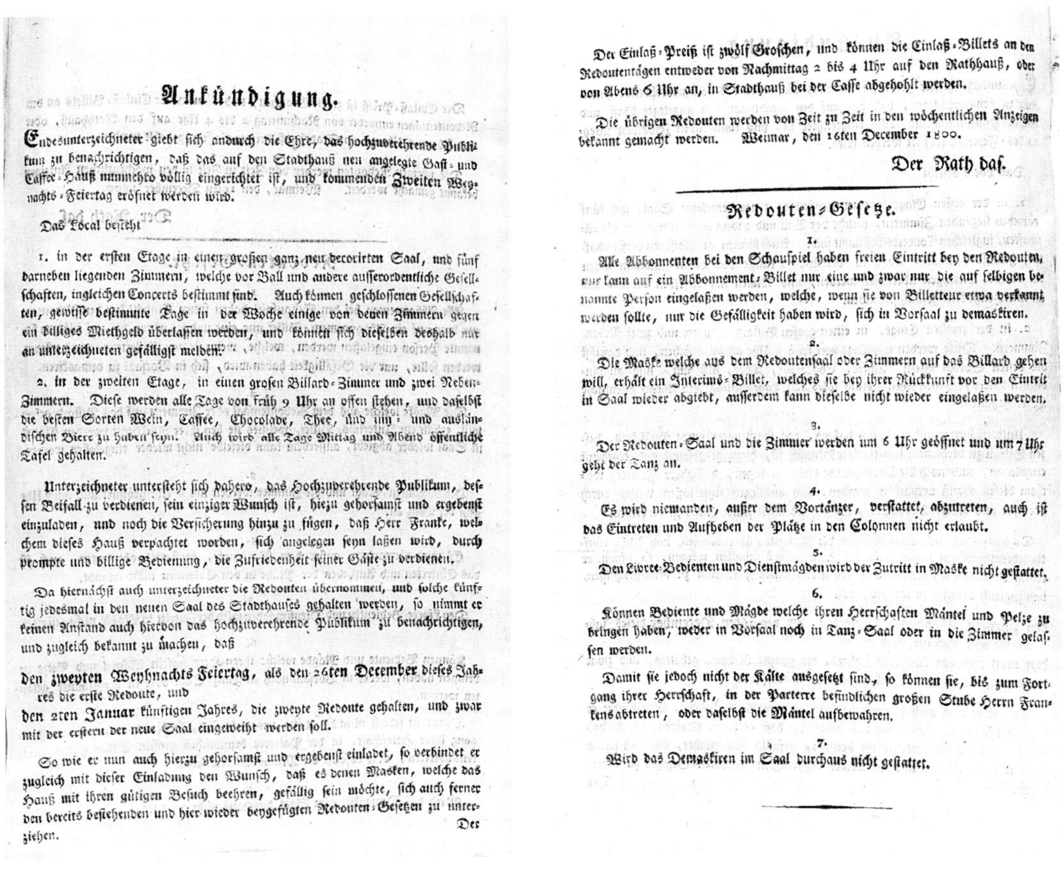

Ankündigung.

Endesunterzeichneter giebt sich andurch die Ehre, das hochzuverehrende Publikum zu benachrichtigen, daß das auf den Stadthauß neu angelegte Gast- und Caffee-Hauß nunmehro völlig eingerichtet ist, und kommenden Zweiten Weynachts-Feiertag eröfnet werden wird.

Das Local besteht

1. in der ersten Etage in einen großen ganz neu decorirten Saal, und fünf darneben liegenden Zimmern, welche vor Ball und andere ausserordentliche Gesellschaften, ingleichen Concerts bestimmt sind. Auch können geschlossenen Gesellschaften, gewisse bestimmte Tage in der Woche einige von denen Zimmern gegen ein billiges Miethgeld überlassen werden, und können sich dieselben deshalb nur an unterzeichneten gefälligst melden.

2. in der zweiten Etage, in einen grosen Billard-Zimmer und zwei Neben-Zimmern. Diese werden alle Tage von früh 9 Uhr an offen stehen, und daselbst die besten Sorten Wein, Caffee, Chocolade, Thee, und in- und ausländischen Biere zu haben seyn. Auch wird alle Tage Mittag und Abend öffentliche Tafel gehalten.

Unterzeichneter untersteht sich dahero, das Hochzuverehrende Publikum, dessen Beifall zu verdienen, sein einziger Wunsch ist, hiezu gehorsamst und ergebenst einzuladen, und noch die Versicherung hinzu zu fügen, daß Herr Franke, welchem dieses Hauß verpachtet worden, sich angelegen seyn laßen wird, durch prompte und billige Bedienung, die Zufriedenheit seiner Gäste zu verdienen.

Da hiernächst auch unterzeichneter die Redouten übernommen, und solche künftig jedesmal in den neuen Saal des Stadthauses gehalten werden, so nimmt er keinen Anstand auch hiervon das hochzuverehrende Publikum zu benachrichtigen, und zugleich bekannt zu machen, daß

den zweyten Weyhnachts Feiertag, als den 26ten December dieses Jahres die erste Redoute, und
den 2ten Januar künftigen Jahres, die zweyte Redoute gehalten, und zwar mit der erstern der neue Saal eingeweiht werden soll.

So wie er nun auch hierzu gehorsamst und ergebenst einladet, so verbindet er zugleich mit dieser Einladung den Wunsch, daß es denen Masken, welche das Hauß mit ihren gütigen Besuch beehren, gefällig sein möchte, sich auch ferner den bereits bestehenden und hier wieder beygefügten Redouten-Gesetzen zu unterziehen.

Der

Der Einlaß-Preiß ist zwölf Groschen, und können die Einlaß-Billets an den Redoutentägen entweder von Nachmittag 2 bis 4 Uhr auf den Rathhauß, oder von Abens 6 Uhr an, in Stadthauß bei der Casse abgehohlt werden.

Die übrigen Redouten werden von Zeit zu Zeit in den wöchentlichen Anzeigen bekannt gemacht werden. Weimar, den 16ten December 1800.

Der Rath das.

Redouten-Gesetze.

1.

Alle Abbonnenten bei den Schauspiel haben freien Eintritt bey den Redouten, nur kann auf ein Abbonnement-Billet nur eine und zwar nur die auf selbigen benannte Person eingelaßen werden, welche, wenn sie von Billetteur etwa verkannt werden sollte, nur die Gefälligkeit haben wird, sich in Vorsaal zu demaskiren.

2.

Die Maske welche aus dem Redoutensaal oder Zimmern auf das Billard gehen will, erhält ein Interims-Billet, welches sie bey ihrer Rückkunft vor den Eintrit in Saal wieder abgiebt, ausserdem kann dieselbe nicht wieder eingelaßen werden.

3.

Der Redouten-Saal und die Zimmer werden um 6 Uhr geöffnet und um 7 Uhr geht der Tanz an.

4.

Es wird niemanden, außer dem Vortänzer, verstattet, abzutreten, auch ist das Eintreten und Aufheben der Plätze in den Colonnen nicht erlaubt.

5.

Den Livree-Bedienten und Dienstmägden wird der Zutritt in Maske nicht gestattet.

6.

Können Bediente und Mägde welche ihren Herrschaften Mäntel und Pelze zu bringen haben, weder in Vorsaal noch in Tanz-Saal oder in die Zimmer gelassen werden.

Damit sie jedoch nicht der Kälte ausgesetzt sind, so können sie, bis zum Fortgang ihrer Herrschaft, in der Parterre befindlichen großen Stube Herrn Frankens abtreten, oder daselbst die Mäntel aufbewahren.

7.

Wird das Demaskiren im Saal durchaus nicht gestattet.

Abb.71
Redouten-Gesetze nebst Ankündigung vom 16.12. 1800
THSA

für die Redouten zu liefern und bezogen dafür ein festes Salär. Ihre Besetzung dürfte standardisiert aus erster und zweiter Geige, einem Streichbaß, zwei Corni sowie zwei Clarinetten oder zwei Flauti und zwei Fagotti bestanden haben (siehe Abbildungen 65–68). Oboen werden selten genannt[72], man bediente sich jedoch bisweilen exotischer Farben, so z. B. dem »Janitschar«, einem »Tambour grand«, z. B. bei einer »Quadrille« von 1788. Casualkompositionen, zu denen die Tanzkompositionen gehörten, haben sich wie bereits erwähnt, nur wenige erhalten, so daß die bei den Bällen gespielte Tanzmusik heute nur indirekt erschließbar ist. Es ist anzunehmen, daß man von auswärts modische Tänze übernahm, sonst hätte wohl die Hoffmannische Hof= Buchhandlung z. B. 1806 nicht Werbung betrieben für den Verkauf von »Münchenerischen Redoutentänzen« aus der Feder von J. Peyerl in der Besetzung für 2 Violinen und Baß.

Redouten wurden unterschieden in reich ausgestattete exklusive Hofredouten, die ›bals en masque‹, die Redouten, zu denen »Auswärtige« zugelassen wurden, sowie die Freiredouten, die ebenfalls von nicht zum Hofe Gehörenden besucht werden konnten. Zur Fastnachtszeit waren sie der Inbegriff aller Lustbarkeiten.

Wie bereits an einem Beispiel skizziert wurde, mußten die der Öffentlichkeit gegen Bezahlung zugänglichen Redouten in den Zeitungen und auf Anschlägen bekannt gemacht werden. Den »Weimarischen Wöchentlichen Anzeigen« konnten die Leser während der Ballsaison mithin wiederholt die »Avertissements« vor allem des Unternehmers und Betreibers des Redoutenhauses an der Esplanade, Hauptmann, entnehmen. Mehr oder weniger ausführlich informierte dieser über die Konditionen und so las man »den 29sten Dec. 1779« die Ankündigung der künftigen Redouten im unmittelbar vor seiner Fertigstellung stehenden neuen »Comödien- und Redoutenhaus«:

»Nachdem Ihro des regierenden Herrn Herzogs Hochfürstl. Durchl., die Einlaß=Billets bey denen in dem künftigen Jahre in dem neuen Comödien= und Redouten= Hause allhier, gegeben werdenden Redouten ohnentgeldlich ertheilen zu lassen, die gnädigste Entschließung gefaßt haben; Als wird solches, und, daß

1) die zweyte Redoute den 14den Jan. gehalten, und hernach alle Freytage die gewöhnliche Zeit hindurch damit continuiret,
2) Die Entree sowohl einheimischen als fremden Personen, gegen Vorzeigung der Freytags Vormittags von 11 Uhr bis 12 Uhr bey dem Fürstl. Hof=Marschall=Amt jedesmahlen abzuholenden Billets, freygegeben,
3) Alle Arten von Inventions= und andern die Ehrbarkeit nicht beleidigenden Masquen paßiret,
4) Kalte Speisen, Getränke, und gewöhnliche Erfrischungen in guter Qualität mit prompter Bedienung, gegen billigmäßige Bezahlung, sowohl im Saal und denen dabey befindlichen Zimmern, als auch auf der Gallerie verabreicht werden sollen;
5) Die Gallerie=Billets gegen Erlegung von 3 Gr. Für jedes Stück bey Endesgesetzten abgeholet werden können; und daß endlich
6) Die jedesmaligen Redouten ihren Anfang präcise um 7 Uhr nehmen werden; einem geehrtesten Publico resp. unterthänig und gehorsamst andurch bekannt gemacht.«[73]

Am »25sten Octbr. 1798« gab die Fürstliche Commission zum Hof- Theater eine »Ankündigung« heraus, der ebenfalls die Details der kommenden Ballsaison zu entnehmen waren (Abbildung 70). Es wurden die Kosten für das »Entree in den Tanzsaal« festgelegt, noch einmal deutlich gemacht, daß »der Livree und den Dienstmägden [...] der Zutritt in Maske nicht gestattet« und auch die Demaskierung im Saal untersagt sei. Aus dem gleichen Jahr datiert ein Protokoll, aus dem zudem die festgelegte Abfolge der Tänze hervorgeht: »Acta die bey den Redouten getroffene Einrichtung betreffend [...]. Man tanzt Menuets bis halb Acht bis 8 Uhr Dreher dann fängt ein Englischer an, welchen Herr von Fritzsch vortanzen will. Ein solcher Englischer dauert keine ganze Stunde [...] darauf wiederum Dreher.

Entrée in den Tanzsaal 12gr
Entrée in die Logen 12gr
Entrée auf die Galerie 4gr
Es werden keine Tanzbillets ausgegeben.«[74]

Ab 1791 mit der Leitung des Hoftheaters befaßt, hatte sich Goethe auch um derartige Regelungen zu kümmern und war zuständig für die Finanzierung dieses Hauses, das nach dem Umbau im Jahre 1798 auf Einnahmen zur Abzahlung der hohen Verschuldung angewiesen war. Die Theaterakten dieser Jahre enthalten Vorschläge und Entwürfe, in denen die »von den Redouten [...] eingenommenen« Gelder, aber auch Verpachtungen eine Rolle spielen. So unterzeichnete Goethe im Jahr 1800 einen Contract über eine »Redouten – Verpachtung« an einen Privatunternehmer (an Herrn Franke), in dem ausdrücklich die verantwortlichen Amtsträger genannt werden, denen zugleich der »Einlaß=Preiß« zu erlassen war:[75] »Der Vortänzer, der Offizier und der Hoftanzmeister werden frey gehalten, wofür Serenissimi Scatoulle 3 Laubthaler zahlt.« Wir entnehmen aus dem Dokument auch, daß der »StadtMusicus« verpflichtet wurde, für »ein wohlgeringes Honorarium [...] die gewöhnlichen Redouten mit seinen Leuten zu besetzen.« Das bedeutete, so heißt es in einem von Goethe und Gottfried Theodor Burkhard abgezeichneten Bericht der Hoftheaterkommission vom 12. November 1800, daß »von dem Ertrage der Redouten [...] nach Abzug der Interessen, in zwey Jahren so viel an die Hofcasse abgezahlt werden konnte, daß zu verwichenen Michaelis deren Vorschuß bis auf 626 Th. 17 Br. 2 ½ (E) vermindert worden war, welche in diesem Winter beynahe gänzlich zurückgezahlt werden dürften«.[76]

Goethe war mithin nicht nur ein begeisterter Tänzer, der sich in einem Brief an Charlotte von Stein sogar als »Balletmeister« vorstellte, sondern zugleich umsichtiger Administrator.[77] Daß er schier unermüdliche Freude daran hatte, die Veranstaltungen mit Texten, Bildern und Liedern zu beliefern, ist wiederholt betont worden; zwar ist uns der genaue Anlaß zum eingangs zitierten »Wechsellied zum Tanz« nicht bekannt, wir wissen jedoch, daß das am 11. Juli 1795 niedergeschriebene Chorlied »Hand in Hand den Tanz zu schweben« »bei dem zur Ergötzung der hohen Kur- und Badegäste gegebenen Freiballe« in Bad Lauchstädt gesungen wurde.[78]

Er pflegte »sehr oft in dem geschmackvollsten Theateranzug zu erscheinen und machte

sich durch seine majestätische Gestalt, zugleich aber auch durch seine steife Haltung bemerkbar;« zur »Unterhaltung« in den Pausen zwischen den »abwechselnden Tänzen«, deren »Stimmung, Bewegung« für ihn oft allzu rasch »durch das Nachfolgende aufgehoben« wurde, lud er sich Gesprächspartner ein, so schildert ihn Karl von Lyncker,[79] der nicht müde wird, uns einen Eindruck vom Gesamtbild eines Hofballes zu übermitteln: »Domino-Anzüge (waren) gebräuchlich, wie wir sie noch vor wenigen Jahren gesehen haben. Bei der Fußbekleidung sah man Schuhe mit roten Absätzen und rundener Steinschnalle. Auf den Schultern lagen breite Haarbeutel, mit schwarzen Bändern durchzogen, welche auf der Brust an dem sogenannten Jabot befestigt waren und postillons d'amour hießen. Die Damen trugen Reifröcke und über diesen buntseidne Roben. Bei den Kontratänzen mußten sich selbige auf eine höchst lächerliche Weise von der Seite durch die Kolonne schieben. Ihre Armbekleidung war mit offenen herunter hängenden Ärmeln versehen; auf den Schuhen mit sehr hohen Absätzen blitzten ebenfalls Steinschnallen (Abbildung 72).

Mit der größten Mühe und Beschwerde wurden bei Herren und Damen die Haarfrisuren zusammengerichtet, ja man kann wohl sagen: aufgebauet, um den Perücken, welche zum Teil schon aus der Mode gekommen waren, nichts nachzugeben. Hievon zeugen die Bilder aus jener Zeit. Die Vorbereitungen dazu nahmen den Abend vorher ihren Anfang, und da hohe Stirnen beliebt wurden, suchte man sie sich durch herausrupfen der hereingewachsenen Haare zu verschaffen, was nicht ohne Schmerz abgehen konnte [...]«.[80] Beim Tanzen war es zudem üblich, weiß glacierte Handschuhe und ein Schnupftuch zu tragen. Schmuck und Juwelen gehörten damals wie heute zur festlichen Ballrobe, über die vor allem die Weimarerinnen ab 1786 durch das »Journal« oder den »Kalender des Luxus und der Moden« informiert wurden. Mit Kommentaren und Abbildungen versehen empfahl man die neuesten Pariser Redouten- und Ballkleider zur Nachahmung.

Mit der von England kommenden Fächersprache, der »fanology«, wurde vor allem bei

Abb.72
Redouten Kleid
Figurine aus: Pandora oder
Kalender des Luxus und der
Moden für das Jahr 1788,
Taf.2 · Kupferstich
GMD

Redouten Kleid

Abb. 73
Faltfächer, Vorderseite mit
mythologischer Szene vor
dem Standbild der Diana
Kupferstich in Grün auf Seide
(38 × 23 cm)
SWK

den Reverenzen kokettiert, zu der es Mode geworden war, »Conversationsfans« zu benutzen, aber auch Faltfächer, Papierspitzenfächer oder bunt bemalte Radfächer, welche die Herzogin Anna Amalie sammelte und bei Festen auszuteilen pflegte (Abbildung 73).[81]

Während wir mithin davon ausgehen können, daß die Weimarer Noblesse großen Aufwand mit einer glänzenden Garderobe betrieb, muß sich die Ballkleidung der Herzogin ihrem Stand als Witwe entsprechend, auf bestimmte Vorlieben beschränkt haben. Karl von Lyncker hält fest: »Die regierende Herzogin pflegte auf denselben (Festen und Redouten) mit einer halben Maske vor dem Gesicht in ganz weißem Anzuge mit sogenannten Poschen, wie sie damals Mode waren, zu erscheinen. Ihr schönes, langes Haar in Locken gekräuselt, ward allgemein bewundert; sie tanzte mehrenteils außer den Menuetten einige englische Tänze.«[82] (Abbildung 74)

Schlittenfahrten

Abschließend und ergänzend sei noch an ein besonderes pittoreskes winterliches Hofvergnügungen erinnert, das Anna Amalia wiederbelebte. Johann Peter Eckermann berichtet in seinen Gesprächen von einer Spazierfahrt, die er mit Goethe »Mittwoch, den 26. September 1827 [...] nach dem Jagdschloß Ettersburg« unternahm und die für den Dichter eine Fahrt in die Erinnerung wurde: »Goethe ließ sämtliche Zimmer aufschließen, die mit heiteren Tapeten und Bildern behängt waren«. »Wir haben überhaupt«, fuhr er fort, »in frühester Zeit hier manchen guten Tag gehabt und manchen guten Tag vertan. Wir waren alle jung und voll Übermut, und es fehlte uns im Sommer nicht an allerlei improvisiertem Komödienspiel und im Winter nicht an allerlei Tanz und Schlittenfahrten mit Fackeln.«[83] Damit erinnerte er sich an die bisweilen nächtlichen Fahrten in Schlitten-Equipagen mit »Geklingel«, Musik und anschließendem Tanz. Überliefert sind sie als »eigentümliche« Hof – Schlittenfahrten, über die es heißt: »Die Schlitten stellten buntfarbige Muscheln, Schwäne, Meerzungen und Seefische dar. Sie waren meist zweispännig und nur für eine prächtig geschmückte Dame berechnet, die ein Kavalier fuhr, welcher von dem hintern Sitz des Schlittens die reich behangenen Pferde leitete. Zwischen jedem Schlitten ritten je nach dem Range der folgenden Dame zwei bis vier Reiter, vor dem vornehmsten überdies noch sogenannte Stangenreiter, um etwaige Schäden sofort auszubessern. Auch Heiducken und Läufer fehlten nicht, die mit Peitschenknall die Luft in Bewegung setzten.«[84] Gelegentlich initiierte Goethe Eis- Maskeraden mit Illuminationen auf den Schwanseewiesen oder auf dem großen Teich im Bertuchschen Anwesen, der im Herzoglichen Baum- Garten angelegt worden war. »Bei einer nächtlichen Maskerade und Illumination«, so berichtet Lyncker, »erhielten wir Teufelsmasken und mußten die Damen, welche nicht Schlittschuh fuhren, auf dem Schlitten zwischen den erleuchteten Pyramiden und feuerspeienden Raketen und Schwärmern herumkutschieren. Auf unsern mit Teufelshörnern versehenen

Mützen waren Schwärmer angebracht, welche die vorbeifahrenden Herren mit brennenden Lunten anzündeten und somit ein fortlaufendes Feuer bewirkten.« Bereits Carl Ludwig von Knebel erwähnt die »Schlittenfahrtsfeste«, die er von Tiefurt aus gelegentlich während der drei Jahre organisierte, die er mit Prinz Constantin in Tiefurt lebte, in denen er vieles begann, was in den 1780er Jahren durch die Herzogin fortgesetzt wurde. Diese Festaufzüge zu Pferde, Schlittenfahrten und Schlittenmaskeraden, die »illuminierten Wagen mit Trompeten und Pauken«,[85] dürften den choreographierten Schlittenfahrten süddeutschhabsburger Hofhaltungen abgeschaut sein, wo sie als bilderreiche allegorische Faschings-Schlittaden eine lange Tradition hatten. Sie sind aus München oder der Universitätsstadt Ingolstadt überliefert, wo prunkvolle Schlitten eine Phantasiewelt auf den Straßen vorführten.[86] Hier, in einer protestantisch geprägten Residenzstadt, choreographierte man die Schlittenaufzüge auch nicht nach Art der Roßballette, wie sie auf größeren Plätzen etwa im kaiserlichen Wien als »Gala-Vorstellungen« figurenreich gefahren wurden. Stets brach man aber mit einer Anzahl oben beschriebener phantasievoller Schlitten auf, um am Zielort in einem hergerichteten Ballsaal dinieren und tanzen zu können. Einen bildlichen Eindruck dieser Züge vermittelt Abbildung 30b, ein Stammbuchblatt aus dem benachbarten Jena, das einige der beschriebenen Schlitten zeigt, die hinter den 11 Stadtmusikern herziehen. Am 29. November 1782 endete eine der Weimarer Schlittenpartien im Redoutenhaus, wo man am Ball teilnahm. Am 4. Dezember des gleichen Jahres setzten sich nicht weniger als 22 Schlitten zu einer Fahrt in Bewegung. Berichte wie der, den Karl von Stein in einem Brief aus dem Jahr 1805 gab, sind keine Seltenheit: »[...] Nach Ettersburg hatten wir auch eine große Schlittenfarth, wozu wir, wie zu der vorigen vom Hof, von der Großfürstin wegen eingeladen wurden. Fritz, Ihr Söhnchen, fuhr wie gewöhnlich die Großfürstin, dafür tanzte sie auch mit ihm. Die Gesellschaft war groß, der Ball lustig, dann diner. Und mit Fackeln suchten wir wieder zu Hauß«.[87]

Abb.74
Herzogin Anna Amalia mit Maske im Redoute-Kostüm · zwischen 1772 und 1775
Johann Ernst Heinsius · Öl auf Leinwand
GMD

Kapitel X

Gabriele Busch-Salmen

»Poesie, Musik und Akzion . . .«
(Chr. M. Wieland) –
Sing- und Sprechtheater

»Kranz, als Orchestermeister, und Kraus als Decorateur haben seit 14 Tagen alle Hände voll zu thun und sind fast immer zu Ettersburg. Göthe kommt dann und wann, darnach zu sehen und das Werk in Gang zu bringen, und die Herzogin lebt und webt und ist in dem Allen von ganzer Seele, von ganzem Gemüth und von allen Kräften. Ich darf nichts davon sehen, bis alles fertig ist; das ist bei dergleichen Anlässen immer ein eigner Spaß, den sie sich macht, und wozu ich mich, wie Du denken kannst, de la meilleure grace du monde pretire. Der halbe Hof und ein guter Theil der Stadt spielt mit. Ich gäbe Geld darum, wenn Du den Spaß mit uns theilen könntest.«[1] Mit diesen Sätzen, die bereits im Kapitel III, »Ettersburg« zitiert wurden (S. 39, dort Beschreibung der Örtlichkeiten), hatte Wieland im Oktober 1778 seinen Darmstädter Freund Heinrich Merck von den Vorbereitungen zur Aufführung des ersten Goetheschen Knittelversdramas »Jahrmarktsfest zu Plundersweilern« unterrichtet. Es war eine 1773 für die Darmstädter »Empfindsamen« geschriebene Posse, die Figuren und Themen des Jahrmarktstreibens, des Esther- und des Schattenspiels anspruchsvoll, aber burlesk erzählt verband, eine Übung, die Goethe später in »Dichtung und Wahrheit« sogar als eine »eigentlich poetische Denkweise« resummierte.[2] Für das Weimarer Liebhabertheater hatte er sie umgearbeitet, erweitert und mit der Musik der Herzogin und Siegmund von Seckendorffs war eine herbe Operette daraus geworden, die in der Manier eines Hans Sachs mit dem Zeitgeschmack abrechnet. Die Wielandschen Zeilen seien an dieser Stelle noch einmal zitiert, weil sie einen Eindruck vermitteln von der in diesen Jahren nahezu ungebrochenen theatralischen Begeisterung, von der der »halbe Hof und ein guter Theil der Stadt« vor allem nach der Ankunft Goethes (1775) erfüllt war. Es mochte dieses Ereignis gewesen sein, zu dem die Herzogin ihren Verwandten Prinz August von Gotha mit jener Epistel lud, die im Vorwort zitiert wurde.[3]

Das Liebhabertheater, das längst der Mittelpunkt des gesellig- literarischen Treibens um die Herzogin geworden war und sich aus Hofangehörigen wie –bediensteten aller Ränge, interessierten Bürgern und Adeligen aus der Stadt gebildet hatte, ersetzte seit dem Verlust des Theaters nach dem Schloßbrand von 1774 die Seylersche Truppe, die an den benachbarten Gothaer Hof ziehen konnte, wie an anderer Stelle ausgeführt wurde. Mit der Gründung dieses Liebhabertheaters hatte man zu einem produktiven Ausweg aus einem Dilemma gefunden, denn das Theaterspielen war sowohl unverzichtbarer Bestandteil des Amalischen Hofes, als auch durch die Öffnung nach außen ein wesentlicher Teil des erzieherischen Konzepts der Herzogin und festlicher Mittelpunkt, von dem sie sich nicht zuletzt angesichts der Regierungsübergabe an ihren Sohn Carl August nicht trennen wollte. Darüber hinaus galt es, die lange und lebendige Theatertradition, die es an den thüringischen Kleinhöfen gegeben hat, aufrechtzuerhalten und weiterzuführen.[4] Ein Blick auf die Geschichte des Theaterwesens in ihrer Umgebung zeigt, daß es keineswegs außergewöhnlich war, daß regierende Fürstinnen und Fürsten am Bühnengeschehen aktiv teilnahmen, sich als Teil ihres barocken Lebens- und Darstellungsgefühls in Bühnenrollen versetzten, und so wurde mit den Weimarer Aktivitäten unter ihrem Organisator Friedrich Justin Bertuch ein Usus vermehrt geübt, der jedoch in der Konstellation des Amalischen »Musenhofs« nach 1774 zu einem einzigartigen Experimentierfeld für neue theatralische Formen und Gesamtkunstwerke avancierte. Die Theatergruppe, deren Spielintensität in den Jahren von 1775 bis 1784 durch die große Zahl von 113 realisierten Aufführungen belegt ist, deren offenkundig großer Bedarf an Stücken vor allem aus den eigenen Reihen mit Libretti, Vertonungen, Übersetzungen und Bearbeitungen gedeckt werden konnte, wurde zum Impulsgeber für Weiterentwicklungen des deutschen Singspiels, des Singeschauspiels, des deutschsprachigen Theaters und war nicht zuletzt

eine streitbare Plattform für derben Spott und Satire.

Das »Jahrmarktsfest« war eine solche Posse, die sich die»hochlöbl. Kammer«, wie Wieland in seinem Brief andeutet, zwar »ein tüchtiges Geld kosten«, dafür »aber auch diese Seite von Weimar zu einem Tempel und Elysium« werden lasse (Abbildung 76). Das Spektakel fand am 20. (24.) Oktober »dieses mit Gott hinschleichenden Jahres (1778) [...] auf den hiesigen neuerbauten Ettersburgschen Theater ... zu grosen gaudium aller vornehmen und geringen Zuschauer« statt, so schrieb Luise von Göchhausen an Goethes Mutter, Frau Rat am 25. Oktober nach Frankfurt, und wir erfahren, daß es das »Nachspiel« zu Molières »Médecin malgré lui« (Der Arzt wider Willen) war: »Drey ganzer Wochen vorher, war des Mahlens, des Lermens und des Hämmerns kein Ende, und unsere Fürstin, D. Wolf, Krauß etc. purzelten immer übereinander her ob der grosen Arbeit und des Fleißes [...] Das Bänckelsänger Gemählde, weil es von Kennern und Nichtkennern für ein rares und treffliches Stück Arbeit gehalten wird und Sie als eine Kunstkennerin und Liebhaberin dergleichen Dinge berühmt sind, wird Ihnen in einer Copie, ins Kleine gebracht, nebst der Romantze auch zu geschickt. D. Wolf (Goethe) spielte alle seine Rollen über allemasen trefflich und gut, hatte sich Sorge getragen sich mächtiglich, besonders als Marcktschreyer herraus zu putzen. O hätten Ihnen Wünsche nur auf die paar Stunden zu uns zaubern können! Unter denen Zuschauern befand sich die Erbprintzes von Braunschweich, die einige Tage zuvor angekommen war, u. große Freude an unsern Guckelspiel bezeugte.«[5] Christoph Martin Wieland soll von den Vorbereitungen ausgeschlossen worden sein, weil eines seiner früheren Werke darin verspottet wurde. Bevor Luise von Göchhausen eine Besetzungsliste vermittelt, läßt sie Frau Aja noch wissen, daß nach der »Comedie [...] ein groses banquet gegeben(wurde), nach welchen sich die hohen Herrschaften sämdlich (auser unsere Herzogin) empfahlen, uns Comedianten Pack(t) aber wurde noch ein mächtiger Ball bereitet, der bis am hellen lichten Morgen dauerte, und alles war lustig und guter Dinge.« Aufführungen wie diese wurden mithin als große Feste und

Bälle inszeniert, begleitet von Illuminationen. Lediglich die Aufstellung von 21 nur zum geringen Teil professionellen Darstellern, die 27 Rollen zu spielten hatten, gibt kund, daß wir es mit dem Liebhaberensemble eines Hofstaates zu tun haben. Zu den Mitwirkenden zählten die Vocalisten der Hofkapelle Mad. Wolf als Esther, Dem. Corona Schröter als Tyrolerin, Friederike Steinhardt als Milchmädchen, Hoftanzmeister und Bassist Johann Adam Aulhorn als »Hanswurscht« und »Schattenspiel Man«. Der Verfasser Goethe hatte drei Rollen übernommen, den erwähnten Marktschreier, den Hamann sowie den Mardochai, »Camerher Seckendorff« spielte den Tyroler sowie den Bänckelsänger und Hofmaler Krauss war der Pfarrer. »Fräulein Tusel« (Luise von Göchhausen) kommentierte ihre eigene Rolle mit den Worten, daß sie nicht umhin könne, »mit aller Bescheidenheit zu melden daß ich die Guwernante im Puppenspiel überaus zierlich vorgetragen habe.« Die Herzogin war indes gemeinsam mit ihrem Kammerherrn in die Rolle des Kapellmeisters geschlüpft und hatte den epigrammatisch anspielungsreichen Bilderbogen mit derb- komischen Pasticcio Couplets und Liedern aller Stände und Klassen nach Art der Vorstadtbühnen versehen.[6]

Daß Wieland an diesem Treiben als Zuschauer begeistert teilnehmen konnte, in seinen bereits zitierten Gedichten »An Olympia« diesen Ort hymnisch verklärte (vergl. Kapitel III, Ettersburg), obwohl er Zeuge einer Theatralik wurde, die seinen Intentionen geradezu entgegengesetzt war, die ihn überdies zum wiederholten Male ins kritische Visier nahm, nimmt wunder. Es muß ihm gelungen sein, aus seiner gewiß nicht ohne Bitternis gewonnenen Erkenntnis, »weder Sinn, noch Talent für dramatische Composition« zu haben, den Schluß zu ziehen, dem neuen theatralischen Impetus des von ihm hoch verehrten Goethe das Feld zu überlassen.[7]

Zur Zeit der Aufführung des Jahrmarksfestes war Wieland mit einigen Querelen dabei, seine Oper »Rosemunde«, einen ehrenvollen Auftrag des Mannheimer Hoftheaters, nach wiederholtem Umarbeiten, vor dem Eclat zu bewahren.[8] Das war im Jahr 1772 noch anders gewesen, als ihn an dem Ruf Anna Amalias besonders die Aussicht gereizt hatte, aktiv an der Etablierung einer Nationalbühne mit Vorbildcharakter teilnehmen zu können und fortzusetzen, was durch Carl August Musäus schon bereitet war. Bereits in den zwischen ihm und der Herzogin gewechselten Briefen war es um seine Aufgaben bei der Reorganisation des vorhandenen Weimarer Hoftheaters gegangen und hatte er der Herzogin versichert: »Enfin je suis pour le Theatre mais pour un Theatre reglé, honnete, avoué par le Gout et par la Sagesse, et occupé par des Acteurs vraiment habiles dans leur art [...] un Theatre digne de la Capitale de la Nation, s'il y en avoit une«[9] Mit diesen Zeilen bekräftigte er den Wunsch der Herzogin nach einem Regeltheater, das sich zum Anwalt des guten Geschmacks und der Sittsamkeit machen sollte. Es müsse von Akteuren bestritten sein, die ihre Kunst beherrschten, denn nur so sei es würdig, zum Hauptereignis einer Nation zu werden. Diese Akteure fand Wieland damals in der seit 1771 am Hof tätigen, im Singspiel erfahrenen »Seylerschen Schauspielergesellschaft.« In deren Kapellmeister Anton Schweitzer, der nur zwei Jahre jünger war als er, begegnete Wieland einem für diesen Entwicklungsprozeß geradezu idealen Partner, der über ein hohes Maß an Praxis im Umgang mit nahezu allen theatralischen Genres verfügte.[10] Sein Werkverzeichnis umfaßt Inzidenzmusiken, Ballette, Melodramen, Kantaten- und Sinspielvertonungen und so wurde ihrer beider Debut auf der Bühne des Weimarer Hoftheaters im Juli 1772 mit dem prächtig ausgestatteten »heroisch- komischen Ballett: Idris und Zenide« zu einem denkwürdigen Auftakt einer intensiven, mehrere Jahre währenden Zusammenarbeit (vergl. Dokument 1). Sowohl dieses von Wieland aus seinem Versepos entwickelte Ballettlibretto entsprach seiner Idealvorstellung von dem Zusammenwirken der Künste, so daß er der Ballettpantomime neue Impulse gab, als auch alle weiteren Singspiele und Huldigungskantaten für die diversen Geburtstage. Am entschiedensten arbeitete er indes am Libretto seiner fünfaktigen Oper »Alceste«, mit der er »der Tragödie der Alten, besonders der Euripideischen, näher kommen (wollte), als irgend eine andere Gattung«[11] Von dem neu zu schaffenden Singspiel versprach er sich eine Theaterwirklichkeit, die »ohne viel mehr Aufwand zu erfordern, als unsre gewöhnlichen Tragödien, durch die blosse Vereinigung der Poesie, Musik und Akzion, uns einen so hohen Grad des anziehendsten Vergnügens geben könnte, dass kein Zuschauer, der ein Herz und ein Paar nicht allzu dicke Ohren mitbrächte, sollte wünschen können, seinen Abend angenehmer zugebracht zu haben.«[12] Zugerichtet mithin auf die Weimarer Bedingungen, mit der strikten Abkehr vom Prunk der repräsentativen Oper, unter denen das bürgerliche Singspiel zur dominanten Gattung werden konnte und der Reifrock früh gegen bürgerliche Kostüme vertauscht wurde, sollte es um »ein öffentliches Vergnügen von der edelsten Art« gehen, das er jedoch mit der Formulierung eines eigenen Aktionsstils deutlich von den »noch im Schwange gehenden bürgerlichen oder anderen noch abgeschmackteren Schauspielen« abgesetzt wissen wollte. Sein Modellibretto entwickelte er aus der episodenreichen ersten Tragikomödie des Euripides um den Opfertod Alcestens für ihren Gemahl Admet und ihre wunderbare Befreiung aus der Unterwelt. In einem ausführlichen Traktat, dessen erste in Briefform gefaßte Version sein Journal: »Teutscher Merkur« eröffnete, legte er dar, in welchen Punkten der Disposition er über die damals üblichen Singspiele hinausgelangen wollte:[13] »Mein Plan sollte ganz einfach sein; aber eben darum mußten die rührendsten Situationen, die das Sujet anbot sorgfältiger benützt werden [...]« Statt verwickelter Handlung »ausgeführte Behandlung und Entwicklung der Affekten [...]«. Diese Forderungen gipfelten in dem Satz: »Je einfacher

Abb. 77
Titelkupfer zu »Alceste«
von Chr. M. Wieland
und A. Schweitzer · 1774
Christian Gottlieb Geyser
nach einer Zeichnung von
Christian Wilhelm Steinauer
SWK

147

Madame Koch
als
Alceste.

der Plan und die Ausführung, je besser! Keine episodischen Personen! Kein Nebeninteresse! [...] Kürze [...] der poetischen Diktion. Wer viel zu tun hat, hat keine Zeit hinzustehen und zu schwatzen.« Da ihm die Musik »die Sprache des Singspiels« war, die sich stets der Poesie und Schönheit zu beugen habe und dort, wo sie aufhört Vergnügen zu machen enden würde, sie vor allem »die Herzen zu rühren habe«, entstand für den Komponisten die Aufgabe, zu einer Musiksprache der großen ernsten Oper im Sinne eines empfindsam anrührenden symphonischen Stückes zu gelangen. Wieland sah in der Anteilnahme an dem Entschluß, für den Partner sein Leben lassen zu wollen, die für das lyrische Drama entscheidende Sentenz und so war es folgerichtig, daß er diese Schlüsselszene programmatisch als Titelkupfer für den Druck des Klavierauszuges aus seinem Werk empfahl (Abbildung 77). Im Bildzentrum dieses bekannten Blattes von Christian Gottlieb Geyser nach einer Zeichnung von Christian Wilhelm Steinhauer, mit dem man sich angewöhnt hat, den Beginn der deutschsprachigen Opern zu kennzeichnen, steht die Darstellung des herzzer-

reißenden Abschiedes der Mutter »Alceste« von ihren Kindern (2. Aufzug). Das Wunder der Wiederkunft Alcestes an der Seite des Herkules, der sie den Ufern des Styx entreißt, das Handlungsmoment, bei dem die Euripideische Tragödie zur Komödie wird, erscheint im Kupferstich als Schmuckmedaillon. Nach der Premiere des Werkes war Wieland überzeugt, gemeinsam mit dem Komponisten Schweitzer zu einer in jeder Beziehung seinen Vorstellungen entsprechenden Konzeption gelangt zu sein. Überwältigt überschüttete er »Madame Koch«, seine erste Alceste – Darstellerin mit Jubelversen (Abbildung 78)[14] und sandte einen enthusiastischen Brief an Tobias Philipp Freiherrn von Gebler nach Wien, in dem es heißt: »Ganz neulich habe ich gesehen, was die einfachste Komposition durch die Wahrheit und Wärme ihrer Aufführung thun kann. Alceste ist den 29. May zum ersten Mal hier aufgeführt, und that, was noch keine Tragödie, die ich gesehen habe. Alle Augen strömten über; die Unempfindlichsten wurden gerührt, und die Execution übertraf nach den Zeugnissen der vielen anwesenden Fremden, die Jedermann als competente Richter anerkennen mußte, A l l e s , was man sich in dieser Art von deutschen Singspielen versprechen konnte.«[15] Zu diesem Zeitpunkt war ihm noch nicht bekannt, daß sein Werk bei aller anhaltend vehementen Zustimmung auch Befremden ausgelöst und man sich darüber buchstäblich in zwei Lager gespalten hatte. Goethe holte zu einer groben und verletzenden Farce: »Götter, Helden und Wieland« aus, die durch Betreiben von Jacob Michael Reinhold Lenz im Herbst 1773 im Druck erschien und einen Skandal auslöste. Noch Jahre später lieferte die »Alceste« die Grundlage für weitere karikaturistische Travestien sogar aus den eigenen Reihen des Liebhabertheaters.[16] Goethe hatte auf das Fehlen der in die Tiefe lotenden existentiellen Fragen reagiert und prangerte Wielands Konzept der »Rührung« als oberflächliche Gefühlsduselei an, ohne die theatralischen Neuerungen einer geänderten »Aktion« der Darsteller zu sehen, die dem Werk über Weimar hinaus über mehr als ein Jahrzehnt Bewunderung eintrugen und vor allem am Ort den Grund gelegt hatten für neue Spielmaßstäbe. Wieland reagierte auf die Anwürfe des jungen Dichters gelassen und blieb im Kreis des Liebhabertheaters ein mehr oder weniger engagierter Beobachter. Die Parodie »Orpheus und Eurydike«, ein einaktiges Lustspiel von Einsiedel mit der Musik von Seckendorff führte jedoch zu weit, das Karl von Lyncker mit den Worten beschreibt: »[...] Bald darauf folgte die travestierte ›Alceste‹; womit Wieland überrascht und deren Rolle von der Herzogin – Mutter selbst gegeben wurde. Es kamen sehr belustigende Auftritte darin vor; namentlich wurde die in dem Originalstücke so rührend komponierte Abschiedsaria der Alceste von ihrem Gemahlen Admet und insbesondere die Strophe: ›Weine nicht, du Abgott meines Herzens‹ mit dem Posthorn akkompagniert.«[17] Wieland berichtete seinem Darmstädter Freund entsetzt: «In kurzem wird auch die ganze Welt von der Ehre instruirt seyn, die mir vor 14 Tagen zu Ettersburg erzeigt worden, nehmlich daß in einer Farce, Orpheus und Eurydice genannt, die Alceste auf die allerlächerlichste Art, die sich denken läßt, parodirt und dem Höhnlachen einer sehr zahlreichen Versammlung zu zweienmalen preisgegeben worden. So sind wir nun hier! Der unsaubre Geist der Polissonerie und der Fratze, der in unsere Oberen gefahren ist, verdrängt noch gerade alles Gefühl des Anständigen, alle Rücksicht auf Verhältnisse, alle Delicatesse, alle Zucht und Schaam. Ich gestehe Dir, Br., daß ich's müde bin, und bald muß ich glauben, die Absicht sei, daß ich's müde werden und die Sottise machen soll, bloß davon zu fliehen.«[18]

War das die stürmisch- drängerische Seite des Liebhabertheaters, die sich vornehmlich im Freien, auch als Gesellschaftsspiel extemporiert abspielen konnte und gelegentlich vor groben Verunglimpfungen nicht Halt machte, der sich Wieland schließlich aufs schärfste widersetzen mußte, so wurde er freilich auch Zeuge neuer wegweisender Bühnenkonzepte unter dem hohen Einsatz aller Beteiligten. Durch die Herzogin war das Unternehmen vom Beginn an, noch bevor Goethe am 1. Oktober 1776 auf Wunsch des Herzogs mit einem bescheidenen Etat zum Leiter bestimmt wurde, finanziell getragen worden, etwa durch die Schaffung geeigneter Bühnen, wo immer gespielt werden sollte. Den ersten Beleg darüber verzeichnen die von Johann August Ludecus geführten Rechnungsbücher über die Schatulle Amalias im Jahr 1775 {154 Rth} mit dem Vermerk: »[...] dem Fürstlichen Hofjäger Hauptmann an Zuschuße zu Erbauung eines Theaters sowohl, als auch an beydrag zum 4ten Theil zu erleuchtung deßelben ...«[19] Im Hauptmannschen Redoutenhaus an der Esplanade war mithin eine der keineswegs provisorischen Spielstätten entstanden, deren Beschreibung wir Museäus verdanken: »Das Haus ist nun dergestalt angelegt, daß es nur aus einem Stockwerk besteht, das aber so hoch ist als 2 Geschosse zu seyn pflegen, und oben mit einer Gallerie versehen. Dieser Tanzsaal ist nun zugleich bey Comödien das Parterre. Das Theater ist hier unbeweglich und sehr geräumig. Hinter dem Theater gehen zwey große Flügel Thüren nach dem Garten zu, wenn diese geöffnet werden, kann der Prospekt sehr dadurch erweitert, auch allerlei Feuerwerk und Illuminationen außer dem Haus vorgenommen werden. Hinter dem Saale, dem Theater gegen über, sind allerley kleine Zimmer, drey neben einander, und zwey nebst einer Küche dahinter, zur Bequemlichkeit der Masken. Für einen reichlichen Aus- und Eingang ist gesorgt, das Haus hat acht Thüren.«[20] Die »Specification« der am Umbau beteiligten Handwerker, der Hofzimmerleute, des Flaschners Spindler, des Schlossermeisters Schulze, des Sattlers, Seilers, Seifensieders oder Nagelschmiedes verzeichnet bereits Johann Martin Mieding, Hofebenist und Bühnenbildner. Dessen handwerkliche Fähigkeiten und Einfälle, die er sich bei der Seylerschen Theatertruppe erworben hatte, waren unverzichtbar für die Realisation aller Bühnendetails. Die Stellagen galt es auf- und abzubauen, Verwandlungen technisch möglich zu machen, Requisiten herbeizuschaffen, flexible Beleuchtungen zu erfinden oder portative Bühnenformen zu entwickeln. Für die Einrichtung des Singspiels »Triumph der Empfindsamkeit« mit dem eingelegten Monodrama »Proserpina« (siehe Dokument 5) berechnete er z. B.: »Eine Stellage zu einer Laube mit Gehäuse, 6 Tlr., Oben darauf eine Maschine zum Mondschein mit Hülfen zum Drehen und zwei Flügel, 3 Tlr., Eine Stellage mit 4 Kurbeln zu einem Wasserfall, 3 Tlr. 12 Gr., %

St. Kasketts mit Federbüschen wie ein Helm gemacht, 7 Tlr. 12 Gr., 3 Tamburins mit Schellen, 2 Tlr., Eine Puppe in Lebensgröße, 2 Tlr. 12 Gr., 7 Dolche mit Scheiden, groß und klein, 3 Tlr., 11 Gr.«[21] Das Singspiel bezeichnete Goethe als eine »dramatische Grille«, in der es um die ironisierende Kritik an der Empfindsamkeit ging. Die erstaunliche Konstruktion einer automatisierten Landschaft mit sprudelnden Quellen und Vogelsang, die sich die Hauptperson des Stücks, Prinz Oronaro geschaffen hatte, stand als Allusion und Kritik am ästhetisierten und literarisierten Umgang mit der Natur im Mittelpunkt. Deren Bühnenrealisation gelang Mieding so eindrucksvoll, daß Goethe dem »Direktor der Natur« in seinem Gedicht zum traurigen Anlaß seines Todes 1782 ein Denkmal setzte und besonders diese Inszenierung würdigte (Dokument 6). Seine Fähigkeiten hatte Mieding auch eingebracht bei den ebenso außergewöhnlich illusionistischen Realisationen der »Operette mit untermischten Tänzen: Lila« (1777) oder den nötigen äußeren Bühnenveränderungen zur denkwürdigen Aufführung der Prosafassung der »Iphigenie« (1779) mit Corona Schröter in der Titelrolle und Goethe als Orest, eine Aufführung, die in Ettersburg unter freiem Himmel wiederholt wurde. Das Sing- oder Feenspiel »Lila« hatte ebenfalls mit den Elementen verschiedener Gattungen experimentiert. Der Komponist, Siegmund von Seckendorff schrieb, daß es: »un grand spectacle à choers et ballets avec une grande quantité de décorations qui est peut-être unique dans son genre« sei. Seckendorff war zum unverzichtbaren Arrangeur und Compositeur geworden und »Lila« gehörte zu seinen ersten größeren Arbeiten, die zum Geburtstag Herzogin Louises am 30. Januar 1777 mit einem ungewöhnlichen Aufwand szenisch realisiert wurde. Von dieser Fassung, in der es noch um die Heilung des Hypochonders Sternthal ging, sind nur noch einige Bruchstücke erhalten geblieben, Feenchöre sowie Gesänge der Feen Alaide und Sonna. Die derzeit geläufige Form, in der der Wahnsinn der weiblichen Hauptfigur ‚Lila' durch eine musikalisch-spielerische Therapie geheilt wird (»eine psychische Kur, wo man den Wahnsinn eintreten läßt, um den Wahnsinn zu heilen«, Goethe), entstand ein

Jahr später. Die Erstfassung konnte nach ihrer ersten Aufführung im Redoutenhaus nur noch einmal wiederholt werden. Es läßt sich aus den Archivakten rekonstruieren, daß die Bühne vollkommen umgearbeitet, dabei vergrößert, mit einem Wagen und einer Rampenlichtversenkung versehen wurde. Die Bedeutung, die man besonders bei diesem Werk der Dekoration beimaß, muß wohl auch dazu beigetragen haben, daß man in den Berichten unschlüssig über dessen Bezeichnung war. Als »Operette mit untermischten Tänzen« erschien es am 1. Februar 1777 in den Weimarischen Wöchentlichen Anzeigen, später sprach man von einem »großen Schaustück mit Gesang und Tanz.« Goethe selbst versah es nach seiner Umarbeitung 1778 mit dem Untertitel: »Ein Festspiel mit Gesang und Tanz«.

Auf Goethes Anregung war die Berufung Corona Schröters zurückgegangen, mit der 1776 eine gefeierte Sängerin an den Hof kam, die im Liebhabertheater eine zentrale Funktion einnahm. Sie realisierte die anspruchsvollen Rollen in vielen Sing- und Schauspielen, war die Partnerin Goethes nicht nur in dessen »Iphigenie«, sondern auch in dem im Zigeunermilieu angesiedelten »Walddrama: Adolar und Hilaria« Friedrich Hildebrand von Einsiedels: (siehe ein Szenenbild auf dem Umschlag), das mit der Musik von Seckendorff im Sommer 1780 in Ettersburg in Szene ging. Es wurde zum Vorbild für Goethes »Wald- und Wasserdrama: Die Fischerin«, das am 22. Juli 1782 mit den Vertonungen Corona Schröters in Tiefurt seine denkwürdige Premiere erlebte (siehe auch die Kapitel III und VI).

Wurde auf der einen Seite mit neuen Formen des Sing-, Lieder- und Feenspiels mit integrierten Pantomimen und Tänzen experimentiert, so versuchte Goethe mit den beiden unter freiem Himmel realisierten und auf die natürlichen Schauplätze eingerichteten Singspielen »Adolar und Hilaria« und der »Fischerin« Natur und Kunst zu einer Einheit zu verschmelzen und sich dabei vollends aller Stilisationen und Künstlichkeiten zu entledigen. Als Zigeunerhauptmann in »Adolar« hatte Goethe etwa das Zigeunerlied aus dem »Götz von Berlichingen«: »Im Nebelgeriesel, im tiefen Schnee« vorgetragen) und das Szenario im illuminierten Ettersburger Park mit

entferntem Hörnerklang und loderndem
Feuer muß so eindrucksvoll gewesen sein, daß
Herzog Carl August das nach der Aufführung
entstandene Kraussche Gemälde in sein
Rauchzimmer im Schloß hängen ließ, um es
stets um sich zu haben. Daß Goethe durch
dieses Ereignis angeregt wurde, Herders gesammelte Lieder und Balladen zu theatralischen Handlungselementen zu machen und er
durch ihre Übernahme in die Konzeption der
»Fischerin« sogar zu einem authentischen,
dem Fischermilieu angepaßten Ton finden
wollte, geht aus einer Tagebuchnotiz vom 5.
August 1781 hervor: »Zu Cronen. Die Arien
zu der Fischerin berichtigt«,[22] eine Eintragung,
die besagen mochte, daß er die Komponistin
hatte bewegen wollen, die »Arien« gegen den
schlichten Ton der Balladen und Lieder zu
vertauschen. Es entstand die bewegende Integration der durch Schröter vertonten Bal-
laden- und Liedübertragungen Herders
(1778/79) in das Handlungsgeschehen, etwa
der dänischen Ballade »Erlkönigs Tochter«,
des englischen Liedes »Es war ein Ritter« mit
Goethes Schlußstrophe oder des litauischen
Brautliedes »Ich hab's gesagt schon meiner
Mutter«. Corona muß zu einem einzigartigen
Vortragston gefunden haben, der sich nachhaltig einprägte (Abbildung 24). Das barocke
Heckentheater in geometrischen Parkanlagen
gegen natürliche Schauplätze in englischen
Gärten zu vertauschen, statt der Idyllen und
Schäferspiele, naturalistische theatralische
Äquivalente mit einfachen Menschen, die ihre
eigenen Gesänge singen, zu schaffen, war
nicht zufällig gerade an diesem Ort möglich
geworden, an dem man sich der Ursprünge
und Historizität neu zu vergewissern suchte.

Die Liebhaberbühne war und blieb eine
durch die Herzogin belebte und getragene
Einrichtung. Allein ihr Kapellmeister Wolf
hatte nicht weniger als 20 Singspiele geschrieben, komische Opern oder Schauspiele mit
Gesang, die verschiedenen Vorbildern folgten.
Wie die späteren Arbeiten Goethes auch, ex-
perimentierten sie mit den diversen Genres
und setzten fort, was mit der Uraufführung
des Singspiels »Die Jagd« von Johann Adam
Hiller am 29. Januar 1770 zum Hauptinteresse
dieses Hofes geworden war. In Zusammenarbeit mit Karl August Musäus entstand etwa

Abb. 79
Demoiselle Huber als Elmire
in Goethes Singspiel
»Erwin und Elmire«
Daniel Nikolaus Chodo-
wiecki · 1775
farbige Pinselzeichnung
Frankfurt a. M., Freies Deutsches Hochstift

»Das Gärtnermädchen«, der »Prinzen-Instruc-
tor« – Gottlob Ephraim Heermann lieferte ihm
das Libretto zur komischen Oper »Die Dorfdeputierten« (1773), eine nach Goldoni kon-
zipierte Komödie, in der Hundegebell und
lautes Chorgelächter zu den genrehaft eingesetzten Mitteln wurden (Titelblatt des 1773 in
Weimar edierten Klavierauszuges siehe Abbildung 80). »Die Dorfdeputierten« markieren
auch einen schwierigen Zeitpunkt, da sie erschienen, als Anton Schweitzer mit Wieland
an »Alceste« arbeitete, der einen entschieden
anderen Weg einschlug und es daher zu einer
erbitterten Rivalität beider Musiker kam.

Wie sehr die Herzogin an der Diskussion
um die deutsche Oper Anteil nahm zeigt, daß
sie unmittelbar nach Goethes Ankunft mit der
Vertonung seines Librettos »Erwin und Elmire« begann und eine Oper entstand, die zu
einem immer wiederkehrenden Ereignis
wurde. Man besann sich der Partitur auch
dann noch, als das Hoftheater andere Wege
gegangen war und wieder professionelle
Strukturen angenommen hatte. Das geht aus
einer Briefnotiz Luise von Göchhausens hervor, in der sie Goethe unterrichtet: »Wir ge-

Die Dorfdeputirten,
eine komische Oper in drey Acten,
in Musik gesetzt
von
Ernst Wilhelm Wolf,
Hochfürstlich-Weimärischen Capellmeister.

Weimar,
bey Carl Ludolf Hoffmann. 1773.

Abb. 80
Titelblatt der Operette
»Die Dorfdeputierten« von
E. W. Wolf, gedruckt bei Carl
Ludolf Hoffmann in Weimar
1773.
GMD

denken Morgen Abend vor einer kleinen Gesellschaft bey verschlossenen Thüren Ihre
Operette, Erwin und Elmire, zu spielen. Die
Herzogin weiß nichts davon, und wir hoffen,
ihr eine kleine Freude damit zu machen.«[23]
Der Text gehörte zu diesem Zeitpunkt bereits
zu den auffallend häufig vertonten und hatte
den Dichter mehr als 14 Jahre beschäftigt. Eine
zweite, in Italien (1787) auf dem Hintergrund
neuer faszinierender Opern- und Theaterer-
fahrungen erstellte Fassung war 1790 von Johann Friedrich Reichardt in Musik gesetzt
worden, die große Erfolge in Berlin erlebte.
Eröffnet von einem Disput über Erziehungs-
grundsätze, hatte Goethe in »Erwin und Elmire« gesucht, zu einer psychologischen Profilierung der handelnden Personen zu gelangen und ein Konzept entwickelt, das sich weit
von den üblichen Rollen- und Handlungskli-
schees des damaligen Singspiels abhob (Abbildung 79). Nicht zuletzt diese bürgerlich
emanzipatorische Tendenz muß die Herzogin
zu einer Vertonung gereizt haben. Für das
Liebhabertheater entstand eine Oper mit zusätzlichen Arieneinlagen, möglicherweise ge-
tanztem Entreacte und einem Schlußquartett,
die in Anlehnung an die »Alceste« Christoph
Martin Wielands und Anton Schweitzers mit
vier handelnden Personen auskam.[24] Jacob
Michael Reinhold Lenz hatte unmittelbar nach
der ersten Aufführung in Wielands »Teut-

schem Merkur« Huldigungsverse »Auf die
Musik zu Erwin und Elmire, von Ihrer Durchlaucht, der verwittibten Herzogin zu Weimar
und Eisenach« veröffentlicht, in denen es
heißt:

»Ja, Ja, Durchlauchtigste, Du zauberst uns
  Elmiren
In jede Wüstenei;
Und kann der Dichter uns in sel'ger Ra-
  serei
Bis an des Todes Schwelle führen:
So führst Du uns von da noch seliger und
  lieber
Bis nach Elysium hinüber.«[25]

Und dennoch markiert dieses »Stückchen«, zu
dem Goethe 1773 durch die Romanze von ‚Edwin und Angelina‘ im achten Kapitel von Oli-
ver Goldsmiths Roman ‚The Vikar of Wake-
field‘ angeregt worden war, einen kritischen
Wendepunkt in des Dichters Beschäftigung
mit dem Singspiel. An dessen Beginn hatte der
bekannte Satz aus der »Italienischen Reise«
(1787) gestanden: »Alles unser Bemühen daher, uns im Einfachen und Beschränkten abzuschließen, ging verloren als Mozart auftrat.
Die Entführung aus dem Serail schlug alles
nieder«.[26]

In Einvernehmen mit dem glühenden Mo-
zartverehrer Wieland, begab er sich an die
Adaption und Inszenierung aller Opern Mozarts und begründete weit früher als andernorts eine Tradition, die mit der Aufführung
der »Entführung aus dem Serail« im Jahr 1785
bereits begonnen hatte. Den Opern Mozarts
wurden bald nach ihrem Bekanntwerden im
Hoftheater große Aufführungen zuteil und so
bildete auch die Adaption der »Zauberflöte«,
die 1794 in einem »Abonnement sus-
pendu [...] Zum Erstenmale« aufgeführt worden war,[27] einen Glanzpunkt in der Geschichte
des Hoftheaters (Abbildung 75). Von ihrem
Sujet war Goethe so tief beeindruckt, die Aufführung so überaus erfolgreich, daß er diese
Oper während seiner Theaterdirektion zu einem ständig wiederkehrenden Ereignis
machte. Mehr noch, er dachte sogar an eine
Fortsetzung, die als Fragment »Der Zauberflöte zweiter Teil« überliefert ist.[28]

Von den Anfängen des Liebhabertheaters,
getragen von einer unermüdlichen, sich eine

vielschichtige theatralische Welt selbst erschließenden Gesellschaft, bis zu diesem Zeitpunkt der neuerlichen Überführung des Theaterbetriebes in die Hände professioneller Darsteller, war eine überaus schöpferische Zeitspanne erlebt worden, derer sich alle Beteiligten später mit Wehmut erinnerten.

Das nahende Ende dieser für alle Beteiligten ereignisreichen und fordernden Zeit wird durch die Aufführung von Carlo Gozzis Fabelstück »Zobeis« markiert, das von Friedrich Hildebrand von Einsiedel, wie zahlreiche andere Stücke auch, für das Liebhabertheater bearbeitet wurde und am 31. März 1783 erstmals in Szene ging. Für lange Zeit war es die letzte Neuinszenierung, und wir verdanken ihr ein weiteres Aktionsbild aus Georg Melchior Kraus' Feder (Abbildung 81). Es führt uns nicht nur vor, wie es hinter der Bühne zuging, sondern vor allem, in welchem Maße man bereit war, »Geburt und Thron« zu vergessen, um in ein Rollenspiel der »lockeren Gesellen« (Einsiedel) zu schlüpfen und sich sogar in dieser Kostümierung abkonterfeien zu lassen. Die Tatsache, daß die Aufführungen des Liebha-

bertheaters auffallend häufig bildlich festgehalten wurden und im Gegensatz dazu Ereignisse wie die Hofkonzerte oder die Aktivitäten der privaten Zirkel bildlich nahezu undokumentiert blieben, zeigt, daß man sich der Exzeptionalität und des Modellcharakters dieses Theaterspielens bewußt war. Nicht zuletzt hatte Einsiedel seine hier gewonnenen Erfahrungen in seinen 1797 in Leipzig erschienenen »Grundlinien zu einer Theorie der Schauspielkunst« niederlegen können. Bemerkenswert ist indes, daß Kraus mit dem Aquarell »Zobeis« – ähnlich der Zauberflötendarstellung (Abbildung 75) – keineswegs das farbenprächtige Geschehen auf der Bühne wiederzugeben sucht, sondern einen Blick gewährt in die überaus beengte Kammer hinter der Bühne, in der sich die unprätentiös miteinander umgehenden Darsteller mit ihren Requisiten für ihren Auftritt bereithalten. Das Blatt ist mit einem Besetzungszettel versehen, der als Datum »Weimar, im Sommer 1784« angibt. Sorgfältig aufgelistet finden wir »H. Bertuch« als König Beder, »D.(emoiselle) Neuhaus« als Tochter Sale, »D.(emoiselle) Schrö-

Abb. 81
Kostümierung zur Aufführung »Zobeis« von
C. Gozzi/ F. H. v. Einsiedel
»Sommer 1784«
Georg Melchior Kraus ·
Aquarell
Schloß Tiefurt SWK

der«, wohl in der Bildmitte, als Zobeis und »H. Böhme« in der Rolle des Sohnes Skemsedin. Seine Gemahlin, Dilara wurde von »M.(adame) Wolf« gespielt und der »schöne« Oberforstmeister »v. Wedel« hatte die Rolle des Prinzen von Zamor, Masud übernommen. Einsiedel war König Sinadab, »H. Seidler« der König, D.(emoiselle) Probst war die Zofe der Zobeis (Smeraldina) und als Hofbedienstete Truffaldin, Pantalon und Tartaglia agierten

»H. Schalling, H. Musäus und (Tanzmeister) H. Aulhorn«. Hinter den Löwenmasken können wir einige Choristen aus dem Gymnasium vermuten und so nahmen mithin an dieser Aufführung einige der Personen Teil, die bereits am Anfang dieser intensiven Theaterzeit dabei waren und uns in den launigen Schilderungen Luise von Göchhausens, erste Hofdame Anna Amalias und geistreiche Schauspielerin, bereits begegneten.

Kapitel XI

Gabriele Busch-Salmen

Große und kleine Konzerte, Musikalische Akademien

Abb.82
Herzogin Anna Amalia, Sona-
tina in G, Niederschrift eines
Cembalokonzerts
SWK, Sign. Mus. IV, f:1

»Diesen Abend gab der berühmte Flötenspieler Dulon im hiesigen geschmackvollen Schiesshaussaal ein Konzert in Anwesenheit des ganzen Hofes und einer grossen zahlreichen Versammlung. Von seinem Talent wurde in öffentlichen Blättern schon so oft und so viel gesprochen, dass es überlüssig sein würde, jetzt noch ein Wort zu seinem Lobe beizufügen [...]. Seine fast unerreichbare Fertigkeit zeigte er abermals in den beiden Konzerten von Krommer und Müller (in Leipzig), ersteres aus G dur, letztes aus D moll; deren wahren Charakter er mit ächtem Kennerohr aufgefasst hatte und meisterhaft durchführte [...].« So enthusiastisch beginnt eine Rezension, die man »d. 2. September 1805« unter der Rubrik: ,Miscellen und Modenberichte' des »Journals des Luxus und der Moden« über den Auftritt des damals 36jährigen blinden Flötenvirtuosen Friedrich Ludwig Dulon lesen konnte.[1] An diesem Konzertabend hatte die Beziehung zwischen dem Flötisten und Wieland begonnen, der sich entschloß, dessen Autobiographie im Druck herauszugeben und ihm überschwenglich schrieb, seiner »von einem himmlischen Geist beseelten Flöte [...] die süssesten Stunden seines Lebens« zu verdanken.[2] Die Besprechung gehört zu den wenigen frühen Rezensionen aus dem Weimarer Konzertleben. Geschildert wird Dulons »nicht mit eigner schwülstiger Fantasie überladener Vortrag, das mit weiser Vorsicht angebrachte Tempo rubato, das cresc. und decrescendo des schönen, sich immer gleichbleibenden Glockentons, den er bis zur äussersten Zartheit unserm getäuschten Ohr in ein Echo überführte«.[3] Erst seit einigen Jahren konnte man dem Journal oder den »Weimarischen Wöchentlichen Frag- und Anzeigen« mehr oder weniger ausführliche Annoncen und »Concert-Anzeige(n)« entnehmen, in denen es heißen konnte: (16. Dezember 1798) Herr Hierling habe die Ehre »ein Concert auf seiner Glasglocken-Harmonica, in der Behausung des Hrn. Hof-Jäger Hauptmanns, zu geben«. Der Beginn wurde mit 18.00 Uhr angegeben und der 1. Platz kostete »8gr«, während der 2. für »4 gr.« zu haben sei. Billets seien beim Eingang sowie im Gasthof zum Elephanten zu erwerben.[4] Im Jahr 1800 las man die Meldung: »Mit gnädigster Erlaubniß wird Herr Bouvier

Musikus aus Regensburg Donnerstag den 16. d.M. auf dem Saal des Hrn. Hofjäger Hauptmann ein Concert auf dem Forte-piano geben. Der Anfang ist um halb 6 Uhr. Das Entrée 8 gr.«[5] Als Liebhaberkonzert wurde am 26. Januar 1803 die Vorführung eines »neu erfundenen Instruments« durch »Doctor Chladni aus Wittenberg« auf dem Stadthaus angekündigt.

Mit diesem oder ähnlichem Wortlaut warb die Presse um den Besuch der Hof- und Liebhaberkonzerte, die hier wie in anderen Städten und Residenzen allmählich zu einer regelmäßig stattfindenden bürgerlichen Einrichtung geworden waren. Diese Liebhaberkonzerte wurden auf Anregung Friedrich Hildebrand von Einsiedels im Jahr 1801 vom »Concertmeister Destouches« auf Subscriptionsbasis ins Leben gerufen und gaben den Liebhabermusikern sogar die Möglichkeit, aktiv daran teilzunehmen. Der Presse entnahm man daher Aufrufe wie den folgenden: »Am nächsten Dienstag, den 14. D. M. Abends 6 Uhr, wird das 3te Liebhaber Concert gegeben werden; weshalb diejenige Freunde deßelben, welche an der Ausführung Theil nehmen und ein Instrument dabey spielen wollen, hierdurch zugleich ersuchet werden, am Montag vorher, vormittags 9 Uhr, auf dem Stadthauße im Saale sich gefällig einzufinden und der Probe beyzuwohnen. Dem Verlangen der Freunde gemäß sind auf die 2 übrigen Concerts AbonnementsBillet bey mir zu haben. Destouches, Concertmeister«.[6]

Je nach Trägerschaft und Funktion fanden diese Konzerte im Hauptmannischen Redoutenhaus an der Esplanade, als sehr begehrte »Entreactes« im Komödienhaus, im Schieß- oder Stadthaus sowie exklusiv in den Festsälen und »Speisezimmern« des Wittumspalais, des Fürstenhauses und des neu erbauten Schlosses statt. Berichten und Briefen ist zu entnehmen, ob sie spektakulär aufgenommen wurden oder in welchem Maße sie der selbstverständliche Bestandteil der Assemblées nach der »Abend-Cour« waren, bei dem der Hof an Spieltischen platznehmen konnte.[7] Nach dem erstaunlichen Auftritt des Grenadiers und Maultrommelvirtuosen Franz Koch im Jahr 1800 jedoch, dessen Darbietungen die Weimarer nicht minder fesselten als die Klänge der Glasharmonika oder der Äolsharfe, schrieb ihm Herder enthusiasmiert ins Stammbuch: »Harmonische Luftgeister tönen dem Ohre, fernher nahend und entweichend in dieser Laute Flötenton.« Koch selbst sah sich bemüßigt, nach seinem sensationellen Erfolg in den Weimarischen Anzeigen eine Dankesadresse »An hiesige Musikfreunde« zu richten, in der es heißt: »Der gütige Beyfall, womit das verehrungswürdige Publicum mich so auszeichnend beglückt hat, fordert meinen ganzen Dank. Ich leiste ihn hier öffentlich, leiste ihn auch vorzüglich denjenigen geehrten Gönnern, welche so sorgsam dahin bemüht waren, mir ein zahlreiches Auditorium zu verschaffen [...]. Führt mich mein günstiges Geschick einst wieder in diese Gegenden; so soll mein erstes und dankvollstes Geschäft seyn, von den weiteren Fortschritten in meiner Kunst einem verehrungswürdigen Publicum öffentlich Rechenschaft abzulegen. Mit tief empfundenem Danke nenn ich mich aller hohen und geehrtesten Gönner verbundensten Franz Koch, der natürlichen Tonkunst Beflissenen auf der doppelten Mundharmonika.«[8]

Schon früh stand der Besuch der meisten größeren Hofkonzerte – wie der von Theaterveranstaltungen – den »Nichtadeligen« frei. Joseph Rückert kommentiert »dieses schöne Volksprivilegium« als »einer weisen Politik sehr gemäß« und führt aus, daß »auch hier [...] die Freunde des Gesangs immer nach vierzehn Tagen Gelegenheit (haben), die beliebte Virtuosin, Demoiselle Jagemann, aufs Neue zu bewundern«.[9] In den Räumen und Sälen, in denen diese Konzerte stattfanden, konnte man zwischen 100 und 500 Hörern Einlaß gewähren. Im Komödienhaus pflegte man die nicht zum Hof Gehörenden auf der Galerie zu plazieren. Wachen sorgten dafür, daß die Vermischung der Geschlechter verhindert wurde, die Damen ihre Plätze sitzend auf der ersten Reihe einnehmen und die Herren dahinter stehen konnten. Öffnete sich um 1800 das Konzertwesen zu einer profitablen gesellschaftlichen Einrichtung, in der es um die Bewunderung exzeptioneller Virtuosen oder Primadonnen ging, so waren bis zu diesem Zeitpunkt die Hof- oder privaten Konzerte nahezu ausnahmslos privilegierte Veranstaltungen geblieben, die weder der Programmzettel bedurften, noch der kritischen Beurteilung ausgesetzt wurden.[10]

Für deren Organisation und geschäftliche Durchführung war bis zu seinem Tode 1792 unter nicht immer leichten Bedingungen der Hofkapellmeister Ernst Wilhelm Wolf zuständig, die Direktion lag in den Händen des Konzertmeisters Johann Friedrich Kranz, später François Destouches. Kranz ist von 1781 bis 1787 auf eine Bildungsreise geschickt worden und hatte die musikalischen Zentren Süddeutschlands, Österreichs und Italiens besucht, später bezeichnete er sich selbst als Schüler Joseph Haydns (Abbildung 36). Ihm gelang es in seiner Eigenschaft als Leiter und späterer Hofkapellmeister, die Hofkapelle zu einem Leistungsstand zu bringen, der in zeitgenössischen Berichten mit dem Mannheimer Orchester verglichen wurde.[11] Wolf, der in vielen Fragen der Neuerungen auf einer konservativen Position verharrte, daher auch in Distanz zu Goethe blieb, brachte sich in das bewegte Musikleben der Stadt mit über 20 Singspielen, zahlreichen Kantatenkompositionen, Symphonien und Kammermusik ein und legte zudem Unterrichtswerke vor.[12] In den Jahren von 1775 bis 1787 führte er eine Korrespondenz mit dem Verlagshaus Breitkopf in Leipzig, in der es um die Belange der Kapelle, deren Notenbestände, freilich auch um einige Hofinterna ging. Diese wenigen Situationsberichte vermitteln uns leider nur eine umrißhafte Vorstellung von der damaligen Realität der Hofkonzerte, bilden jedoch zusammen mit einem Aktenkonvolut an »den fürstlichen Capellmeister Wolf allhier« und einem kleinen, nach 1945 erhalten gebliebenen Notenbestand nahezu die einzige Grundlage, auf die sich das derzeitige Wissen um dieses innerhöfische Detail stützt, abgesehen von den Berichten Beteiligter oder der zahlreichen Gäste.[13] Luise von Göchhausen etwa unterrichtet in dem ihr eigenen spöttischen Ton den unermüdlich an der Seite der Herzogin tätigen Friedrich von Einsiedel am 11. November 1793: »[...] meist alle Woche ist kleines Concert, und der alte Goore accompagniert, er hofft, daß Mons. Einsiedel und er diesen Winter alternativement wöchentlich Concert haben werden, da die übrigen pp Interessenten theils an der Taubheit oder an einen anderen Sinne leiden.«[14] Ein Jahr nach dem Tod Wolfs, der zunehmend kränkelte und depressiv geworden war, zeichnet sie das Bild von einer klein gewordenen internen Interessentenrunde, während der Page Karl von Lyncker die glänzenden Konzertereignisse beschreibt, die der Hof »stets in dem großen Saale gab«. In seinem Text heißt es weiter: »auf die Kapelle wurde ein fortwährendes Augenmerk gerichtet, weil die Herzogin- Mutter selbst musikalisch war und komponierte. Den Konzertmeister Kranz hatte man große Reisen machen lassen, von denen er als ausgezeichneter Künstler wieder zurückkam.« Lyncker ergänzt seine Ausführungen durch einen Blick auf die formalisierte Hofhaltung Herzog Carl Augusts: »Auch gab (die Frau Herzogin, wenn der durchlauchtigste Gemahl abwesend war, wie gewöhnlich) Sonntags Cour und Konzerts, sowie zwei Tage wöchentlich Spiel. Dies wurde den Zutrittsdamen sowie den fremden Herren und Damen nur angesagt; dagegen erhielten ihrer zwei der übrigen Einladungen. Bei der Sonntags = Cour aber wurde Niemand eingeladen; der ganze Adel beiderlei Geschlechts hatte unbedingt Zutritt [. . .]«.[15] Daß »berühmte Virtuosen [. . .] nicht selten Weimar« besuchten, wird ebenfalls erwähnt, wobei ihm der Auftritt der gefeierten Sängerin Mara besonders »im Gedächtnis« geblieben war, die erstmals am 21. Juli 1778 hier gesungen hatte und erneut zu Beginn des Jahres 1803 gegen eine Stargage auftrat. Ihr war der Ruf der gefeierten Primadonna so sehr vorausgeeilt, daß nach dem Bericht von Christian August Vulpius der »große Saal im Schloß [. . .] zum Einbrechen voll« war.[16] Des Abends sang sie »in einem kleinern, auserwählten Kreise bey der verwittweten Frau Herzogin Mehreres in höchster Simplizität, wobey sie gewiss eben so gross erschien, als in den brillantesten Partien des Konzerts,« so las man wenig später in der Leipziger »Allgemeinen Musikalischen Zeitung« und muß annehmen, daß zu ihrem Repertoire auch Lieder gehörten.[17]

Konzerte bewegten sich mithin auf verschiedenen Ebenen: sie gehörten sowohl zum repräsentativen Divertissement, als auch zu den intimen, auf die Herzogin bezogenen, »kleinen« Unterhaltungen: »blos Akademie de musique vor dem Clavier« oder, wie vor allem in Tiefurt, »académies de musique«. Man verstand sie entweder als festliche Darbietung

oder als jenes gesellige Miteinander, das sowohl Solovorträge, als auch das gemeinsame Singen und Musizieren in kleinem Kreise erlaubte, das der Mitwirkung nur einiger Hofkapellisten bedurfte. Bei diesen Gelegenheiten konnten sich die Kammermusiker des Hofes oder geladene Solisten vor einer ausgesuchten Kennerschaft hören lassen. Wolf schrieb am 23. Januar 1775 an Breitkopf über einen seiner eigenen Auftritte: »[. . .] Ich habe gestern ein Clavierkonzert von mir im galanten Stil zur Probe bey Hofe gespielt, wo es so gefallen hat, dass der grosse Wieland selbst vor Entzücken einen grossen Luftsprung gemacht hat.«[18] Im Jahr der Anstellung Wolfs, 1761, trug der beim Preußenkönig Friedrich II. als Konzertmeister in Dienst stehende Geigenvirtuose Franz Benda auf seiner Durchreise im Schloß Belvedere seine gerühmten »Solos auf der Violine« vor. Eine mit ihm reisende Tochter, die Sängerin und Pianistin Maria Carolina, spielte »etliche Concerts auf dem Flügel« und sang einige Arien von Johann Adolph Hasse und Heinrich Graun, nach deren Vortrag sie von der Herzogin eine Anstellung als Kammerfrau und Vokalistin erhielt. Fortan spielte sie eine dominante Rolle im Konzert- und Theaterleben und verheiratete sich 1770 mit Ernst Wilhelm Wolf.[19] Aus Paris kam im Jahr 1784 das Waldhornisten-Duo Johann Palsa und Carl Türrschmidt, über das Wolf am 11. Februar an Breitkopf nach Leipzig berichte: »[. . .] bei der Probe hatte ich das Vergnügen die beiden pariser Waldhornisten Palsa u. Türrschmidt, die eben zugegen waren, nebst dem Herrn Hofrath Wieland Thränen vergiessen zu sehen, welches sie mir nachher auch selbst sagten [. . .]«.[20]

Daneben etablierten sich die zu subskribirenden bürgerlichen Virtuosen- oder Liebhaberkonzerte, die »mit gnädigster Erlaubniß« angekündigt und durchgeführt wurden, bisweilen verbunden mit einem anschließenden Ball, den man »besonders mit 8 gGr. Entree« zu bezahlen hatte.

Daß diese zahlreichen, an Samstagen oder Sonntagen stattfindenden Konzerte gern besuchte Ereignisse waren, zeigt ein Blick in Goethes Tagebuch. Mit Ausnahme der Sommermonate nahm er monatlich an mindestens einer, meist aber an zwei Konzertveranstaltun-

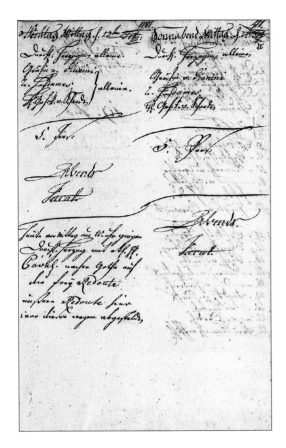
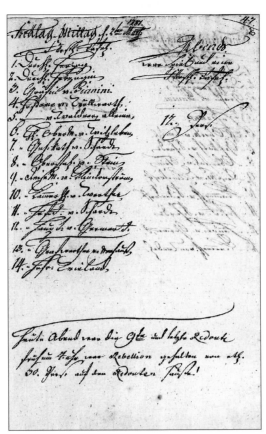

Abb. 83/84
Aus dem Hausarchiv Herzog
Carl August E, Nr. 30, Fourierbuch 1781 mit Eintragungen vom 23./24. Februar
und 2. Mai
THSA

gen teil. Im Jahr 1780 etwa notierte er unter dem 19. Januar »bey [Anna Amalia] Conzert. Alexanders Fest«, am 20. Februar heißt es: »abends im conzert«, am 23. Februar: »Bey [Anna Amalia] im Concert«, am 5. März: »Abends Conzert« oder am 23. März: Hälfte der Helena (J. A. Hasse) bey [Anna Amalia], am 24. März »abends »Helena« andere Hälfte gehört«.[21] Auch Wieland und Herder fanden sich regelmäßig bei den Hofkonzerten ein und entschuldigten sich förmlich, wenn sie einer Einladung fernbleiben mußten.[22] Während der Besuche illustrer Gäste konnten die Hofkonzerte im Wechsel mit Oratorienaufführungen sogar täglich stattfinden, wie Kapellmeister Wolf schreibt, der seinem Verleger am 27. März 1782 berichtete: »Graf Moritz von Brühl ist mit Frau Gemahlin hier. Es ist deswegen täglich Konzert. Ich muss am hiesigen Hofe immer etwas Neues bringen u. spielen [...]«.[23] Über die Veranstaltungsdichte sind wir vor

allem unterrichtet durch die amtlichen Protokolle in den Fourier- Büchern, durch die das Hofleben stichwortartig dokumentiert wurde (Abbildungen 83/84).[24] Dem vollständig im Dokument 8 des XII. Kapitels mitgeteilten Fourierbuch des Jahres 1783 sind in den Monaten Januar bis März zu entnehmen: »1. Jan. Cour u. Concert [...] 6. Febr. Der Hof Mittags u. Abends bei Amalia, wo auch Concert [...] 9. März 1783: »Kirchgang d. Herzogin, 6 Uhr Cantate der Hofmusik, Abendmusik für die Herrschaft, desgleichen von 8 bis 9 Uhr von den Jenaer Landsmannschaften unter Überreichung eines Carmens [...] 19. März Der Hof z. Theil bei Amalia, wo Abds. auch Concert.« etc.[25]

Diesen Mitteilungen kann man zwar die Zahl der Veranstaltungen entnehmen, die sich auf die beiden Hofhaltungen, das Fürstenhaus und das Wittumspalais der Herzoginmutter verteilten und ergänzt werden könnten durch

Kapellakten, denen die Modalitäten zu den abzuhaltenden Proben zu entnehmen sind, man erfährt jedoch weder über die Abläufe dieser Abende, noch die Ausführenden etwas Näheres. Details verbergen sich meist in Berichten wie dem aus der Feder Friedrich und Christian zu Stolbergs, die schreiben, daß während ihres Besuches im Fürstenhaus 1776 »Von 7–9 Uhr« Konzert gewesen sei oder bis »Vingt-un gespielt« wurde.[26] Anders als das Theater, das durch Programmzettel gut dokumentiert ist, drang üblicherweise aus dem hofinternen Konzertleben nur weniges nach außen, so daß es nur lückenhaft darstellbar ist.[27] Kolportiert wurden die Unstimmigkeiten und heftigen Rivalitäten, zu denen es etwa nach der Bestallung der Seylerschen Schauspielergesellschaft (1771) mit ihrem Kapellmeister Anton Schweitzer kam, die gar zu Parteienbildungen zwischen ihm und dem amtierenden Wolf führten. Sie dürften ihn ebenso unter Erfolgsdruck gesetzt haben, wie die Anwesenheit Goethes, über die er selbst schreibt: »Nun ist aber seit Goethes Ankunft Alles original geworden; da dacht ich, du mußt doch auch suchen, original zu sein!«[28] Von diesem Zwang, »original« sein zu sollen, obwohl er glaubte, »es gäbe nichts Höheres in der Welt als Bach, und ein Klavierkomponist könne und müsse auf nichts Anderes denken«, ist die Diktion seines Briefverkehrs mit dem Leipziger Verleger Bernhard Theodor Breitkopf, seinem Ansprechpartner in allen Fragen der Notenbeschaffung, geprägt. Aber auch der Ehrgeiz, sich mit attraktiven Konzertprogrammen bei Hofe gegen seine Kritiker zu profilieren, ist unüberhörbar.

Aus seinen Notenwünschen und verstreuten Nachrichten entsteht ein vages Bild von Veranstaltungen, die üblicherweise aus dem Wechsel von Instrumental- und Vokalbeiträgen bestanden. Namentlich nach der Bestallung von Corona Schröter und Caroline Jagemann dürfte auch in diesem Zusammenhang der Vortrag von Arien aus Opern und Oratorien dominant gewesen sein. Zu einem besonderen Ereignis war die Wiedergabe Giovanni Battista Pergolesis »Stabat mater« geworden, das mehrfach aufgeführt und zu einem zentralen Werk für Wieland wurde. Es mag aber auch alles erklungen sein, was die

Hofmusiker »für die Kammer« komponierten. Daß sich die Herzogin als Cembalistin, wie auch als anspruchsvolle Flötistin keineswegs in die passive Konsumentenrolle zurückzog, sondern ebenso wie in allen übrigen Belangen ihrer Hofhaltung auf Novitäten erpicht war und aktiv ihre eigenen Kompositionen, etwa ihre Solokonzerte (Abbildung 81) für die Konzerte und Akademien vorbereitete, scheint ebenfalls sicher zu sein. So erfahren wir aus dem Schreiben, das Wolf am 23. Februar 1774 an Breitkopf richtet: »Die Durchl. Herzogin geben mir Ordre bei Ew. Hochedelgeboren mich zu erkundigen, ob nicht Duetten auf die Flûte Traversière von Reinhardt bey Ihnen zu haben wären?[29] Und wenn Ew. Hochedelgeb. davon besitzen sollten, um 6 od. 12 geschrieben od. gedruckt zu bitten [...]«.[30] Besonders informationsreich ist der Brief, der am 29. Dezember 1774 an den Leipziger Verleger ging, um ihn wissen zu lassen, auf welche Resonanz eine Auswahlsendung von Musikalien gestoßen war und was er sich nach der kritischen Sichtung seines thematischen Kataloges, eines damals noch relativ neuen Mediums der Musikpublizistik, in Zukunft wünschte: »Die Symfonieen, ausser der von Pichl[31] und ausser den Menuetten dabei haben uns wohl gefallen. Menuetten spielen wir hier nicht im Konzert, u. die Symfonie von Pichel war uns zu Komisch. Das Divertimento von Haydn[32] kam der Frau Herzogin zu altväterisch vor und wollte deshalb nicht schmecken. Das Quintetto von Schmidt[33] ist hier schon zu bekannt, als dass ich es bei Hofe hätte produzieren können. In dem Concertino von Hofmann[34] habe ich gesunden Menschverstand angetroffen u. es deswegen copiren lassen. Die Oper von Guglielmi[35] können wir nicht brauchen, weil sie Komisch ist. Über die ganz vortrefflichen Werke des Herrn Uber[36] – ja – die besitz ich alle selber. Ew. Hochedelgeboren werden doch auch ernsthafte Opern von Galuppi[37], Traetta[38], Sacchini[39], Majo[40] oder etwas von dem neueren Componisten Baisello[41] haben; da möchte wohl etwas für uns dabei zu finden sein. Der Ritter Gluck fängt auch an berühmt zu werden. Die Quartetten von Goßec[42] mit einer Flaut, Violin, Viola et Basso, nach u. nach zu erhalten wäre uns angenehm. Die Frau Herzogin spielen die Flöte und wünschte gerne ein halb Dutzend Concerte von Hoffmann vor dieses Instrument zu besitzen [...]. Etwas vom Londoner Bach[43] würde gut tun; die neuesten, in Kupfer gestochenen Clavierkonzerte von ihm hab ich auch; Synfonieen von Eichner[44] wünschte zu besitzen. Es ist so schlimm dass man aus dem Thema nicht das ganze Stück übersehen kann, sonst würde ich aus den Catalogen vieles ausziehen. Ich überlasse es aber Ew. Hochedelgeb. was Sie uns schicken wollen, und bitte soviel als möglich n e u e Sachen zu senden. Sie erhalten hier noch den letzten Akt vom Abend im Walde [...]«.[45]

Diese sondierende und selektierende Sichtung der Breitkopfschen Musikalien, die auffallende Wiederholung der Bitte um »neue Sachen«, die Mischung aus Opernneuerscheinungen und Instrumentalwerken, vermittelt uns ein Bild von den Wünschen, die es zu berücksichtigen galt, den Möglichkeiten und den Besetzungspräferenzen. Bläserbesetzungen spielten durch das Oboistenkorps, das ihm zur Verfügung stand, eine ebenso große Rolle wie seine Bemühungen, die Herzogin mit der damals aktuellen Konzert- und Kammermusikliteratur für und mit der Traversflöte zu versorgen, die sie selbst oder der von ihr in Dienst genommene Flötist Johann Friedrich Steinhardt realisierten. Sie zeigt, wie sehr man auf die Vielfalt des Musikangebots aus Neapel, Wien oder London erpicht war und daß man bereits ein offenes Ohr für das Werk Christoph Willibald Glucks hatte, der an vielen Höfen zu diesem Zeitpunkt noch unbeachtet war. Daß man die Divertimenti des damals 42jährigen Joseph Haydn als »altväterisch« abtat, mutet befremdlich an, paßt jedoch zu dem wiederholt in den Briefen formulierten Vorsatz, unbedingt »neu« sein zu wollen. Dieses »Neue« konnte freilich auch die wiederentdeckte Musik älterer Meister sein, etwa wenn Wolf am 27. März 1782 nach der wiederholten Aufführung des »Messias« von Georg Friedrich Händel – mit dem Text Herders – den Verleger wissen läßt, daß »des Herzogs Durchl. um mehrere Stücke von Händel« gefragt habe, »ich schlug ihm vor, und er befiehlt mir ihm kommen zu lassen unter anderm den Judas Maccabäus. Haben Sie die Partitur davon . . .«[46]

In das Gesamtbild der produktiven, auf Reflexion bedachten Atmosphäre an diesem Hof fügt sich, daß Neuzugänge von Musikalien mit den Musikern in einem »Consilium« der Herzogin begutachtet wurden, über das Wolf nach der Annahme neuer Kompositionen von Bernhard Breitkopf am 9. März 1775 nach Leipzig berichtet: »[...] bravissimo dem Herrn Magister Breitkopf [...] brillante Melodien vors Clavier und wohlausgesuchte, mit feinem Ausdruck zu Gesang begleitete Lieder, die ich bei unserer Unterhaltung bewunderte«[47] Auch das Faktum ist bemerkenswert, daß die Herzogin offenkundig nicht bereit war, jede »Dedication« von Werken entgegenzunehmen, sondern durchaus derartige Ansinnen ablehnen konnte. Warnend schreibt Wolf an Breitkopf im gleichen Brief: »Herr Uber – wie! – er lässt wirklich was drucken! – Doch nicht eine Dedication an die Herzogin? Da bekäm ich meine liebe Noth.«

Diese relativ wenigen Informationen machen einmal mehr deutlich, daß man sich in Weimar ein großes Repertoire an aktuellen Musikwerken erschloß, das der Hof gewohnt kritisch rezipierte. Daß die Informationen über das Konzertwesen dennoch ungleich spärlicher ausfallen, als diejenigen, die über das Hoftheater erhalten sind, scheint zu bestätigen, daß man vor allem in repräsentativen Konzerten kaum mehr als die zur Aura eines Hofes gehörigen Divertissements sehen wollte. Instrumentalmusik spielt in der Musikanschauung Wielands, Herders und vor allem Goethes eine nur untergeordnete Rolle – selbstredend zogen alle Formen der Vokalmusik größeres Interesse und Anteilnahme auf sich. Lange wurde unter den Literaten der Herdersche, noch 1796 in den Humanitätsbriefen wiederholte Satz geteilt: »Musik ohne Worte setzt uns in ein Reich dunkler Ideen,«[48] eine Beurteilung, zu der auch Goethe in »Wilhelm Meisters Lehrjahren« gelangte, wenn er schrieb: »Melodien, Gänge und Läufe ohne Worte und Sinn scheinen mir Schmetterlingen oder schönen bunten Vögeln ähnlich zu sein, die in der Luft vor unsern Augen herum schweben, die wir allenfalls haschen und uns zueignen möchten.«[49] Vehement wetterte er im gleichen Werk vor allem gegen »die eitle Musik der Konzerte, in denen man allenfalls zur Bewunderung eines Talents, selten aber auch nur zu einem vorübergehenden Vergnügen hingerissen« werde. Die Verabsolutierung der Wort-, Ton- oder Tanzkunst zu Einzelkünsten bedeutete, wie an anderer Stelle bereits betont wurde, den Verlust des Leitbildes von einem »zusammenhangend lyrischen Gebäude [...] in welchem Poesie, Musik, Action, Decoration Eins sind« (Herder). Erst kurz vor seinem Tode rückte Herder von dieser Haltung zugunsten einer verständnisvolleren Einschätzung der Emanzipation der Künste, also auch der Instrumentalmusik ab. Bis zum Zeitpunkt einer gründlichen Neuorientierung aber, die zwar mit der Berufung August Eberhard Müllers begann, jedoch erst nach der Berufung des Klaviervirtuosen Johann Nepomuk Hummel (1819) in das Amt des Hofkapellmeisters und nicht zuletzt unter dem allgemeinen Druck von außen eingeleitet werden konnte, begegnete man vielen Entwicklungen skeptisch, die andernorts längst den Ton angaben. Im »geistig erhebenden und glücklich machenden« eigenen Gesang und Musizieren wurde die Erfüllung gesehen, in den von Luise von Göchhausen erwähnten »kleinen Concerten«, zu denen auch Goethe nicht selten eine begrenzte Zahl von Zuhörern in sein Haus am Frauenplan lud.

Daß indes trotz dieser eigengeprägten Situation die Weimarer Hofkapell- und Konzertmeister sowie die Kapellisten die Konkurrenz der anreisenden illustren Kollegen nicht zu scheuen brauchten, geht aus der Tatsache hervor, daß nicht wenige von ihnen über ihre Tätigkeit am Ort hinaus Verbindungen zu anderen Hofhaltungen und Städten außerhalb des Herzogtums unterhielten, es zu einem regen Austausch insbesondere mit Städten wie Berlin oder Leipzig kam. Auch wenn der Radius ihrer Präsenz meist eingeschränkt blieb, kann man etwa in der Concert – Chronik von Frankfurt am Main am 13. April 1776 lesen: »Nächsten Sonntag den 14. April werden sich abermalen die hier anwesenden Herren Virtuosen, wie auch der Hochfürstl. Weymarische Cammer-Virtuos Herr Hofmann auf der Hautbois mit verschiedenen Veränderungen in dem Bekannten Concert-Saal des rothen Hauses hören lassen.«[50] Ab 1782 gastierte Demoiselle Corona Schröter wiederholt im Leipziger

»Großen Konzert« ihres ehemaligen Lehrers Johann Adam Hiller, in dem sie als Vierzehnjährige ihre ersten großen Erfolge gefeiert hatte. Rückert berichtet 1799 von den Berliner Gastspielen der Caroline Jagemann sogar, daß man bei ihrem Können »die Mara« vergessen und aus der Hauptstadt geschrieben habe: »Seitdem man die Demoiselle Jagemann singen gehört, wisse man dort erst, was singen wäre.«[51] 1803 konzertierte im renommierten Haus des Leipziger Gewandhauses auch der Hofmusicus Schlömilch auf der Klarinette, der in den ‚Direktoriums – Acten‘ bisweilen genannt wird, sang nach 1809 das Ehepaar Werner oder trat der Bassist Karl Strohmeyer in einem der »großen Konzerte« auf, ebenso der junge, durch die Großherzogin geförderte Flötist Johann Christian Lobe. Daß man in der Reichardtschen »Berlinischen Musikalischen Zeitung« von 1805 eine ausführliche Würdigung des Auftretens von Wilhelm Ehlers in »Halle, den 2ten Mai.« lesen konnte, entsprach zwar dem Reichardtschen Interesse, ist jedoch angesichts der Seltenheit von Beschreibungen von Liederabenden eine bemerkenswerte Rarität: »Herr Ehlers vom Weimarischen Hoftheater gab gestern hier ein Concert«, so heißt es in dem Bericht, »welches sich durch eine sehr angenehme Eigenschaft auszeichnete: es war nemlich weit unterhaltender, als dergleichen Concerte gewöhnlich zu seyn pflegen, und zwar vornehmlich durch schöne Romanzen und Volkslieder, welche Herr E. ohne weitere Begleitung zur Guitarre sang. Man muß diese freilich mit so viel Ausdruck und Wahrheit und so deutlich vortragen, wie Herr E.; [...] An der Art, wie Herr E. Romanzen und Lieder von Zelter und Reichardt vorträgt, erkennt man leicht, daß er aus der Deklamationsschule des großen Weimarischen Meisters ist, und daß er den Sinn und Willen der Componisten kennt [...]«.[52] Im Dezember 1805 heißt es im gleichen Blatt, daß sich in den »Assembleen« des Leipziger Beygangischen Museums »ein junger Virtuose, erst vierzehn Jahr alt, Götze aus Weimar, mit Campagnolischen Variationen, auf der Violine zu allgemeiner Freude hören« ließ, ein Violinist, der zu Louis Spohr geschickt worden war und nach seiner Rückkehr nach Weimar auch hier gefeiert wurde.[53]

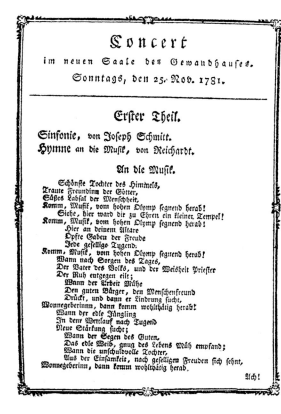
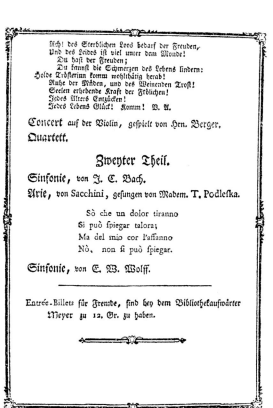

Abb. 85
Konzertzettel aus dem
Gewandhaus in Leipzig
vom 25.11. 1781

Von dem »Weimarischen Wolf«, wie ihn Carl Friedrich Zelter nannte, wurden nach 1780 häufig Sinfonien, Kantaten und Lieder aufgeführt, die auch in Hannover und Berlin auf den Konzertzetteln erschienen (Abbildung 85).

Diese Kontakte nach außen genossen offenkundig eine großzügige obrigkeitliche Unterstützung, wie man einer kleinen Schrift entnehmen kann, die Wolf nach Abschluß einer 1782 unternommenen Kunstreise in Weimar niederlegte und unter dem Titel edierte: »Auch eine Reise, aber, nur eine kleine musikalische in den Monaten Junius, Julius und August 1782, zum Vergnügen angestellt, und auf Verlangen beschrieben und herausgegeben von Ernst Wilhelm Wolf, Herzogl. Sächs. Weimar. Kapellmeister.«[54] Er schildert darin deren Stationen, die in der »gnädigsten Erlaubniß [...] Sr. Königl. Hoheit« (Friedrich II. von Preußen) gipfelten, sich im »Königl. Garten, wo im Sommer das Konzert im Organgenhause gegeben wird, Höchstdenenselben un-

terthänigst zu Füßen legen zu dürfen, und nachdem sie mir unter anderen den gnädigsten Befehl gegeben hatte, von meinen selbst gesetzten Musikstükken auflegen zu lassen, wurde das Konzert beim Eintritte Ihrer Königl. Hoheit der Kronprinzeß mit einer meiner Sinfonien eröfnet. Ich fande nicht allein das Orchester verstärkt, und bei allen Streich- und Blasinstrumenten, bis zu den Pauken, gehörig und gut besetzt, sondern wurde bei der Ausführung dieser Sinfonie auch eine Präzision in Rücksicht der Accente und übrigen Nuancirung gewahr, dergleichen ich 6 Jahre vorher in Mannheim und Schwetzingen nicht gehört hatte. Der Ton, im ganzen genommen, gebahr das Gefühl von Würde und Hoheit; die Tempo's wurden prima vista in der äußersten Richtigkeit angefangen [...]. Die tiefe Stille unter einigen Hundert Zuhörern, welche mehrtheils aus Kriegs Helden bestunden, und das aufsteigende frohe Lächeln in ihren Gesichtern, gab mir den sichersten Beweis, daß Gott Mars nicht allein Kriege und Schlachten regiert, sondern auch wahren Gebrauch von der Musik zu machen weis [...]«.[55]

Den Wandel, der sich in der Institution Hofkonzert nach dem Tode Wolfs vollzog, erlebten freilich die meisten, die zum Hof Herzogin Anna Amalias gehört hatten, nicht mehr. Von denjenigen, die einst ihr »Goldstück zu Anderer Scherflein gelegt« hatten, wie Luise von Göchhausen am 11. Februar 1782 an Heinrich Merck nach Darmstadt schrieb, um ihm von den Maskenzügen Goethes zu schwärmen, war es nur noch er, der Zeuge auch dieser Entwicklung wurde. Und wenn er auch zu den ein oder anderen Aktivitäten der ersten Jahrzehnte an diesem »Musenhof« in kritische Distanz gerückt war, so holte ihn die Erinnerung an Gewesenes spätestens am 3. September 1825 ein. An diesem Tag beging man nicht nur – wie alljährlich – den Geburtstag des Großherzogs Carl August, sondern zelebrierte auch das 50jährige Regierungs- und Vermählungsfest des Fürstenpaares. Goethe war »unter den Ersten, welche dem Jubelfürsten ihre Glückwünsche darbrachten«, so heißt es in einer Schilderung: »Dies geschah in dem im Park gelegenen Römischen Hause, welches der Großherzog gewöhnlich den Sommer hindurch bewohnt und wo sich außer den Kavalieren auch die Kapelle eingefunden hatte, welche letztere den Großherzog bei seinem ersten Erscheinen mit einer Kantate von Hummel begrüßen sollte [...].

Das Zusammentreffen des Großherzogs an seinem Jubiläumstage mit Goethe war der Moment, der den Gefeierten sichtbar am meisten erschütterte. Mit beiden Händen hatte der Großherzog Goethes Hände ergriffen, der vor Rührung nicht zu Worte kommen konnte und endlich nur sagte: ›Bis zum letzten Hauch beisammen!‹ Der Großherzog zeigte bald wieder Fassung und ich hörte: ›O achtzehn Jahr und Ilmenau!‹ Es folgten Erinnerungen an jene Vergangenheit und in höchster Lebendigkeit schloß der Großherzog seine erste Rede mit der Wendung: ›Gedenken wir aber dankbar besonders daran, daß uns auch heut noch erfüllt ist, was uns einst in Tiefurt vorgesungen wurde:

›Nur Luft und Licht
Und Freundeslieb' –
Ermüde nicht
Wem dies noch blieb!‹

›Dies Dreifache gab mir, was ich gegeben!‹, antwortete Goethe, den die innerste Bewegung noch nicht verlassen hatte, als ihn der Großherzog umarmte und dann zu einem Fenster hinzog, wo beide leise sprachen, so daß nur die letzten Worte des Großherzogs zu vernehmen waren: ›Ich werd' es ja erleben!‹. Wie man später erfuhr, so bezogen sich diese Worte auf die Jubelfeier der Ankunft Goethes in Weimar, über welche der Großherzog an diesem Tage eine Bestimmung traf.«[56]

Kapitel XII

Christoph Michel

Zeitgenössische Texte
15 kommentierte Dokumente

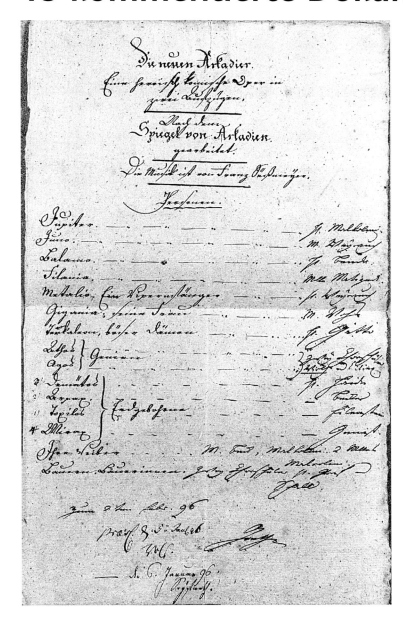

Abb.86
Theaterzettel zur Oper »Die neuen Arkadier«
vom 2. Februar 1796
Schreiber-hs. mit eigenh. Zusätzen von Goethe
GMD

1 Christoph Martin Wieland: Inhalt des Librettos zu dem Ballett »Idris und Zenide« (1772)

Idris und Zenide
Ein heroisch-komisches Ballet.
Der Entwurf von H. *Wieland*, die Ausführung vom Balletmeister C. *Schulz* zu Weimar 1772.

Allgemeiner Inhalt.

Idris, ein junger sehr liebenswürdiger *irrender Ritter*, liebte Zeniden, eine junge Fee, welcher, um die vollkommenste Person ihres Geschlechts zu seyn, nichts als die *Fähigkeit zu lieben* fehlt. Idris, von dem sie angebetet wird, besitzt ihre Freundschaft, ihr Vertrauen; aber er will *Gegenliebe*, und dazu ist ihr Herz (vermöge einer sonderbaren Bezauberung, worunter sie sich befindet) gänzlich unfähig. Idris, der in der Verzweiflung über ein so seltsames Unglük seine Zuflucht zu einem Orakel nimmt, erhält die Antwort: Es befinde sich in irgend einer Gegend der Welt eine marmorne Bildsäule, welche Zeniden vollkommen gleiche; diese sollte er aufsuchen, und wenn es ihm glükte diese Bildsäule zu beleben, so würde Zenidens Bezauberung aufhören, und er würde durch ihre Liebe zum Glüklichsten der Sterblichen werden. Idris entschließt sich, dem Orakel zu gehorchen; er verläßt Zeniden, um ihre Bildsäule aufzusuchen. Die Abendtheuer, welche ihm bey dieser Unternehmung aufstoßen, die Prüfungen, welchen seine Treue gegen Zeniden ausgesetzt ist, und der glückliche Erfolg, womit dieselbe endlich bekrönt wird, machen den Gegenstand des gegenwärtigen Ballets aus, der aus dem bekannten Gedichte, *Idris und Zenide* geborgt ist. *Personen des Ballets*: *Idris*; Herr Schulz. *Zenidens Bildsäule*, oder nach erfolgter Belebung, *Zenide* selbst; Mad. Courtée. *Amöne*, eine schöne Salamandrin; Mad. Mecour. *Flox*, ein junger Salamander, Liebhaber der Amöne; Herr Bök. *Eine Nymphe*; Mamsell Niebuhr. *Ein junger Faun*; Herr Meyer. Zephyre, Amoretten, Nymphen, und verschiedene Elementargeister in grotesken Larven, als Figuranten.

Inhalt der Scenen:

Erster Aufzug.
1. Scene. Der Schauplatz stellt ein Seeufer vor. Jenseits der See zeigt sich in der Ferne eine anmuthige Insel. *Idris*, nach einer schlaflosen Nacht, die er auf der Insel seines Freundes Zerbin zugebracht, irret, voller trauriger Gedanken an Zeniden und das widrige Schiksal seiner Liebe, am Ufer umher. Er scheinet unter dem Nachdenken über das letztere an dem Erfolg seiner Wandrung zu verzweifeln, und sein pantomimischer Tanz drükt die Leidenschaften, welche sein Herz wechselsweise bestürmen, und den Übergang von Furcht zu Hofnung, und von dieser zu Muthlosigkeit und zärtlicher Verzweiflung, aus. Endlich erblikt er jenseits der See eine Insel, und in dem nehmlichen Augenblik trift ihn der Gedanke, daß dies der Ort sey, wo er Zenidens Bildsäule finden werde. Diese Einbildung versetzt ihn plötzlich in die lebhafteste Freude. In dem er sich begierig um ein Fahrzeug umsieht, welches ihn an das entgegen stehende Ufer hinüber bringen könnte, steht ein vergoldeter Muschelnachen vor ihm, von einem Liebesgott regiert, der ihm freundlich winket einzusteigen. Idris danket der Liebe für einen so dauerhaften Beystand, steigt ein und überläßt sich Amorn und den Winden. *2. Scene.* Die Scene verwandelt sich, in dem Augenblik da Idris das andere Ufer betritt, in eine fürchterliche Wildnis; eine dike Finsternis umgiebt ihn; Raubthiere und Ungeheuer heulen ihm entgegen; Donner und Blitze stürmen in der Luft, und aus dem Abgrund steigen Höllenlarven herauf. Idris dessen Bestürzung stufenweise wächst, nimmt in der äußersten Verlegenheit endlich seine Zuflucht zum Bildnis der Zenide, welches er bey sich trägt, und auf einmal verschwinden die Ungeheuer und die Luft klärt sich wieder auf. *3. Scene.* Die Scene verwandelt sich unter dem wollüstigen Getöne sanfter Flöten in die anmuthsvollste Gegend; Zephyre und Amoretten gaukeln um Idris her, umwinden ihn mit einer Blumenkette, und ziehen ihn wider Willen in eine Laube, wo eine junge Nymphe mit verführerischem Lächeln ihm eine Schaale voll Götterwein anbeut. Eine andere Nymphe, von einem jungen Faun verfolgt, erblikt, indem sie dem-

selben zu entfliehen sucht, den Idris, stutzt, erkennt ihn und fliegt in seine Arme. Idris, der sie gleichfalls erkennt, strebt sich von ihr loszuwinden; er entflieht ihr endlich, nicht ohne Mühe und Kampf mit sich selbst, nachdem ein Blik auf Zenidens Bild ihn stark genug gemacht hat, diesen Sieg über seine Begierden zu erhalten. *4. Scene.* Der fliehende Idris entdekt, zwischen einem Gesträuche von Rosen und Myrthen einen Dom von edler Bauart, in dessen Mitte eine schöne Bildsäule, mit einem Schleyer leicht bedekt, sich erhebt. Eine süsse Bestürzung sagt ihm, daß dies die Bildsäule sey, die er schon so lange gesucht hat; aber der Gedanke, daß das Glük seiner Liebe von Belebung dieses Marmors abhange, und die Unmöglichkeit dieser Bedingung, setzt ihn bald aufs neue in Unruhe und Zaghaftigkeit. Indessen erblickt ihn die Fee Amöne, welche bey Zenidens Bild Wache zu halten bestellt ist, durch das Gesträuche; ihre Bewegungen verrathen eine angehende Leidenschaft. In der Ungewißheit was sie thun soll, und aus Furcht, von Idris wahrgenommen zu werden, verstekt sie sich in die Bildsäule, und erwartet in diesem Posten, unsichtbar die Annäherung von Idris. *5. Scene.* Idris nähert sich zwischen Furcht und Hofnung der Bildsäule; zitternd wagt er endlich den Schleyer von ihrem Gesichte wegzuziehen, erkennt Zeniden, bebt zurüke, schwebt etliche Augenblike in unbeweglicher Entzükung mit ausgebreiteten Armen vor ihr, nähert sich wieder, wirft sich ihr zu Füssen, und umarmt ihre Knie mit einer Innbrunst, welche zu beweisen scheint, daß er sie durch das Feuer seiner Empfindungen zu beleben hoffe. Wirklich giebt die Bildsäule, durch Amönens Wirkung, einige Lebenszeichen von sich; sie sieht den Idris mit Zärtlichkeit an, und ihre Arme breiten sich allmählig aus, als ob sie ihn umarmen wollte. Idris drükt durch seine Bewegungen den höchsten Grad der freudigen Bestürzung und des zärtlichen Entzükens aus. Aber Amöne, welche sich inzwischen eines andern besonnen hat und es ihrer unwürdig findet, Idris Liebe unter einer fremden Gestalt erschleichen zu wollen, bereitet ihm neue Prüfungen zu. Indem er wieder zurük eilt, sich durch eine neue Umarmung von dem Leben der geliebten Bildsäule gewiß zu machen, steht auf einmal alles rings

um ihn in Feuer, und unter einem starken Donnerschlag verschwinden Dom, Bildsäule und Ritter.

Zweyter Aufzug.

1. Scene. Der Schauplatz verwandelt sich in eine bezauberte Gegend, wo Idris einem glänzenden Pallast gegenüber sich versetzt findet, und sein Erstaunen über ein so unerwartetes Abentheuer zu erkennen giebt. Vier junge Nymphen kommen nach und nach aus dem Pallast hervor, und bezeugen ihre Freude über seine Ankunft. Seine Verwunderung steigt auf den höchsten Grad, da zuletzt auch Amöne, mit allem Schimmer blendender Reitzungen umgeben, an der Hand des Salamanders Flox, ihres bisherigen Liebhabers, hervortritt, ihn zu bewillkommnen. Ihre Bemühung sein Herz zu gewinnen, wird, ungeachtet sie selbige verbergen will, zu grossem Misvergnügen des schönen Flox immer sichtbarer. Idris, der die ganze Macht ihrer Reitzungen zu fühlen scheint, bezeugt ihr seine Dankbarkeit für die gute Aufnahme, die ihm wiederfährt, und folgt ihr endlich in den Pallast. *2. Scene.* Flox bleibt allein zurück, und bezeugt in einem monologischen Tanze, die ganze Unruhe seiner Eifersucht über seinen vermeynten Nebenbuhler. *3. Scene.* Amöne verdoppelt ihre Bemühungen, den schönen Idris seine geliebte Unempfindlichkeit vergessen zu machen. Idris widersteht, aber immer schwächer, bis er von der Macht ihrer Reitzungen überwältigt, sich zu ihren Füssen wirft. In diesem Augenblik wird Amöne Floxen gewahr, der sie indessen beobachtet hatte. Weil sie Ursachen hat, ihren vorigen Liebhaber zu schonen, so winkt sie dem Idris aufzustehen, und bemüht sich den Argwohn, welchen Flox darüber gefaßt hat, sie allein beysammen gefunden zu haben, zu zerstreuen, indem sie sich ziemlich spröde gegen Idris und desto freundlicher gegen Floxen bezeugt. Zuletzt geht sie mit dem letztern ab, doch nicht, ohne dem Idris vorher durch zärtliche Seitenblike und andere Zeichen, die Gewalt, welche sie sich anthun muß, zu verstehen gegeben zu haben. *4. Scene.* Idris, der allein zurükbleibt, macht sich selbst wegen seiner Schwachheit für Amönen die bittersten Vorwürfe. Alle seine Gebehrden und Bewegungen drüken Unruhe, Schwermuth und innerlichen Kampf mit sich selbst aus. Zuletzt zieht er Zenidens Bildnis hervor, betrachtet es seufzend, fühlt seine Liebe zu ihr mit ihrer ganzen Stärke wieder erwachen, schwört ihrem Bildnis ewige Treue, entschließt sich Amönen auf der Stelle zu fliehen, findet aber mit äusserstem Schmerz, daß dieses Land der Vergnügungen keinen Ausgang in die Unterwelt hat. *5. Scene.* In diesem Augenblicke von Verzweifelung erscheinet Flox. Seine Bewegungen beym Anblick des Idris, als seines vermeynten Nebenbuhlers, drüken die ganze Wuth der Eifersucht aus. Er giebt ihm zu erkennen, daß seine Macht in diesen Gegenden ohne Gränzen sey, und begleitet seine Drohungen mit thätigen Beweisen, indem er auf einmal bey heiterer Luft ein heftiges Donnerwetter erregt. Idris bemüht sich etliche Augenblicke vergebens ihn zu besänftigen. Endlich zieht er das Bildnis seiner geliebten Zenide aus seinem Busen, benimmt Floxen durch Vorweisung desselben den Wahn, als ob er sein Nebenbuler sey, giebt ihm zu erkennen, wie gern er von diesem Orte fliehen wollte, und fleht ihn um seinen Beystand an.

Dritter Aufzug.
1. Scene. Idris befindet sich wieder allein in der nehmlichen Gegend, aus welcher ihn Amöne entführt hatte; aber der Dom und Zenidens Bild zeigt sich nirgends. Er sucht beydes mit einer Ungeduld, welche sich nach und nach der Verzweiflung nähert. *2. Scene.* Verschiedene Nymphen winken ihm, als ob sie ihm den Weg zeigen wollten; er folgt ihnen, aber immer weiter, bis endlich *3. Scene.* in dem Augenblicke, da seine Verzweiflung auf das höchste gestiegen ist, seine bisher bezauberten Augen wieder geöfnet werden, und auf einmal der Dom und Zenidens Bildsäule wieder vor ihm stehen. Er nähert sich mit Entzüken der letztern, und findet, da er sie umarmt, daß es Zenide selbst ist, die nun, nachdem ihre Bezauberung durch die Beständigkeit und Treue ihres Liebhabers aufgelöset worden, an seiner Brust zum erstenmal das Glük einer sympathetischen Liebe fühlt. *4. Scene.* Die Sylphen und Sylphiden erscheinen, an ihrem Glüke Theil zu nehmen; auch die Nymphe, welche vormals ihre Nebenbuhlerin gewesen war, und Amöne nebst Floxen, mischen sich

unter die frohen Reyhen. Zenide wird zur Feen-Königin gekrönt, sie erklärt den Idris zu ihrem Gemahl, und beyde empfangen die Huldigung aller elementarischen Geister.

(Vorlage: Christoph Martin Wieland: Gesammelte Schriften. Akademie-Ausgabe. 1. Abt. 9. Bd.: Der goldne Spiegel, Singspiele und kleine Dichtungen 1772–1775. Hg. von Wilhelm Kurrelmeyer. Berlin 1931, S. 326–330)

Wieland hat das Ballett »Idris und Zenide« für den Weimarer Hof entworfen, am 11. Juli 1772 vollendet und am 16. Juli von Erfurt, wo er seit 1769 als Professor lehrte, zur Weiterleitung an Anna Amalia dem Grafen Görtz nach Weimar geschickt (»Voici le *Programme* du Ballet *Idris et Zenide* que Vous aures la bonté de remettre avec mes humbles hommages aux pieds de Mad. La D.<uchesse> R.<égente>«; WBW, Bd. 4, S. 570), wo es von dem soeben aus Berlin berufenen, zuvor in Leipzig tätigen Ballettmeister Carl Schulz (s. Goethe: »Leipziger Theater <1768>«. Paralipomenon 52 zu »Dichtung und Wahrheit«. AA Bd.2, S. 522), der selber den Idris spielte, inszeniert und mit Schauspielern der Seylerschen Truppe aufgeführt wurde (ein Aufführungsbericht, vermutlich von Wieland selbst verfaßt, erschien in der »Erfurtischen gelehrten Zeitung«, 73. Stück, 10. September 1773, S. 601 f.). Darsteller waren Kathi Courtée, Susanne Mecour (1738–1784; die »Huldinn«: F. W. Gotter in: »Gedichte«, Bd. 1. Gotha 1787, S. 171), Johann Michael Bök (1743–1793; zuvor in Mannheim, der erste Karl Moor in Schiller »Räubern«), Frl. Niebuhr und Wilhelm Christian Dietrich Meyer (1749–1783, zuerst in Hamburg). Gedruckt wurde der Entwurf im »Taschenbuch für die Schaubühne, auf das Jahr 1776« in Gotha (anderer Titel »Theater-Kalender«), S. 70–76, nach Wielands Angabe »ohne Wissen des Verfassers nach einer höchst fehlerhaften Abschrift« (in: »Der Teutsche Merkur« 1775, 3. Heft, S. 167).

Das Sujet des Balletts hat Wieland einer eigenen Dichtung, dem Stanzen-Epos »Idris und Zenide. Ein romantisches Gedicht« entnommen, das er seiner Tätigkeit als Kanzleiverwalter in Biberach abgerungen und als »eine Art von Nepenthe <Trostmittel>« bezeichnet hatte, »womit er, wie sein Horaz, von Zeit zu Zeit ein süßes Vergessen der Mühseligkeiten des geschäftigen Lebens einschlürfte« (»Vorrede«). 1763 begonnen, wurde das Gedicht vor allem 1767/68 gefördert, 1768 unvollendet, mit fünf von geplanten zehn Gesängen, veröffentlicht: »nur ein Fragment, und soll (weil doch jetzt Fragmente Mode sind) auch eines bleiben; wie die *vier Facardins* des Grafen Anton Hamilton, und ... die *Venus* des Apelles«: Wieland an Riedel, 4. Februar 1768; WBW, Bd. 3, S. 499). Ein Stück »jener assoziativen Phantasiekunst, die man in der Literaturgeschichte »musikalisch« zu nennen pflegt«, hat Friedrich Sengle es genannt, »eine der kühnsten und seltsamsten Dichtungen, die bezeichnendste Nahtstelle zwischen Rokoko und Romantik«(»Wieland«, S. 210/212). Wieland selbst charakterisierte es als ein Werk, »das in der ganzen poetischen Welt an Extravaganz seines gleichen weder hat, noch verhoffentl.<ich< jemals bekommen wird. Stellen Sie sich eine Fabel im Geschmack der quatre Facardin oder des Bêlier vom Hamilton vor, < . . . > – Die Quintessenz aller Abentheuer der Amadise und Feen-Mährchen – Und in diesem Plan, unter diesem frivolen Ansehen, Metaphysick, Moral, Entwicklung der geheimsten Federn des menschl.<ichen> Herzens, Critick, Satyre, Charactere, Gemählde, Leidenschaften, Reflexionen, Sentimens – kurz alles was Sie wollen, mit Zaubereyen, Geister-Historien, Zweykämpfen, Centauren, Hydern, Gorgonen, Hyänen und Amphisbänen, so schön abgesezt und durch einander geworfen, und das alles in einem so manchfaltigen Styl, so leicht gemahlt, so leicht versificirt, so tändelhaft gereimt, und das in ottave rime« (21. Juli 1766 an Salomon Geßner; WBW, Bd. 3, S. 396). Gegen diese Dichtung und die »Comischen Erzählungen« richtete sich der Zorn des Göttinger Hainbundes; sie »wurde rituell und in Anlehnung an eine Gerichtsexekution zusammen mit Wielands Bild zerrissen und verbrannt« (Jørgensen, S. 60; Bode: »Musenhof«, S. 141 f.).

Der 5. Gesang bildet die Grundlage des Balletts. »Seine ersten vierunddreißig Strophen entsprechen dem ersten Aufzug: Idris findet die gesuchte Bildsäule Zenidens, die er beleben muß, um sie der Liebe fähig zu machen. Aber sie birgt nicht Zenide; die Salamandrin Amöne, vernarrt in den schönen Ritter, hat sich drein versteckt; und sie will dem listigen Versuch ihn zu gewinnen auch offene Bestrickung folgen lassen. Dies gelingt ihr im zweiten Aufzug (entsprechend den Strophen 35–89 des erzählenden Gedichtes) so weit, daß Idris durch ihre Freundschaft verliebt und verliebter wird. Doch vergißt er Zenidens Bild nicht, ja von Reue erfaßt bittet er Flox, Amönens Liebhaber, der im Ballet lebensvoller und öfter eingreift als im Gedichte, ihm zur Flucht zu verhelfen. Der letzte Aufzug folgt noch den nächsten sieben Strophen des fünften Gesanges, hält sich aber bei Idris' hier beschriebenem Abenteuer mit einer Nymphe nicht auf, sondern führt den Helden gleich zur echten Zenide, deren Bild er glücklich belebt. Zenidens Krönung zur Feenkönigin, die Huldigung aller elementarischen Geister schließen das Ballet, ohne daß die beabsichtigte, aber nie ausgeführte Lösung des Gedichtes: drei Seelen in Einem schönen Körper vereinigt zu zeigen, auch nur angedeutet wäre« (Seuffert: »Wielands höfische Dichtungen«, S. 525).

Ganz bewußt wird sich Wieland, indem er den Stoff konzentrierte, vereinfachte und abrundete, mit dem Ballett-Entwurf dem Weimarer Hof empfohlen haben, in dessen Dienste er im September 1772 be-

rufen wurde. Noch in einem weiteren, wichtigen Punkt war das Sujet à jour: es variierte das beliebte Pygmalion-Motiv, das eben jetzt, im Sommer 1772, mit der Aufführung von Rousseaus berühmter ›scène lyrique‹ (1770) durch die Seylersche Truppe, mit Schweitzers Musik, in Weimar Konjunktur hatte. Wieland, der sich für sein episches Gedicht u. a. von Bodmers Erzählung »Pygmalion und Elise« (1747) hatte anregen lassen, kannte und bewunderte auch Ramlers von Benda vertonte Kantate (1768) und trug sich schon 1771 mit Plänen zu einem Ballett »Pygmalion« (»nächsten Sommer muß ich meinen *Pygmalion* machen; denn er ist ein *ex voto*‹: an den Verleger Reich, 9. März 1771; WBW, Bd. 4, S. 270), wobei ihm aber Johann Georg Jacobi zuvorkam. Mit dem Rückgriff auf »Idris und Zenide« konnte er dem Stoff ein ganz eigenes Kolorit geben, das heroische und komische Elemente amalgamiert, letztere nicht im Sinn des Lächerlichen, sondern, gerade durch den wiederholten Irrtum des Helden, als Vermenschlichung, worauf schon der Wielands »Comischen Erzählungen« (1765) programmatisch vorangestellte Plinius-Brief verwiesen hatte. Goethe, der Wieland im »Agathon«, »Don Sylvio« und den »Comischen Erzählungen« noch gelegentlich »prolix« (weitschweifig) fand, rühmte den Wieland der ›zweiten, glänzenden Epoche‹ als »in Musarion und Idris auf eine wundersame Weise gefaßt und genau, mit großer Anmuth« (»Dichtung und Wahrheit«, 7. Buch; WA I, Bd. 27, S. 89), sah in diesen Dichtungen »das Antike lebendig« und nahm den Verfasser vor der zeitgenössischen Kritik in den ersten Bänden der »Allgemeinen deutschen Bibliothek« in Schutz, die nicht verstanden hatte, daß man »bei Beurtheilung solcher parodistischen Werke <wie den «Comischen Erzählungen»> den originalen, edlen, schönen Gegenstand vor Augen haben müsse, um zu sehen, ob der Parodist ihm wirklich eine schwache und komische Seite abgewonnen, ob er ihm etwas geborgt, oder, unter dem Schein einer solchen Nachahmung, vielleicht gar selbst eine treffliche Erfindung geliefert« (ebd., S. 91 f.).

Literatur: Bernhard Seuffert: »Wielands höfische Dichtungen«. In: Euphorion 1, 1894, S. 520 ff., bes. S. 524–526 (zum Ballett-Entwurf); Wilhelm Kurrelmeyer zum Ballett, in: Wieland, AA, Bd. 11 (Berlin 1932), S. 55 f.; Friedrich Sengle: »Wieland«. Stuttgart 1949, S. 209–219 (zum Gedicht »Idris und Zenide«); Hans-Werner Seiffert: Nachwort zu Ch. M. Wieland: Werke, Bd. 4 (Gedichte und Verserzählungen). München 1965, S. 911–937 und Anm. zu »Idris und Zenide« (Gedicht), S. 856–863; Sven-Aage Jørgensen: »Christoph Martin Wieland. Epoche – Werk – Wirkung«. München 1994, bes. S. 60 (zum Gedicht).

2 ›Eine Tiefurter Matinée‹ (1776)

<Sammelhandschrift mit Beiträgen von Herzogin Amalia, Luise von Göchhausen, Prinz Constantin, Moritz Ulrich Graf von Putbus, Major Karl von Knebel. 19. Juli 1776>

In Tieburs Haynen lernt mann alle Schätze der Erden Großmüthig verachten, lacht mit möglichsten philosophischen Stolz – mit Gnädigster Erlaubnis – über die die ihnen nach Graben und vergist daß Sie zum leben mit unter ganz nützlich und nothwendig seyn können. Nun denckt also wie doppelt schweer uns Eure Abwesenheit fält. – Könnt Ihr das fühlen so brauchts wohl keine Erinnerung an Euch bald bald wieder zu uns zu kommen.

Goldmacherey und Lotterie,
Nach reichen Weibern freyn
Und Schätze graben, frommet nie,
Wird manchem noch gereun.

Um daß dieses *Quodlibet* voll werde so will ich meine wenigen wünsche hinzusetzen daß ihr euch möcht recht wohl befinden, wens mir möglich ist will ich Euch besuchen. Grüst alle Bruder Hertze die es oben giebt und solten es auch Wald Brüder seyn so bittet sie daß sie mein gedencken. Ein andermahl ein mereres.

Schreiben soll ich, und binn dumm
Dümmer, als alltäglich:
Und schrieb ich alle Finger krumm,
So schrieb' ich unerträglich:
Ich seh mich nach Thusnelden um
Und bitte sie beweglich:
O leih mir dein Ingenium –
Doch sie ist unverträglich:
Und steht da, wie ein Stok so stumm –
Die Martern sind unsäglich
Die sie mir anthut – und warum?
Die Grund-Ursach ist kläglich –
Sie mault noch, weil beym blassen Mond
Und den durchbrochnen Stuffen
Wir das Geheimniß nicht geschohnt,
Bewunderer geruffen,
Und guten Freunden nacherzehlt –
Genug – von dieser Scene –
Wir sind verlaßen und gequält
Fast kostet's eine Thräne.
Wir fühlen, daß uns etwas fehlt,
In Tiburs Zauber-Eyland
Der, dem sich jedes Herz vermählt

Wie mit dem lieben Heyland;
Der gute Sohn, der gute Fürst
Der Freund von seinem Hoffe
Nach dem uns hungert, und uns dürst,
Der Abgott jeder Zofe,
Der gute Carl, das edle Blut
Schon klug, ob schon nicht bartig,
Und immer brav und immer gut;
(Wenn auch nicht immer artig)
Der tumme Reim versteht hier nichts
Als daß er uns entflohen
Daß durch Entfernung seines Lichts
Uns lange Schatten drohen;
Geliebter, fern von dir ist Nacht;
O kehre, kehre wieder –
Nimm dich, nimm unsern Carl in Acht,
Behalte grade Glieder.
Wir folgen dir bey jeden Schritt –
O das vertracte Reiten!
Glaub' unsre Herzen reiten mitt
Und sollen dich begleiten.
Und kletterst du in dunklen Schacht
Nimm – sieh, wir zittern alle –
Nimm, bester Fürst, dich ja in Acht,
Dein Land fällt mit dem Falle –
Und klimme nicht allein hoch – witsch!
Ein Unfall könt dich tödten.
Wir flehn euch an, Gott, Prinz, und Fritsch,
Kalb, Wedel, Staff, und Goethen,
Bringt uns den Herrn ganz und gesund
Euch sey er anbefohlen;
Wo nicht so soll euch in der Stund
Der leidge Teuffel holen!
Von Neuigkeiten sind wir leer
Die Sonnen Strahlen hizen
Und ihr errathet ohngefehr
Daß wir rechtschaffen schwizen.
Die Fürstin sizt im dunklen Wald
Auffmerksam wie ein Mäusgen
Und mahlt den holden Auffenthalt
Mit Hülffe ihres Kräusgen.
Der Prinz lustwandelt hin und her
Und pfleget seinen Backen,
Bläst auff der Pfeiffe in der Queer,
Still, mit dem Schelm im Nacken.
Sein Mentor Schöpffungsreich und neu
Läst Holz und Steine schleppen
Ziert eine Eiche sonder Scheu
Mit den Thusnelden-Treppen.
Die gute Nostiz trägt die Last
Des derben runden Fettes,

Und klagt, und murrt nicht; geht und past
Des Dienstes treu; als hätt' es
In Tieburs Gründen sanfftre Rast
Als im Grund ihres Bettes.
Die heitre Stein, die finstre Stein
Sey finster oder heiter
Liebt allzeit Tiburs Eichen-Hayn
Und fühlt ihr Herz hier weiter;
Und athmet gern der Bluhmen Dufft
Und schwimmt in jungen Rosen,
Erlaubt nur Floren und der Lufft,
Uns nicht, ihr liebzukosen.
Was sag' ich aber vom Genie
(Hier mit Respect zu melden)
Der Göttin hoch, wie unser Knie,
Der herrlichen Thusnelden?
Sie wirbelt, webt, und schwebt, und schwirt
Und wandelt durch die Sphären
Und dichtet, urtheilt, trifft, und irrt
Und wankt wie Blat und Aehren;
Ist immer wizig, immer gut
Auch bey uns bösen Leuten;
Behält in Nöthen festen Muth
Und weiß sich durchzustreiten;
Befehdet den Freund Wieland zwar
Um ihren Freund Jacobi;
Doch wird sie gut, und wackelt gar
Wie's Hündgen jenes Tobi –
Was giebts? – Es kommt auf hohem Pferd
Das sie wie Heldin reitet
Die Fürstin, Carls und Cronen werth
Und Stein, der sie begleitet;
Sie steigen ab ins Lustrevier,
Genießen Milch und Früchte
Wir wünschen all: sie blieben hier –
Nein, sagt uns das Gerüchte –
Was giebts denn neues in der Stadt?
Nichts – Mann möcht sich zerreißen
Mann ist, mann trinkt, mann schläfft sich satt;
Die Imhoff wird bald kreißen;
Die beaux esprits aus Rudolstadt
Thun sich des Wiz's befleißen; –

Hält fast schwer noch was zu sagen
Da schon alles hübsch vorgetragen,
Will also dem Herrn nur bieten ein Gruß
Mit gehobner Hand und gestrichenem Fuß.
Wünschen dabey möchten sich wohl ergöt-
    zen,
Nicht zu tief gucken nach eiteln Schätzen,
Bedencken es giebt über der Erden weit mehr

Die Baurenhand und Arbeit schaft her.
Freun uns dabey über Ihr Wohlergehn,
Wünschen es möcht mit dem guten Fürsten
    immer so stehn,
Versichern aber auch von unsrer Seit,
Daß es mit uns aufs Beste steit.
Uebrigens damit nicht der Geist erschlafft
Der allein genährt wird durch Wissenschaft
Wünschen wir sie möchten gar zierlich eben
Uns von allem hübsch Nachricht geben
Zeichnen Thal, Berg, Höh und Gruft
Und die buntgestreifte Luft,
Solches alles versiegelt wohl
Zu unsers Herzens Kunde schicken man soll.
Haben der gelehrten Herren gar viel
Die gerne mögen viel Fasznachtsspiel
Aber an andre Leut', wann sie sind fern
Dencken so wenig als ihre Erben.
Ubrigens Gott dem Herrn befohlen –
Wers nicht ehrlich meint soll der Teufel hoh-
    len! Amen!
Tibur d. 19. Jul. <1776>

(Vorlage: Hs. im GMD; Katalog der Slg. Kippenberg,
2. Ausgabe, Nr. III 167)

Goethe hat die Sammelhandschrift 1824 wiederent-
deckt und sie dem ältesten Sohn Carl Augusts, dem
Erbgroßherzog Carl Friedrich (1783–1853), der
1820–1823, nach dem Auszug des von Carl August
eingerichteten ›Ökonomischen Instituts für prakti-
sche Landwirtschaft‹, den Tiefurter Park umgestaltet
hatte, zu dessen 41. Geburtstag, am 2. Februar, ge-
schenkt. Kanzler von Müller berichtet unter dem 20.
Januar 1824: »Goethe zeigte mir ein Kollektiv-Ge-
dicht von Tiefurter Genossen aus dem Jahre 1780
circa, an den damals mit ihm zu Ilmenau hausenden
Herzog, das er jetzt aufgefunden und dem Erbgroßherzog zum 2. Februar zu verehren willens.
Eine zierliche Dedikation im Lapidarstil, eine er-
klärende Einleitung, ein Verzeichnis der verschiednen Verfasser, gleichsam einen Theaterzettel, zum
Schlusse, hatte er sinnig dazu geschrieben, das
Ganze elegant in dunkelrotes Maroquin-Papier mit
grünseidnen Schleifen einbinden lassen« (Kanzler
Friedrich von Müller: »Unterhaltungen mit Goethe«.
Hg. von Renate Grumach. Weimar 1982, S. 111). In
Goethes Tagebuch ist unter dem 20. Januar 1824
vermerkt: »Abschrift des Geburtstagsgeschenkes für
den Herrn Erbgroßherzog«, ebenso am 27. Januar:
»Abschrift des Tiefurter Gedichtes«; am 2. Februar,
an dessen Abend eine Redoute zu Ehren Carl Friedrichs stattfand: »Das Tifurtianum an den Erbgroßherzog«; WA III 9, S. 394 wird die Vermutung geäußert, daß Goethe die Abschrift des Ganzen (von

Johns Hand) für sich zurückbehielt; sie liegt im GSA bei den »Tiefurter Spässen« (eine weitere Abschrift Johns von Dedikation, Erläuterung und Nachweisung folgt in den Konzeptheften von Goethes Briefen auf sein Schreiben an Ottilie v. Goethe vom 18. Januar 1824; s. WA IV 38, S. 293–295).

Die kalligraphische Dedikation, von John geschrieben, von Goethe unterzeichnet, lautet:

Ihro
des Herrn Erbgrossherzogs
von Sachsen Weimar-Eisenach
Königl. Hoheit
zum 2^n Februar 1824
unterthänig Glück wünschend
überreicht
ein heiteres Original-Document
früherer Tiefurther Annehmlichkeiten
dem Wiederhersteller jenes classischen Bodens
Heil und Seegen prophezeihend
Goethe

Der Dedikation folgte (wiederum von Johns Hand) Goethes

Erläuterung.

Herzog Carl August von Sachsen Weimar und Eisenach begab sich im Sommer des Jahres ... nach Ilmenau um daselbst wegen dem neuzubelebenden Bergbau mit fremden und einheimischen Kennern Rath zu pflegen; während welcher Zeit die zurückgebliebenen Frauen Herzoginnen bey dem in Tiefurth wohnenden Prinzen Constantin fleißig Besuch abstatteten und sich an den Verschönerungen vergnügten welche der ländlich-ästhetisch-thätige Major von Knebel von Tag zu Tag, zu beßerem Genuß der Umgegend, einzuleiten wußte. Nachstehendes Reimschreiben ward bey einer solchen Gelegenheit ausgefertigt und nach Ilmenau abgesandt. Prinz Constantin überbrachte es selbst; die darauf erlassene gleichfalls humoristische Antwort ist verloren gegangen.

An den Schluß des Konvoluts stellte Goethe eine Aufschlüsselung der Beiträger:

Nachweisung.

Herzogin Amalia, Durchlaucht.
                In Tiburs Hainen pp.
Frl. von Jöchhausen.
                Goldmacherey und Lotterie pp.
Prinz Constantin, Durchl.
                Um daß dieses Quodlibet pp.
Graf Puttbus,
                Schreiben soll ich pp.
Major von Knebel,
                Hält fast schwer noch was zu sagen pp.

Von den Beiträgern ist Moritz Ulrich Graf von Putbus, Verfasser der langen Reimepistel, am unbe-

kanntesten; er war seit 1775 Oberhofmeister Anna Amalias und starb bereits im September 1776 (s. Goethes Tagebuch vom 26.). Aufschlußreich (auch für ihn selbst) ist sein Brief vom 29. Juli 1776 an seinen Onkel, Graf Wartensleben: »Unsere sogenannten schönen Geister <im Original: «beaux esprits»>, die in einigen Fällen ziemlich häßlich aussehen, können einen philosophischen Beobachter wohl reizen. In ihren Schriften zeigen sie sich oft als Genies oder wenigstens als Prätendenten dieser Krone; in ihrer Unterhaltung haben sie diesen Ehrgeiz nicht. Immer herablassend, an allem teilnehmend, alles mitmachend, sind sie kindisch, schwärmend, und, wenn ihre Laune auf das höchste gestiegen, studentisch ... Mit mehr Unfehlbarkeit, als der Papst sie beansprucht, schleudern sie Verwünschungen und Bannflüche gegen alle, die ihnen Bewunderung versagen. Der Adel an sich selbst, die Standesunterschiede und erst recht ein unglückliches Ordensband sind in ihren Augen unverzeihliche Lächerlichkeiten und der unsterbliche Gegenstand ihrer scharfen Witze. / Indessen hat ihr Ton sich doch ein wenig mit ihrer Politik geändert. Je mehr sie die Möglichkeit wahrnehmen, etwas darzustellen, um so mehr wachsen sie an Würde und Höflichkeiten. Ich werde von ihnen besser behandelt als viele andere, und ohne daß ich auf die Originalität des Genies Anspruch mache, habe ich ihnen gezeigt, daß man auch ohne Grobheit Pfeile abschießen und abwehren kann« (es folgt eine Charakteristik Goethes und Wielands; Bode/Otto, Bd. I, S. 195 f.; der frz. Originaltext in GJb 18, S. 102 f. und, in Auszügen, bei Herwig, Bd. I, S. 219 f.).

Die folgenden Erläuterungen beruhen z. T. auf den Ermittlungen Carl Schüddekopfs, der die ›Matinée‹ als erster vollständig ediert hat: »Eine Tiefurter Matinée vom Hofe der Herzogin Anna Amalia aus dem Jahre 1776. Für den Leipziger Bibliophilen-Tag am 3. Dezember 1911 in Druck gegeben von Carl Schüddekopf. Als Handschrift gedruckt bei Poeschel & Trepte, Leipzig, in 250 Exemplaren« (hier nach einem Exemplar im GMD).

S. **170**, 1. »In Tieburs Haynen«: Latinisierung und damit Auszeichnung des Namens »Tiefurt« in Anlehnung an das von röm. Dichtern (Horaz, Catull, Properz) besungene Städtchen Tibur am Anio, das heutige Tivoli, das auch durch seine Villen (Cicero) berühmt war; auch ein heiliger Hain (Tiburnus) wird erwähnt (Horaz, Oden I 7, 13); zur Antikisierung Tiefurts werden vor allem Wieland und Knebel beigetragen haben. – 1 f. »alle Schätze der Erden <...> verachten«: spielt auf die Wiederbelebung des seit 35 Jahren unterbrochenen Ilmenauer Bergbaus durch Carl August an, durch die man sich eine Kräftigung der Wirtschaft, vor allem eine Stärkung der notleidenden Ilmenauer Bevölkerung versprach (Ende Mai hatte Carl August mit seinem Gefolge auch am Kyffhäuser alte Schachtanlagen besucht: Herwig, Bd. I, S. 208 f.); die am 18. Juli 1776 begonnene Inspektion endete mit einem Gutachten des Bergmeisters v. Trebra, das reiche Erträge von Kupfer, Erz und Silber verhieß und die Wiedereröffnung empfahl; der 1784, unter Goethes Leitung, begonnene Betrieb wurde bereits 1796 nach einem Stollenbruch defizitär und 1812 durch den Konkurs beendet (Kurt Steenbuck: »Silber und Kupfer aus Ilmenau. Ein Bergwerk unter Goethes Leitung«. Weimar 1995). Über die mutwilligen Scherze der ›Kommission‹ in Ilmenau s. von Trebras »Erinnerungen«: Herwig, Bd. I, S. 220–223. – 11 »Goldmacherey < ... >«: Die Verse stammen von der Gesellschafterin Anna Amalias, Louise Ernestine Christiane Juliane von Göchhausen (auch, so von Goethe durchweg, »Jöchhausen« geschrieben) (1752–1807), die als ebenso geistreich wie scharfzüngig galt. – 15 »Quodlibet«: lat. (›Was beliebt‹, ›Für jeden Geschmack etwas‹) bunte Mischung meist spontaner (hier literarischer) Beiträge. – 19 f. »Bruder Hertze < ... > Wald Brüder«: Prinz Constantins (1758–1793), des jüngeren Bruders von Carl August, Lieblingswort »Bruderherz« wird in Einsiedels Matinée vom 6. Januar 1776, »Schreiben eines Politikers an die Gesellschaft«, verspottet. »Wald Brüder« spielt nach Schüddekopf auf J. M. R. Lenz’ Roman »Der Waldbruder« an, den der Dichter soeben in Berka ausarbeitete (s. aber Wielands Bericht über Lenz’ Zurückgezogenheit »in Eremum« während dieser Phase: Herwig, Bd. I, S. 217); doch ist der Begriff »Waldbruder« für »Einsiedler« schon seit dem 14. Jh. geläufig (vgl. DWb). – 19 »oben«: in den Bergen um Ilmenau. – 26 »Thusnelden«: Den ›germanischen‹ ›Übernamen‹ hatten die Brüder Stolberg bei ihrem Aufenthalt in Weimar im Dezember 1775 dem Frl. von Göchhausen verliehen. – 34–38 »Sie mault noch < ... > nacherzehlt«: Das Fräulein grollte noch, weil man sich über sie lustig gemacht hatte, wie sie die sogen. ›Altan-Eiche‹ über dem rechten Ilm-Ufer bestiegen hatte, auf die eine Wendeltreppe hinaufführte; ein im GSA aufbewahrter (von Kräuter geschriebener) Bericht erläutert: »Man war muthwillig genug gewesen, sich hinter der Eiche in Tiefurth, auf welche die Wendeltreppe führt, zu verstecken und wollte, als Fräulein von Göchhausen dieselbe bestiegen, ihre Waden gesehen haben.« – 43 »In Tiburs Zauber-Eyland«: wohl mit Anspielung auf die in Wielands Feerien (so in ›Idris und Zenide«; s. o.) beliebte Lokalität der verzauberten Insel. – 54 »Der tumme Reim < ... >«: D. h. »Das nur des Reimes wegen hier eingefügte, sonst unpassende Prädikat ›nicht < ... > artig‹ will nur besagen, daß < ... >«. – 72 »Prinz«: Erbprinz Ludwig von Hessen-Darmstadt, Bruder der Herzogin Louise, seit dem 23. April 1776 zu Besuch in Weimar. – 72 f. »Fritsch, Kalb, Wedel, Staff«: Carl Augusts Begleiter, Jakob Friedrich v. Fritsch (1731–1814), seit 1772 Präsident des Geheimen Conseils; Johann August Alexander v. Kalb (1747–1814), Kammerpräsident; Otto Joachim Moritz v. Wedel (1752–1794), Kammerherr, Ober-

forstmeister; August Wilhelm Ferdinand v. Staff, Oberforstmeister in Ilmenau. – 82–85 »Die Fürstin < ... > Mit Hülffe ihres Kräusgen«: Anna Amalia, zeichnend unter Anleitung von Johann Georg Melchior Kraus (1733–1806), dem späteren Leiter der Weimarer Zeichenschule. 86 »Der Prinz«: Constantin. – 90 »Sein Mentor«: Carl Ludwig v. Knebel (1744–1834), seit 1774 Erzieher des Prinzen Constantin, mit dem er seit Oktober 1775 in Tiefurt wohnte; er begann die Neugestaltung des Tiefurter Parks, die Anna Amalia ab 1781 weiterführte und vollendete. – 94 »Die gute Nostiz«: Johanna Luitgarda v. Nostitz (gest. 1790), Hofdame Anna Amalias, 1778 pensioniert; auf ihre Korpulenz zielt auch eine der gereimten »Neujahrs Possen«, an denen Goethe am 30. Dezember 1778 mit Seckendorff »geschmiedet« hatte (Tagebuch; s. dazu GJb 25, 1904, S. 53–61, und jetzt den Abdruck in MA 2.1, S. 570–573): »An Fräulein Nostitz. / Am Hof gabs doch noch was zu tun / Und du wardst immer mehr zur Dicken / Und jetzo willst du völlig ruhn / Wir bitten dich nicht zu ersticken.« – S. **171**, 5–12 »Die heitre Stein < ... > ihr liebzukosen«: Vermutlich nicht Charlotte v. Stein, geb. v. Schardt (1742–1827), für die mit den Versen allerdings ein interessantes Psychogramm gegeben wäre, sondern deren Schwägerin Sophie v. Stein (gest. 1784), Hofdame Anna Amalias. – 15 »Der Göttin hoch, wie unser Knie«: Anspielung auf den verwachsenen Körper der Göchhausen. – 25 f. »Wieland < ... > Jacobi«: Zu Wielands 1776 beigelegtem Streit mit Johann Georg Jacobi s. Bernhardt Seuffert in der Vierteljahrsschrift für Literaturgeschichte VI, S. 250 f. – 28 »Hündgen jenes Tobi«: Im apokryphen Buch Tobias (AT), XI 9, eilt der Hund dem Tobias voraus, als dieser zu seinem Vater geht, um ihn wieder sehend zu machen: »Da lief der Hund vorhin / welchen sie mit sich genomen hatten / und wedelt mit seinem Schwantz / sprang und stellet sich frölich« (Luther 1545). – 31 »Die Fürstin, Carls und Cronen werth«: Herzogin Louise; »Cronen« (wie »Carls« Genetivus pretii) meint wohl »der Fürstenkronen« wert. – 32 »Stein«: Josias v. Stein (1735–1793), Oberstallmeister. – 40 »Die Imhoff«: Louise v. Imhoff, geb. v. Schardt (1750–1803), Schwester Charlotte v. Steins. – 41 »Die beaux esprits aus Rudolstadt«: nicht ermittelt; zur Bezeichnung »beaux esprits« vgl. den o. zitierten Brief v. Putbus’). – 50 »Arbeit schaft her«: am Seitenende, danach von fremder Hand: »(Turn over«. – 60 »Zeichnen Thal, Berg < ... >«: Anspielung vor allem wohl auf Goethes »Zeichenfieber« (vgl. die Eintragungen in seinem Tagebuch während der Ilmenauer Tage und die Beschreibung eines dieser Bilder, von der Sturmheide aus, in v. Trebras »Erinnerungen«: Herwig, Bd. I, S. 223; vgl. CGZ I, Nr. 145).

3 »Programm« des Tiefurter Schattenspiels »Minervens Geburt, Leben und Thaten« (1781)

Minervens Geburt
Leben und Thaten.
Eine Tragi-Komödia
auf
dem T------ Wald-Theater
aufgeführt
den 28 August 1781.
Programma.

Die Herrn und Damen merken auf!
Wie sich *Minervens* Lebenslauf,
Für den der gute Augen führt,
Auf unsrer Bühne zeigen wird:
Im
    Ersten Akt
        sieht man von fern
Den Himmel, Sonne, Mond und Stern;
Drauf wird, recht wie es sich gebührt,
Das Himmels-Zeichen producirt,
Und bleibt so lang dasselbe stehn,
Bis jeder dran sich satt gesehn.
Auf einen starken Donnerschlag
Folgt eine grosse Wolke nach,
Die, weil sie weich und flockig ist,
Ein Adler sich zum Siz erkiest.
Hierauf erscheinet *Jupiter*;
Weis Gott! ein recht scharmanter Herr!
Der aber, weil der Kopf ihn schmerzt,
Für diesmahl wenig lacht und scherzt;
Betäubt von Unmuth und Verdruß,
Verlangt er seinen Medikus,
Dem er mit wenig Worten sagt,
Wie grausam ihn sein Kopfweh plagt.
Hierauf besinnt sich *Eskulap*,
Und nimmt den Gürtel sich herab,
Den er mit ziemlich kaltem Blut
Um *Jovis* Stirne binden thut;
Da dies ihm keine Lindrung schaft,
Giebt er ihm einen Kräuter-Saft,
Latwerchen, Magen-Elixir,
Und einen Eimer warmes Bier;
Bis er, weil nichts nach Wunsch gelingt,
Die Aderlaß in Vorschlag bringt;
Doch läuft auch diese fruchtlos ab,
So, daß erschrocken *Eskulap*
Den armen *Zevs*, den er verläßt,
In seinem Blute liegen läßt.
Fast schon im lezten Augenblik
Erscheint *Vulkan*, zu seinem Glük,
Und nimmt sich, wie ein braver Mann,
Des armen Patienten an;

Erklärt hierauf, daß Arzeney
Allhier sehr überflüssig sey,
Und sagt, es käm' der ganze Spaß
Von einem indigesten Fraß,
Wo *Zevs* sein Weib, die *Metis* heist,
Mit Haut und Haaren aufgespeist:
Das schlimmste wäre noch dabey,
Daß schwanger sie gewesen sey,
Und daß vielleicht die kleine Kröt'
Ihm jetzt im Hirne sitzen thät.
Sehr heilsam, glaubt er, würde seyn.
Man schlüg es gradenwegs ihm ein;
Wozu er höflich gratulirt
Und seine Dienste offerirt.
Der alte Gott will lang nicht dran,
Bis endlich ihm sein Freund *Vulkan*
Nebst seinem Höllen-Compagnon,
Der seiner lange harret schon,
Den Gürtel, den ihm *Eskulap*
Vorhin statt einer Binde gab,
So fest um seine Gurgel schlingt,
Daß er sein Miserere singt.
Der Adler zwar, so gut er kan,
Nimmt sich des alten Herren an,
Allein er wird mit Riesen Kraft
Von seinem Posten weggeschaft.
Da nun sich nichts mehr oponirt,
Wird *Zevs* in Forma trepanirt,
So daß – wenn alles wohl gelingt –
Auf einen Schlag der Kopf zerspringt,
Aus dem, zum Wunder aller Welt,
Minerva, seine Tochter, fällt,
So schön von Wuchs und Angesicht,
Daß sie *Vulkanens* Herz durchsticht.
Indessen fühlt sich *Jupiter*
In seinem Haupte leidlicher;
Es wird, da wo man ihn blessirt,
Ein gutes Pflaster applicirt,
Und alles, wie man denken kan –
Bis auf den armen Gott *Vulkan*,
Der immer nach *Minerven* blikt
Und ihr verliebte Seufzer schikt,
Obschon sie stets, mit hohem Geist,
Den alten Krippel von sich weist –
Ist in so freudigem Genuß,
Daß hier der Akt sich schließen muß.
Mit eines *Presto's* leztem Takt
Beginnt hierauf
    Der zweyte Akt
Minerva steht verwundert da,
Und weiß nicht recht, wie ihr geschah,

Nicht, was aus ihr noch werden soll,
Gefällt sich aber treflich wohl.
Wie sie so in Gedanken steht,
Erscheint, zu Adler, *Ganimed*
Und legt, nebst einem schönen Gruß,
Speer, Schild und Helm vor ihren Fuß.
Bey ihrem Puzze präsidirt
Die Eule, die sie ajustirt,
Und recht, wie eine Kammerfrau,
Sie überall begukt genau,
Ob alles paßt und alles schließt.
So bald *Minerva* fertig ist,
Stellt sich ein Thron und ein Altar
Auf einer schönen Wolke dar;
Minerva, die sich niedersezt,
Mit ihrem Käuzlein sich ergözt.
Nach kurzer Zeit, tritt auf, zu Fuß,
Der fliegende *Merkurius*,
Der in *Minervens* neuem Staat
Das Amt des Ober-Marschalls hat.
Er stellt, als erster Cavalier,
Ihr alle, die da kommen, für.
Und nun erscheinen alt und jung
Vor ihrem Thron, zur Huldigung.
Zum ersten zeigt sich *Apoll*,
Macht alles, wie er's machen soll,
Und opfert ihr sein Instrument,
Mit einem großen Compliment.
Der *Musen* eine folgt darauf,
Legt einen Blumenkranz hinauf,
Und retirirt sich kurz und fix,
Mit einem à la mode Kniks.
Umhaucht von süßem Rosenduft
Durchschwimmt hierauf die freye Luft,
In ihrem Leib-Cabriolet,
Der Liebesgöttin Majestät;
Sie nahet lieblich sich dem Thron,
Und reicht – zum wohlverdienten Lohn,
Und zu Minervens größter Zier –
Den Gürtel ihrer Schönheit, ihr.
Minerva, die sehr höflich ist,
Sie drauf in ihre Arme schließt,
So, daß es jedem dünkt fast schön,
Zween Weiber so vereint zu sehn.
Zulezt erscheint auch *Momus* noch,
Und huldigt ihr, mit Unmuth doch;
Wornach der zweyte Akt vielleicht
Sein Ziel mit großem Lärm erreicht.
Im

Dritten Akt
läßt *Jupiter*,
Nachdem ihm *Ganimed* vorher
Die Schokolade überreicht,
(Die er heraus vor andern streicht)
Minerven hohlen vor den Thron:
Der kleine *Page* eilt davon,
Nachdeme, wie man sehen wird,
Er mit dem Adler sich brouillirt.
Nach einer nicht zu langen Frist
Minerva nun erschienen ist;
Zevs giebt sehr weise Lehren ihr,
Die jeder kann errathen schier,
Und schärft ihr ganz besonders ein,
Der Ursach eingedenk zu seyn,
Warum man eigentlich der Welt
Zum Schauplaz hier sie aufgestellt.
Sie dankt sehr höflich ihm dafür.
Und zeiget ihm nunmehr, was ihr
Vorhin, an Opfern mancherley,
Für Ehre wiederfahren sey;
Zeigt alles ihme Stük vor Stük:
Der Vatter nimmt, mit weisem Blik,
Den Helm ihr von dem Kopf herab,
Sagt, zu was Ende er ihn gab,
Und segnet ihn von neuem ein.
Hilf, spricht er, ihr, gerecht zu seyn,
Doch kröne sie so lange nur,
Bis sie verläßt der Weisheit Spur!
Mit diesem Spruch geht er davon.
Minerva sizt auf seinem Thron,
Und ruft der *Parcen* eine her.
Da *Clotho* sich von ohngefehr,
Mit einem Buche in der Hand,
Spazierend, in der Nähe fand,
So tritt sie auf: zum großen Glük,
Las sie ein Buch, wo das Geschik
Der Menschen klar bezeichnet steht,
Für den der Griechisch gut versteht.
Minerva nimmt mit Majestät
Das Buch, und – – – –
– – – – – – –
– – – – – – –
– – – – – was nun kommen soll
Erräth' vielleicht ein jeder wohl,
Vielleicht auch mancher nicht – Allein
Wir wollen hier nicht deutlich seyn.
Genug, das Schauspiel endet sich,
Wie sichs gebührt, und wonniglich.

175

(Vorlage: Das im GMD aufbewahrte Exemplar des gedruckten »Programma«.)

An 28. August 1781 wurde Goethes Geburtstag zum erstenmal öffentlich gefeiert. Schauplatz war der Tiefurter Park, wo an diesem Tag das neuerbaute »Wald-Theater« mit einem kleinen auf den Dichter Goethe zielenden Schauspiel eröffnet wurde. Goethe hielt im Tagebuch unter dem 28. August fest: »Abends in Tiefurt wo man die Ombres Chinois gab«; und an Frau v. Stein berichtete er am 29. August: »Gestern ist das Schauspiel recht artig gewesen, die Erfindung sehr drollig und für den engen Raum des Orts und der Zeit sehr gut ausgeführt. / Hier ist das Programm. NB es war en ombre Chinois wie du vielleicht schon weißt.« Im dritten Stück des »Tiefurter Journals«, der in nur 11 handschriftlichen Exemplaren kursierenden ›Haus-Zeitschrift‹ Anna Amalias und ihres Kreises, erschienen unmittelbar nach der Aufführung zwei umfangreiche Besprechungen, anonym beide, die zweite auf den 30. August datiert, die erste, wie man durch das Konzept weiß, von Herzog Carl August, die zweite vielleicht von Wieland, wahrscheinlicher aber von einem Parodisten der Wielandschen Schreibweise. Aus beiden wird hier nach der Edition Eduard von der Hellens zitiert (»Das Journal von Tiefurt«. Weimar 1892, S. 16-25; =SchrGG 7).

Carl Augusts Beitrag beginnt gelehrt und endet moralisch:

»Den 28. dieses wurde Abends im petit Colisée alhier eines der neusten und seltsamsten Schauspiele fürgestellt. Es war nemlich ein Pantomimisch-allegorisches Schattenspiel, nicht auf eine, wie sonst oft gewöhnlich kindische Art, durch Puppen agirt, nein, vielmehr Männer und wohlerwachsene Frauen hatten sich freywillig und uneigennützigerweise eingefunden, um das Publicum durch ein theatralisches Stück, welches voll der feinsten Moral und Philosophie ist, zu unterrichten. < . . . > Es wurde also, um es kurtz zu fassen, eine Pantomime hinter einem weißen Tuch en Silhouette aufgeführt. In der Histoire universelle des theatres findet man nur ein eintziges Beyspiel dieser Art Vorstellungen, daß Chiron nehmlich, als er Achillen unterrichtete, ihm ein dergleichen Schauspiel und zwar denselben Gegenstand und wie man glaubt in derselben Deutung als das gestrige aufgeführt wurde, gegeben hat. In jenem Werke ist's unter dem Nahmen Umbras palpitantes angegeben. Man hat, sagt man, ein Basrelief gefunden auf welchem der Augenblick, wo die erste Rührung dieses Schauspiels Achillens junges Hertz trifft, ganz auserordentlich beweglich dargestellt seyn soll. < . . . > Der Gegenstand des Stücks war die alte bekante heidnische Fabel von Minervens Geburth. Jupiter hatte nehmlich, da ihm verkündigt wurde, seine Frau, die Metis, würde ein Kind gebähren, welches ihn vom Thron stoßen würde, seine Gemahlin in höchst schwangern Umständen mit Haut und Haar gefressen.« <Folgt der weitere Verlauf, wie im »Programma« angegeben.> »So weit war der Dichter unseres Stückes der Geschichte treu geblieben; den dritten Akt fügte er hinzu; er ließ Minerven im Buche des Schicksals lesen, und darin den Tag der Vorstellung als einen glücklichen Tag finden; sie besann sich daß derselbe Tag vor 31 Jahren, dem Publico und verschiedenen diese Wohlthat erkennenden Menschen, einen Mann schenkte, welchen wir jezt für einen unserer besten und gewiß mit Recht für den weisesten Schriftsteller ehren. Sie ließ, hierüber erfreut, einen Genium erscheinen, der den Buchstaben G in die Wolken hielt, Minerva kräntzte diesen Anfang eines werthen Nahmens, gab ihm die von den Göttern empfangenen Geschenke, als Apollos Leyer, der Musen Kräntze pp, verwarf aber, als eine der göttlichen Jungfrauschaft gewidmete Dame, Momus <des Gotts des Tadels, der Kritik> Peitsche, welche er ihr, obgleich unwillig, auch geopfert hatte; denn an den Riemen der Peitsche hingen die Buchstaben des Wortes Aves <›Die Vögel‹; Anspielung auf Goethes im August 1780 in Ettersburg aufgeführte Bearbeitung der Komödie des Aristophanes>, welches dieser Gott als ganz besonders beliebte Stacheln immer mit sich führte, der keuschen Minerva aber nicht angenehm seyn konnte. Sie hing dafür Iphigenien <den Titel von Goethes zuerst 1779 aufgeführtem Schauspiel> und ein Stück des Nahmens eines Stückes von einem Stücke, welches das Publicum immer nur als Stück zu behalten leider befürchtet <die Silbe TAS, die den fragmentarischen Zustand von Goethes Drama «Tasso» andeuten sollte, aus dessen 2. Akt er kurz zuvor in Tiefurt vorgelesen hatte; vollendet wurde das Stück erst nach der Rückkehr Goethes von Italien, 1788. Auch an späteren Geburtstagen wurde Goethe durch zerbrochene Buchstaben wiederholt an seine unvollendeten Werke erinnert>. Momus ließ sich aber nicht abschrecken, kam unversehens wieder, und hing doch auch seine Geißel mit dem ihm lieben Nahmen <Aves> < . . . > mit auf. / Mit diesem schloß sich das Stück < . . . >. Undeutlich blieb zwar die Geschichte keinem, denn ein berühmter Improvisatore, in unserm Journal als Bruder Lustig bekant, hatte die gantze Handlung in wohlgesetzte Reime gefaßt <das «Programma», verfaßt von Karl Friedrich Siegmund v. Seckendorff (1744–1785); Kammerherr; Schriftsteller und Komponist>. Doch wenige, ja leider vielleicht keiner zog den Nutzen für sich heraus, den jeder sich bessern wollende Mensch, doch so leicht hätte herausziehen können <folgt die Umdeutung der Mythe ins Christliche mit der Nutzanwendung, »seine böse Leidenschaften« zu beherrschen>« (S. 16–20).

Der zweite Rezensent fühlt sich als »Teutscher« erhoben, wenn er bedenke, »daß da wo jezt dieses neue Odeum, dieser wie durch einen Feen-Stab hervorgebrachte Tempel der Tragi-Komiko-Pantomimischen Skiagraphischen Muse unsern erstaunten Augen entgegen glänzte, einen Augenblick zuvor nur eine kleine Einsiedler Hütte stund«, und »daß die von allen Zuschauern bewunderte Vorstellung und Exhibition der erste Versuch in dieser Art, das Stück selbst (wie alle mit dem ächten Stempel des Genies bezeichnete Leibes- und Geistes Producte) das Werk eines Moments, das Programma die Arbeit einer Stunde, und der gantze Umfang der Zurüstungen die ein solches Schauspiel voraussezt das Resultat von zwey bis drey Tagen war«. Er stellt sich vor, daß das Schattenspiel auch als Boulevardstück in Paris reüssieren würde. Als genialen Einfall rühmt er, daß Zeus fast nur aus Kopf bestanden habe; einziger Kritikpunkt: das Gewand der Liebesgöttin Venus auf ihrem Muschelwagen, das »dem Negligé einer Wäscherin oder Gras-Nymphe ähnlicher sah als dem einzigen Putz, der sich für die Göttin der Schönheit ziemt«; er schlägt vor, diese künftig nur mit ihrem Gürtel bekleidet auf die Bühne zu schikken oder statt einer Schauspielerin »einen Gips Abguß von der mediceischen Venus«; schließlich sei die Eule der Minerva nicht, wie geschehen, durch eine Papp-Attrappe vorzustellen, sondern durch eine dafür geeignete äußerlich wie innerlich ›kauzige‹ Person, die es in Tiefurt ja gebe (gemeint: Frl. v. Göchhausen) (S. 21–25).

Von den Darstellern sind bekannt: Corona Schröter als Minerva, Herzog Carl August als Vulkan, Georg Melchior Kraus als Jupiter, Karl von Lyncker als Ganymed. – Das »Programma« ist nur in zwei Exemplaren überliefert (im GSA und GMD; nach letzterem unser Text). Ein Schattenriß des Schlußtableaus (Zeichner unbekannt) befindet sich in der Silhouettensammlung (Nr. 2891) des GNM und ist abgebildet im GJb 1917 (Frontispiz), als Beilage zu Hans Wahls Aufsatz »»Minervens Geburt, Leb4en und Taten‹« (S. 235–244) und bei Wolfgang Hecht: »Allerlei freundliche Dinge. Geburtstagsgeschenke für Goethe«. Weimar 1985, S. 12. – Zu weiteren ›Ombres chinoises‹ – Spielen s. Bode: »Musenhof«, S. 346–352.

4 Johann Wolfgang Goethe: »Das Louisenfest« (1778)

Das Louisenfest
gefeyert Weimar am 25.ten August 1777.

Das genannte, hiernächst umständlich zu beschreibende Fest, gilt vor allen Dingen als Zeugniß wie man damals den jungen Herrschaften und ihrer Umgebung etwas Heiteres und Reizendes zu veranstalten und zu erweisen gedachte. Sodann bleibt es auch für uns noch merkwürdig, als von dieser Epoche sich die sämtlichen Anlagen auf dem linken Ufer der Ilm, wie sie auch heißen mögen, datiren und herschreiben.

Die Neigung der damaligen Zeit, zum Leben, Verweilen und genießen in freyer Luft ist bekannt, und wie die sich daraus entwickelnde Leidenschaft eine Gegend zu verschönern und als eine Folge von ästhetischen Bildern darzustellen, durch den Park des Herzogs von Dessau angeregt, sich nach und nach zu verbreiten angefangen habe.

In der Nähe von Weimar war damals nur der mit Bäumen und Büschen wohl ausgestattete Raum der *Stern* genannt, das Einzige was man jenen Forderungen analog nennen und wegen Nähe der Herrschaftl. Wohnung als angenehm geachtetes Lokal schätzen konnte. Es fanden sich daselbst uralte gradlinige Gänge und Anlagen, hoch in die Luft sich erhebende stämmige Bäume, daher entspringende mannigfaltige Alleen, breite Plätze zu Versammlung und Unterhaltung.

Begünstigt nun durch heitere trockne Witterung beschloß man hier zum Namenstag der regierenden Frau Herzogin ein heiter geschmücktes Fest, welches an die älteren italiänischen Wald- und Buschfabeln (Favole boschereccie) geistreich erinnern sollte. Dazu wurde denn auch ein Plan gemacht und manche Vorbereitung im Stillen getroffen. Da sollte es denn an Nymphen und Faunen, Jägern, Schäfern und Schäferinnen nicht fehlen, glückliche wie verschmähte Liebe, Eifersüchteley und Versöhnung war nicht vergessen.

Unglücklicherweise trat, nach gewaltsamem Ungewitter, eine Wasserfluth ein, Wiesen und Stern überschwemmend, wodurch denn jene Anstalten völlig vereitelt wurden. Denn das Dramatische und die Erscheinung der verschiedenen verschränkten Paare war genau auf das Lokal berechnet daher, um jene Absicht nicht völlig aufzugeben, mußte man auf etwas Anders denken.

Damals führte schon, von dem Fürstenhause her ein etwas erhöhter Weg, den die Fluth nicht erreichte, an dem linken Ufer der Ilm unter der Höhe weg, man bediente sich aber desselben nur um an den schon eingerichteten Felsenplatz, sodann über die damalige Floßbrücke, welche nachher der sogenannten Naturbrücke Platz machen mußte, in den Stern zu gelangen.

An dem disseitigen Ufer stand, ein wenig weiter hinauf, eine von dem Fluß an, bis an die Schießhausmauer vorgezogene Wand, wodurch der untere Raum nach der Stadt zu, nebst dem Welschengarten völlig abgeschlossen war. Davor lag ein wüster, nie betretener Platz, welcher um so weniger besucht ward, als hier ein Thürmchen sich an die Mauer lehnte welches, jetzt zwar leer und unbenutzt, doch immer noch einige Apprehension gab, weil es früher dem Militair zu Aufbewahrung des Pulvers gedient hatte.

Diesen Platz jedoch erreichte das Wasser nicht; der bisherige Zustand erlaubte hier etwas ganz Unerwartetes zu veranstalten, man faßte den Gedanken die Festlichkeit auf die unmittelbar anstoßende Höhe zu verlegen, dahin wo hinter jener Mauer eine Gruppe alter Äschen sich erhob, welche noch jetzt Bewunderung erregt. Man ebnet unter denselben, welche glücklicherweise ein Oval bildeten, einen anständigen Platz und baute gleich davor, in dem, schon damals waltenden und auch lange nachher wirkenden Mönchssinne, eine sogenannte Einsideley ein Zimmerchen mäßiger Größe, welches man eilig mit Stroh überdeckte, und mit Moos bekleidete.

Alles dieses kam in drey Tagen und Nächten zu Stande, ohne daß man weder bey Hofe noch in der Stadt etwas davon vermuthet hätte. Der nahgelegene Bauplatz lieferte unserm Werk die Materialien, wegen der Ueberschwemmungen hatte niemand Lust sich nach dem Stern zu begeben.

Nach jenem Mönchischen, unter diesen Umständen die Oberhand gewinnenden Ansichten, kleidete sich eine Gesellschaft geistreicher Freunde in weiße, höchst reinliche Kutten, Kappen und Ueberwürfe und bereiteten sich zum Empfange. Der Hof war zur gesetzlichen Tagesstunde eingeladen; die Herrschaften kamen jenen untern Weg am Wasser her; die Mönche gingen ihnen bis an den erweiterten Felsenraum entgegen, wo man sich anständig ausbreiten konnte, worauf denn nachstehendes, vom Kammerherrn von Seckendorf gefertigtes Dramolett gesprochen wurde.

P. Orator.
Memento mori! die Damen und Herrn
Gedachten wohl nicht uns zu finden am
    Stern,
Es sey denn sie hätten im Voraus vernom-
    men,
Daß, eben am Tag wie das Wasser gekom-
    men,
Auch wir mit dem Kloster hierher sind ge-
    schwommen.
Zwar ist die Kapelle, der schöne Altar,
Die heiligen Bilder, die Orgel sogar,
Erbärmlich beschädigt, fast alles zerschlagen,
Die Stücke, Gott weiß! wo hinabwärts getra-
    gen,
Doch Keller und Küche zwar wenig ver-
    schlemmt
Hat auch sich, Gottlob mit uns feste ge-
    stemmt,
Als wir, durch brausende Fluthen getrieben,
Hier dicht an der Mauer sind stehen geblie-
    ben.

P. Provisor.
Ja das war fürs Kloster ein großes Glück,
Sonst wären wir wahrlich geschwommen zu-
    rück;
Und ist man auch gleich resignirt in Gefahren
So mag doch der Teufel die Welt so durch-
    fahren.

P. Guardian.
Ich meines Orts freu mich der Nachbarschaft,
Die uns unsre seltsame Reise verschafft.
Und ist auch das Kloster hier gut etablirt –

P. Küchenmstr.
Ja nur etwas kärglich und enge logirt –

P. Decorator.
Nun 's Wasser hat freylich uns viel ruinirt.

P. Florian.
Von Mücken und Schnacken ganz rasend ge-
    plagt

P. Küchenmstr. –
Und vielerley was mir noch sonst nicht be-
    hagt

P. Decorator.
Ei! Ei! wer wird ewige Klaglieder stimmen –
Sey der Herr zufrieden nicht weiter zu
    schwimmen.

P. Florian.
Der dicke Herr ist der Pater Guardian,
Ein überaus heilig und stiller Mann.
Den wir, dem löblichen Kloster zum besten,
Mit allem was lecker und nährend ist mästen.
Und dieser hier Pater Decorator,
Der all unsern Gärten und Bauwerk steht vor;
Der hat nun beynahe drey Nacht nicht ge-
    schlafen,
Um uns hier im Thal ein Paradies zu ver-
    schaffen.
Denn wenn der was angreift so hat er nicht
    Ruh
Stopft Tag und Nacht die Löcher mit Hecken-
    werk zu,
Macht Wiesen zu Felsen und Felsen zu Gänge
Bald gradaus, bald zickzack die Breit' und die
    Länge.
Sogar auch den Ort den sonst niemand ornirt
Hat er mit Lavendel und Rosen verziert.

P. Provisor.
Ei überhaupt von den Patern hier insgesamt
Ist keiner der wohl nicht verwaltet sein Amt.
Doch pranget freylich Pater Küchenmeister
Als einer der höchst speculirendsten Geister,
Weil schwerlich auf Erden eine Speise existirt
Die er doch nicht wenigstens hätte probirt.

P. Orator.
Ja der versteht sich aufs sieden und braten,
Der macht rechte Saucen und süße Panaten,
Und Torten von Zucker und Kremen mit
    Wein,
Mit dem ists eine Wollust im Kloster zu seyn.
Drum dächt ich ihr ließt euch drum eben
    nicht schrecken
Wenn gleich rauhe Felsen unsre Wohnung be-
    decken,

Und eng sind die Zellen und schlecht dies
  Gewand
So bergen sie Reize die nie ihr gekannt.
Laßt ab zu verschwenden die köstlichen Tage
Mit quirlenden Sinnen und strebender Plage,
Mit schläfrigen Tänzen, und schläfrigem
  Spiel,
In sinnlicher Trägheit und dumpfen Gefühl.
Bekehrt euch von Kolik von Zahnweh und
  Flüssen,
Und lernet gesünder des Lebens genießen!
Ihr gähnet im Glanze von festlicher Pracht,
Wir schätzen den Tag und benutzen die
  Nacht,
Ihr schlaft noch beym Aufgang der lieblichen
  Sonne,
Wir schöpfen und athmen den Morgen mit
  Wonne,
Ihr taumelt im Hoffen und Wünschen dahin,
Wir lassen uns lieber vom Augenblick ziehn.
Und beichten wir unsre Sünden im Chor
So sind wir so heilig und ehrlich wie vor.

Pat. Provisor.
Herr Guardian die Glock hat zwey schon geschlagen

P. Guardian.
Gottlob! Ich fühlt es schon längstens im Ma-
  gen

P. Küchenmstr.
Ew. Hochwürden, die Speisen sind aufgetra-
  gen.

P. Orator.
Sie rechnens uns allerseits übel nicht an
Wenn keiner der Paters verweilen nicht kann,
Sie wissen die Suppe versäumt man nicht
  gern.

Alle.
O! stünde doch unsre Tafel im Stern!

P. Guardian.
Doch will jemand ins Refectorium kommen,
So ist er mir und dem Kloster willkommen.
(ab)

Auf die einladenden Verbeugungen des Pater
Guardian folgten die Herrschaften mit dem

Hofe in das kleine Zimmer, wo, um eine Tafel,
auf einem reinlichen aber groben Tischtuche,
um eine Bierkaltschaale, eine Anzahl irdener
tiefer Teller und Blechlöffel zu sehen waren; so
daß man bey der Enge des Raumes und den
kümmerlichen Anstalten nicht wußte was es
heißen solle; auch die Frau Oberhofmeisterin,
Gräfin Gianini, sonst eine heitere humoristische Dame, ihr Mißbehagen nicht ganz verbergen konnte.
Hierauf sprach

P. Guardian.
Herr Decorator der Platz ist sehr enge,
Und unsre Clausur ist eben nicht strenge,
Ich dächte wir führten die Damen ins Grüne.

P. Decorator.
Ja wenn die Sonne so warm nur nicht schiene

P. Guardian.
Es wird ja wohl Schatten zu finden seyn.

P. Küchenmstr.
Ich meines Orts esse viel lieber im Freyn!

P. Guardian. (zum P. Decorator)
Es fehlt ihm ja sonst nicht an guten Ideen.

P. Decorator.
Nun wenn sies befehlen, so wollen wir sehn.
(geht ab)

P. Guardian.
Es ist ein gar fürtrefflicher Mann

P. Küchenmstr.
Ich zweifle daß er uns diesmal helfen kann;
Die Plätze sind alle mit Wasser verschlemmt
Und noch nicht peignirt –

P. Orator.
Sag er doch gekammt!
Daß er doch sein Frankreich, wo die Küch' er
  studirt,
Noch immer und ewig im Munde führt.

P. Decorator. (kommt wieder)
Ew. Hochwürden der Platz ist ersehen;
Wenns ihnen gefällig ist wollen wir gehen.
(Alle ab)

In diesem Augenblicke eröffnete sich die hintere Thüre und es erschien eine, gegen den engen Vordergrund abstechende prächtig heitere Scene. Bey einer vollständigen Symfonischen Musick sah man, hoch überwölbt und beschattet von den Aesten des Äschenrundes, eine lange, wohlgeschmückte fürstliche Tafel, welche ohne Weiteres schicklich nach herkömmlicher Weise besetzt wurde, da sich denn die eingeladenen übrigen Gäste mit Freuden und Glück wünschend einfanden.

Den Mönchen ward die schuldigst angebotene Aufwartung verwehrt und ihnen die sonst gewohnten Plätze bey Tafel angewiesen. Der Tag erzeigte sich vollkommen günstig, die ringsumgebende Grüne voll und reich. Ein über Felsen herabstürzender Wasserfall, welcher durch einen kräftigen Zubringer unablässig unterhalten wurde und malerisch genug angelegt war, ertheilte dem Ganzen ein frisches romantisches Wesen, welches besonders dadurch erhöht wurde, daß man eine Scene der Art, in solcher Nähe, an so wüster Stelle keineswegs hatte vermuthen können. Das Ganze war künstlerisch abgeschlossen, alles Gemeine durchaus beseitigt; man fühlte sich so nah und fern vom Hause daß es fast einem Mährchen glich. Genug der Zustand that eine durchaus glückliche Wirkung, welche folgereich ward. Man liebte an den Ort wieder zu kehren, der junge Fürst mochte sogar daselbst übernachten für dessen Bequemlichkeit man die scheinbare Ruine und das simulirte Glokkenthürmchen einrichtete. Ferner und schließlich aber verdient dieser Lebenspunct unsre fortdauernde Aufmerksamkeit, indem die sämmtlichen Wege, an dem Abhange nach Ober Weimar zu, von hieraus ihren Fortgang gewannen; wobei man die Epoche der übrigen Parkanlagen, auf der oberen Fläche bis zur belvedrischen Chaussee, von diesem glücklich bestandenen Feste an zu rechnen billig befugt ist.

(Vorlage: FrA I, Bd. 17, S. 392–400; dort buchstabengetreu nach der Hs. GSA 25/XXXII,6,3)

Die Erinnerung an das Fest zum Namenstag der Herzogin Luise v. Weimar schrieb Goethe im Juni 1830 nieder; eine Vorstufe der hier wiedergegebenen Handschrift trägt das Datum »W. 19. Juni 1830«, und am 28. Juni 1830 berichtet Kanzler von Müller: »Erzählung vom Aufbau des Klosters im Park und Wiederauffindung des darauf bezüglichen Seckendorfischen Gedichtes« (»Unterhaltungen mit Goethe«, S. 196); am 29. Juni vermerkt Goethes Tagebuch: »Abgeschlossenes Manuscript des Louisenfestes und weitere Disposition deßhalb«. Schon am 7. März 1819 hatte von Müller notiert: »Heitre Erzählung <Goethes> vom Kloster im Park (30. Jan. 1777) und von dem abendlichen Fischer-Spiel in Tiefurt« (ebd., S. 38). Nicht am Geburtstag Luises allerdings, wie der Kanzler angibt, und nicht am 25. August (dem Namensfest des hl. Ludwig) 1777, wie Goethe irrtümlich selber schreibt, sondern am 9. Juli 1778 wurde das kleine Fest begangen, das zum Ausgangspunkt für die Umgestaltung des Weimarer Parks wurde. Goethe hielt damals im Tagebuch fest: »Juli <1778>. Gearbeit an dem Kloster und Einsiedeley zur Herzoginn Nahmenstag. / 9. <Juli> Herzogin Nahmenst. gefeyert.« Auch in den folgenden Tagen und Wochen verzeichnet das Tagebuch Arbeiten an der Einsiedelei: »Planirt den Plaz hinter der Mauer« (29. Juli); »Ward am Kloster inwendig fortgemahlt« (1. September); »Ward das Camin im Kloster gemacht« (nach dem 18. September).

In einer lavierten Federzeichnung hat Goethe, wohl unmittelbar nach ihrer Fertigstellung, die Gebäudekulisse auf dem Areal der ›Kalten Küche‹ über der Floßbrücke zunächst in Nahansicht festgehalten (CGZ I, Nr. 204): eine strohgedeckte Holzhütte (das »Mooshäuschen«, später »Borkenhäuschen«), durch ein zur künstlichen Ruine umgestaltetes Mauerstück, in das zwei gotische Bogenfenster gebrochen waren, mit dem in ein Glockentürmchen umgewandelten früheren Pulverturm verbunden; eine etwas spätere Kreide- und Federzeichnung (CGZ I, Nr. 225) zeigt das Ensemble aus größerer Entfernung mit dem aus dem Kloster zum Vordergrund hinaufführenden Weg, mit der Floßbrücke und dem Ilm-Wehr, ebenfalls im Vordergrund, mit dem buschbestandenen Wiesenhang vor und der Baum- und Felsengruppe hinter der Einsiedelei (s. dazu Maisak 1996, S. 98, Nr. 62).

Obwohl Goethe und Seckendorff in der Anlage des Schauplatzes und dem kleinen Mönchsspiel nicht dem Illusionismus huldigten, sondern auf Rousseaus Erziehungskonzept verwiesen (»die mönchischen Einsiedler führen ein genügsames Leben in Gottes freier Natur – das wird der höfisch-verzärtelten und naturfernen Gesellschaft zu Bewußtsein gebracht«: »Park um Weimar«, S. 36), wurden in der Folgezeit auch romantische Effekte nicht verschmäht. So lud Goethe am 22. August 1778 »Anna Amalia und ihren Kreis in sein Gartenhaus ein, führte sie dann hinüber in die Einsiedelei und überraschte sie nach Einbruch der Dunkelheit durch ein herrliches Rembrandtsches Nachtstück: auf und ab waren die Ufer des Flusses durch lodernde Fackeln in schwankendes Licht getaucht, zwischen Felsen und Gebüsch flammte es auf und verschwand wieder, durch einen erregenden Wechsel von Dunkelheit und Licht schritt man hinunter zur Ilm, über die Floßbrücke nach dem Stern und sah, zurückgewandt, wie die Feuer sich in der nachtdunklen Landschaft immer mehr vereinzelten« (»Park um Weimar«, S. 37). Wieland hat die Szenerie in einem Brief an Merck begeistert geschildert.

Auch Carl August, der noch 1778 in die Parkgestaltung miteingriff, tageweise in der Einsiedelei wohnte und arbeitete (wobei er das Luisenkloster umgestaltete: die Hütte in ein schindelgedecktes Häuschen verwandelte, in der Ruinenmauer und dem Türmchen zwei Räume ausbauen ließ), überhöhte seine asketische, an Grundsätzen Rousseaus ausgerichtete Lebensweise durch die Lizenz der Naturempfindung: »Guten Abend, lieber Knebel! Es hat neun Uhr geschlagen, und ich sitze hier in meinem Kloster mit einem Licht am Fenster und schreibe Dir. < . . . > Ich bin in den Eingängen der Kalten Küche herumgeschlichen, und ich war so ganz in der Schöpfung und so weit von dem Erdentreiben. Der Mensch ist doch nicht zu der elenden Philisterei des Geschäftslebens bestimmt; es ist einem ja nicht größer zu Mute, als wenn man doch die Sonne so untergehen, die Sterne aufgehen, es kühle werden sieht und fühlt, und das alles so für sich, so wenig der Menschen halber, und doch genießen sie's und so hoch, daß sie glauben, es sei für sie. Ich will mich baden mit dem Abendstern und neu Leben schöpfen. Der erste Augenblick darauf sei dein. Leb wohl solange. – Ich komme daher. Das Wasser war kalt; denn Nacht lag schon in seinem Schoße. Es ist, als tauchte man in die kühle Nacht. Als ich den ersten Gang hinunterging, war's so rein, so nächtlich dunkel; über den Berg hinter Oberweimar kam der volle rote Mond. Es war so ganz stille. Wedels Waldhörner hörte man nur von weitem, und die stille Ferne machte einen reinere Töne hören, als vielleicht die Luft erreichten« (17. Juli 1780 an Carl v. Knebel; zit. nach: »Park um Weimar«, S. 38).

S. **178**, 18 f: »durch den Park des Herzogs von Dessau angeregt«: Leopold III. Friedrich Franz, Fürst (erst 1807 Herzog!) von Anhalt-Dessau (1740–1817), hatte 1765–1808 den Park von Wörlitz gestalten lassen, den Goethe im Tagebuch, im Brief an Charlotte v. Stein vom 14. Mai 1778 und im 8. Buch von »Dichtung und Wahrheit« rühmt. – 23 »der Stern«: als »Sterngarten« 1685 erstmals erwähnt, eine von Floßgraben und Ilm umschlossene Wiese, später ein Gehölz, Kreuzungspunkt mehrerer Wege. – 45 »eine Wasserfluth«: am 1. Juli 1778. – 71 »Apprehension gab«: Anziehung ausübte. – S. **179**, 8 »von Seckendorf«: Siehe den Kommentar zu Dokument 3. – 10 »P. Orator«: dargestellt von Karl Friedrich Siegmund v. Seckendorff; die übrigen Darsteller (nach den Fourierbüchern): Pater Provisor: Carl Ludwig v. Knebel; Pater Guardian: Herzog Carl August; Pater Küchenmeister: Friedrich Hildebrand v. Einsiedel; Pater De-

corator: Goethe; Pater Florian: Otto Joachim Moritz v. Wedel. – 58 »ornirt«: schmückt; vgl. auch Goethe an Merck, 5. August 1778: »In meinem Thal wird's immer schöner < . . . >, da ich die vernachläßigten Plätzchen alle mit Händen der Liebe polstre und putze, und jederzeit mit größter Sorgfalt die Fugen der Kunst der lieben immer bindenden Natur zu befestigen und zu decken übergebe«; auch Tagebuch vom 3. Oktober 1778: »Wurden die perenirenden <immergrünen> Kräuter vor den Felsen gesezt.« – 69 »Panaten«: Panaden (frz.): Biersuppen. – S. **180**, 41 »Gräfin Gianini«: Wilhelmine Elisabeth Eleonore v. Giannini (1719–1784), Oberhofmeisterin der Herzogin Luise seit 1775.

5 Johann Wolfgang Goethe: »Proserpina« (1778)

Proserpina,
ein Monodrama.
(Eine öde felsigte Gegend, Höhle im Grund,
auf der einen Seite
ein Granatbaum mit Früchten.)

Proserpina.

Halte! halt einmal Unseelige! Vergebens irrst du in diesen rauhen Wüsten hin und her! Endlos liegen sie vor dir die Trauergefilde, und was du suchst liegt immer hinter dir. Nicht vorwärts, aufwärts auch soll dieser Blick nicht steigen! Die schwarze Höhle des Tartarus umwölkt die liebe Gegenden des Himmels, in die ich sonst nach meines Ahnherrn froher Wohnung mit Liebesblick hinaufsah. Ach! Enkelin des Jupiters, wie tief bist du verlohren! – Gespielinnen! als jene blumenreiche Thäler für uns gesammt noch blühten, als an dem himmelklaren Strom des Alpheus wir plätschernd noch im Abendstrale scherzten, einander Kränze wanden, und heimlich an den Jüngling dachten, dessen Haupt unser Herz sie widmete: da war uns keine Nacht zu tief zu schwazen, keine Zeit zu lang, um freundliche Geschichten zu wiederholen, und die Sonne riß leichter nicht aus ihrem Silberbette sich auf, als wir, voll Lust zu leben, wieder früh im Thau die Rosenfüsse badeten. O Mädchen! Mädchen! die ihr einsam nun, zerstreut an ienen Quellen schleicht, die Blumen auflest, die ich, ach! Entführte! aus meinem Schooße fallen ließ, ihr steht und seht mir nach wohin ich verschwand. – Weggerissen haben sie mich die raschen Pferde des Orkus, mit festen Armen hielt mich der unerbittliche Gott. Amor, ach Amor! floh' lachend zum Olymp auf. Hast du nicht, Muthwilliger! gnug an Himmel und Erde, mußt du Flammen der Hölle durch deine Flammen vermehren! – – Heruntergerissen in diese endlose Tiefen! Königin hier! Königin? vor der nur Schatten sich neigen! Hofnungslos ist ihr Schmerz, hofnungslos der Abgeschiednen Glück, und ich wend' es nicht; den ernsten Gerichten hat das Schicksaal sie übergeben. Und unter ihnen wandl' ich umher, Göttin! Königin! Selbst Sclavin des Schicksaals. – Ach das fliehende Wasser möcht' ich dem Tantalus schöpfen! mit lieblichen Früchten ihn sättigen! Armer Alter! für gereiztes Verlangen gestraft! – In Ixions

Rad möcht' ich eingreifen und Einhalt thun seinem Schmerz. Aber was vermögen wir Götter über die ewige Qualen! – Trostlos für mich und für sie wohn ich und schau auf der armen Danaiden Geschäftigkeit. Leer und immer leer wie sie schöpfen und füllen! leer und immer leer! nicht einen Tropfen Wassers zum Munde! nicht einen Tropfen Wassers in ihre Wannen! Leer und immer leer! ach! so ists mit dir auch, mein Herz! Woher willst du schöpfen und wohin? – Euer ruhiges Wandeln, Seelige, streicht nur vor mir vorüber, mein Weg ist nicht mit euch. In euren leichten Tänzen, in euren tiefen Hainen, in eurer lispelnden Wohnung rauschts nicht von Leben wie droben, schwankt nicht von Schmerz zu Lust der Seeligkeit Fülle. – Ists auf seinen düstern Augenbraunen, im verschloßenen Blick? – Magst du ihn Gemahl nennen? und darfst du ihn anders nennen? – Liebe! Liebe! Liebe! warum öfnetest du sein Herz auf einen Augenblick, und warum nach mir? da du wußtest, es werde sich wieder auf ewig verschließen. Warum ergriff er nicht eine meiner Nymphen und setzte sie neben sich auf seinen kläglichen Thron? Warum mich, die Tochter der Ceres? – O Mutter! Mutter! wie dich deine Gottheit verläßt im Verlust deiner Tochter! die du glücklich glaubtest hinspielend und hintändelnd ihre Jugend. – Ach du kamst gewiß und fragtest nach mir, was ich bedürfe, etwa ein neues Kleid, oder goldne Schuhe: und du fandst die Mädchen an ihre Weiden gefesselt, wo sie mich verlohren, nicht wiederfanden, in ihre Locken rauften, erbärmlich klagten, meine lieben Mädchen! – Wohin ist sie? Wohin? rufst du, welchen Weg nahm der Verruchte? Soll er ungestraft Jupiters Stamm entweyhen? Wohin geht der Pfad seiner Rosse? Fackeln her! in der Nacht nach will ich ihm ziehen! will keine Stunde ruhen, bis ich sie finde, will keinen Gang scheuen hierhin und dorthin! – Dir blinken deine Drachen mit klugen Augen zu, aller Pfade gewohnt folgen sie deinem Lenken. In der unbewohnten Wüste treibt dich's irre. – Ach, nur hierher, hierher nicht! nicht in die Tiefe der Nacht, unbetreten den ewiglebenden, wo, bedeckt von beschwerendem Grauß, deine Tochter ermattet. Wende aufwärts! aufwärts den geflügelten Schlangenpfad! aufwärts nach Jupiters Wohnung! der weiß es, der weiß es allein, der Erhabene, wohin deine Tochter sey. – Vater der Götter und Menschen! ruhst du noch oben auf deinem goldnen Stuhle, zu dem du mich, klein, so oft mit Freundlichkeit aufhubst, in deinen Händen mich scherzend gegen den endlosen Himmel schwenktest, daß ich kindisch droben zu verschweben bebte; bist du's noch Vater? – Nicht zu deinem Haupte in dem ewigen Blau des feuerdurchwebten Himmels; – Hier! hier! – Leite sie her! daß ich auf mit ihr aus diesem Kerker fahre! daß mir Phöbus wieder seine liebe Stralen bringe, Luna wieder aus den Silberlocken lächle. O du hörst mich, freundlich lieber Vater! wirst mich wieder, wieder aufwärts heben, daß befreyt von langer schwerer Plage, ich an deinem Himmel wieder mich ergötze. Letze dich verzagtes Herz! Ach! Hofnung! Hofnung gießt in Sturmnacht Morgenröthe! Dieser Boden ist nicht Fels nicht Moos mehr! diese Berge nicht voll schwarzen Grauses! Ach! hier find ich wieder eine Blume! Dieses welke Blat, es lebt noch, harrt noch daß ich seiner mich erfreue. Seltsam! Seltsam! Diese Frucht hier, die mir in den Gärten droben ach! so lieb war. – Laß dich geniessen freundliche Frucht! Laß mich vergeßen alle den Harm! wi<e>der mich wähnen droben in Jugend, in der vertaumelten lieblichen Zeit, in den umduftenden himmlischen Blüthen, in den Gerüchen seeliger Wonne, die der entzückten der schmachtenden ward! – Labend! labend! – Wie greift's auf einmal durch diese Freuden, durch diese offne Wonne mit entsetzlichen Schmerzen, mit eisernen Händen der Hölle durch? – Was hab ich verbrochen, daß ich genoß? Ach! warum schaft die erste Freude hier mir Quaal. Was ists! Was ists! – Ihr Felsen scheint hier schröcklicher herabzuwinken! mich fester zu umfassen! Ihr Wolken tiefer mich zu drücken! Im fernen Schooße des Abgrunds dumpfe Gewitter tosend sich zu erzeugen! Und ihr weiten Reiche der Parzen mir zuzurufen: Du bist unser!

Die Parzen. unsichtbar.
Du bist unser! ist der Rathschluß deines Ahnherrn! Nüchtern solltest wiederkehren, und der Biß des Apfels macht dich unser. Königin, wir ehren dich.

Proserpina.
Hast du's gesprochen, Vater! Warum? warum? Was that ich, daß du mich verstößest? Warum rufst du mich nicht zu deinem lichten Thron auf? Warum den Apfel! O verflucht die Früchte! Warum sind Früchte schön, wenn sie verdammen?

Die Parzen.
Bist nun unser! warum trauerst du? Sieh wir ehren dich! Dich o Königin!

Proserpina.
hätte der Tartarus eine Tiefe, daß ich euch drein verwünschte! O wäre der Kozyt nicht euer ewig Bad, daß ich für euch noch Flammen übrig hätte! Ich Königin, und kann euch nicht vernichten? In ewigem Haß sey ich mit euch verbunden! – So schöpfet Danaiden! spinnt Parzen! wüthet Furien! in ewig gleich elendem Schicksal! Ich beherrsch' euch und bin drum elender als ihr alle.

Die Parzen.
Bist nun unser! wir neigen dir! bist unser unser! Hohe Königin!

Proserpina.
Fern! weg von mir sey eure Treu und Herrlichkeit! Wie haß ich euch! und dich, wie zehnfach haß ich dich, Abscheu und Gemahl, o Pluto Pluto! – Weh mir! ich fühle schon die verhaßten Umarmungen!

Die Parzen.
Unser unsere Königin!

Proserpina.
Warum reckst du sie nach mir aus? recke sie über den Avernus! rufe die Qualen aus stygischen Nächten empor! sie steigen deinem Wink entgegen, nicht meine Liebe. Gieb mir das Schicksal deiner Verdammten! Nenn es nicht Liebe! Wirf mich mit diesen Armen in die zerstörende Qual.

G.

(Vorlage: »Der Teutsche Merkur«, Februar 1778, S. 97–103; s. dazu den Stellenkommentar in MA 2.1, S. 628 f.)

Am 30. Januar 1778, dem Geburtstag der Herzogin Luise, wurde im Jagdschloß Ettersburg durch das Weimarer Liebhabertheater Goethes »dramatische Grille« »Der Triumph der Empfindsamkeit« uraufgeführt, mit deren Ausarbeitung der Dichter am 12. September 1777 begonnen hatte: »Eine Tollheit hab ich erfunden, eine comische Oper die Empfindsamen, so toll und grob als möglich« (an Frau v. Stein). In den Kontext des satirischen Spiels, das Goethe im Rückblick zu den »harte<n> realistische<n> Gegenwirkungen« gegen eine überhandnehmende »schale Sentimentalität« zählte (»Tag- und Jahres-Hefte« zu den Jahren »bis 1780«; FrA I, Bd. 17, S. 13), ist das Monodrama »Proserpina« eingefügt, das, nach allerlei heiteren, das Lokal, einen zeitgenössischen ›idealisierten‹ Park, persiflierenden Preliminarien, von Mandandane, der Gattin des ›humoristischen Königs‹ Andrason gesprochen wird. »Freventlich« nennt Goethe in den »Tag- und Jahres-Heften« diese Einschaltung des Stücks; seine Wirkung sei dadurch »vernichtet« worden. Wird doch im »Triumph der Empfindsamkeit« zuvor reichlich über die modische Gattung »Monodrama« gespottet: »< ... > Monodramen < ... >. MANA Was sind das für Dinge? ANDRASON Wenn ihr Griechisch könntet, würdet ihr gleich wissen, daß das ein Schauspiel heißt, wo nur Eine Person spielt. LATO Mit wem spielt sie denn? ANDRASON Mit sich selbst, das versteht sich. LATO Pfui, das muß ein langweilig Spiel sein! ANDRASON Für den Zuschauer wohl. Denn eigentlich ist die Person nicht allein, sie spielt aber doch allein; denn es können noch mehr Personen dabei sein, Liebhaber, Kammerjungfern, Najaden, Oreaden, Hamadryaden, Ehemänner, Hofmeister; aber eigentlich spielt sie für sich, es bleibt ein Monodrama. Es ist eben eine von den neusten Erfindungen; es läßt sich nichts darüber sagen. < ... > MELA Wir wollen auch einmal zu spielen. ANDRASON Laßt's doch gut sein und dankt Gott, daß es noch nicht bis zu euch gekommen ist! Wenn ihr spielen wollt, so spielt zu zweien wenigstens; das ist seit dem Paradiese her das üblichste und das gescheiteste gewesen« (MA 2.1, S. 171 f.). Als Liebhaber dieser Gattung wird der unheilbar sentimentale Prinz Oronaro vorgestellt, über den sein Diener Merkulo berichtet, er agiere, »wenn's dazu kommt, meistenteils allein. SORA Ach! davon haben wir schon gehört. MERKULO Ei! – Sehen Sie, meine Damen, das ist eine Erfindung, oder vielmehr Wiederauffindung, die unsern erleuchteten Zeiten aufbehalten war. Denn in den alten Zeiten, schon auf dem Römischen Theater, waren die Monodramen vorzüglich eingeführt. So lesen wir zum Exempel vom Nero – MANA Das war der böse Kaiser! MERKULO Es ist wahr, er taugte von Haus aus nichts; war aber drum doch ein exzellenter Schauspieler. Er spielte bloß Monodramen. < ... > SORA Wird denn auch drin gesungen? MERKULO Ei gesungen und gesprochen! Eigentlich weder gesungen noch gesprochen.

Es ist weder Melodie noch Gesang drin, deswegen es auch manchmal *Melodram* genannt wird« (ebd., S. 179). Indem die Gattung ›Monodrama‹ als Spielzeug von Monomanen, ihr Name als Selbstwiderspruch (Drama ohne Interaktion, Melodram ohne Melodien), die Aufführunspraxis der Mandandane als Somnambulismus (S. 171) diffamiert wird, sind für den nachfolgenden Text »Proserpina« die Vorzeichen der Lächerlichkeit gesetzt. Zwar hat Goethe ihn, in der ursprünglichen Form rhythmisierter Prosa, parallel zu seiner Präsentation im »Triumph«, separat in Wielands »Merkur« erscheinen und im folgenden Jahr, am 10. Juni 1779, wieder auf Schloß Ettersburg (zusammen mit Molières »Medecin malgré lui«) und wieder, wie bei der Erstaufführung, mit Corona Schröter (die er schon beim Schreiben als Darstellerin vor Augen gehabt hatte) spielen lassen, aber in den Ausgaben seiner Werke (mit Ausnahme des Himburgschen Raubdrucks 1779) erschien er stets nur als Bestandteil der Komödie. Als Versuch einer späten Wiedergutmachung und Neubelebung in der (vergeblichen) Hoffnung, für die gegenwärtige Bühne ein Muster aufzustellen, ist die Aufführung des Monodramas auf dem Weimarer Theater Anfang Februar 1815 zu verstehen, die, mit der Musik Karl Eberweins und mit Amalie Wolff als Proserpina ein großer Erfolg wurde; in der Aprilnummer des »Journal für Literatur, Luxus und Mode« erschien zudem die ganze Dichtung, gefolgt von einem Bericht über die Inszenierung. Goethe selbst legte in einem Aufsatz, der am 8. Juni in Cottas »Morgenblatt« erschien, die Elemente der Inszenierung, die ein ›Gesamtkunstwerk‹ intendierte, umständlich dar (MA 11.2, S. 191–198). Die erhoffte Wirkung in die Breite blieb aber aus.

Der biographische Anlaß zu »Proserpina« läßt sich nicht mit letzter Sicherheit bestimmen. Seit Erich Schmidt neigte man dazu, in ihr die von Wieland weitergegebene Auftragsarbeit für den Komponisten Christoph Willibald Gluck zu sehen, der eine Dichtung auf seine 1776 an den Blattern gestorbene Nichte Marianne erbeten hatte, worüber Goethe am 25. Mai 1776 an Frau v. Stein schrieb: ›Ich wohne in tiefer trauer über einem Gedicht, das ich für Gluck auf den Todt seiner Nichte machen will‹; sollte damit »Proserpina« gemeint gewesen sein, so hat diese Dichtung den Auftraggeber nicht erreicht oder seinen Vorstellungen nicht entsprochen. Aber auch in Goethes Erschütterung über den Tod seiner Schwester Cornelia am 8. Juni 1777, in seiner Teilnahme an der Melancholie der Herzogin Luise hat man Motive zu »Proserpina«, zur ›Verschärfung‹ des Mythos ins Ausweglose der unterirdischen Gefangenschaft gesehen.

Ernst Beutler hat in seinem Essay »Corona Schröter« (in: E. B.: »Essays um Goethe«. Zürich u. München, 7. Aufl. 1980, S. 459–501) aus den zahlreichen Rollen dieser außergewöhnlichen Schauspielerin auf dem Weimarer Liebhabertheater die der Proserpina hervorgehoben: »Hier wollte Goethe < . . . > für Co-rona die große Rolle schaffen, die Charlotte Brandes in der ›Ariadne‹ gehabt hatte. Und sicher wären alle Hoffnungen erfüllt worden, wenn man für das Werk nicht Seckendorff als Vertoner, sondern einen ge-wandten Komponisten wie Benda gehabt hätte, von dem die so erfolgreiche Musik zur ›Ariadne‹ stammt« (S. 474). Beutler erinnert an Reichardts Worte über Corona »und die einst in Leipzig ge-meinsam bei Hasseschen Partituren verlebten Stun-den < . . . >. ›Besonders deklamierte sie das Rezitativ meisterhaft. Ihre schöne Gestalt, ihre edle, hohe Hal-tung, ihr bewegliches, ausdrucksvolles Gesicht gab diesem rezitativischen Vortrag eine Kraft, einen Zau-ber, den ich nie gekannt, vorher nie empfunden hatte. Nie habe ich ihr ohne die tiefste Herzensbe-wegung gelauscht.‹ < . . . > Das Melodram ›Pro-serpina‹ war der Kunst des Oratoriums verwandt. < . . . > Sie <Corona> hat in Weimar auch ihre alte Rolle der Helena in Hasses Oratorium und Händels ›Messias‹ vorgetragen. Es sagt viel, daß Goethe sich darüber die Anmerkung machte, daß er ›neue Ideen von Deklamation empfangen habe‹« (S. 482 f.). Da ein Aufführungsbericht zu »Proserpina« fehlt, ver-sucht Beutler aus Seckendorffs Partitur einen Ein-druck der an Corona Schröter gestellten Anforde-rungen zu geben: »Die Partitur zählt 63 Seiten, ist als Handschrift und nur in einem Exemplar in Darm-stadt erhalten < . . . >. Als Orchester sind angegeben 2 Hörner, 2 Klarinetten, 2 Oboen, 2 Flöten, die Vio-linen, Viola, 2 Fagotten und der Baß. Ein Allegro furioso war, ehe sich der Vorhang hob, die Ouver-türe und war auch das Finale. Im übrigen gliederte sich die Musik in etwa 40 Sätze, die, zuweilen nur wenige, zumeist aber zehn bis zwanzig Takte umfas-send, zwischen die Deklamation, diese unterma-lend, eingeschoben sind, – wohl verstanden, zwi-schen die Deklamation. Corona sprach die Verse meist ohne jede musikalische Begleitung, also in den Pausen, manchmal freilich auch zu einem liegenden Akkord. < . . . > Die Vision der Mutter, die wie eine rasende Medea, von ihrem Drachengespann durch die Lüfte getragen, ihre Tochter sucht, wurde von Corona nicht gesprochen, sondern gesungen, und zwar zu einem Furioso von Hörnern, Streichern und Oboen. Die Verse, mit denen dann Ceres zu Jupiter gewiesen wird, ›wende aufwärts, aufwärts den ge-flügelten Schlangenpfad‹, wurden ohne Musik de-klamiert, dann spielte das Orchester ein Maestoso, und es folgte, acht Verse, Proserpinas Gebet: ›Vater der Götter und Menschen‹, zu wechselnden liegen-den Akkorden gesprochen und von der Musik wie-der durch ein Maestoso abgeschlossen. Die sich an-reihenden Verse waren, wenn auch ab und zu durch Musik unterbrochen, reine Deklamation. Gesungen aber wurden wieder die sechs Verse der vermeintli-chen Erhörung ›O du hörst mich freundlichlieben-der Vater‹, und zwar zum vollen Orchester von den

Hörnern bis zum Baß. Reiner Gesang, und zwar ari-enmäßig, waren auch die vierzehn Verse, die zwi-schen dem Brechen der Granatfrucht und ihrem Ge-nuß liegen; voraus ging ein Grazioso, ein Andante schloß. / Nimmt man dazu die Akzente drama-tischer Pausen und die Steigerung durch die Solo-szene mit Chor am Schluß, wo die Parzen, Sopran, Alt, Tenor, Baß, teils Proserpina antworten, teils gleichzeitig mit ihr singen < . . . >, so hat man einen ungefähren Eindruck von der Reichhaltigkeit und Farbigkeit des kleinen Kunstwerkes. Es forderte von Corona ein gutes Zusammenspiel mit dem Orche-ster, vor allem aber eine sehr überlegte Gebärden-sprache, die, ohne einer leeren Geste zu verfallen, die musikalischen Zwischenspiele sinngemäß und anschaulich schön durchzuhalten verstand« (S. 486–488).

Beutlers einfühlende Bemühungen in Ehren – aber sie müssen ergänzt werden durch Goethes eige-nen Bericht zur Erstaufführung ›avant la présenta-tion‹, den man merkwürdigerweise bisher nicht wahrgenommen zu haben scheint: er findet sich im-plizit in den Worten Andrasons im 5. Akt des »Tri-umph der Empfindsamkeit« und ist der Reflex des ›gesunden Menschenverstandes‹ auf die vorausge-gangene »Proserpina«-Rezitation Mandandanes; die naive Schilderung einer outrierten Spielweise wird von den Beteiligten als Herausforderung verstanden worden sein, sie in die Realität umzusetzen:

»ANDRASON < . . . > Wie ich in meinen Schloß-hof hinein trete, ihr Kinder, höre ich oben ein Ge-brause, ein Getöne, Rufen, hohles, Anschlagen und eine Wirtschaft durch einander, daß ich nicht anders dachte, als der wilde Jäger sei bei mir eingezogen. Ich gehe hinauf; es wird immer ärger; die Stimmen werden unvernehmlicher und hohler, je näher ich komme; nur meine Frau höre ich schreien und rufen, als wenn sie unsinnig geworden wäre. Ganz ver-wundert tret’ ich in den Saal. Ich finde ihn finster wie eine Höhle, ganz zur Hölle dekoriert und mein Weib fährt mir in ungeheurer Leidenschaft und mit entsetzlichem Fluchen auf den Hals, traktiert mich als Pluto, als Scheusal, und flieht endlich vor mir, daß ich eben wie versteint dastehe und kein Wort hervorzubringen weiß.

MANA Aber um Gottes willen, was war ihr denn?

ANDRASON Wie ich’s beim Licht besah, war’s ein *Monodrama*!«

(MA 2.1, S. 203)

6 Johann Wolfgang Goethe: »Auf Miedings Tod« (1782)

Auf Miedings Tod.

Welch ein Getümmel füllt Thaliens Haus?
Welch ein geschäftig Volk eilt ein und aus?
Von hohlen Bretern tönt des Hammers
    Schlag,
Der Sonntag feyert nicht, die Nacht wird Tag.
Was die Erfindung still und zart ersann
Beschäftigt laut den rohen Zimmermann.
Ich sehe Hauenschild gedankenvoll,
Ist's Türk', ist's Heide, den er kleiden soll?
Und Schumann froh, als wär' er schon be-
    zahlt,
Weil er einmal mit ganzen Farben mahlt.
Ich sehe Thielens leicht bewegten Schritt,
Der lust'ger wird, ie mehr er euch verschnitt:
Der Jude Elkan läuft mit manchem Rest;
Und diese Gährung deutet auf ein Fest.

Allein, wie viele hab' ich hererzählt,
Und nenn' Ihn nicht, den Mann, der nie ge-
    fehlt,
Der sinnreich schnell, mit schmerzbeladner
    Brust,
Den Lattenbau zu fügen wohl gewußt,
Das Bretgerüst, das, nicht von ihm belebt,
Wie ein Skelett an todten Dräten schwebt.

Wo ist er? sagt! ihm war die Kunst so lieb,
Daß Kolik nicht, nicht Husten ihn vertrieb.
Er liegt so krank, so schlimm es nie noch war!
Ach Freunde! Weh! ich fühle die Gefahr;
Hält Krankheit ihn zurück, so ist es Noth,
Er ist nicht krank, nein, Kinder, er ist todt!

Wie! Mieding todt? erschallt biß unter's Dach
Das hohle Haus, vom Echo kehrt ein Ach!
Die Arbeit stockt, die Hand wird iedem
    schweer,
Der Leim wird kalt, die Farbe fließt nicht
    mehr,
Ein Jeder steht betäubt an seinem Ort,
Und nur der Mittwoch treibt die Arbeit fort.

Ja, Mieding todt! O scharret sein Gebein
Nicht undankbar, wie manchen andern, ein!
Laßt seinen Sarg eröffnet, tretet her,
Klagt ieden Bürger, der gelebt wie er,
Und laßt am Rand' des Grabes, wo wir stehn,
Die Schmerzen in Betrachtung übergehn.

O Weimar! dir fiel ein besonder Loos!

Wie Bethlehem in Juda, klein und gros.
Bald wegen Geist und Wiz beruft dich weit
Europens Mund, bald wegen Albernheit.
Der stille Weise steht und sieht geschwind,
Wie zwey Extreme nah verschwistert sind.
Eröffne du, die du besondre Lust
Am Guten hast, der Rührung deine Brust!

Und du, o Muse, rufe weit und laut
Den Nahmen aus, der heut uns still erbaut.
Wie manchen, werth und unwerth, hielt mit
    Glück
Die sanfte Hand von ew'ger Nacht zurück.
O laß auch Miedings Nahmen nicht vergehn!
Laß ihn stets neu am Horizonte stehn!
Nenn' ihn der Welt, die, kriegrisch oder fein,
Dem Schicksaal dient und glaubt ihr Herr zu
    seyn,
Dem Rad' der Zeit vergebens widersteht,
Verwirrt, beschäftigt und betäubt sich dreht;
Wo ieder, mit sich selbst genug geplagt,
So selten nach dem nächsten Nachbar fragt,
Doch gern im Geist nach fernen Zonen eilt
Und Glück und Übel mit dem Fremden theilt.
Verkünde laut und sag' es überall,
Wo Einer fiel, seh' Jeder seinen Fall.

Du, Staatsmann, tritt herbey! hier liegt der
    Mann,
Der, so wie du, ein schwer Geschäft begann.
Mit Lust zum Werke mehr, als zum Gewinn,
Schob er ein leicht Gerüst mit leichtem Sinn,
Den Wunderbau, der äußerlich entzückt,
Indeß der Zaubrer sich im Winkel drückt.
Er war's, der säumend manchen Tag verlohr,
So sehr ihn Autor und Acteur beschwor;
Und dann zuletzt, wann es zum Treffen ging,
Des Stückes Glück an schwache Fäden hing.

Wie oft trat nicht die Herrschaft schon herein!
Es ward gepocht, die Symphonie fiel ein,
Daß er noch kletterte, die Stangen trug,
Die Seile zog, und manchen Nagel schlug!
Oft glückt's ihm, kühn betrog er die Gefahr,
Doch auch ein Bock macht' ihm kein graues
    Haar.

Wer preißt genug des Mannes kluge Hand,
Wenn er aus Drat elast'sche Federn wand,
Vielfalt'ge Pappen auf die Lättgen schlug,
Die Rolle fügte, die den Wagen trug;

187

Mit Zindel, Blech, gefärbt Papier und Glas,
Dem Ausgang lächelnd, rings umgeben sas.
So, treu dem unermüdlichen Beruf,
War Er's, der Held und Schäfer leicht erschuf.
Was alles zarte, schöne Seelen rührt,
Ward treu von ihm, nachahmend, ausgeführt:
Des Rasens Grün, des Wassers Silberfall,
Der Vögel Sang, des Donners lauter Knall,
Der Laube Schatten, und des Mondes Licht;
Ja selbst ein Ungeheur erschreckt ihn nicht.

Wie die Natur manch' widerwärt'ge Kraft
Verbindend zwingt, und streitend Körper
    schafft,
So zwang er iedes Handwerk, ieden Fleis.
Des Dichters Welt entstand auf sein Geheis.
Und, so verdient, gewährt die Muse nur
Den Nahmen ihm – *Direktor der Natur.*

Wer faßt nach ihm, voll Kühnheit und Ver-
    stand,
Die vielen Zügel mit der Einen Hand?
Hier, wo sich ieder seines Weeges treibt,
Wo ein Factotum unentbehrlich bleibt,
Wo selbst der Dichter, heimlich voll Verdruß,
Im Fall der Noth die Lichter puzen muß.

O sorget nicht! gar viele regt sein Tod!
Sein Wiz ist nicht zu erben, doch sein Brod;
Und, ungleich ihm, denkt mancher Ehren-
    mann:
Verdien' ich's nicht, wenn ich's nur essen
    kann.

Was stuzt ihr? seht den schlecht verzierten
    Sarg?
Auch das Gefolg scheint euch gering und
    karg;
Wie! ruft ihr, wer so künstlich und so fein,
So wirksam war, muß reich gestorben seyn!
Warum versagt man ihm den Trauerglanz,
Den äußern Anstand lezter Ehre ganz?

Nicht so geschwind! Das Glück macht alles
    gleich,
Den Faulen und den Thät'gen – arm und
    reich.
Zum Gütersammeln war er nicht der Mann,
Der Tag verzehrte wie der Tag gewann.
Bedauret ihn, der, schaffend biß an's Grab
Was künstlich war, und nicht was Vortheil
    gab,

In Hofnung täglich weniger erwarb,
Vertröstet lebte und vertröstet starb.

Nun laßt die Glocken tönen und zulezt
Werd' er mit lauter Trauer beygesetzt!
Wer ist's, der ihm ein Lob zu Grabe bringt,
Eh noch die Erde rollt, das Chor verklingt?

Ihr Schwestern, die ihr, bald auf Thespis
    Karr'n,
Geschleppt von Eseln und umschrie'n von
    Narr'n,
Vor Hunger kaum, vor Schande nie bewahrt,
Von Dorf zu Dorf, euch feil zu bieten fahrt;
Bald wieder durch der Menschen Gunst be-
    glückt,
In Herrlichkeit der Welt die Welt entzückt;
Die Mädgen eurer Art sind selten karg,
Kommt, gebt die schönsten Kränze diesem
    Sarg.

Vereinet hier theilnehmend euer Leid,
Zahlt, was ihr Ihm, was ihr Uns schuldig
    seyd.
Als euren Tempel grause Gluth verheert,
Wart ihr von uns drum weniger geehrt?
Wie viel Altäre stiegen vor euch auf!
Wie manches Räuchwerk brachte man euch
    drauf!
An wie viel Pläzen lag vor euch gebückt
Ein schweerbefriedigt Publicum entzückt!
In engen Hütten und im reichen Saal,
Auf Höhen Ettersburgs, in Tiefurts Thal,
Im leichten Zelt, auf Teppichen der Pracht,
Und unter dem Gewölb' der hohen Nacht,
Erschient ihr, die ihr vielgestaltet seyd,
Im Reitrock bald und bald im Gallakleid.

Auch das Gefolg, das um euch sich ergiest,
Dem der Geschmack die Thüren ekel schliest,
Das leichte, tolle, scheckige Geschlecht,
Es kam zu Hauf, und immer kam es recht.

An weise Wand bringt dort der Zauberstab
Ein Schattenvolk aus mytholog'schem Grab.
Im Possenspiel regt sich die alte Zeit
Gutherzig, doch mit Ungezogenheit.
Was Gallier und Britte sich erdacht,
Ward, wohl verdeutscht, hier Deutschen vor-
    gebracht.
Und oftmals liehen Wärme, Leben, Glanz

Dem armen Dialog Gesang und Tanz.
Des Karnavals zerstreuter Flitterwelt
Ward sinnreich Spiel und Handlung zuge-
  sellt.
Dramatisch selbst erschienen hergesandt
Drey Könige aus fernem Morgenland;
Und sittsam bracht' auf reinlichem Altar
Dianens Priesterin euch Opfer dar;
Nun ehrt uns auch in dieser Trauerzeit!
Gebt uns ein Zeichen! denn ihr seyd nicht
  weit.

Ihr Freunde Plaz! Weicht einen kleinen
  Schritt!
Seht wer da kommt und festlich näher tritt.
Sie ist es selbst, die Gute fehlt uns nie,
Wir sind erhört, die Musen senden sie.
Ihr kennt sie wohl, sie ist's die stets gefällt,
Als eine Blume zeigt sie sich der Welt.
Zum Muster wuchs das schöne Bild empor,
Vollendet nun, sie ist's und stellt es vor.
Es gönnten ihr die Musen iede Gunst,
Und die Natur erschuf in ihr die Kunst.
So häuft sie willig ieden Reiz auf sich,
Und selbst dein Name ziert, Corona, dich.

Sie tritt herbey. Seht sie gefällig stehn!
Nur absichtslos, doch wie mit Absicht, schön.
Und, hocherstaunt, seht ihr in ihr vereint
Ein Ideal, das Künstlern nur erscheint.

Anständig führt die leis erhobne Hand
Den schönsten Kranz, umknüpft von Trau-
  erband.
Der Rose frohes volles Angesicht,
Das treue Veilgen, der Narcisse Licht,
Vielfält'ger Nelken, eitler Tulpen Pracht,
Von Mädgen Hand geschickt hervorgebracht,
Durchschlungen von der Myrthe sanfter Zier,
Vereint die Kunst zum Trauerschmucke hier:
Und durch den schwarzen, leicht geknüpften
  Flor
Sticht eine Lorbeerspize still hervor.

Es schweigt das Volk. Mit Augen voller Glanz
Wirft sie in's Grab den wohl verdienten
  Kranz.
Sie öffnet ihren Mund, und lieblich fliest
Der weiche Ton, der sich um's Herz ergiest.

Sie spricht: Den Dank für das, was du gethan,

Geduldet, nimm, du Abgeschiedner, an.
Der Gute wie der Böse müht sich viel,
Und beyde bleiben weit von ihrem Ziel.
Dir gab ein Gott, in holder, steter Kraft,
Zu deiner Kunst die ew'ge Leidenschaft.
Sie war's, die dich zur bösen Zeit erhielt,
Mit der du krank, als wie ein Kind, gespielt.
Die auf den blassen Mund ein Lächeln rief,
In deren Arm dein müdes Haupt entschlief!
Ein Jeder, dem Natur ein gleiches gab,
Besuche pilgernd dein bescheiden Grab!
Fest steh' dein Sarg in wohl gegönnter Ruh,
Mit lockrer Erde deckt ihn leise zu.
Und, sanfter als des Lebens, liege dann
Auf dir des Grabes Bürde, guter Mann.

(Vorlage: »Das Journal von Tiefurt«. Hg. von Eduard von der Hellen. Weimar 1892. 23. Stück, S. 173–179; dort nach einem der hs. Exemplare. Vgl. S. 380: »Sämmtliche Exemplare <des die ganze Nr. ausfüllenden Gedichts> sind von einem sauber mit Tinte gezogenen Trauerrand eingefasst und besonders schön geschrieben.« Datierung: nach dem 22. März 1782)

Am 27. Januar 1782 war der Weimarer Hofebenist (Drechsler) und Theatermeister Johann Martin Mieding (geb. 1725) gestorben; er war für das Bühnenbild und die gesamte Technik der Liebhaberbühne verantwortlich gewesen und zu ihrem unentbehrlichen ›Faktotum‹ geworden; die Kunst seiner illusionistischen Effekte hatte ihm beim Theater den bewundernden Spitznamen »Direktor der Natur« eingetragen. Goethes Tagebuch hält eine Beratung mit Mieding und dem Maler Kraus über die Ausstattung seines Singspiels »Erwin und Elmire« am 2. Januar 1777 fest (»Morg.<ens> mit Kraus und Mietig <!> über das Drama. Gezeichnet und festgesezzt«; WA III 1, S. 30). Sein großes Epitaph-Gedicht auf den verehrten Handwerker begann Goethe im Februar und vollendete es Mitte März 1782. Herzog Carl August teilte Knebel am 8. Februar mit: »Goethe hat angefangen, seinem <Miedings> Andenken einen Kranz à sa façon zu weihen; es sind treffliche Sachen in diesem angefangenen Werke« (Gräf III 1, S. 72). Daß Goethe von diesem Zwischenbeifall unberührt blieb, zeigt sein Brief an Knebel vom 26. Februar: »Mein Gedicht auf Miedings Tod sollst Du haben, sobald es fertig ist. Es hat in seiner unvollendeten Gestalt schon einen Beifall erhalten, der mich vergnügen muß.« Am 16. März meldet Goethe aus Dornburg Frau v. Stein die Vollendung des Gedichts: »Mein ›Mieding‹ ist fertig, ich hofft' ihn Dir vorzulesen und Euch einen guten Abend zu machen. Mir scheint das Ende des Anfangs nicht unwerth und das Ganze zusammenpassend.« Über die

Lesung (wohl am Abend des 16.), an der sie nicht teilnahm, berichtet Goethe Frau v. Stein am nächsten Tag, wieder aus Dornburg: »Mein Gedicht hat der Herzog sehr gut aufgenommen; ich bin auf sein weiteres Schicksal verlangend. Ich habe der Schrötern zu ehren zwölf Verse drinne, die Du, hoff' ich, schön finden und in allem Sinne damit zufrieden seyn sollst.« Carl August äußerte sich Knebel gegenüber am 23. März wiederum höchst lobend und brachte das Gedicht auf seine Art humoristisch auf den Punkt: »Goethe < ... > macht ganz vortreffliche Sachen. ›Mieding‹ ist fertig, und die Corona bekommt darin einen ganz unverwelklichen Kranz. Schade, daß der Minnesold in neuern Zeiten so theuer ist; wäre er es weniger, sie könnte Goethen nicht anders als mit ihrer Person danken. O! wie wollten wir nicht noch in unsern alten Tagen Verse machen lernen!« (Gräf III 1, S. 74f.)

Am 21. März signalisiert Goethe Frau v. Stein eine für sie in Auftrag gegebene Abschrift des »Mieding«, die er am 22. expediert: »Mit diesem schicke ich Dir die Abschrift von Miedings Trauergedicht durch einen Expressen.« Die Abschrift ist nicht überliefert; sie ist sicher nicht eine der Abschriften des ›Tiefurter Journals‹, die zu diesem Zeitpunkt noch nicht vorgelegen haben werden. Ein Exemplar des inzwischen ausgegebenen 23. Stücks meint aber Goethes Angebot an Knebel vom 17. April: »Wenn Du meinen ›Mieding‹ noch nicht hast, so soll gleich ein Exemplar abgehen, wenn ich nach Weimar komme. Ich bin mir noch keiner so schönen Sensation bewußt, als dieses Gedicht in unserm Kreis gemacht hat, und ich wünsche, daß es bei Dir auch so anschlagen möge.« Knebel erhielt erst am 2. Mai ein Exemplar, durch Luise v. Göchhausen.

Daß Goethe trotz der Begeisterung des Weimarer Hofs das »weitere Schicksal« des Gedichts für ungewiß hielt, darf man vielleicht als Andeutung verstehen, daß es ihm zunächst doch als zu esoterisch für eine Verbreitung durch den Druck, in einigem wohl auch als zu prekär erschien. Ungewöhnlich war schon die Auszeichnung eines Handwerkers durch ein so fürstliches Preisgedicht, unangenehm vielleicht manchem die in der opulenten Nachinszenierung seiner Beerdigung enthaltene Kritik an der raschen Bestattung, dem hektisch fortgesetzten Theaterbetrieb (von dem Goethes Tagebuch einen Eindruck gibt), peinlich auch die Erinnerung an die schlechte Besoldung, ja die Ausbeutung des ganz in seinem Beruf aufgehenden Mannes. Vielleicht auch fürchtete Goethe, daß die Verse über den Sonderstatus Weimars unter den Fürstentümern Deutschlands außerhalb des ›Musenhofs‹ Ärgernis erregen würden; so ließ er sie in der für die erste Gesamtausgabe seiner ›Schriften‹ (dort in Bd. 8, 1789) bestimmten Abschrift des Schreibers Vogel und im Druck weg (die späteren Ausgaben setzen sie wieder ein). Und er ›historisierte‹ in dieser und allen folgenden Ausgaben das Gedicht, indem er es je-

weils auf »Hans Sachsens poetische Sendung«, das Lob eines anderen, zeitlich weitentrückten Handwerker-Künstlers folgen ließ. In dieser Deszendenz sah er sich selbst als den Dritten im Bunde, wie er am 22. Februar 1788 aus Rom an Herder schrieb: »Die Gedichte auf Hans Sachs und auf Miedings Tod schließen den achten Band, und so meine Schriften für diesmal. Wenn sie mich indessen bey der Pyramide zur Ruhe bringen, so können diese beiden Gedichte statt der Personalien und Parentation <Trauerrede> gelten.«

Das Gedicht vollbringt das Kunststück, durchgängig (nicht nur eingangs) als Kasualcarmen zu erscheinen, auf die allerspeziellsten Weimarer Theaterzustände anzuspielen (darin auch nur Insidern vollkommen verständlich) und zugleich, aus dem Lob des handwerklichen Genies entwickelt, ein Stück Theaterwirklichkeit zu beschreiben, wie sie dann die ersten Bücher von »Wilhelm Meister« umfassender und formgeschichtlich darstellen. Eine ähnliche Synthese und, von der Freimütigkeit der Kritik her gesehen, Gratwanderung gelingt Goethe wenig später noch einmal, in dem großen Gedicht »Ilmenau. Am 3. September 1783« (FrA I 2, S. 334–340; s. dazu Mathias Mayer in: Interpretationen. Gedichte von Johann Wolfgang von Goethe. Hg. von Bernd Witte. Stuttgart 1998, S. 109–126).

Die oben erwähnte Reinschrift des Gedichts in der ›Zweiten Sammlung‹ der Gedichte für die Ausgabe 1789 enthält am Fuß der Seiten einige nachträgliche Erläuterungen von der Hand Luises v. Göchhausen (von Goethe durchgestrichen), so zu V. 7 »Hauenschild«: »Der Schneider der Theater Garderobe« (s. das Genrebild von Theodor Goetz von 1784 in: »Merkwürdige und interessante, originelle und komische Menschen im Weimar der Goethezeit«. Hg. von Paul Kaiser. Weimar 1986, Abb. 29; =Weimarer Schriften 21); V. 9 »Schumann«: »Theatermaler«; V. 11 »Thielens«: »Ein Frauenzimmer Schneider«; V. 98 »Direktor der Natur«: »So nannte man ihn zum Scherz beim Theater«; diese Anmerkung hat Goethe durch eine eigene ersetzt, die dann auch im Druck erschien: »S. 4 Band. S. 130.«; der Hinweis meint den Moment im 2. Akt des »Triumphs der Empfindsamkeit«, als Merkulo berichtet, daß im Reich seines Prinzen »alles Natur« sein müsse: »Unser Hof-Etat ist mit einem sehr geschickten Manne vermehrt worden, dem wir den Titel als *Naturmeister*, Directeur de la nature, gegeben haben. Dieser hat eine große Anzahl von Künstlern unter sich.«); V. 180 »Corona«: »Madem.^{lle} Corona Schröter, eine vortreffliche Aktrice dieses Gesellschafts-Theaters«. – S. die Abb. der Hs. in: J. W. Goethe: Vermischte Gedichte. Faksimiles und Erstdrucke. Hg. von Karl-Heinz Hahn. Leipzig 1984.

V. 1: »Thaliens Haus«: Thalia, die Muse des Lustspiels, im 18. Jh. des Theaters überhaupt (vgl. Schillers »Prolog« zum »Wallenstein«. – *V. 13:* »Elkan«: Jakob Elkan (gest. 1805); sein Sohn Julius

(1770–1839) war der angesehene Bankier, dem auch Goethe Geldgeschäfte anvertraute. In der ›Ausgabe letzter Hand‹ hat G. anstelle des Namens ein Attribut eingefügt: »Der tätige Jude«. – *V. 14 / 32:* »ein Fest < ... > der Mittwoch«: Am 30. Januar, einem Mittwoch, wurde der Geburtstag der Herzogin Luise u. a. mit der Aufführung von Goethes »Pantomimischem Ballett« (MA 2.2, S. 500–509) gefeiert, in dem Corona Schröter die Zauberin, Goethe den Zauberer spielte. Die Theatereffekte, über deren Vorbereitung Mieding gestorben war, schildert Luise v. Göchhausen in einem Brief an Merck vom 11. Februar (MA 2.2, S. 736 f.; dort auch ein Reflex der hektischen Festfolge). – *V. 40:* »Bethlehem in Juda, klein und gros«: Vgl. Matth. 2,6: »Und du Bethlehem im jüdischen Lande bist mit nichten die kleinste unter den Fürsten Juda's; denn aus dir soll mir kommen der Herzog, der über mein Volk Israel ein Herr sei.« S. auch den »Epilog« im »Maskenzug 1818«, in dem die Ilme sich vor der Größe ihres Ruhms bescheiden zurücknimmt: »Vieles ist an mir entsprungen, / Manches ward euch <dem Publikum> dargebracht, / Und so ist es mir gelungen / Daß man mich zum Flusse macht. / Will ein Reisender mich sehen, / Wie die Donau, wie den Rhein, / Ich verstecke mich, laß ihn gehen: / Denn ich bin doch gar zu klein« (V. 881–888; MA 11.1.1, S. 354). – *V. 42:* »Albernheit«: Das muthwillig-genialeische Treiben um den jungen Carl August, für das Goethe von Kritikern verantwortlich gemacht wurde (vgl. Klopstocks Brief an ihn vom 8. Mai 1776 und die maliziösen Rückblenden Karl August Böttigers). – *V. 74:* »Es ward gepocht«: Alter Theaterbrauch, die Vorstellung durch einen Schauspieler zu eröffnen, der dreimal mit einem Stab auf den Boden stieß und damit »Silentium« gebot. – *V. 83:* »Zindel«: (auch ›Zendel‹) leichter Seidenstoff, eine Art Taft. – *V. 93:* »widerwärt'ge«: sich entgegenstellende. – *V. 97:* d. h. ›nur als jemandem, der sich so große Verdienste erworben hat, gewährt ihm die Muse den Ehrentitel < ... >‹. – *V. 104:* »die Lichter puzen«: die Dochte der Kerzen (der damaligen Theaterbeleuchtung) zurückschneiden. – *V. 127:* »auf Thespis Karr'n«: Thespis aus Ikaria gilt als der Schöpfer der griech. Tragödie, weil er dem Chor zuerst einen Schauspieler gegenüberstellte (536–533 v. Chr.); seit Horaz ist der »Thespiskarren« für Wanderbühnen sprichwörtlich; vgl. »Ars poetica«, V. 275–277: »Wie man erzählt, hat Thespis die unbekannte Gattung der tragischen Muse erfunden und auf Karren die Werke <poëmata> gefahren, die man dann, weinhefebeschmiert die Gesichter, sang und agierte« (Übers. Eckart Schäfer). Horaz hat vermutlich einen ländlichen Brauch, die »Spöttereien vom Wagen herab«, dem Thespis unterstellt. – »Ihr Schwestern« meint die Musen, vorgestellt als Schauspielerinnen. – *V. 137:* »grause Gluth«: Erinnerung an den großen Schloßbrand (der alten Wilhelmsburg) in Weimar 1774, der auch den Theatersaal zerstörte und die Schauspieler zwang,

an provisorischen Spielstätten zu agieren, bis 1783 wieder ein fester Theaterbau bereitstand (s. Kap. II). – *V. 154:* »Schattenvolk aus mytholog'schem Grab«: die Schattenspiele (›Ombres chinoises‹) mit mythologischem Personal, wie Seckendorffs »Minervens Geburth < ... >« (s. o., S. 174 ff.) und »Das Urtheil des Midas« (beide 1781). – *V. 155:* »Im Possenspiel < ... > die alte Zeit«: Stücke nach Art der (von Goethe schon zu Anfang der Siebziger Jahre wiederbelebten) Komödien Hans Sachsens, dessen »Narrenschneiden« 1777/79 durch das Weimarer Liebhabertheater (mit Goethe als Wunderdoktor und Karl August Musäus als Narr) mehrmals aufgeführt wurde; 1778 wurde in Ettersburg Goethes ›Schönbartsspiel‹ »Das Jahrmarkts-Fest zu Plundersweilern« (1773) gegeben; eine Poetik des alten Possenspiels enthält Goethes Gedicht »Erklärung eines alten Holzschnittes vorstellend Hans Sachsens poetische Sendung« (1776). – *V. 160:* »Gesang und Tanz«: in Singspielen wie »Erwin und Elmire« (1776) und »Lila« (1777). – *V. 161 f.:* »Karnavals < ... > Flitterwelt < ... > Spiel und Handlung«: Maskenzüge (von Goethe öfter mit Versen und Szenen ›unterlegt‹) bei den Redouten (wobei die Karneval-Saison schon im Spätjahr begann und bis Ende Februar dauerte). – *V. 164:* »Drey Könige«: Goethes Gedicht »Epiphanias« (»Die heil'gen drei König mit ihrem Stern < ... >«) wurde am 6. Januar 1781 bei Anna Amalia szenisch aufgeführt; Corona Schröter spielte den ersten König (Luise v. Göchhausen verfertigte eine Abschrift). Das Gedicht knüpft an den alten Brauch des ›Sternsingens‹ an, das seit einigen Jahren in Weimar verboten war. – *V. 166:* »Dianens Priesterin«: Iphigenie; Goethes Schauspiel war am 6. April 1779 auf der Liebhaberbühne im Haus des Hofjägers Anton Hauptmann an der Esplanade uraufgeführt worden (s. dazu: J. W. Goethe: Iphigenie auf Tauris. Prosa-Fassung. Hg. von Eberhard Haufe. Frankfurt a. M. 1982. Nachwort, S. 67–83). – *V. 180:* »dein Name < ... > Corona«: ›Krone‹, ›Kranz‹; Goethe bediente sich im Tagebuch und den Briefen fast nur der Namensform »Crone«.

Literatur: Arthur Hoffmann: »Johann Martin Mieding. Werktätiges Leben im Geiste Goethes. Eine Darstellung auf der Grundlage der Briefe und Tagebücher und unveröffentlichten Archivmaterials. Mit einem Geleitwort von Hans Wahl«. Weimar 1950; Christian Schärf: »Auf Miedings Tod«. In: Goethe Handbuch, Bd. 1 (1996), S. 169–173. – Eine Rechnung Miedings für Theatermaterial bei Bode: »Musenhof«, S. 329.

7 Johann Wolfgang Goethe: »Der Hausball« (1781)

Der Hausball
Eine deutsche Nationalgeschichte

An den Leser

Die neusten litterarischen Nachrichten aus der Hauptstadt unseres Vaterlandes, versichern alle einmüthiglich daß daselbst die Morgenröthe des schönsten Tages einzubrechen anfange, und ob wir gleich uns ziemlich entfernt von ienen Gegenden befinden, so sind wir doch auch geneigt eben dasselbe zu glauben. Denn gewiß es kann eine Schaar von wilden Sonnenverehrern nicht mit einer größeren Inbrunst, mit einem gewaltsameren Jauchzen und durch alle Glieder laufenden Entzüken die Ankunft der Himmelskönigin begrüßen, als unsere Wiener, freilich auf eine gleichfalls rohe Art die ersten Strahlen einer gesegneten Regierung Joseph des II. versehren. Wir wünschen Ihm und Ihnen den schönsten Tag. Die gegenwärtigen Augenblik<e> aber gleichen ienen Stunden des Morgens wo aus allen Tiefen und von allen Bächen, aufsteigende Nebel die nächste Ankunft der Sonne verkündigen. Unter vielen unlesbaren fliegenden Schriften haben wir eine, gleichfalls unlesbare vorgefunden deren Inhalt dennoch lustig und unterhaltend genug scheint um unsern Lesern im Auszuge mitgetheilt zu werden.

In der Klaße von Menschen die ohne Einfluß auf die Großen, und ohne von ihnen bemerkt zu sein ihr eignes oft behagliches oft unbehagliches Leben führen ließ sich ein Hauswirth einfallen im Hornung einen Ball bey sich auf Subscription zu geben. Er wollte nicht, wie er sagte, dadurch irgend einen Profit machen sondern blos seine gute Freunde zusammen in seinem Quartiere vergnügen.

Er bat die Erlaubniß hierzu von der Polizey und erhielt sie.

Unser Mann hatte viele Bekanndtschaft und einen leidlich bürgerlichen Ruf. In kurzer Zeit unterzeich<n>eten sich eine Menge Gäste beiderlei Geschlechts, sein enges Quartier, das durch mancherley Meubles noch völlig verstellt war machte die Bewirthung so vieler Personen unmöglich, er sah sich um und fand hinten im Hause einen großen zweideutigen Raum, der das Holz, die Hausgefäße und was man sonst sich von dieser Art denken mag bisher in sich gefaßt hatte, lies geschwind alles auf die Seite schaffen, den Boden aufs möglichste säubern, die Wände abkehren und brachte nach seiner Art einen ganz schiklichen Plaz zurechte.

Jeder von der Gesellschaft hatte zwey Gulden ausgezahlt und unser Ballwerber versicherte dagegen, daß er den Saal wohl beleuchten, das Orchester starck besezen und für ein gut zugerichtetes Souper sorgen wolle. Caffee Thee und Limonade sollten auch bereit seyn. Maskenkleider könne ein iedes nach Belieben anziehen nur die Larven müße man entbehren, damit der Wirth hierüber nicht zur Verantwortung gezogen und gestraft werden mögte. Auf solche Art war die Anzahl auf 106 Personen festgesezt, die Caße aus 212 Gulden bestehend, war in seinen Händen, als auf einmal ein großes Unheil den gänzlichen Umsturz derselben drohte.

Ein ausgelernter Wucherer hatte unserm theuren Wirth vor einem halben Jahr 100 fl dargeliehen wofür er ihm 150 verschreiben mußte, das Präsent einer Pinsbekenen Uhr nicht mit gerechnet, welches er ihm vorher abgereicht hatte. Dieser Wechsel war zur Klage gekommen, die Klage war biß zum Arrest getrieben und der aufmerksame Gläubiger, erhielte Nachricht von dem schönen baaren Gelde das sich in des Schuldners Händen befand. Er dringt auf den Gerichtsdiener, und dieser trifft unsern Unternehmer in der Hausthüre, als er eben im Begrif ist mit der Magd auszugehen um selbst diesmal den Markt zu besuchen, er kündigt ihm den Arrest an wenn er die 150 fl nicht im Augenblicke erlegt.

Da wir vermuthen können daß alle unsere Leser sich einen solchen Vorfall vergegenwärtigen können, wo ein Mann der 212 fl in der Tasche hat sich mit 150 fl vom Arreste befreyen kann, so begeben wir uns des rühmlichen Vortheils der Darstellung und sagen nur daß er diese Summe nach manchem Kampf mit Thränen erlegte und noch dazu 43 fl vorläufig moderirte Kosten bezahlte.

Unser lieber Wirth sas voller Verzweifelung auf seinem Stuhle, als eben ein iunger Mensch voll Respekt hereintrat und um 6 Billets zu dem Ball bat. Er legte einen Souverain d'or demüthig auf das Tischek, nahm 6 Billets und empfahl sich ohne auf die Verhaltungsordnung, und erlaubten Gebrauch der Masken viel zu hören.

Der Anblik des Souverains d'or den der iunge Gek gebracht hatte, in dem Augenblik daß der Unglückliche von den Dienern der gesezlichen Ordnung ausgezogen worden war, brachte den halb verzweifelten wieder zu sich selbst, er zählte sein Geld. Es belief sich noch auf 30 fl 40 Kr. Jezt wohin damit? sprach er, und dachte nach. Könnt ich nur so viel erborgen um meinen Ball zu geben! wär der Kredit hier zu Lande nicht so auf Schrauben gesezt, lieh' mir nur einer 50 fl auf mein ehrlich Gesicht ich wollte ihm gern zweimal so viel davor verschreiben.

Und sogleich sprangen zwey lustige iunge Bürschchen ins Zimmer, fragten um Erlaubniß von dem Ball sein zu dürfen, legten Geld hin. Er gab die Billets dagegen erlaubte ihnen in Maskenkleidern zu kommen, sie eilten fort und er wünschte sich noch viel solcher Gäste.

Das Glük das unsern Patron wieder anlächelte, ermunterte seinen Geist, zu neuen Gedanken und Erfindungen, wie er sich weiter helfen könne. Es fiel ihm ein, iedermann werde en masque erscheinen und er bedürfe also seines Gallakleids mit goldnen Treßen nicht, womit er sich herauszupuzen gedacht hatte. Vielmehr würde es anständiger seyn, wenn er sich gleichfalls masquirt sehen liese. Seinen Rok, dem er Uhr und Schnallen nebst einer Dose zur Gesellschaft zu geben sich entschloß, wollte er bey einem benachbarten diensthülflichen Manne versezen und hofte mit dem darauf erhaltenen Gelde hinlänglich zu reichen. Die Magd wird gerufen, die Stüke werden ihr eingehändigt. Eilt was ihr könnt, sagt der Patron, sie behende zur Thür hinaus, und stürzt unvorsichtig die dunkle Treppe hinunter. Ein entsezliches Geschrey macht ihren Unfall und ein übel verrenktes Bein der ganzen Nachbarschaft kund. Und ehe der Hausherr es gewahr wird und hinabeilt hat man sie schon aufgehoben und zurecht gebracht. Er übernimmt sie aus den mitleidigen Händen und fragt eifrig nach den zu verpfändenden Sachen. Wehe ihm! Sie waren der Unglüklichen im Schrök aus den Händen ge-

fallen und nicht mehr zu finden. Den Rok erblikte er noch als ihn eben einer unter den Mantel schieben und forttragen wollte. Er fiel den Räuber mit großer Wuth an und als er die übrigen Sachen von den Umstehenden gleichfalls mit Heftigkeit verlangte und sie als Diebe behandelte, so entstund ein großes Murren, das sich bald in Schelten verwandelte und mit Schlägen zu endigen drohte, wenn nicht ein vorübergehender Prokurator ein guter Freund sich drein gemischt und die aufgebrachten besänftigt hätte.

Mit großer Heftigkeit und gewaltsamer Betrübniß erzählte nun unser Ballmeister den Unfall dem neuen Ankömmling. Die Knaben durch die Neugierde herbey gelokt hielten das patetische des Ausdruks für Würkung der Trunkenheit, sie zischten und lachten ihn aus wodurch die beiden Freunde genöthigt sich in das obere Zimmer zu begeben. Hier wurde dem Prokurator der Vorfall umständlich erzählt und ihm zulezt das Kleid mit der Bitte vorgewiesen 60 fl, so viel als es unter Brüdern werth seye darauf nur acht Tage lang zu borgen. Der Freund bedachte sich und willigte endlich ein unter der Bedingung daß ihm noch für seine Familie gratis die nöthige Billets abgegeben werden sollten. Der gedrängte Ballgeber dem das Gewißen wegen der zu viel ausgegebenen Billets erwachte, der einen Augenblik die Menge der Personen und die Enge des Plazes gegen einander maas willigte nur gezwungen drein <.> Er ging nach dem Kästgen und glaubte seinen Freund mit drey oder vieren abzufertigen, wie erschrak und erstaunte er aber als dieser für sich, seine Frau, sieben Kinder, drey Dienstbothen, eine Schwester ihren Mann, Hausleute und einige Bekannte, in allem 36 Billets verlangte. Der Verdruß den der Meister beym Darzählen empfand, die Angst die ihn überfiel da er wieder allein war wurden bald durch die 60 fl verscheucht die der Prokurator in lauter Groschen überschikte. Mit so viel baarem Gelde versehen, ging er von einem alten Knechte begleitet, denn die Magd konnte noch nicht wieder auftreten in die Gewürz- Kram- und Zukerläden, bezahlte das eine, lies das andere aufschreiben und bestellte Wein in einem Kloster wo er bekannt war. Nachmittags erschien ein abgedankter Hofkoch mit seiner Frau, die das nöthige zu der Mahlzeit vorbereiten sollten. Sie brachten in kurzer Zeit eine Menge Eßwaren zusammen, man rupfte die Vögel, spikte die Braten sott Schincken ab und beschäftigte sich eine Unzahl Bakwerk und viele Pasteten hervorzubringen. Die Krankheit der Magd, die Ungeschiklichkeit des Knechts hatten unsern Herrn genöthigt selbst eine Schürze vorzubinden und bald hier bald da behülflich zu seyn. Es war schon zwey Uhr nach Mitternacht und die Pfanne hatte noch nicht geruhet. Die alte Kochfrau die sie bisher traktiret hatte wurde auf eine andere Seite hingerufen und vertraute unserm Herrn auf einen Augenblik den heißen Stiel. Es schmerzte ihn an seinen zarten Händen, die Butter lief ins Feuer und in dem Augenblik stand das übrige Fett in Flammen. Es sprützte plazte, er warf die Pfanne weg, und sah mit Entsezen den Rus in der übelgepuzten Oesse brennen <.> Er hielte nun alles für verlohren. Die strenge Polizey und die akkurate Feuerordnung fielen auf seine bewegte Einbildungskraft. Er hörte die Trommeln schon gehen, sahe sein Hauß umringt, das Waßer triefte ihm um die Ohren, und da er das eifrige Gießen der Sprizenleute kannte so sah er schon seinen schön aufgetischten Vorrath in gleichem Augenblik in Gefahr zu brennen und zu schwimmen.

Die resolutere Kochfrau hatte indeß einen Oeßenkehrer herbeygeholt, man versiegelte seinen Mund mit einem Dukaten und ein Junge, der auf einem naßen Pful die brennenden Rußstüke und viel Qualm und Unrath herunter auf den Herd brachte endigte das ganze Uebel auf einmal.

Die neue Arbeit, die nunmehr entstand die Küche zu reinigen und die Ordnung herzustellen brachte zugleich mit dem Schröken unsern Haußherrn so außer sich, daß er gegen 6 Uhr halb ohnmächtig auf das Bette sinken mußte und dort in einem Zustande einschlummerte den wir unsern Lesern sich vorzustellen überlaßen.

(Vorlage: Werke Goethes. Hg. von der Deutschen Akademie der Wissenschaften zu Berlin <›Akade­mie Ausgabe‹>. Erzählungen. Historisch-kritische Ausgabe. Bearb. von Helmut Praschek. Bd.1. Berlin 1971, S. 7–13; dort nach der Hs. H¹; nicht modernisiert; s. ebd., Bd. 2, S. 25 f. zur Textkonstitution)

Die Erzählung »Der Hausball« ist die Bearbeitung eines Teils der 1781 in Wien erschienenen gleichnamigen Erzählung eines Anonymus (»*Der Hausball.* Eine Erzählung v. V***«), die in einer (Diktat-?) Reinschrift von Goethes Diener Philipp Seidel, mit zahlreichen Korrekturen Goethes, vorliegt und vermutlich von Goethe selber stammt (H1; zur Verfasserfrage s. AA–Erzählungen, Bd. 2, S. 19–22). Die Bearbeitung erschien in zwei Teilen im »Journal von Tiefurt«, der erste (S. 192–193,24) im 6. Stück (ca. Ende September 1781), der zweite (ab S. 193,25) im 9. Stück (Oktober 1781), dort durch den Zwischentitel »Fortsezung des *Hausballs.* einer deutschen Original Geschichte« eingeleitet (s. den Abdruck in »Das Journal von Tiefurt« <1892>; S. 50–52 u. 76–79). Von diesen Journal-Stücken sind noch 6 hs. Exemplare erhalten (sie hängen für den »Hausball«-Text alle von H¹ ab; s. dazu AA–Erzählungen, Bd. 2, S. 24 f.). Die Vorlage ist abgedruckt in AA-Erzählungen, Bd. 2, S. 30–43 (im folgenden zitiert als »V«).

Der Bearbeitung ist ein ›Avertissement‹ »An den Leser« vorangestellt, das ein hommage an Kaiser Joseph II. enthält; Eduard von der Hellen weist auf die damals recht wohlwollenden Briefäußerungen Goethes über den Kaiser hin, so an Lavater, 9. April 1781: »Dem Kayser gönn ich allen Seegen. Gieb acht! gieb acht! Sein Kopf steht gut. Irr ich nicht sehr; so fehlts am Herzen, das zum grosen Menschen, zur That wie zum Kunstwerck unentbehrlich, und durch Vernunft nicht zu ersezen ist«; und an Knebel, 3. Dezember 1781: »Wenn ihm das Glük will und ihn sein Genius nicht verläßt, so ist er gemacht viel ohne Schwerdtstreich zu erobern.« Doch ist der Ton der Einleitung eher satirisch, eine Persiflage auch auf die Metaphorik der überzeugten Aufklärer. Über die literarische Qualität der mitzuteilenden Schrift wird der Leser jedenfalls nicht im Unklaren gelassen; es handelt sich um triviale Unterhaltungsliteratur, die Vergnügen machen soll. Ähnlich hatte die Wiener Erzählung sich dem Leser vorgestellt: »Theil' meinen Lesern eine Erzählung, eines sich ereugneten Hausballs mit – Denk', daß so viel seltnes, und komisches nicht nur unter einzelnen erzählt, sondern durch den Druk unter mehrere verbreitet werden könne« (V, S. 30).

Man hat gefragt, wie gerade eine so triviale, possenhafte, in ihrem starken Lokalkolorit zudem kaum nacherzählbare Geschichte dem Publikum des »Tiefurter Journals« zugemutet werden konnte, und hat auf den von Wieland im 6. Stück des Journals explizit erwähnten akuten Mangel an Beiträgen verwiesen (»< . . . > da es für diesesmal, dem Verlauten nach, in dem Bureau des Journals von T. ziemlich an Materialien gebrechen soll«; »Das Journal von Tiefurt« <1892>, S. 53). Aber gerade Goethe hat immer wieder auch »schlechten <schlichten> Stoff zu < . . . > Ehren« gebracht, wenn er ihn nur im Kern für merkwürdig, originell-eigenartig, typisch erkannte (erinnert sei nur an die Prosa »Die guten

Weiber«, an das Gedicht »Offne Tafel«); solche Stoffe fand er gerade in der volksnahen Literatur, zu der er sich (in der Komödie, der Posse) schon in der Frankfurter Zeit hingezogen fühlte. So läßt sich ihm auch die Absicht unterstellen, dem höfischen Publikum, dessen Leben von der Ball-Leidenschaft mitbeherrscht wurde, die abenteuerliche Welt eines Kleine-Leute-Balls als Kontrast vorzuführen (s. den einleitenden, in der Vorlage nicht enthaltenen Hinweis auf die »Klaße von Menschen die ohne Einfluß auf die Großen, und ohne von ihnen bemerkt zu sein« leben), wobei das Unternehmen vielleicht nur darum vorzeitig abgebrochen werden mußte, weil das folgende Defilée der Ballteilnehmer in seiner Drastik und kleinteiligen Vielgestalt der verkürzenden Darstellung widerstand (zu einem solchen Hogarthschen Bilderbogen, wie ihn Lichtenberg kommentierte und erschloß, hat Goethe mit der Beschreibung des Römischen Karnevals wenig später ein ins Symbolische erhöhtes Gegenstück geschaffen; auch die Verkettung trivialer Mißgeschicke, wie sie dem Protagonisten des »Hausball« widerfahren, hat ein Pendant, die ›tragische‹ Novelle »Nicht zu weit!« in den »Wanderjahren«).

Wie geschickt, aber auch wie radikal die Bearbeitung die Originalgeschichte gekürzt hat, zeigt der folgende Vergleich: die Verzweiflung des Ballwerbers (in der Wiener Erzählung »Domine« genannt) nach der Pfändung und den unerwarteten Eintritt eines Billettkäufers malt die Vorlage wortreich aus:

»Rasend, sprachlos, voller Verzweiflung mit den Zähnen knirschend stand er, raufte sich die Haare, zerschlug sich die Stirne, hollte tief Odem, warf sich in einem Stuhl, sprang auf, ergrief seinen Degen, und – steckte ihn langsam wieder ein. Dieser tragischen Pantomime sah eben ein junger Mensch, der im Begriff war, Billeten für eine Kompagnie zu lösen, und wollte schon umkehren, und nach Hilfe rufen, als ihn unser Domine erblickte. – Was befehlen Sie? sprach er, in einem niedlichen Hofton? – furchtsam gieng der junge Mensch hin, und legte einen Souverain d'or auf das Tischek, 6 Billeten, wann ich bitten darf, war die Antwort« (V, S. 32).

Daraus wird in der Bearbeitung ein Satz:

»Unser lieber Wirth sas voller Verzweifelung auf seinem Stuhle, als eben ein iunger Mensch voll Respekt hereintrat und um 6 Billets zu dem Ball bat. Er legte einen Souverain d'or demüthig auf das Tischek < . . . >.«

Andererseits gestaltet die Bearbeitung das in der Vorlage nur beiläufig erwähnte Mißgeschick mit der heißen Pfanne zu einem detailreichen, realistischen Bild, zu einer Sequenz von Malheurs aus, die den Gastgeber in die Erschöpfung treiben, wobei diese Dehnung vielleicht doch auch nur eine Abbreviatur ist: wenn nämlich der Abbruch der Bearbeitung schon beschlossen war und diese »stretta« als Höhepunkt und Ersatz für die vielen in der Vorlage noch folgenden Peinigungen des Domine steht (s. die Pas-

sage S. 194,10–44; in V nur: »Was aber – für ein Unglück sich noch hätte ereignen können! unser Domine, der mit der heißen Schmalzpfanne nicht geschikt genug umgehen konnte, bracht' es dahin, daß es zum brennen anfing, was aber die zärtliche Gemahlin des Kochs durch ihren Blasbalg vollends ausblies«; S. 34).

Die Bearbeitung enthält den Lesern, zugunsten einer stärkeren Profilierung des »Helden«, nicht nur eine derbe Wiener Typenkomödie vor (»unendlich« ist die Geschichte auch im Original; denn nach dem Abgehn der Gäste wird das fernere Ergehen des »Ballgebers« als Stoff für eine weitere Geschichte bezeichnet), sie verzichtet auch auf weitere Einblicke in die Typik des Ballgeschehens auf niederer Ebene: die improvisierte Zusammenstellung eines »Orchesters« und seiner Instrumente (statt der zu teuren Spielleute und der in letzter Minute ausfallenden Musikbande vom Militär), die Maskierung der Teilnehmer bei Verbot der Larve (»dieser war im Gesicht mit Farben dicht angeschminkt, der hatte einen Schnurrbart < . . . >, dieser eine Art eines Hanswurstenbarts, der stellte einen Mohren, wie es schien, vor, und mahlte sich durchaus mit Kienruß, diese in Maske einer Amerikanerinn ließ sich einen Blumenstock ins Gesicht malen, jene strich sich ein halb Pfund Roth auf«; V, S. 35), die Folge von Tanzen und Essen, die Gesellschaftsspiele, schließlich die Sottisen und Scherze, die am Ende ins Zerstörerische und Chaotische ausarten.

Aber vielleicht wollte Goethe der Weimarer Gesellschaft einen solchen ›exotischen‹ Zerrspiegel des Ballgeschehens nicht vorhalten.

S. **192**, 2 »Eine deutsche Nationalgeschichte«: S. dazu den Kommentar in MA 2.2, S. 837: »Diese merkwürdige ›Gattungsbezeichnung‹ ist gebildet in Parallelität zum ›Nationaltheater‹ < . . . >. Nun sollte also auch eine Nationalliteratur entstehen. Die Bildung ›Nationalgeschichte‹ ist bei Goethe so singulär wie ironisch«. – 11 f.: »wilden Sonnenverehrern«: MA (ebd.) verweist auf die Anhänger des Zoroaster, die Parsen, sowie auf das »Buch des Parsen« in Goethes »West-östlichem Divan« und die Abhandlung »Ältere Perser« in den »Noten und Abhandlungen zum West-östlichen Divan«. – 18: »Joseph des II.«: Der Kaiser regierte seit 1780 allein. Als Vertreter des aufgeklärten Absolutismus (»Josephinismus«) leitete er zahlreiche Reformen, vor allem im Schul- und Bildungswesen, ein. – 18: »versehren«: Goethe in H¹ aus »verehren« (so wieder im »Tiefurter Journal«). – 47 f.: »zweideutigen Raum«: Vgl. V, S. 31: »eine leer gebliebene Salaterrena < . . . > Einige wollens für ein gewesenes Holzgewölb, ich aber für eine reparirte Schupfen gehalten haben«. – 73: »Präsent einer Pinsbekenen Uhr«: Geschenk einer minderwertigen (engl.: pinchbeck) Uhr; vgl. V, S. 31: »einer spinspekichten Uhr, gegen 24 fl. im Werth«. – S. **193**, 61: »Prokurator«: Rechtsanwalt. – S. **194**, 34: »Pful«: Kissen, Unterlage.

8 Aus den Weimarer Fourierbüchern

1783

1. Jan. Cour u. Concert. 3. Jan. 2. Redoute. 10. Jan. 3. Redoute. 17. Jan. 4. Redoute. 19. Jan. Thee bei d. Herzogin. 22. Jan. Jagd bei Apolda, Tafel daselbst. 24. Jan. 5. Redoute. 25. Jan. D. Herzog Mittags auf d. Eise. 30. Jan. Stiller Geburtst. d. Herzogin. 31. Jan. 6. Redoute. 2. Febr. Entb.<indung> d. Herzogin. 4. Febr. Abends Tafel im Redoutenhause, Abends 5 Uhr Ank. d. Herzogs v. Gotha mit Prinz August. 5. Febr. Ank. d. Herzogs v. Dessau; Abends 6 Uhr Taufe d. Erbpr. <Carl Friedrich>. 6. Febr. Der Hof Mittags u. Abends bei Amalia, wo auch Concert. 7. Febr. 7. Redoute, früh Abreise d. Herzogs v. Dessau. 8. Febr. Abreise des Gothaer Hofs früh 7 Uhr. 9. Febr. Dankgottesdienst. 14. Febr. 8. Redoute. 15. Febr. Der Herzog, Goethe, v. Wedel u. v. Stein nach Jena zur Begrüssung d. Herzogs v. Würtemberg. 16. Febr. Ank. desselben in Weimar als Graf Urach. Cour u. Concert. 17. Febr. Abreise früh. 21. Febr. 9. Redoute. 24. Febr. Der Herzog zum Buttstädter Markt. 25. Febr. Wochenaudienz der Geheim u. geh. Reg.-Räthe etc. 4 Uhr. 28. Febr. 10. Redoute. 4. März 11. Redoute. 7. März Ank. d. Prinzen August, er u. der Herzog Abends bei Amalia. 8. März Mittags desgl. 9. März Kirchgang d. Herzogin, 6 Uhr Cantate der Hofmusik, Abendmusik f. d. Herrschaft, desgl. v. 8–9 Uhr von d. Jenaer Landsmannschaften unter Überreichung eines Carmens. 10. März Jägereiaufzug durch d. Stadt (37 Pers.). 11. März Hoftafel bei Geibel Abds. 12. März Tafel bei Amalia. 13. März Abds. Tafel im Redoutenhaus. 14. März Ebenda Pickenick Abds. 16. März Freimaurer-Loge im Fürstenhause, Schwesternabend mit Souper. 17. März Ank. des Prinzen Carolath m. Gemahlin. 19. März Der Hof z. Theil bei Amalia, wo Abds. auch Concert. 20. März Vormittg. Dejeuner in Belvedere. 21. März Dejeuner in Tiefurt, Comödie. 22. März Dejeuner in Ettersbg. Abds. der Hof bei Amalia. 23. März Cour u. Concert. 24. März Abreise v. Carolath u. Prinz August. 30. März Cour u. Concert. 5. Ap. Der Herzog im Kloster <im Ilmpark>. 6. Ap. Cour u. Concert. 13. Ap. Cour u. Concert. 14. Ap. Der Herzog mit Goethe, v. Wedel, v. Einsiedel u. v. Stapff früh 5 Uhr nach Ilmenau. 18. Ap. Rückkunft. 19. Ap. Communion. 20. Apr. Cour u. Oratorium. 21. Ap. Der Hof bei Amalia, wo Abends auch Concert. 26. Ap. Der Herzog n. Ilmenau. 27. Ap. Cour u. Concert. 30. Ap. Ank. des Gothaer Hofs. Prinz August logirt bei Goethe. 1. Mai Cour u. Concert. Früh Dejeuner im Stern <Ilmpark>. 2. Mai. Der Hof bei Amalia, wo Abends auch Concert. Vorm. Dejeuner in Belvedere. 4. Mai Cour u. Concert. 5. Mai Dejeuner. Abreise d. Goth. Hofs. 7. Mai Amalia n. Tiefurt. 11. Mai Cour u. Concert. 13. Mai Der Herzog im Kloster. 18. Mai Cour u. Concert abgesagt. 20. Mai Der Hof bei Amalia in Tiefurt. 21. Mai Der Herzog im Kloster. 27. Mai Der Herzog Mittags mit Goethe u. v. Wedel im Kloster. 31. Mai Der Hof bei Amalia in Tiefurt. 10. Juni Abends Tafel auf d. Hottelstedter Ecke. 12. Juni Der Herzog nach Ilmenau. 20. Juni Rückk. d. Prinzen Constantin von 2jähr. Reise. 26. Juni Rückk. d. Herzogs v. Ilmenau. 10. Juli Tafel Abends bei Berka im Walde. 12. Juli Der Herzog u. Constantin n. Ilmenau. 14. Juli früh Rückk. d. Herzogs. Kurze Visite d. Herzogs v. Dessau. 17. Juli Ank. des Prinzen u. d. Prinzess v. Hessen-Philippsthal. Abends Tafel auf d. Sande. 18. Juli Spiel im Stern u. auf d. Sande. Oeser aus Leipzig. 20. Juli Der Hof bei Amalia in Tiefurt. 21. Juli Tafel u. Vogelschiessen in Belvedere. 25. Juli Abreise d. Prinzen v. Philippsthal, d. Herzog u. Constantin nach Würzburg. 4. Aug. Zusammenk. d. Landst.<ände>-Ausschusses. 8. Aug. Rückk. d. Herzogs. 9. Aug. Amalia n. Braunschweig. 1. Sept. Abschied u. Audienz der Stände. 2. Sept. Der Hof nach Gotha. 5. Sept. Rückk. des Hofs, den Herzog ausgenommen. 11. Sept. Ank. d. Herzogs von Dessau. 12. Sept. Ank. d. Herzogs, Weiterreise nach Naumburg. 16. Sept. Rückk. Amaliens. 22. Sept. Ank. d. Herzogs Carl v. Curland. 23. Sept. Cour u. Concert. 26. Sept. Der Hof bei Amalia. 27. Sept. Abreise d. Hofs nach Ilmenau. 29. Sept. Tafel auf d. Gabelbach, Abends in Ilmenau, dort 30. Sept. Concert, desgl. 1. Oct. 2. Oct. Tafel in Stützerbach, Abends n. Ilmenau. 4. Oct. Tafel auf Gabelbach. 5. Oct. Der Herzog übernachtet mit s. Gästen in Stützerbach. 6. Oct. Tafel auf Gabelbach, Abends Comödie auf d. Rathhause in Ilmenau. 7. Oct. Tafel auf Gabelbach, auch Ilmenau. 8. Oct. Dejeuner, Abreise d. Hofs. Abends d. Hof bei Amalia. 9. Oct. Cour u. Concert. 10. Oct. M.<ittags> u. A.<bends> Ta-

fel in Ettersburg. 11. Oct. Desgl. Mittags. 12. Oct. Abreise d. Herzogs v. Curland. 13. Oct. Ank. d. Markgf. v. Baden, d. Erbprinzen u. v. Edelsheims. 14. Oct. Cour u. Concert. 15. Oct. Der Hof bei Amalia in Tiefurt. 16. Oct. Tafel in Belvedere. Abends in W.<eimar>. 17. Oct. Abreise des Badener Hofs, der Herzog geht mit nach Eisenach. 18. Oct. Der Herzog Abends zurück. 20. Oct. Der Herzog mit 9 Pers. nach Jena. 21. Oct. Tafel des Herzogs an der *nur* Goethe. 23. Oct. Opera Buffa. 25. Oct. Desgl. 26. Oct. Cour u. Concert. 27. Oct. Opera Buffa. 30. Oct. Desgl. 1. Nov. Desgl. 2. Nov. Cour u. Concert. 3. Nov. Zusammentritt d. Landst.<ände>-Ausschusses, Audienz, Tafel, Opera Buffa. 5. Nov. Letzte Opera Buffa. 9. Nov. Cour u. Concert. 12. Nov. Der Herzog in Magdala z. Jagd, 1. Concert bei Amalia. 16. Nov. Cour u. Concert. 20. Nov. Ank.<unft> d. Dessauer Hofs. 21. Nov. Abschieds-Audienz d. Jenaer Landst. u. Tafel. 22. Nov. Der Hof bei Amalia. 23. Nov. Cour u. Concert. 24. Nov. Abreise d. Fürsten v. Dessau. 28. Nov. Der Herzog z. Jagd in Troistedt wegen Vollzugs einer Execution. 30. Nov. Cour u. Concert. 7. Dec. Cour u. Concert. 14. Dec. Cour u. Concert. 20. Dec. Dalbergs Ank. 21. Dec. Cour u. Concert. 24. Dec. Communion. 25. Dec. Cour u. Concert. 26. Dec. Der Hof bei Amalia, daselbst Abds. Concert, der Herzog geht n. Dessau.

(Vorlage: Aus den Weimarer Fourierbüchern 1775–1784. Mitgetheilt von C. A. H. Burkhardt. In: GJb 6, 1885, S. 148–166, hier S. 161–163. Aufbewahrungsort der Fourierbücher ist das Thüringische Hauptstaatsarchiv in Weimar.)

Die sogen. Fourierbücher enthalten die vom Fourier (dem für die materielle und organisatorische Absicherung und die Abläufe des gesellschaftlichen Lebens am Hofe verantwortlichen Hofmarschall) vorgenommenen täglichen Einträge zu den Hofveranstaltungen (auch zu den Mahlzeiten, mit den nach ihrem Rang plazierten Teilnehmern), Besuchern, Reisen von Hofmitgliedern u. s. w., wobei für jeden Tag eine Folioseite reserviert war. Die von C. A. H. Burkhardt 1885 (s. o.) mitgeteilten »*wichtigern* Daten« aus zehn Jahrgängen der Weimarer Fourirbücher (aus denen Burkhardt noch in einer jeweils eigenen Rubrik die Besuche Goethes »bei Hof« zusammenstellte) sind lange das einzige größere publizierte Kontingent dieser nicht nur für die Goetheforschung wichtigen Quelle geblieben (deren sich die Hrsg. der ›Weimarer Ausgabe‹ freilich ad hoc bedienten). Dabei hatte Burkhardt mit seiner Publikation vor allem darauf hinweisen wollen, »welche Fülle von historischem Material in diesen gleichzeitigen Aufzeichnungen sich findet«; eine »sorgfältige *Bearbeitung* der Fourierbücher und die Veröffentlichung derselben« schien ihm »im Interesse der Goetheforschung geradezu geboten < . . . >. Die Arbeit selbst verlangt viel Umsicht, da in diesen Büchern die Namen vielfach entstellt, richtig wiederzugeben sind. Sehr vorsichtig müssen aber auch die Fourierbücher benutzt werde, weil in den Datirungen grobe Verstösse sich finden, die man nur durch eine sorgfältige Prüfung einer längern Reihe von Daten entdecken kann« (GJb 6, 1885, S. 148).

Um dem Leser einen instruktiven ersten Einblick zu geben, wird hier Burkhardts (für die damalige Praxis typische) ›Bearbeitung‹ eines Jahrgangs abgedruckt, werden aber auch Photographien aus der Hs. gezeigt (Abb. 60 und 82 f.). Aus dem von Burkhardt edierten Jahrzehnt erschien für die ›Musenhof‹-Thematik, auch im Hinblick auf weitere hier präsentierte Dokumente, das Jahr 1783 besonders aufschlußreich. Die Daten belegen u. a. die dichte Frequenz der höfischen Feste, der gemeinsamen Mahlzeiten (im Sommer oft, an wechselnden Orten, im Freien), die Nutzung der Parks (insbesondere des 1778 erbauten ›Luisenklosters‹ durch den Herzog selbst; s. Dokument 4), die häufige Kommunikation des ›jungen‹ Hofs mit Anna Amalia, die Besuchskontakte mit anderen Fürstenhöfen, vor allem mit Dessau. Von der Fülle der musikalischen und Theateraufführungen gibt dieses Verzeichnis allerdings keinen Eindruck (s. dafür Goethes Tagebuch und seine Briefe; für die Jahre ab 1786 auch die Verzeichnisse und Berichte in Bertuchs »Journal <des Luxus und> der Moden«). Unbearbeitete, freilich auf Goethe zugeschnittene Transkriptionen aus den Fourierbüchern findet man in dem von Ernst Grumach und Renate Grumach hg. Werk »Goethe. Begegnungen und Gespräche«. Berlin 1965 ff., zum Jahr 1783 in Bd. 2 (1966).

9 Johann Gottfried Herder: »Die Aeolsharfe« (1795), nach Thomson

Die Aeolsharfe.

Kommt, ätherische Wesen,
Luftbewohner, die ihr über der Menschheit
    Loos
Euch betrübt und erfreuet,
Aeols Saiten erwarten euch.

Horch, sie kommen unsichtbar.
Diesen traurigen Ton, sang ihn ein Liebender,
Der zum Tod' in die Schlacht zog? –
Jenen zärteren, sanftern Laut,

Diesen Seufzer verhauchte
Braut und Mutter! – Erklang diesen ein fle-
    hender
Greis, der unter der Knechtschaft
Harten Fessel danieder sank? –

Süße Töne beginnen.
Seyd ihr Kindesgelall? Oder der Säuglinge,
Und des Knaben und Mädchens
Erste Freuden? O weilet, weilt! –

Weilt auch Ihr, die ihr wieder-
Kehret, Seufzer des Manns, die ihr den letz-
    ten Hauch
Seines brechenden Herzens
Einem *fühlenden Weltgeist* gabt.

Horch! In tieferem Tone
Bebt die Saite; wer ist's? Eines Hermiten Ton,
Der, ein heiliger Barde,
Sich beseufzt und das Vaterland.

Horch! An Babylons Weiden
Klang die Harfe so dumpf; und so erhaben
    jetzt,
Da sie Freuden der Zukunft,
Hell in Tönen, frohlockend singt.

Horch! So klinget die Harfe
Eines Engels im Chor himmlischer Geister,
    wenn
Sich die lösende Seele
Sanft von Athem zu Athem hebt,

Bis allmächtig erklinget
Aller Seligen Chor, Aller Befreieten,
Die der drückenden Bande
Los, beginnen den Weltaccord.

Singt, ihr Hauche des Weltalls,
Wandernde Stimmen, singt eure phantasti-
    schen
Töne, denen erwartend
Meine künstliche Leyer schweigt.

(Vorlage: J. G. Herder: Sämtliche Werke. Hg. von
Bernhard Suphan. Bd. 17: Poetische Werke 3. Hg.
von Carl Redlich. Berlin 1881, S. 370 f. <Anhang.
Übertragungen aus neuerer Kunstpoesie>. Dort
nach dem Erstdruck in der »Neuen deutschen Mo-
natsschrift« 1795, S. 123 f. unter der Chiffre S. B. R.)

Herders zehnstrophiger Ode (Strophenform: Ascle-
piadeus minor; nicht zufällig ein ›äolisches‹ Vers-
maß!) liegt das sechsstrophige Gedicht »Ode on
Aeolus's Harp« (1748 veröffentlicht) des englischen
Dichters James Thomson (1700–1748) zugrunde, der
durch seinen Gedichtzyklus »The Seasons« berühmt
geworden war.

Ode
on
Æolus's Harp*.

I.
Æthereal race, inhabitants of air,
    Who hymn your God amid the secret
        grove:
Ye unseen beings, to my harp repair,
    And raise majestic strains, or melt in love.

II.
Those tender notes, how kindly they upbraid,
    With what soft wo they thrill the lover's
        heart!
Sure from the hand of some unhappy maid,
    Who dy'd for love, these sweet complainings
        part.

III.
But hark! That strain was of a graver tone,
    On the deep strings his hand some hermit
        throws;
Or he the sacred Bard**; who sat alone,
    In the drear waste, and wept his people's
        woes.

IV.
Such was the song which *Zion*'s children sung,
    When by *Euphrates*' stream they made their
        plaint;
And to such sadly solemn notes are strung
    Angelic harps, to sooth a dying saint.

V.
Methinks I hear the full celestial choir,

Thro' heaven's high dome their awful an-
    them raise;
Now chanting clear, and now they all conspire
    To swell the lofty hymn, from praise to
        praise.

VI.
Let me, ye wand'ring spirits of the wind,
    Who, as wild fancy prompts you, touch the
        string,
Smit with your theme, be in your chorus join'd,
    For till you cease, my Muse forgets to sing.

---

* *Æolus's Harp* is a musical instrument, which plays
with the wind, invented by Mr *Oswald*; its properties
are fully described in the Castle of Indolence.
** *Jeremiah.*

(Vorlage: The Works of James Thomson. With his
last Corrections and Improvements. In Four Volu-
mes. Vol. 2. Edinburgh 1768, p. 298 f.)

(»Ode auf Aeolus' Harfe.* / I. Ätherisches Geschlecht, Bewohner ihr der Luft, die euern Gott ihr
im verschwiegnen Hain besingt: ihr unsichtbaren
Wesen, kommt zu meiner Harfe und stimmt erhabne
Weisen an oder schmelzt in Liebe. / II. Wie freundlich sind die Vorwürfe jener zarten Töne, mit welch
sanftem Weh durchdringen sie das Herz des Liebenden! Gewiß kommen diese süßen Töne von der
Hand einer unglücklichen jungen Frau, die vor
Liebe verging. / III. Doch horch! Diese Weise klang
dunkler und schwerer: eines Einsiedlers Hand
schlägt die tiefen Saiten an; oder er, der geheiligte
Sänger (Jeremias), der in der traurigen Einöde saß
und die Leiden seines Volkes beweinte. / IV. So klang
das Lied, das Zions Kinder sangen, als sie am Euph-
rat-Strom ihre Klage anstimmten; und auf solch
ernst-feierliche Töne sind Engelsharfen gestimmt,
wenn es gilt, einem Heiligen den Todeskampf zu
erleichtern. / V. Mir ist, ich höre den vollen himmlischen Chor durch den hohen Himmelsdom seinen
ungeheuren Gesang anstimmen; jetzt jede Stimme
für sich, und jetzt wirken sie alle zusammen, um die
erhabene Hymne anschwellen zu lassen, von Lobgesang zu Lobgesang. / VI. Ihr schweifenden Wind-
Geister, die ihr die Saite berührt, wie eine wilde
Laune es euch eingibt, laßt mich, von eurer Melodie
ergriffen, Teil eures Chores sein, denn bis *ihr* aufhört, vergißt *meine* Muse zu singen.« – » *Aeolus'
Harfe ist ein Musikinstrument, das mithilfe des
Winds Töne hervorbringt; Mr. Oswald hat es erfunden; seine Charakteristika sind sämtlich in ‹dem
Gedicht› ›The Castle of Indolence‹ beschrieben.«)

Das zweiteilige allegorische Stanzengedicht »The
Castle of Indolence« (veröffentlicht 1748, aber schon
seit 1733 in Arbeit), auf das Thomson in einer Fuß-

note zur »Ode on Aeolus's Harp« verweist, besingt
in den Strophen 39–41 des 1. Teils die Wirkungen
einer Äolsharfe:

XXXIX.
Each sound too here to languishment inclin'd,
Lull'd the weak bosom, and induced ease.
Aerial music in the warbling wind,
At distance rising oft, by small degrees,
Nearer and nearer came, till o'er the trees
It hung, and breath'd such soul-dissolving airs,
As did, alas! with soft perdition please:
Entangled deep in its enchanting snares,
The listening heart forgot all duties and all cares.

XL.
A certain music, never known before,
Here lull'd the pensive melancholy mind;
Full easily obtain'd. Behoves no more,
But sidelong, to the gently-waving wind,
To lay the well-tun'd instrument reclin'd;
From which, with airy flying fingers light,
Beyond each mortal touch the most refin'd,
The god of winds drew sounds of deep delight:
Whence, with just cause, *The harp of Æolus** it hight.

XLI.
Ah me! what hand can touch the string so fine?
Who up the lofty Diapasan roll
Such sweet, such sad, such solemn airs divine,
Then let them down again into the soul?
Now rising love they fann'd; now pleasing dole
They breath'd, in tender musings thro' the heart;
And now a graver sacred strain they stole,
As when seraphic hands an hymn impart:
Wild-warbling nature all, above the reach of art!

---

* This is not an imagination of the author; there
being in fact such an instrument, called *Æolus's harp*,
which, when placed against a little rushing or cur-
rent of air, produces the effect here described.

(Vorlage: wie beim vorigen Gedicht; Bd. 2, S. 220 f.)

(»XXXIX. – Auch jeder Klang verführte hier zur
Erschlaffung, lullte die schwache Brust ein und
überredete zur Bequemlichkeit. Ätherische Musik,
die sich mit dem wirbelnden Wind in der Ferne oft
erhob, kam in kurzen Abständen näher und näher,
bis sie über den Bäumen hing und derart seelenauf-
lösende Weisen ausatmete, daß sie ‹die Seele›, ach!
an dem sanften Verderben Gefallen fand: tief ver-
strickt in ihre bezaubernden Schlingen, vergaß das
Herz, indem es lauschte, alle Pflichten und Sorgen. /
XL. Hier nun besänftigte eine besondere, bisher unbekannte Musik die gedankenschwere, melancho-
lische Seele; ohne jeden Aufwand geschah das. Es
bedarf nicht mehr, als seitlich zum sanft wehenden

Wind das gutgestimmte Instrument angelehnt aufzustellen, dem dann mit ätherisch flüchtigen Fingern, leicht, über jede noch so verfeinerte Berührung
von menschlicher Hand hinaus, der Gott der Winde
tiefe Lust erregende Töne entlockte, daher es ‹das
Instrument› auch völlig zu Recht ›Die Harfe des
Aeolus‹ * genannt wird. / XLI. Ach! welche Hand
kann die Saiten so künstlich rühren? Wer kann von
der luftigen Tonleiter so süße, so traurige, so feier-
liche Weisen aufsteigen lassen, dann wieder sie tief
hinab in die menschliche Seele senken? Jetzt fä-
chelten sie einer beginnenden Liebe, jetzt hauchten
sie wollüstigen Schmerz in weichlichen Sorgen
durchs Herz; und jetzt gewannen sie ‹dem Instrument› eine feierlichere, geistliche Weise ab, als würden die Hände von Seraphim eine Hymne vortragen: alles Gesang der unbegrenzten Natur, für die
Kunst unerreichbar!«
»*Das ist keine Erfindung des Autors, vielmehr gibt
es wirklich ein solches Instrument namens ›Aeolus'
Harfe‹, das, wenn es gegen einen mäßigen Luftstoß
oder einen Luftstrom aufgestellt wird, die hier beschriebene Wirkung hervorbringt.«).

Den Anlaß zu Herders Übertragung von Thomsons
Ode soll die Äolsharfe gegeben haben, die der am
13. Dezember 1793 verstorbene Dichter Johann Joachim Christoph Bode kurz vor seinem Tod der mit
Herder befreundeten Sophie v. Schardt verschafft
hatte; ein Brief Herders an sie von Anfang Dezember
1793 spielt nicht nur auf die Ode, sondern auch auf
die oben zitierten Verse im »Castle of Indolence« an:

»Hier haben Sie, liebe Kleine, das Büchlein für
Bode ‹...› und drei gezeichnete ‹=markierte›
schöne Stellen von der Aeolusharfe, leider aber habe
ich noch keine Beschreibung gefunden. Aus Thomsons Stelle ‹im »Castle«› ließe sich, wenn das Wort
reclin'd Bedeutung haben soll, schließen, daß sie
(welches auch natürlicher ist) angelehnt werden
müsse; ich bin aber noch wenig klug ‹kundig›.
Wenn wir die schönen Geister, die der Dichter besingt, darauf werden spielen hören, wollen wir auch
Oden machen, trotz Thomson. Indeß leben Sie wohl
und hängen die Harfe in Ihr Schlafzimmer; vielleicht
spielt ein sanfterer Aeolus da« (Johann Gottfried
Herder: Briefe. Gesamtausgabe. 7. Bd. Bearb. von
Wilhelm Dobbek und Günter Arnold. Weimar 1982,
S. 74, Nr. 56). Kurz zuvor hatte Herder seine derzeitige poetische Unfruchtbarkeit mit den biblischen
Gleichnissen beschrieben: »meine Harfe hängt
längst an den Weiden, u. meine Zunge klebet am
Gaum«; an Knebel, 30. November 1793; ebd., S. 72).
Über den (möglichen) speziellen Anlaß hinaus aber
hat Herder offenbar stets eine besondere Zuneigung
zu dem ›Naturinstrument‹ gezeigt, ja später ein ei-
genes Exemplar besessen, wie aus einem Brief des
Freiherrn Karl Theodor v. Dalberg an ihn vom 17.
Juli 1800 hervorgeht: »Mich freuts, daß Sie eine

Äolsharfe haben« (vgl. ders. an Herder, 15. Oktober
1800: »daß auch Sie gern dem süßen Tongelispel
dieser Zaubermusik lauschen«; zit. in: Herder: Sämtliche Werke. Hrsg. v. Bernhard Suphan, Bd. 24,
S. 592).

Herder hat Thomsons Gedicht, das sich an die
Erzeuger der Harfenklänge, die unsichtbaren
»wand'ring spirits of the wind«, nicht an das Instrument wendet, in Anrede und Duktus bewahrt, die
durch den schweifenden Wechsel der Klänge (oder:
Klangfarben, Klangbilder) erregten Assoziationen jedoch erweitert; so sind den von Thomson in der 1.
Strophe genannten ›erhabenen‹ Tönen (»majestic
strains«) und sanften Liebesklängen andere ange-
reiht, die sich an die Lebensalter anschließen: Braut
und Mutter, Säugling und Greis, Knabe und Mädchen und Mann (als sterbender Krieger), freilich
nicht in fester chronologischer Ordnung und auch
nur ahnungsweise (in Frageform) benannt, wie es
der ›vagen‹, polysemantischen Klangsprache des Instruments entspricht (vgl. auch das von Thomson in
den Stanzen des »Castle of Indolence« entfaltete
Wirkungsspektrum der Naturharfe). All diese
Klänge sind von einer (alttestamentarischen?)
Trauer grundiert, die auf den zu frühen Heldentod
des liebenden Mannes, auf die Knechtschaft des
Greises deutet – für Herder wiederum Anlaß, die
Klage einem »fühlenden Weltgeist« anzuvertrauen,
von dem Thomsons biblisch-fromme Ode nicht re-
det. Im zweiten Teil, der von der babylonischen
Gefangenschaft zu den Engelchören führt, schließt
sich Herder enger an Thomsons Ode an; aber auch
hier zeigt sich seine Eigenart, wenn er den »celestial
choir«, den bei Thomson die Engel bilden, in der
Vision um ›alle Seligen‹, ›alle Befreieten‹ erweitert
und so, in einer Apokatastase, alle Klänge in »den
Weltaccord« münden läßt.
Geradezu als Stimme dieses säkularisierten Got-
tes, des »Weltgeists«, hat Herder in seinem Spätwerk
»Adrastea« die Äolsharfe gesehen, indem er in den
Gesprächen der »Freimäurer« (im 8. Stück ‹4. Bd., 2.
Stück›; Sämtliche Werke, Bd. 24, hg. v. Bernhard
Suphan, S. 141 f.) aus maurerischem Geist die Harfe
besingen ließ:
»*Horst.* ‹...› Komm in den Garten! Linda singt zur
Guitarre.
Faust. Vielleicht auch ein Freimäurerlied, oder was
es zu seyn verdiente.
Linda (einer Aeolsharfe gegen über, die am Baume
hangend dann und wann klagende Töne giebt.
Linda singt:)

An die Aeolsharfe.

Harfe der Lüfte, du bringst
Klagende Laute mir zu
Aus der Fülle der Welten;
Weltgeist, seufzet dann Alles in Dir?

(In veränderter Tonweise sich selbst antwortend)
›Binde die Töne
Liebend zusammen
Und sie werden ein Saitenspiel.

Tröpfelnd weinet der Bach;
Aber im Strome
Rauscht er prächtig einher.
Einsam trauret die Blume;
Aber mit andern im Kranz
Lacht sie, wie fröhlicher!‹

(Pause. Die Aeolsharfe tönet. Linda fährt fort:)
Harfe der Lüfte, woher
Dieser seufzende Ton?
Aus der Brust der Geliebten?
Ihrem entfernten Freunde gesandt.

›Führe die Liebenden,
Weltgeist, glücklich zusammen;
Und der Seufzer wird Freudegesang.‹

Ach, du tönest, du tönst
Tieferen Schmerz,
Seufzer eines Verlaßnen,
Dem die letzte der Hoffnungen floh –

Horch! ich höre den Gram
Aller Verlaßnen,
Einsam Wünschenden, Sehnenden,
Matt sich Mühenden –

›Knüpfe sie, Weltgeist,
Wirkend zusammen
Und sie erklingen, ein Saitenspiel.‹«

10 Ein Theaterbericht (1796): »Die neuen Arkadier«

Ueber die Aufführung der Oper:
die neuen Arkadier,
zu Weimar.

Die Erscheinung der Zauberflöte auf der Bühne eröffnete dem Operwesen eine neue Epoche, und die größten, wie die geringsten Theater, suchten es möglich zu machen, dieses so komplicirte, schwere Stück aufzuführen. Die Direktionen, welche die Zauberflöte auf die Bühne brachten, legten sich eben dadurch nun gleichsam eine gewisse Obliegenheit auf, von Zeit zu Zeit ähnliche Stücke zu geben. Daher entstanden die Aufführungen der Opern: *die Zauberzither,* die *Zaubertrommel,* das *Sonnenfest der Braminen,* das *Fest der Lazaroni* u. a. m. Aber alle diese Produkte halten bekanntlich, bey mehrerem oder wenigerem Verdienst, keine Vergleichung mit der Zauberflöte aus.

Hierauf erhielt zu *Wien,* die Oper: *der Spiegel von Arkadien,* ihr Daseyn. Das Süjet derselben hat etwas allgemein Faßliches, und für die Musik sehr günstiges. Die Komposition, (deren Verfasser Hr. *Franz Süßmeyer* ist) bey der man sich manchmal, doch nie am unrechten Orte, der Zauberflöte erinnert, hat durchgängig das Verdienst, daß sie die theatralische Aktion begünstiget, und dem Sänger bey der Pantomime nachhilft.

Unter die besserern und wohlgerathenern Stücke der Musik rechnen wir z. B. die Introduktion desselben, nebst dem Duett des zweiten Akts zwischen Balamo und Filania. Gefällig ist der Gesang der Genien. – Vorzüglich aber ist dem Komponisten das gerathen, was er dem Metalio und der Gigania singen läßt, in deren Karakter er sich ganz hinein gedacht hat.

Unter diesen Umständen war es wohl der Mühe werth, das Stück von seinen Original-Kruditäten zu reinigen, an die ein gewisser, sehr gut zahlender Theil des Wiener Publikums nun einmal gewöhnt zu seyn scheint. Daher entstand die *Bearbeitung* dieser Oper, wie wir dieselbe hier, zu *Weimar,* am 2ten Februar zum erstenmal auf die Bühne gebracht sahen.

Ohne das Stück in dem freien Felde der Fantasie, in welchem es spielt, durch irgend eine Art von Bedingung beschränken zu wollen, blieb bei der Bearbeitung desselben *Arkadien* eine *Insel,* wozu das Original dieses Land einmal gemacht hatte. Hier landet nun die Tochter des Königs von Thessalien, und so geht denn auch alles übrige zwischen Göttern, Dämonen, Genien und Menschen, in seiner Unnatur, ganz natürlich vor.

Bei der Umarbeitung, nach welcher wir hier dieses Stück sahen, gab man demselben den Titel:

Die neuen Arkadier,
welchen es in mehr als Einem Betrachte verdient, da, nach der Umarbeitung, der *Spiegel,* der dem Werke zuvor den Namen gab, nur eine Episode des zweiten Aktes macht.

Noch im ersten Akt erscheinen die Genien des Zevs, *Agos und Athos,* und bringen dem doppelten Paare, *Balamo* und *Filania, Metaleon* und *Gigania,* Pflanzen, aus welchen, in die Erde gepflanzt, Menschen entstehen sollen. Die Freunde nehmen die Pflanzen an, und verschmähen das ihnen zu gleicher Zeit angebotene blendende Gold. Sie eilen, die Erfüllung des Versprechens zu sehen, und die Pflanzen der Erde anzuvertrauen. – Indessen beschleicht *Terkaleon* Filanien, deren Vater er besonders ewigen Haß geschworen hat, giebt sich für einen Diener des Königs von Thessalien aus, der abgeschickt sey sie aufzusuchen, und sucht sie in seine Burg zu locken; aber Metalio kömmt dazu, vereitelt des Bösewichts Vorhaben, und rettet die Prinzessin, indem er ihr den Betrüger entlarvt. – Hierauf werden die Pflanzen gepflanzt; und nun erscheint *Juno,* erfährt den Plan ihres Gemahls, und erklärt sich mit ihm gemeinschaftlich zu handeln, sich gleichfalls in Bauernkleider zu hüllen und Augenzeuge seines Vorhabens zu seyn. – Terkaleon kömmt, beobachtet die Inselbewohner, sieht sie ermattet, gedrückt von des Tages Hitze, und hängt Flaschen, mit Zaubertränken gefüllt, an die Bäume. Die Insulaner sind schon im Begriff davon zu trinken, als die Genien erscheinen, ihnen die Flaschen entreissen und ihnen Milch bringen. Die Menschen hören auf ihre Warnung, trinken Milch, und fühlen sich gestärkt. – Nun wachsen die Pflanzen hervor und Menschen stehen da. Zevs belebt die Erdgebornen, und diese sehen sich kaum belebt, als Weiber, ihre Gesellschafterinnen erscheinen, die mit ihnen empor gewachsen sind. Sie freuen sich ihres Daseyns, fühlen aber auch sogleich die Bedürfnisse des Hungers der sie quält. Jupiter erscheint und tröstet sie mit dem Versprechen: daß der, welcher ihnen das Daseyn gegeben habe, auch für ihre Erhaltung sorgen werde.

Die ganze Scene, wo die Pflanzen in die Erde gesteckt werden, und nun die Menschen, die Pflanzenkrone auf dem Haupte, nach und nach empor wachsen; die starre, leblose Unbeweglichkeit dieser Pflanzenmenschen, die sich nach und nach in rege, aber noch ungelenke Bewegsamkeit auflößt; das Ausrufen des ersten Naturlauts A! A! – dieß alles, wenn es, wie hier der Fall war, gut einstudiert und mit fertiger Pantomime dargestellt wird, gewährt ein sehr belustigendes Schauspiel, und ist doch der, selbst den Alten so geläufigen Vorstellungsart, daß die ersten Menschen wie Pflanzen in Arkadien hervorgewachsen wären, weit angemessener, als die lächerliche Fiktion, wo die Menschen aus einem Kürbis hervorgekrochen kommen.

Diejenigen, welche den Original-Text mit den hier vorgenommenen Veränderungen vergleichen können, werden solche vielleicht nicht misbilligen. – Die *Handwerker*, welche im Original ganz zunftgerecht der Erde entsteigen, und gleich mit dem Talent geboren werden, sich als Schuhmacher, Schneider, Wagner etc. gehörig durch ihre Arbeit legitimiren zu können, hat man in *Erdgeborene*, in vollkommene Naturmenschen verwandelt, die erst durch Zeichen und Wunder gleichsam für die menschliche Gesellschaft gebildet werden müssen. Sie sind, so wie ihre Weiber, bloß mit Thierfellen bekleidet und umschürzt. Dem Donnerer Zevs und seiner Gattin hat man das Wiener Gewand, womit sie umhangen waren, abgezogen, und die geraubte Göttlichkeit wieder gegeben. Man hat ihren Karakteren eine Haltung zu geben gesucht, die wenigstens anständiger und passender ist, als die Karakterzeichnung die ihnen das Original durch Leiern und Dudelsäcke und fade Reden gab. – Eben so ist man mit dem Dialog des Stücks und den Versen verfahren. Und ob man gleich, besonders bey den Letztern, wegen der sehr langen Finale, größere Hindernisse zu besiegen fand, so wurden dieselben doch ziemlich glücklich aus dem Wege geräumt.

Bey der Aufführung hat man im Allgemeinen gesucht eine gewisse Einheit und Übereinstimmung zu beobachten, und die Gradationen von den *Erdgeborenen* zu den *Göttern*, so wie den Gegensatz zwischen diesen und dem bösen Dämon, in dem Kreise des guten Geschmacks zu erhalten.

Bey den Dekorationen hat man den Bauerhof, in welchem Jupiter als Hausvater erscheint, nach der Idee, wie man die Anfänge der Architektur sich zu denken pflegt, mit Einfalt, ohne Roheit und Niedrigkeit, auszuführen gesucht; so wie man die gewundenen, transparenten Säulen der letzten Dekoration dieses Stücks, in einem Sinne ausgeführt hat, wie sie selbst dem strengen Baukünstler, unter gegebenen Umständen, zuläßig scheinen dürften.

Der Eindruck den das Stück auf das Publikum machte, war sehr günstig, und der Wunsch, dasselbe wiederzusehen, ist nach mehreren Vorstellungen, lebhaft geblieben. Die vielen Abwechselungen sinnlicher Gegenstände, die in einer gewissen Stufenfolge einander die Hand bieten, die Art von Allegorie, die sich immer gleich selbst erklärt, die faßlichen Gegensätze vom Guten und Bösen, Rohen und Gebildeten, geben eine fortdauernde Unterhaltung. Und da am Ende noch jeder eine gute Lehre mit nach Hause nimmt, so glaubt er seine Zeit zugleich aufs angenehmste und nützlichste angewendet zu haben.

(Vorlage: »Journal des Luxus und der Moden«, Juni 1796, S. 307–312; s. Abb. 85)

Die heroisch-komische Oper »Der Spiegel von Arkadien« des österreichischen Komponisten Franz Xaver Süßmayr (1766–1803), nach einem Libretto von Emanuel Schikaneder, war 1794 in Wien uraufgeführt worden und zu einer der erfolgreichsten Opern in der Nachfolge von Mozarts »Zauberflöte« (1791) avanciert; in Weimar hatte sie mit einem von Christian August Vulpius bearbeiteten Text und unter dem abgewandelten Titel »Die neuen Arkadier« am 2. Februar 1796 Premiere, wobei Goethe nicht nur an dieser, sondern schon an den Proben teilgenommen hatte (Tagebuch vom 22., 28. Januar, 1. und 2. Februar; nach Karl August Böttigers Aufzeichnungen vom 6. Februar 1796 hatte Goethe sogar die Zeichnungen zum Bühnenbild des Dekorationsmalers Johann Friedrich Eckebrecht aus Jena herübergeschickt: »Literarische Zustände und Zeitgenossen«, Berlin 1998, S. 79). In der Originalfassung kommt der ›Spiegel-Intrige‹ zentrale Bedeutung zu. Der Bösewicht Tarkeleon gibt dem Schlangenfänger Metallio einen Zauberspiegel, der bewirkt, daß sein Besitzer, wenn er eine Frau anspricht, ihr als der Mann erscheint, den sie gerade liebt. Dadurch wird Ballamos Neid geweckt; denn er hört, wie Philanie Metallio, in dem sie Ballamo sieht, ihre Liebe bekennt. Als Ballamo sich ihr entzieht, entschließt sich die getäuschte Philanie, ihm auf dem ›Pfad zum Bösen‹ durch die Insel zu folgen, und gerät zuletzt als Gefangene in Tarkeleons Palast. Obwohl Ballamo sie zu befreien versucht, müssen zuletzt noch die Götter eingreifen, um Tarkeleon zu bestrafen und die Liebenden wieder zusammenzuführen. – Die Weimarer Bearbeitung hat Schikaneders Konzept, das in der Konstellation der Protagonisten (des ›hohen‹ und des ›buffonesken‹ Paars), in der titelgebenden Prominenz des magischen Requisits, in der kräftigen Kontrastierung des guten durch das böse Prinzip wie ein Remake seines ›Zauberflöte‹-Librettos erscheint, bedeutend umgeformt zu einer Allegorie der menschlichen Entwicklung, von ›leidlosen‹ Anfängen, durch eine Phase der Gefährdung zur Errettung durch die Götter, hat mithin den ›erhabnen Gedanken der Schöpfung noch einmal gedacht‹. Ist diese Humanisierung des Mythos, die Befriedung auch des Verhältnisses zwischen Göttern und Menschen (ganz ohne prometheische Rebellion, vielmehr dem Gedanken einer friedlichen Evolution untergeordnet) nicht als Gegenprogramm zur politischen Wirklichkeit zu sehen? Auch Goethes Interesse an der ›Arkadien‹-Oper erscheint unter diesem Aspekt als nicht zufällig. Der große Erfolg der 1794 in Weimar erstaufgeführten »Zauberflöte« hatte ihn im folgenden Jahr auf den Gedanken einer Fortsetzung des Librettos, einer ›Steigerung‹ der vorliegenden Motive und der Handlung gebracht, wobei ihm die Anfrage des Komponisten und Orchesterdirektors der Wiener Hofoper, Paul Wranitzky, gelegen kam (der 1789 Wielands »Oberon« als Singspiel erfolgreich auf die Bühne gebracht und dadurch wiederum Schikaneder zu seinem Auftrag an Mozart veranlaßt hatte, sein nach dem Märchen »Lulu oder Die Zauberflöte« aus Wielands Sammlung »Dschinnistan« benanntes Libretto zu komponieren), »ob er nicht ein Opernsujet zur poetischen Verfügung habe« (Dieter Borchmeyer: Goethe, Mozart und die *Zauberflöte*. In: 76. Veröffentlichung der Joachim Jungius-Gesellschaft. Hamburg 1994, S. 11; die folgenden Ausführungen verdanken sich Borchmeyers anregender Studie). Der Plan eines zweiten Teils der »Zauberflöte«, den Goethe in seinem Brief an Wranitzky vom 24. Januar 1796 entwickelte, scheiterte zunächst an der Kleinmütigkeit des Auftraggebers und gelangte auch später, trotz der Bemühungen Ifflands, nicht zur Vollendung. Daß die »Keime« dieser immerhin als Fragment sichtbaren Dichtung dann in anderen Schöpfungen Goethes aufgegangen seien, damit auch katalysatorisch ge-

wirkt hätten, ist in der Forschung immer wieder betont worden (s. zuletzt Borchmeyer, S. 13). Eine erstaunliche Parallele zur Weimarer Adaption des »Arkadier«-Librettos findet sich in Goethes »Der Zauberflöte zweiter Teil«: wie in jener der Zauberspiegel an Bedeutung verliert, so in diesem das magische Instrument, die Zauberflöte (Borchmeyer sieht sie geradezu ›parodistisch negiert‹, bzw., so bei der zweiten Feuer- und Wasserprobe, eliminiert; S. 26 f.). Eine ›Fortschreibung‹ des »Zauberflöte«-Mythos, seine Aufhebung in der »Utopie eines nicht nur menschlichen, sondern göttlichen Friedens« wird zuletzt im Schlußtableau von Goethes (in ihren Anfängen ins Jahr 1797 zurückreichenden!) »Novelle« sichtbar (Borchmeyer, S. 28 f.), in dem auch ein ›neues Arkadien‹ gestaltet ist.

11 Friedrich Schiller: »Der Tanz« (1795)

DER TANZ

Sieh, wie sie durcheinander in kühnen
　Schlangen sich winden,
Wie mit geflügeltem Schritt schweben auf
　schlüpfrigem Plan.
Seh' ich flüchtige Schatten von ihren Leibern
　geschieden?
Ist es Elysiums Hain, der den Erstaunten um-
　fängt?
Wie, vom Zephyr gewiegt, der leichte Rauch
　durch die Luft schwimmt,
Wie sich leise der Kahn schaukelt auf silber-
　ner Flut,
Hüpft der gelehrige Fuß auf des Takts melo-
　dischen Wellen,
Säuselndes Saitengetön hebt den ätherischen
　Leib.
Keinen drängend, von keinem gedrängt, mit
　besonner Eile,
Schlüpft ein liebliches Paar dort durch des
　Tanzes Gewühl.
Vor ihm her entsteht seine Bahn, die hinter
　ihm schwindet,
Leis wie durch magische Hand öfnet und
　schließt sich der Weg.
Sieh! jetzt verliert es der suchende Blick. Ver-
　wirrt durcheinander
Stürzt der zierliche Bau dieser beweglichen
　Welt.
Nein, dort schwebt es frohlockend herauf.
　Der Knoten entwirrt sich,
Nur mit verändertem Reiz stellt sich die Ord-
　nung mir dar.
Ewig zerstört und ewig erzeugt sich die dre-
　hende Schöpfung,
Und ein stilles Gesetz lenkt der Verwandlun-
　gen Spiel.
Sprich, wie geschiehts, daß rastlos bewegt die
　Bildungen schwanken,
Und die Regel doch bleibt, wenn die Gestal-
　ten auch fliehn?
Daß mit Herrscherkühnheit einer der ein-
　zelne wandelt,
Keiner ihm sklavisch weicht, keiner entgegen
　ihm stürmt?
Willst du es wissen? Es ist des Wohllauts
　mächtige Gottheit,
Die zum geselligen Tanz ordnet den tobenden
　Sprung,
Die, der Nemesis gleich, an des Rhythmus
　goldenem Zügel

Lenkt die brausende Lust, und die gesetzlose
　zähmt.
Und der Wohllaut der großen Natur um-
　rauscht dich vergebens?
Dich ergreift nicht der Strom dieser harmoni-
　schen Welt?
Nicht der begeisternde Takt, den alle Wesen
　dir schlagen?
Nicht der wirbelnde Tanz, der durch den ewi-
　gen Raum
Leuchtende Sonnen wälzt in künstlich schlän-
　gelnden Bahnen?
Handelnd fliehst du das Maaß, das du im
　Spiele doch ehrst?

(Vorlage: Schillers Werke. Nationalausgabe. Erster Band. Gedichte in der Reihenfolge ihres Erscheinens 1776–1799. Text. Hg. von Julius Petersen und Friedrich Beißner. Weimar 1943, S. 228; dort nach dem Erstdruck im Musen-Almanach für das Jahr 1796, S. 32–35)

Gegenstand des Gedichts ist, wie Schiller am 3. Oktober 1795 an Herder schreibt, »die Macht der Musik«, wobei Herders Einsicht, die »*Tanzkunst* der Alten« sei »nichts, als *ihre sichtbar gemachte Musik*« (»Kritische Wälder. Viertes Wäldchen <1769>«. Sämtliche Werke. Hg. v. Bernhard Suphan. Bd. 4, S. 120), von Schiller durch die These überboten wird, die »Musik in ihrer höchsten Veredlung« müsse »Gestalt werden und mit der ruhigen Macht der Antike auf uns wirken« (»Über die ästhetische Erziehung des Menschen«. 22. Brief; NA 20, S. 381). Wie diese »Veredlung« durch die Zunahme an äußerer und innerer Form vorzustellen sei, hat Schiller wiederum am Beispiel der Antike erläutert: »Der gesetzlose Sprung der Freude wird zum Tanz, die ungestalte Geste zu einer anmutigen, harmonischen Gebärdensprache, die verworrenen Laute der Empfindung entfalten sich, fangen an, dem Takt zu gehorchen und sich zum Gesange zu biegen. Wenn das trojanische Heer mit gellendem Geschrei gleich einem Zug von Kranichen ins Schlachtfeld heranstürmt, so nähert sich das griechische demselben still und mit edlem Schritt. Dort sehen wir bloß den Übermut blinder Kräfte, hier den Sieg der Form und die simple Majestät des Gesetzes« (ebd., 27. Brief; S. 409). In den »Kallias«-Briefen hat Schiller die Schönheit als »Freiheit in der Erscheinung« definiert und diese Relation an Beispielen erläutert; so an der Architektur: »Wir nennen ein Gebäude vollkommen, wenn sich alle Teile desselben nach dem Begriff und dem Zwecke des Ganzen richten und seine *Form* durch seine *Idee* rein bestimmt worden ist. Schön aber nennen wir es, wenn wir diese Idee nicht zu Hilfe nehmen müssen, um die Form einzusehen, wenn sie freiwillig und absichtslos aus sich selbst

205

hervorzuspringen und alle Teile sich durch sich selbst zu beschränken scheinen«; eine Schönheit, die ein Gebäude nie ganz erreicht, weil es aus diversen Elementen zusammengesetzt und darum immer auch heteronom ist, seiner Kunstschönheit also kein Original in der Natur zugrundeliegt. Oder an einem handwerklichen Gegenstand: »Schön ist ein Gefäß, wenn es, ohne seinem Begriff zu widersprechen, einem freien Spiel der Natur gleichkommt; schon eine abrupte Veränderung seines Umrisses würde »allen Schein von Freiwilligkeit zerstören, und die Autonomie der Erscheinung würde verschwinden«. Und er faßt schließlich das Freiheitsmoment als reziprok: »Die Schönheit oder vielmehr der Geschmack betrachtet alle Dinge als *Selbstzwecke* und duldet schlechterdings nicht, daß eines dem andern als Mittel dient oder das Joch trägt. In der ästhetischen Welt ist jedes Naturwesen ein freier Bürger, der mit dem edelsten gleiche Rechte hat, und *nicht einmal um des Ganzen willen* darf *gezwungen* werden, sondern zu allem schlechterdings *konsentieren* muß. In dieser ästhetischen Welt, die eine ganz andere ist als die vollkommenste Platonische Republik, fodert auch der Rock, den ich auf dem Leibe trage, Respekt von mir für seine Freiheit, und er verlangt von mir, gleich einem verschämten Bedienten, daß ich niemanden merken lasse, daß er mir *dient*. Dafür aber verspricht er mir auch reziproke, seine Freiheit so bescheiden zu gebrauchen, daß die meinige nichts dabei leidet; und wenn beide Wort halten, so wird die ganze Welt sagen, daß ich schön angezogen sei« (»Kallias oder über die Schönheit. Briefe an Gottfried Körner«; 23. Februar 1793).

Schillers philosophische Verknüpfung des ästhetischen Schönheitsbegriffs mit dem moralischen Freiheitsbegriff in den »Kallias-Briefen« und, auf den Menschen übertragen, in der fast gleichzeitigen Abhandlung »Über Anmut und Würde« ist eine Propädeutik zum Verständnis seines Gedichts »Der Tanz«. Schon im »Kallias« wird ja die Interdependenz von Schönheit und Freiheit auf den Tanz angewendet:

»Darum stört uns jede sich aufdringende Spur der despotischen Menschenhand in einer freien Naturgegend, darum jeder Tanzmeisterzwang im Gange und in den Stellungen, darum jede Künstelei in den Sitten und Manieren, darum alles Eckige im Umgang, darum jede Beleidigung der Naturfreiheit in Verfassungen, Gewohnheiten und Gesetzen.« Und, als positives Gegenbeispiel: »Ich weiß für das Ideal des schönen Umgangs kein passenderes Bild als einen gut getanzten und aus vielen verwickelten Touren komponierten englischen Tanz. Ein Zuschauer auf der Galerie sieht unzählige Bewegungen, die sich aufs bunteste durchkreuzen und ihre Richtung lebhaft und mutwillig verändern und doch *niemals zusammenstoßen*. Alles ist so geordnet, daß der eine schon Platz gemacht hat, wenn der andere kommt, alles fügt sich so geschickt und doch wieder so kunstlos ineinander, daß jeder nur seinem eigenen Kopf zu folgen scheint und doch nie dem andern in den Weg tritt. Es ist das treffendste Sinnbild der behaupteten eigenen Freiheit und der geschonten Freiheit des andern« (ebd.).

Den Aufbau des Gedichts hat man als »emblematische Struktur« bezeichnet, wie sie an zahlreichen Gedichten Schillers zu beobachten ist (Wilhelm Voßkamp: Emblematisches Zitat und emblematische Struktur in Schillers Gedichten. In: Jb. der dt. Schillergesellschaft 18, 1974, S. 388–406): der bildhaften Beschreibung des Tanzes, der »Pictura« (V. 1–16), folgt, nach einem Resümee, deren verallgemeinernde Deutung, die »Scriptura« (V. 17–32; vgl. NA II 1, S. 218). Ein Auseinanderfallen des Gedichts wird jedoch durch seine ›dialogische‹ Struktur verhindert: »Gestimmt ist das Gedicht auf einen Ton hymnisch-feierlicher Anrede. Imaginiert wird eine dialogische Situation, in der ein Wissender und Kundiger von einem hohen, Überschau gewährenden Standpunkt ein Du anredet, diesem Du ein Geschehen vorstellt, es in dieses Geschehen einbezieht und am Ende dann dieses Du höchst bedrängenden Fragen aussetzt. So baut sich eine innere Spannung auf, die bis in die Schlußzeilen hinein aufrechterhalten wird« (Golz, S. 115). Der deskriptive und der gedankliche Teil bleiben vermittelt. Über diese ›Technik‹ Schillers hat Goethe sich bewundernd geäußert: »Diese sonderbare Mischung von Anschauen und Abstraktionen die in Ihrer Natur ist, zeigt sich nun in vollkommenem Gleichgewicht« (an Schiller, 6. Oktober 1795; MA 8.1, S. 113).

Albrecht Riethmüller hat bemerkt, daß in den ersten Versen des Gedichts, seiner Exposition, »in dichter Folge Grundzüge der Tänzerei eingeführt« würden: »Bewegung, Schritt, Schwung, Drehung, Welle, Schweben«, daß hier eine Reihe von Fachausdrücken versammelt sei, »die im Rahmen einer Tanz-, Rhythmus- oder auch Melodielehre durchaus am Platze wäre«; unübersehbar sei auch die Absicht, den Eindruck einer Überwindung der Schwerkraft, einer »Entleiblichung, Entmaterialisierung, Entstofflichung« herbeizuführen (S. 72 f.). Das »Antigrave« erscheint »als Sonderfall der Schönheit« (Brandstetter, S. 92), wovon Schiller bereits im »Kallias-Brief« vom 23. Februar 1793 gesprochen hatte: »Offenbar ist die Schwerkraft eine Fessel für jedes Organische, und ein Sieg über dieselbe gibt daher kein unschickliches Sinnbild der Freiheit ab«. In den folgenden Versen (9–16) wird der Blick konkreter, richtet er sich auf ein einzelnes Tänzerpaar, erscheint ihm »das Bild einer im Tanz sich manifestierenden Geselligkeit, in der der Mensch als ein nach Maßgabe der Schönheit frei agierendes Wesen zu sich selbst findet« (Golz, S. 117). Das dahinter agierende »stille Gesetz« (V. 17 f.), die geheime Ordnungsmacht, versagt auch dann nicht, als sich dem Auge ein scheinbares Chaos zeigt, die »bewegliche Welt« der Tänzer sich umgruppiert. In einer Vorwegnahme (aber unter den Freunden in der Sache längst geklärt) wird hier bereits die Grundsituation von Goethes erstem ›Metamorphose‹-Gedicht durchgespielt: dort zeigt sich dem ungeübten Auge das verwirrende Gewühl der Blumen, hinter dem sich doch »ein geheimes Gesetz«, »ein heiliges Rätsel« verbirgt, das durch das ›lösende Wort‹ des Gedichts vermittelt werden soll. Auch Schillers Gedicht nennt das ›lösende Wort‹ und wandelt damit den Tanz zum Gleichnis der ›Verfaßtheit‹ von Welt und Kosmos um; diese Nennung aber geschieht in zwei Stufen. Auf der ästhetischen Ebene ist es »der Wohllaut«, die ›Harmonie‹ (zu dessen Manifestationen auch der Rhythmus gehört), auf der ethischen, in der Allegorie der »Nemesis« vorbezeichnet, »das Maaß«. Daß Schiller hier auf den Mythos zurückgriff, hat es den Interpreten leicht gemacht, Herders Einfluß zu ermitteln, dessen Schrift »Nemesis, ein lehrendes Sinnbild« (in den »Zerstreuten Blättern« 2, 1786) Schiller 1787 gelesen und über die er mit Herder gesprochen hatte. In zwei von Herder zitierten griechischen Epigrammen wird »Nemesis« beschrieben:

»Warum, o Nemesis, hast du das Maas und den
    Zügel in Händen?
›Daß du den Handlungen Maas, Worten den Zügel
    anlegst.‹«
Und: »Nemesis bin ich und halt’ in meiner Rechten
    das Maas hier.
Dir zu deuten: ›In Nichts schreite je über das
    Maas.‹«
(Vgl. Schiller, NA II 1, S. 219)

Vielleicht ist es Herders strengem Gestus, der Schiller so imponierte, zuzuschreiben, daß das »Du« in Schillers Gedicht zuletzt »beunruhigenden Fragen ausgesetzt« wird, daß der Dichter »sich der Tröstung durch das eingangs evozierte Bild von Harmonie« verweigert, daß er die Fragen offen läßt (in der zweiten, sehr veränderten Fassung des Gedichts von 1800 enden die beiden Schlußverse als resignierte Feststellung; NA 2, S. 299), »außerstande, den Leser beruhigt, mit allen Widersprüchen scheinbar versöhnt, zu entlassen« (Golz, S. 120 f.).

Goethe, der sich zum »Tanz« nicht geäußert hat, mag durch das Gedicht vielleicht zu einer Metapher angeregt worden sein, die er Schiller im Brief vom 6. Oktober 1795 widmete (der auch den Dank für Gedichte, darunter vielleicht »Der Tanz«, enthielt) und die, ohne hohen Ton und ernsten Mythos, auf das Gesellige anspielt, für das der Tanz doch geschaffen ist: »Ich wünschte, daß Sie sich die Mühe gäben in Ihrer Arbeit so klar und galant wie möglich zu sein, damit man es ihr <Frau von Staël> in der Folge zuschicken und dadurch einen Anfang machen könnte den Tanz der Horen auch in das umgeschaffene Frankreich hinüber zu leiten« (MA 8.1, S. 114).

Literatur: Gabriele Brandstetter: »›Die Bilderschrift der Empfindungen‹«. Jean-Georges Noverres *Lettres sur la Danse, et sur les Ballets* und Friedrich Schillers Abhandlung *Über Anmut und Würde*«. In: »Schiller und die höfische Welt«. Hg. v. Achim Aurnhammer u. a. Tübingen 1990, S. 77–93; Jochen Golz: »Der Tanz«. In: »Interpretationen. Gedichte von Friedrich Schiller«. Hg. v. Norbert Oellers. Stuttgart 1996, S. 112–122; Albrecht Riethmüller: »Friedrich Schiller: Der Tanz. Die Harmonie des Rhythmus«. In: A. R.: »Gedichte über Musik«. Laaber 1996, S. 66–73; Matthias Sträßner: »Tanz-Meister und Dichter. Literatur-Geschichte(n) im Umkreis von Jean Georges Noverre, Lessing, Wieland, Goethe, Schiller«. Berlin 1994, S. 216–226.

12 »Der Tanz, als geselliges Vergnügen« (1788)

Der Tanz,
als geselliges Vergnügen.

Der Hang zum Tanzen ist so alt als die Welt. Der Mensch hüpft und springt in die Höhe, wenn er fröhlich ist, und dieser Ausdruck seiner Gefühle theilt sich unfreywillig Andern mit. Daher ist das Tanzen der Hauptgegenstand der gesellschaftlichen Freude, bey allen, auch den rohesten Nationen der Erde. Es giebt Völker in Afrika, so wie in Süd- und Nordamerika die täglich schaarenweise beysammen sitzen, und nach dem Takt einer elenden Trommel tanzen. In den meisten Inseln der Südsee fand Cook das Tanzen, ja sogar schon das dramatische und pantomimische Tanzen, als die Hauptbelustigung dieser noch ganz rohen Kinder der Natur.

Bey wilden und unkultivirten Nationen besteht das Tanzen nur in wilden Sprüngen, Contorsionen und Gauklerkünsten, so wie bey wollüstigen und sehr sinnlichen Völkern z. B. bey den Ostindiern, Arabern, Egyptern u. s. w. meistens in mimischen Gestikulationen, wollüstigen und unzüchtigen Stellungen und Bewegungen. In Europa hat, (wenn ich etwa den berühmten *Fandango* der Spanier ausnehme, der doch immer ein maurischer Ueberbleibsel, und also ein asiatisches Erbguth ist,) glücklicherweise die Hand der Grazien und guten Sitten jene Roheit von unserm *geselligen Tanze* wegpolirt, und die letztere schmuzige Sittenlosigkeit davon verbannt. Er ist das fröhliche Band der gesellschaftlichen Freuden, der Freund der Jugend worden, und selbst die reinste jungfräuliche Unschuld darf nicht mehr erröthen daran Theil zu nehmen und den Ausbruch ihrer Fröhlichkeit öffentlich zu zeigen.

Das Tanzen ist, mäßig gebraucht, selbst von medizinischem Nutzen. Bewegung, zuweilen selbst heftige Bewegung, ist zu Erhaltung unserer Gesundheit unentbehrlich, sonderlich im Winter, wo uns Ruhe, Sitzen, und die verdicktere Luft hypochondrisch macht. Nichts ist dann wirksamer, nichts stellt die Munterkeit und Thätigkeit unserer ganzen Maschine besser wieder her, als von Zeit zu Zeit einmal mäßiges und nicht zu langes Tanzen. Aber möchten doch unsre jungen Freunde und Freundinnen bey diesem Genuße immer

daran denken, daß man den Becher der Freuden nur langsam, mit kleinen Zügen, und nie ganz austrinken muß; und daß der Tanz, der recht und mäßig gebraucht, ihrem Leben Balsam seyn könnte, unmäßig genossen und gemißbraucht ein sicheres Gift wird, das ihre Gesundheit und Leben mordet, oder doch sicher ihre Schönheit in wenigen Wochen verblühen macht. Ich habe mehr als ein junges blühendes Mädchen, mehr als einen liebenswürdigen, raschen, feurigen Jüngling, die Freude und Hofnung aller, als das Opfer eines einzigen wilden Balls, selbst eines einzigen Tanzes fallen, und langsam abzehrend, ihre noch wenigen übrigen elenden Tage verzweiflungsvoll, und ohne Rettung zum Sarge tragen sehen; und es ist ein trauriger Gedanke für mich, indem ich dies schreibe, daß vielleicht manche unsrer jungen Damen, indem sie dieß liest, den Gift schon in ihrem Busen fühlt, und dies Blatt mit Thränen netzet.

Ein gesellschaftlicher Tanz wird häßlich, sobald die Tanzenden die Grazie der Sittlichkeit und Wohlanständigkeit verlassen, und nicht mehr sanft und zierlich tanzen. Ein Tänzer kann keine schöne und gefällige Stellungen mehr machen, wenn er raset wie ein trunkner Faun, und ich kenne kein ekleres Bild als ein junges Mädchen, das wie eine wahnsinnige Bachantin bey ihren Orgyen tanzt. Dieß aber auch ungerechnet, daß ein junges Frauenzimmer durch solch eine Art zu tanzen gewiß allgemein mißfällt, weil ihre ganze sanfte weibliche Grazie verloren geht, schadet sie auch ihrer Schönheit dadurch unwiederbringlich. Durch die gewaltige Erhitzung geht ihre ganze gesunde Farbe dahin, die Haut verdirbt; ihr schöner Teint wird bleich und fahl, und braune Höfe treten um die hohlen Augen. Kommt noch ein unglücklicher kalter Trunk dazu, so ist das Unglück vollendet, und das Leben dahin. Möchten doch unsre jungen Freunde und Freundinnen nur stets im Ballsaale an folgende vier goldne Regeln denken, und darnach thun, so würde ihnen dieser Freudenbecher nie gefährlich werden.

1) Man soll nie zu lange tanzen; weil der Tanz nur dann wohlthätig wird, wenn er die Kräfte nicht überspannt, und das Blut nicht zu sehr erhitzt.

2) Man soll nicht alle Tänze nach einander tanzen, sondern wo möglich einen um den andern ruhen; doch nie in Zugluft, oder bey Nachtluft am offnen Fenster.

3) Man soll nie zu schnell, und nie kalt aufs Tanzen trinken. Limonade taugt in keinen Tanzsaal.

4) Man soll nie gerade auf einen Tanz vom Ballsaale weg und nach Hause gehen oder fahren, sondern wenigstens erst noch eine Viertelstunde sitzend ausruhen.

Mit dieser kleinen Vorsicht wird nie das Tanzen unserer fröhlichen Jugend gefährlich werden, und sie kann sicher diese Freude des Lebens genießen.

< ... >   d. H.

(Vorlage: »Pandora oder Kalender des Luxus und der Moden für das Jahr 1788«. Weimar und Leipzig 1788, S. 148–152; gez. »d.<er> H.<erausgeber>)

13 Johann Wolfgang Goethe: Maskenzüge (1781/82)

<Von Goethe in den Gesamtausgaben seiner Werke *ab 1808 den* Maskenzügen *vorangestellte Bemerkung:>*

Die Weimarischen Redouten waren besonders von 1776 an sehr lebhaft und erhielten oft durch Masken-Erfindungen einen besonderen Reiz. Der Geburtstag der allverehrten und geliebten regierenden Herzogin fiel auf den 30. Januar, und also in die Mitte der Wintervergnügungen. Mehrere Gesellschaften schlossen sich daher theils an einander, theils bildeten sie einzelne sinnreiche Gruppen, davon manches Angenehme zu erzählen sein würde, wenn man sich jenes weggeschwundenen Jugendtraums wieder lebhaft erinnern könnte. Leider sind die meisten Programme, so wie die zu den Aufzügen bestimmten und dieselben gewissermaßen erklärenden Gedichte, verloren gegangen, und nur wenige werden hier mitgetheilt. Symbolik und Allegorie, Fabel, Gedicht, Historie und Scherz reichten gar mannichfaltigen Stoff und die verschiedensten Formen dar. Vielleicht läßt sich künftig außer dem vorliegenden noch einiges auffinden und zusammenstellen.

(Vorlage: WA I 16, S. 187; dort nach Bd. 13 der ›Ausgabe letzter Hand‹ (Oktav-Ausgabe), S. 183)

Aufzug des Winters.

Der Schlaf.
Ein treuer Freund, der allen frommt,
Gerufen oder nicht, er kommt.
Gern mag er Elend, Sorge, Pein
Mit seinem sanften Schleier decken;
Und selbst das Glücke wiegt er ein,
Zu neuen Freuden es zu wecken.

Die Nacht.
Der Menschen Freund und Feind,
Dem Traurigen betrübt,
Dem Frohen froh
Gefürchtet und geliebt.

Die Träume.
Wir können eine ganze Welt,
So klein wir sind, betrügen,
Und jeden, wie es uns gefällt,
Erschrecken und vergnügen.

Der Winter.
Euch so zusammen hier zu finden
Ist mir die größte Lust.
Ich nur, ich weiß euch zu verbinden,
Des bin ich mir bewußt.
Vor meinen Stürmen fliehet ihr
Und suchet eures Gleichen;
Und darin muß der Sommer mir
Mit seiner Schönheit weichen.

Das Spiel.
Bei vielen gar gut angeschrieben
Find' ich hier manch bekannt Gesicht;
Doch Einen, dem ich immer treu geblieben,
Den find' ich nicht.

Der Wein.
Zur Gesellschaft kann nicht besser
Je ein Gast gefunden sein:
Gerne geben meine Fässer,
Nehmen gerne wieder ein.

Die Liebe.
In mancherlei Gestalten
Mach' ich euch bang.
So jung ich bin, mich kennen doch die Alten
Schon lang.

Die Tragödie.
Mit nachgeahmten hohen Schmerzen
Durchbohr' ich spielend jede Brust,
Und euren tiefbewegten Herzen
Sind Thränen Freude, Schmerzen Lust.

Die Komödie.
Magst sie immer weinen machen,
Das ist, dünkt mich, gar nicht schwer;
Doch ich mache sie zu lachen,
Das ist besser und ist mehr.

Das Carneval.
Mich ergetzen viele Lichter,
Mehr noch fröhliche Gesichter;
Mich ergetzen Tanz und Scherz,
Mehr noch ein vergnügtes Herz;
Pracht und buntes Leben sehr,
Aber eure Gunst noch mehr.
   Zu den vier Temperamenten.
Die vier Kleinen die ich führe
Sind gar wunderliche Thiere,
Sind auch nach der Menschen Art

Widerwärtiglich gepaart,
Und mit Weinen oder Lachen
Müssen sie Gesellschaft machen.

Chor der Masken.

Spanier und Spanierin.
Vor dem bunten Schwarme flieht
Die Melancholei.
Auch aus fremden Ländern zieht
Uns die Lust herbei.

Scapin und Scapine.
Mit einer Mütze voller List
Bleibt Scapin euch zu Diensten,
Und auch Scapinens Köpfchen ist
Nicht leer von feinen Künsten.

Pierrot und Pierrotte.
Wir beide mögen treu und gut
Uns gern gesellig zeigen,
Mit langen Ärmeln, frohem Muth,
Und wünschen euch deßgleichen.

Ein Paar in Tabarros.
Wir zwei Tabarros wollen gar
Uns auch hierzu gesellen,
Um noch zuletzt mit Einem Paar
Die Menge vorzustellen.

Das Studium.
Mein Fleiß ist immer etwas nütz,
Auch hier ist er's geblieben:
Ich hab' euch allen unsern Witz
Verständlich aufgeschrieben.

(Vorlage: WA I 16, S. 191–194; dort nach der ›Ausgabe letzter Hand‹ (Oktav-Ausgabe), Bd. 13, S. 185–188. – Der Erstdruck war 1781 als Einzelblatt erschienen.)

Der »Aufzug des Winters« wurde am 16. Februar 1781 auf der Redoute mit der Musik von Philipp Christoph Kayser aufgeführt und danach noch zweimal wiederholt. Goethe selbst stellte den »Schlaf« dar, Charlotte v. Stein die »Nacht«, vermutlich Knebel den »Winter«, Josias v. Stein den »Wein«, Prinz Constantin das »Spiel«. Konzept und Verse sind seit Anfang Februar in engem Kontakt Goethes mit Frau v. Stein entstanden. So heißt es in Goethes Brief vom 5. Februar: »Wir wollen uns recht herausputzen und ich will uns schöne Versgen machen«. Obwohl er am 8. Februar Rückzugsgedanken äußert und der Freundin Prinz Constantin als Partner vor-

schlägt, setzt er schon am 9. die Vorbereitung fort: »Gestern Abend macht ich noch von unsern nötigen Versen. < . . . > Hier ist die Maske« (10. Februar). Am 12. werden die Rollen verteilt: »Heute früh hab ich den ganzen Plan unsrer Maskerade zurecht schreiben lassen und alle Departements ausgetheilt. Es wird noch gehen ob es gleich ein ungeheuer Gewirre ist.« Am 15. jedoch, einen Tag vor der Aufführung, muß wegen der Unzulänglichkeit der Laiendarsteller der Schluß gekürzt werden: »Der Lobgesang fällt weg, die Musick ist fertig, die Sänger habens nicht können lernen. Der Bogen ist deswegen umgedruckt.« Auch das Resumée, am 19. Februar im Brief an Lavater, fällt im Hinblick auf das ganze Genre kritisch aus: »Die lezten Tage der vorigen Woche hab ich im Dienste der Eitelkeit zugebracht. Man übertäubt mit Maskeraden und glänzenden Erfindungen offt eigne und fremde Noth. Ich tracktire diese Sachen als Künstler und so gehts noch. Reime bey dieser Gelegenheit gemacht schickt dir vielleicht Kayser. Wie du die Feste der Gottseeligkeit ausschmückst so schmück ich die Aufzüge der Thorheit. Es ist billich daß beyde Damen ihre Hofpoeten haben. Kayser läßt sich gut an, ich hoffe sein Leben hier soll ihn geschmeidiger machen. Er hat Gelegenheit in seiner Kunst manches zu sehn und zu hören.« Trotz seiner grundsätzlichen Ressentiments hat Goethe bis ins Jahr 1818 immer wieder Maskenzüge mit Texten beliefert und mitinszeniert.

Für einen einzigen der frühen Maskenzüge Goethes ist der Entwurf der Inszenierung überliefert: für den am 12. Februar 1782, zum Abschluß des Karnevals, vorgestellten »Aufzug der vier Weltalter«, an dem Anna Amalia als »Goldnes Alter« und Herzogin Luise als »Silbernes Alter« mitwirkten. Am 26. Februar schickte Goethe ein Exemplar der Verse und den Entwurf an Knebel, nicht ohne eine ironische Seitenbemerkung über »die glänzende<> Schaale unsers Daseyns«. Niedergeschrieben hatte Goethe den Entwurf bereits am 7. Februar, wobei er sich Violinmusik als Hintergrund bestellt hatte: »Schubert spielt noch da ich dies schreibe auf der Violine. Ich habe die Touren zu dem Aufzug der Herzoginnen componirt, er soll hoff ich artig werden und auch zu einem künftigen Ballet die Grundlage geben« (an Frau v. Stein).

Aufzug der vier Weltalter.

Das goldne Alter
(begleitet von der Freude und der Unschuld).

Sanft wie ein Morgentraum schreit' ich hervor,
Mich kennt der Mensch nicht eh' er mich verlor.

Der Jugend Schöne und der Blüthe Zeit,
Des Herzens Erstlinge sind mir geweiht.

Das silberne Alter
(begleitet von der Fruchtbarkeit, den Gaben
des Geistes und der geselligen Fröhlichkeit).

Was tief verborgen ruht, ruf' ich hervor;
Ich gebe zwiefach was der Mensch verlor.
Durch Kunst gepflegt wird nur in meinem
    Schoos
Das Schöne prächtig und das Gute groß.

Das eherne Alter
(begleitet von der Sorge, dem Stolz und dem
Geize).

An Herrlichkeit bin ich den Göttern gleich,
Das Große nur zu ehren steht mein Reich;
Das Treffliche drängt sich zu meinem Thron,
Und Ehr' und Reichthum spenden Glück und
    Lohn.

Das eiserne Alter
(begleitet von der Gewaltthätigkeit).

Gewalt und Macht sind mir allein verliehn;
Ich schreite über hoch und niedrig hin!
Unschuld und Fröhlichkeit wird mir zum
    Raub,
Reichthum und Gaben tret' ich in den Staub.

Die Zeit.
Ich führ' euch an. Mir leise nachzugehn
Kann auch das Mächtigste nicht widerstehn.
Der Strom der Wuth versiegt in seinem Lauf
Und Freud' und Unschuld führ' ich wieder
    auf.

(Vorlage: WA I 16, S. 195 f.; dort nach der ›Ausgabe
letzter Hand‹ (Oktav-Ausgabe), Bd. 13, S. 189–190)

Aufzug der vier Zeitalter.
Damen.

Das goldne Alter.
Weiß und Gold, simpel im griechischen Geschmack. Sonne auf dem Haupte p. Und
Zwei Knaben
in weißen Kleidern mit goldnen Säumen und
Gürteln, einer mit rothen, der andere mit weißen Rosen bekränzt.

Das silberne.
Blau mit Silber, mannichfaltigere Tracht, zum
Hauptschmuck einen silbernen Mond. Begleitet von der
    Fruchtbarkeit, grün und gelb,
        mit einem Füllhorn.
        Zwei Knaben,
einer wie ein kleiner Bacchus, der andere wie
ein Apoll gekleidet.

        Herren.
    Das ehrene Alter.
Königliche Tracht. Roth mit Gold, Krone,
Scepter begleitet von der
    Sorge, ein Alter, mit Ehrenzeichen
        und Maaßstab.
        Zwei Knaben,
der *Ehrgeiz*, mit goldnen Adlerflügeln, gezieret
mit Pfauenfedern,
der *Geiz*, ein Alter, mit Geldsack auf dem
Rücken.
    Das eiserne.
Kriegerische Tracht. Begleitet von der
Gewaltthätigkeit, mit Tigerfellen, eine Fackel,
mit Schlangen umwunden und Ketten.
        Zwei Knaben,
feuerfarb und schwarz, mit Schwertern und
Fackeln.
    Die Zeit.
    Der Zug geht in folgender Ordnung
        in die Schranken:
        Die Zeit.
        Zwei Knaben.
    Das goldne Alter mit der Freude.
        Zwei Knaben.
    Das silberne mit der Fruchtbarkeit.
        Zwei Knaben.
        Das ehrene mit der Sorge.
        Zwei Knaben.
    Das eiserne mit der Gewaltthätigkeit.

    Das Ballet.
Die Knaben des goldnen Zeitalters fangen mit
einem leichten, angenehmen, sanften Tanz an.
    Die des silbernen gesellen sich dazu, ma-
chen Freundschaft und verleiten sie nach und
nach bis zur ausgelassenen Lustbarkeit.
    Die des ehrenen treten gebietrisch auf, stö-
ren ihre Freude.
    Der Ehrgeiz verlangt, daß sie ihm folgen
sollen. Sie schlagen's ab. Er ruft den Geiz, der

seinen Sack bringt. Die vier ersten ergeben sich, nehmen Geld, es werden ihnen goldene Ketten umgehängt, sie tanzen zu fünfen, den Ehrgeiz verehrend, nachher den Geiz liebkosend.

Die des eisernen treten auf. Mit Furie zerstreuen sie die andern und überwältigen sie. Alle werden ihrer Attribute beraubt.

Die Zeit tritt auf, schlichtet den Streit, besänftigt die Wüthenden, giebt jedem das Seinige wieder und heißt sie einen gemeinsamen Tanz aufführen. Dies thun sie; indessen geht sie herum, die Hauptpaare aufzurufen, diese tanzen zuletzt eine Quadrille.

(Vorlage: WA I 16, S. 440–442; dort nach einer Hs. von Schreiberhand aus Knebels Nachlaß im GSA)

Bis zu welchen theatralischen Höhen das Maskenspiel in Weimar getrieben wurde, zeigen Karl v. Lynckers Aufzeichnungen über einen Redouten-Aufzug anläßlich der Geburt des Erbprinzen 1783, »der sogenannte venezianische Karneval«, an dem 139 Personen mit ca. 100 Pferden teilnahmen (Herwig, Bd. 1, S. 329 f. und »Goethe. Begegnungen und Gespräche«. Hg. von Ernst Grumach und Renate Grumach. Berlin 1966, S. 406–408; dort auch die Aufstellung eines Ritter-Aufzugs in Maskenkleidern) und der folgende Bericht aus dem März-Heft 1796 des »Journal des Luxus und der Moden« (S. 143 f.), der den Auftritt von Irrlichtern schildert, die den in Goethes »Mährchen« agierenden nachgebildet sind:

Weimar, den 6. Febr. 96

Unter vielen sehr geschmackvoll erfundenen, und ausgeführten Charaktermasken, die bey der feyerlichen Geburtstagsredoute unserer allgemein verehrten und geliebten regierenden Frau Herzogin im buntesten Gewühl durch einander zum Vorschein kamen, zeichneten sich durch zierliche Erfindung und gefällige Darstellung besonders zwey *Irrwisch-masken* aus, die wohl auch hier noch einer besondern Erwähnung werth sind.

Die erste Idee dazu war ohne Zweifel aus dem witzigen und zur Verzweiflung aller Deutler und Exegeten noch immer nicht befriedigend ausgelegten Mährchen im 10ten Stücke der *Horen 1795* genommen. Man mußte eingestehen, daß diese neuen Irrwische die Familienähnlichkeiten mit jenen im Mährchen sehr gut auszudrücken und durch die Art ihres Aufzugs und Benehmens selbst vollkommen darzustellen wußten. Die mit mehr als 80

Ellen aufgetrießelten Goldzindel, der Frangenartig über einander aufgenäht war, reichbesetzten gelben Säcke, in welchen die Irrwischrepräsentanten eingehüllt waren, konnten durch geschicktangebrachte Züge bald höher, bald niedriger gemacht werden, so daß die luftigen Wesen sich bald emporhoben, und in der Höhe zu lodern schienen, bald wieder zusammen schrumpften, und wie kleine Flämmchen über dem Boden hinschwebten. Die schnelle Gewandtheit, womit sie bald hier bald dort ihr zitterndes und durch das Knistern und Flimmern der um sie herumhängenden Goldfäden noch mehr täuschendes Gaukelspiel trieben, ließ niemand zweifeln, daß hier wahre, leibhafte Irrwischnatur zu finden sey. Sie ließen aber nicht bloß, wie jene Irrwische im Mährchen, das fleißig aufgeleckte Gold, woran im Getümmel so vieler reich ausgeschmückten Masken kein Mangel seyn konnte, in hundert verstreuten und ausgerauften Fäden von sich abgehen: sondern sie warfen auch, allerley, vermuthlich bey einer kleinen Irrfarth über den Parnaß, aufgelesenen artige Verse und Reimlein von sich, wovon folgendes Exemplar in die Hände eines Sammlers gefallen ist und sich hier ein Plätzchen erbittet:

Der *Irrwisch* schwebet
auf todter Flur
und treibt sein Wesen
im Finstern nur.
Bald steigt im Schimmer
sein Zauberlicht.
Bald löscht er furchtsam
und gaukelt nicht.

Im leichten Bilde
erscheint er *hier*,
bey munterm Feste
bey Glanz und Zier.
Da flammt er höher
aus Fröhlichkeit,
da zeigt er sinkend
Bescheidenheit.

So leiht sich alles
der Freude her,
und Spiele werden
verzeihlicher,
und leichter gaukelt
die Fantasie,
in kluger Deutung
und ohne sie.

14 Johann Gottfried Herder: »Zueignung der Volkslieder« (um 1802/1803)

Zueignung
der Volkslieder.

Die ihr in Dunkel gehüllt der Menschen Sitte
   durchwandelt,
Ihre Thaten erspäht, ihre Gedanken umwacht,
Und den Verbrecher ergreift, wenn Er am
   mindsten es ahnet,
Und den Verwegenen stürzt dicht an der
   Krone des Ziels;
Die ihr den Uebermuth dämpft, den Tollen
   über die Schnur jagt,
Tief in die eigene Gruft seines umflammen-
   den Wahns,
Die ihr aus Gräbern hervor die Unthat brin-
   get, dem Seufzer,
Der in der Wüste verstummt, Athem gewährt
   und Geschrei –
Euch weih' ich die *Stimme des Volks*, der zer-
   streueten *Menschheit*,
Ihren verholenen Schmerz, ihren verspotteten
   Gram,
Und die Klagen, die niemand hört, das er-
   mattende Ächzen
Deß Verstoßenen, deß Niemand im Schmuck
   sich erbarmt,
Laßt in die Herzen sie dringen, wie wahr das
   Herz sie hervordrang,
Laßt sie stoßen den Dolch in des Entarteten
   Brust,
Daß er mit Angst und Wut sich selbst er-
   kenne, verwünschend,
Und mit Lästerung nur täusche der *Pöna* Ge-
   walt
Hoch verachtend und frech (o Wahnsinn!) Al-
   les was Mensch ist,
Unwerth, daß er es seh', Er, der erhabene
   Gott! –
Stürzt ihn! – – – Aber ich weih' Euch auch die
   Liebe, die Hoffnung,
Und den geselligen Trost, und den unschuldi-
   gen Scherz,
Und den fröhlichen Spott und die helle Lache
   des Volkes,
Ueber erhabnen Dunst, über verkrüppelnden
   Wahn,
Weih' die Entzückungen Euch, wenn Seel' an
   Seele sich anschließt,
Und sich wieder vereint, was auch die Parze
   nicht schied,
Weih' Euch die Wünsche der Braut, der El-
   tern zärtliche Sorge,

Was in der Brust verhallt, was in der Sprache
   verklingt:
Denn nicht blickt ihr umsonst in Euren Busen; der Finger
Drückt mit liebendem Wink Euren verschloßenen Mund.

(Vorlage: J. G. Herder: Sämtliche Werke. Hg. v. Bern-
hard Suphan. Bd. 25: Poetische Werke. Hg. von Carl
Redlich, Berlin 1885, S. 645; dort nach: Adrastea VI 2,
S. 159–161)

Die »Zueignung der Volkslieder« überschriebenen
Distichen hat Herder in den letzten Jahren seines
Lebens vermutlich für die geplante Neuausgabe seiner ›Volkslieder‹ (1778/79) gedichtet, die dann erst
nach seinem Tod (1803) in einer von Caroline Herder
und Johannes von Müller besorgten, Herders Intentionen nicht entsprechenden Zusammenstellung unter dem ebenfalls nicht durch Herder autorisierten
Titel »Stimmen der Völker in Liedern« (1807) her-
auskam. Die »Zueignung«, in diese Ausgabe nicht
aufgenommen, war bereits im 2. Stück des nach
Herders Tod von Caroline Herder und Herders äl-
testem Sohn Wilhelm Gottfried zusammengestellten
6. und letzten Bandes der »Adrastea« (1804) in einer
Nachlese von Gedichten gedruckt worden.

Schon Rudolf Haym (»Herder nach seinem Leben
und seinen Werken«, Bd. II. Berlin 1885, S. 98) hatte
den »moralisierenden Grundgedanken« des Gedichts hervorgehoben und seine Nähe zur »Adrastea« auch konkret in wörtlichen Übereinstimmun-
gen mit einem Abschnitt aus dem Kapitel »Volksgesang« im 2. Stück des 5. Bandes (1803; als Teil der
Untersuchung »Früchte aus den sogenannt-goldnen
Zeiten des achtzehnten Jahrhunderts«; SW, Bd. 24,
S. 266) nachgewiesen; dort erinnert Herder an die
ältere Ausgabe seiner »Volkslieder« und weist auf
die künftige voraus: »In Deutschland wagte man im
Jahre *1778, 1779.* zwei Sammlungen *Volkslieder* ver-
schiedner Sprachen und Völker herauszugeben; wie
verkehrt die Aufnahme seyn würde, sah der Sammler vorher. Da er indeß seine Absicht nicht ganz
verfehlt hat, so bereitet er seit Jahren eine palin-
genisirte <erneuerte> Sammlung solcher Gesänge,
vermehrt, nach Ländern, Zeiten, Sprachen, Nationen
geordnet und aus ihnen erklärt, als eine *lebendige*
Stimme der Völker, ja der Menschheit selbst, vor, wie sie
in allerlei Zuständen sich mild und grausam, frölich
und traurig, scherzhaft und ernst hie und da hören
ließ, allenthalben für uns belehrend.« In der Vorfas-
sung dieser Stelle werden noch konkreter, anhand
einzelner Literaturen, einige Liederthemen und
Liedgattungen angedeutet, von denen auch die »Zueignung« (V. 2–19a) spricht: »die nordische Romanze <...> erzählt heroische, oft ungerechte, grau-
same Thaten, die außer dem Stral einiger Liebe und
Religion liegen, <...> so wie das Deutsche Volkslied

oft grausam-Treue Bilder der Barbarei voriger Zeiten. Die Isländische Sage < ... > geht in eine noch kühnere, rohere Vorwelt hin, zauberhaft, arm an wohllüstigen Bildern, aber reich an starken Gefühlen nordischen Muths in Ehre und Liebe« (SW, Bd. 24, S. 266).

Ulrich Gaier hat in der Einleitung seines Kommentars zu den »Volksliedern« die Intention von Herders »palingenisierter Sammlung« als Synthese von anthropologischer und nationaler Interessenrichtung bezeichnet, die in der »ethnologisch informativen Sammlung ›Stimmen der Völker in Liedern‹« nicht mehr faßbar werde (J. G. Herder: Werke in zehn Bänden. Frankfurter Ausgabe. Bd. 3: Volkslieder. Übertragungen. Dichtungen. Hg. von Ulrich Gaier. Frankfurt a. M. 1990, S. 852; zit. als: Herder, FrA). Das Gedicht »Zueignung« mache »durch eine alternative Formulierung vollends deutlich, um was es sich bei der ›Stimme‹ im Singular handelt: ›Stimme des Volks, der zerstreuten Menschheit‹ <V. 9>. Damit schließt sich der Gedankengang: vom ›Volk‹ als dem ursprünglichen Zustand aller einzelnen Menschen und Nationen geht der geschichtliche Weg zur Ausbildung eines individuellen Nationalcharakters: dieser muß durch Vergleichung und Anerkennung fremder Nationalcharaktere von Verirrung und Isolation freigehalten und mit den Fremden zusammen im Volk der Völker, der Menschheit aufgehoben werden« (a. a. O., S. 876; Kap. »›Volk‹ und ›Völker‹«).

An diesen Gedanken aber würde sich schlüssig auch die Deutung der von Herder angerufenen Instanzen fügen, denen das Gedicht die Volkslieder widmet: als den beiden ›Adrasteen‹, die Herder in einer der nach ihnen benannten Zeitschrift vorangestellten Allegorie als ›zwei ernste Gestalten‹ geschildert hatte, in deren Händen »Maas und Scepter« seien: *Wahrheit* und *Gerechtigkeit*, die Ordnerinnen der Welt»; an der Schwelle des neuen Jahrhunderts wiesen sie auf ein goldene Zeitalter. «›Aber sie schweben zu Euch nicht nieder. Eurer Gedanken und Begierden Maas, die Zügel Eurer Leidenschaften, der Befehlstab der Vernunft ist in Euch. In euch nur wohnt *Recht und Wahrheit*, wenn ihr sie vernehmt, und ehrt und übt. So nur wird Euer Glück» (SW, Bd. 23, S. 20 f.). Sie durchwalten die Zeitschrift wie die künftige Liedersammlung: «Allenthalben aber stehen uns in dieser Zeitschrift die strengen Göttinnen vor, mit ihrem Maas, mit ihrem Befehlstabe. ›Nichts zu viel!‹ ist ihr schweigendes Wort. Ihr Finger am Munde gebietet Vorsicht <vgl. den Schluß der »Zueignung«>. / Und so stehe dann auch ihr Bild dieser Zeitschrift als *Schutzbild* voran, böse Augen abzuwenden, dem Uebermuth der Zungen zu steuern <vgl. V. 5 der »Zueignung«>» (ebd., S. 22). So hatte Herder schon früher, in der 2. Sammlung der «Zerstreuten Blätter» (1786), die ›Nemesis‹ als ›Adrastea‹ (die Unentfliehbare) gedeutet, als «im ewigen Dunkel <s. V. 1 der »Zueignung«> rathschla-

gende Gewalt des Schicksals», «eine Feindin alles Uebermuths und Uebermaaßes in menschlichen Dingen, die, sobald sie dieses gewahr wird, das Rad kehret <vgl. V. 4 u. 19 der »Zueignung«>, und ein Gleichgewicht herstellt», auch «dem Sterblichen folgt, und ihm die kleinste Ueberschreitung ernst verdenket <vgl. V. 1 f. der »Zueignung«>» (SW, Bd. 15, S. 413 f.).

Ulrich Gaier sieht nun in der »Zueignung«, einem »Lehrgedicht«, »die anthropologisch konstante Stimme in Verbindung mit den Adrasteen <gebracht>, dem von Herder besonders in seinen letzten Jahren bedachten Prinzip der Wiedervergeltung jeder Tat und Untat durch das Ganze der Welt, das ständig auf die Erhaltung seines Systemgleichgewichts gerichtet ist. Diesen Mächten des Oikos dienen auch die Volkslieder, sofern sie artikulieren, was direkt oft zu sagen verwehrt ist: Empörung und Schmerz des Unterdrückten, Spott über Dünkel und Wahn, aber auch Äußerung von schamhaft Verschwiegenem. In den Voksliedern, so könnte man den Gedanken fassen, der die letzte Sammlung leiten sollte, reinigt sich die Menschheit, versichert sich ihrer Idee, bringt ihr Bleibendes und ihr Verschwiegenstes zur Sprache« (Herder, FrA, Bd. 3, S. 1197).

Damit wird den Liedern aber Utopisches zugetraut. Unüberhörbar ist ja die Schärfe des Tons in der »Zueignung«, die Breite des Negativkatalogs menschlicher Verhaltensweisen und analog die Ausdehnung des Gerichts der Adrasteen, ja die Instrumentalisierung der Volkslieder als Strafinstanzen (V. 1–19a), bevor »auch« (V. 19b-26) die hellere Seite zur Sprache kommt, um doch zuletzt wieder von einer Geste liebevoller Mahnung begrenzt zu werden (V. 27 f.). Herders Fazit aus den »sogenannt-goldnen Zeiten« des vergangnen Jahrhunderts scheint nicht nur im Hinblick auf das Schicksal der »Volkslieder« soviel an bitterer Erkenntnis mit sich zu tragen, daß ihm die künftigen ›goldnen Zeiten‹ und das Weiterleben des Volkslieds nicht ohne die regulierende moralische Instanz der Adrasteen denkbar sind.

15 Johann Wolfgang Goethe: Rede zum Tod der Herzogin Anna Amalia (1807)

*Zum feyerlichen Andenken
der Durchlauchtigsten Fürstin und Frau
Anna Amalia,
verwittweten Herzogin zu Sachsen-Weimar
und Eisenach,
gebornen Herzogin von Braunschweig
und Lüneburg.*

Wenn das Leben der Großen dieser Welt, so lange es ihnen von Gott gegönnt ist, dem übrigen Menschengeschlecht als ein Beyspiel vorleuchten soll, damit Standhaftigkeit im Unglück und theilnehmendes Wirken im Glück immer allgemeiner werde; so ist die Betrachtung eines bedeutenden vergangenen Lebens von gleich großer Wichtigkeit, indem eine kurzgefaßte Uebersicht der Tugenden und Thaten einem Jeden zur Nacheiferung als eine große und unschätzbare Gabe überliefert werden kann.

Der Lebenslauf der Fürstin, deren Andenken wir heute feyern, verdient mit und vor vielen andern sich dem Gedächtniß einzuprägen, besonders derjenigen, die früher unter ihrer Regierung und später unter ihren immerfort landesmütterlichen Einflüssen, manches Guten theilhaft geworden, und ihre Huld, ihre Freundlichkeit persönlich zu erfahren das Glück hatten.

Entsprossen aus einem Hause, das von den frühesten Voreltern <a. R.: 1739 Oct. 24.> an, bedeutende würdige und tapfere Ahnherren zählt; Nichte eines Königs, des größten Mannes seiner Zeit; von Jugend auf umgeben von Geschwistern und Verwandten, denen Großheit eigen war, die kaum ein ander Bestreben kannten, als ein solches, das ruhmvoll und auch der Zukunft bewundernswürdig wäre; in der Mitte eines regen, sich in manchem Sinne weiter bildenden Hofes, einer Vaterstadt, welche sich durch mancherley Anstalten zur Cultur der Kunst und Wissenschaft auszeichnete, ward sie bald gewahr, daß auch in ihr ein solcher Keim liege, und freute sich der Ausbildung, die ihr durch die trefflichsten Männer, welche späterhin in der Kirche und im Reich der Gelehrsamkeit glänzten, gegeben wurde.

Von dort wurde sie früh hinweg gerufen zur Verbindung mit einem <a. R.: 1756.> jungen Fürsten, der mit ihr zugleich in ein heiteres Leben einzutreten, seiner selbst und der Vortheile des Glücks zu genießen begann. Ein Sohn entsprang aus dieser Vereinigung, auf den sich alle Freuden und <a. R.: 1757.> Hoffnungen versammelten; aber der Vater sollte sich wenig an ihm und an dem zweyten gar nicht erfreuen, der erst nach seinem Tode das Licht der Welt erblickte.

Vormünderin von Unmündigen, selbst noch minderjährig, <a. R.: 1758.> fühlte sie sich, bey dem einbrechenden siebenjährigen Kriege, in einer bedenklichen Lage. Als Reichsfürstin verpflichtet, auf derjenigen Seite zu stehen, die sich gegen ihren großen Oheim erklärt hatte, durch die Nähe der Kriegswirkungen selbst gedrängt, fand sie eine Beruhigung in dem Besuch des großen heerführenden Königs. Ihre Provinzen erfuhren viel Ungemach, doch kein Verderben erdrückte sie.

Endlich zeigte sich der erwünschte Frieden, und ihre ersten Sorgen waren die einer zwiefachen Mutter, für das Land und für ihre Söhne. Sie ermüdete nicht, mit Geduld und Milde das Gute und Nützliche zu befördern, selbst wo es nicht etwa gleich Grund fassen wollte. Sie erhielt <a. R.: 1772.> und nährte ihr Volk bey anhaltender furchtbarer Hungersnoth. Gerechtigkeit und freyer Edelmuth bezeichneten alle ihre Regentenbeschlüsse und Anordnungen.

Eben so war im Innern ihre herzlichste Sorge auf die Söhne gewendet. Vortreffliche verdienstvolle Lehrer wurden angestellt, wodurch sie zu einer Versammlung vorzüglicher Männer den Anlaß gab, und alles dasjenige begründete, was später für dieses besondre Land, ja für das ganze deutsche Vaterland, so lebhaft und bedeutend wirkte.

Alles gefällige was das Leben zieren kann, suchte sie sogleich nach dem gegebenen Maß um sich zu versammeln, und sie war im Begriff mit Freude und Zutrauen das gewissenhaft Verwaltete ihrem Durchlauchtigsten <a. R.: 1774> Sohn zu übergeben, als das unerwartete Unglück des weimarischen Schloßbrandes die gehoffte Freude in Trauer und Sorgen verwandelte. Aber auch hier zeigte sie den eingebornen Geist: denn unter großen Vorbereitungen zu Milderung so wie zu Benutzung der Folgen dieses Unglücks übergab sie ruhm- und ehrenvoll ihrem zur Volljährigkeit erwachsenen Erstgebornen die Regierung seiner väterlichen Staaten, und trat eine sorgenfreyere Abtheilung des Lebens an.

Ihre Regentschaft brachte dem Lande mannigfaltiges Glück, ja das Unglück selbst gab Anlaß zu Verbesserungen. Wer dazu fähig war nahm sie an. Gerechtigkeit, Staatswirtschaft, Polizey, befestigten, entwickelten, bestätigten sich. Ein ganz anderer Geist war über Hof und Stadt gekommen. Bedeutende Fremde von Stande, Gelehrte, Künstler, wirkten besuchend oder bleibend. Der Gebrauch einer großen Bibliothek wurde frey gegeben, ein gutes Theater unterhalten und die neue Generation zur Ausbildung des Geistes veranlaßt. Man untersuchte den Zustand der Akademie Jena. Der Fürstin Freygebigkeit machte die vorgeschlagenen Einrichtungen möglich, und so wurde diese Anstalt befestigt und weiterer Verbesserung fähig gemacht.

Mit welcher freudigen Empfindung mußte sie nun unter den Händen ihres unermüdeten Sohnes, selbst über Hoffnung und Erwartung, alle ihre früheren Wünsche erfüllt sehen, um so mehr als nach und nach aus der glücklichsten Eheverbindung eine würdige frohe Nachkommenschaft sich entwickelte.

Das ruhige Bewußtseyn ihre Pflicht gethan, das was ihr oblag geleistet zu haben, begleitete sie zu einem stillen, mit Neigung gewählten Privatleben, wo sie sich von Kunst und Wissenschaft, so wie von der schönen Natur ihres ländlichen Aufenthaltes umgeben, glücklich fühlte. Sie gefiel sich im Umgang geistreicher Personen, und freute sich Verhältnisse dieser Art anzuknüpfen, zu erhalten und nützlich zu machen: ja es ist kein bedeutender Nahme von Weimar ausgegangen, der nicht in ihrem Kreise früher oder später gewirkt hätte. So bereitete sie sich vor zu einer Reise jenseits der Alpen, um für ihre Gesundheit <a. R.: 1788.> Bewegung und ein milderes Klima zu nutzen: denn kurz vorher erfuhr sie einen Anfall, der das Ende ihrer Tage herbeyzurufen schien. Aber einen höheren Genuß hoffte sie von dem Anschauen dessen, was sie in den Künsten so lange geahndet hatte, besonders von der Musik, von der sie sich früher gründlich zu unterrichten wußte; eine neue Erweiterung der Lebensansichten durch die Bekanntschaft edler und gebildeter Menschen, die jene

glücklichen Gegenden als Einheimische und Fremde verherrlichten, und jede Stunde des Umgangs zu einem merkwürdigen Zeitmoment erhöhten.

Manche Freude erwartete sie nach ihrer Zurückkunft, als sie mit mancherley Schätzen der Kunst und der Erfahrung geschmückt ihre häusliche Schwelle betrat. Die Vermählung ihres blühenden Enkels <a. R.: 1804> mit einer unvergleichlichen Prinzessin, die erwünschten ehelichen Folgen gaben zu Festen Anlaß, wobey sie sich des mit rastlosem Eifer, tiefem Kunstsinn und wählendem Geschmack wieder aufgerichteten und ausgeschmückten Schlosses erfreuen konnte, und uns hoffen ließ, daß zum Ersatz für so manches frühe Leiden und Entbehren ihr Leben sich in ein langes und ruhiges Alter verlieren würde.

Aber es war von dem Alles Lenkenden anders vorgesehen. Hatte sie während dieses gezeichneten Lebensganges manches Ungemach tief empfunden, vor Jahren den Verlust zweyer tapferen Brüder, die auf Heereszügen ihren Tod fanden, eines dritten, der sich für andere aufopfernd von den Fluthen verschlungen ward, eines geliebten entfernten Sohnes, später eines verehrten, als Gast bey ihr einkehrenden Bruders, und eines hoffnungsvollen lieblichen Urenkels; so hatte sie sich mit inwohnender Kraft immer wieder zu fassen und den Lebensfaden wieder zu ergreifen gewußt. Aber in diesen letzten Zeiten, da der unbarmherzige Krieg, nachdem er unser so lange geschont, uns endlich und sie ergriff, da sie, um eine herzlich geliebte Jugend aus dem wilden Drange zu retten, ihre Wohnung verließ, eingedenk jener Stunden, als die Flamme sie aus ihren Zimmern und Sälen verdrängte; nun bey diesen Gefahren und Beschwerden der Reise, bey dem Unglück, das sich über ein hohes verwandtes, über ihr eigenes Haus verbreitete, bei dem Tode des letzten einzig geliebten und verehrten Bruders, in dem Augenblick, da sie alle ihre auf den festesten Besitz, auf wohl erworbenen Familienruhm gebauten jugendlichen Hoffnungen, Erwartungen von jener Seite verschwinden sah: da scheint ihr Herz nicht länger gehalten und ihr muthiger Geist gegen den Andrang irdischer Kräfte das Uebergewicht verloren zu haben. Doch blieb sie noch immer sich selbst gleich, im Aeußern ruhig, gefällig, anmuthig, theilnehmend und mittheilend, und Niemand aus ihrer Umgebung konnte fürchten, sie so geschwind aufgelöst zu sehen. Sie zauderte, sich für krank zu erklären, ihre Krankheit war kein Leiden, sie schied aus der <a. R.: 1807 April 10.> Gesellschaft der Ihrigen wie sie gelebt hatte. Ihr Tod, ihr Verlust sollte nur schmerzen, als nothwendig, unvermeidlich, nicht durch zufällige, bängliche, angstvolle Nebenumstände.

Und wem von uns ist in gegenwärtigen Augenblicken, wo die Erinnerung vergangener Uebel, zu der Furcht vor zukünftigen gesellt, gar manches Gemüth beängstigt, nicht ein solches Bild standhaft ruhiger Ergebung tröstlich und aufrichtend! Wer von uns darf sagen: meine Leiden waren so groß als die ihrigen; und wenn jemand eine solche traurige Vergleichung anstellen könnte, so würde er sich an einem so erhabenen Beyspiele gestärkt und erquickt fühlen.

Ja! – wir kehren zu unserer ersten Betrachtung zurück – das ist der Vorzug edler Naturen, daß ihr Hinscheiden in höhere Regionen segnend wirkt, wie ihr Verweilen auf der Erde; daß sie uns von dorther, gleich Sternen, entgegen leuchten, als Richtpunkte, wohin wir unsern Lauf bey einer nur zu oft durch Stürme unterbrochenen Fahrt zu richten haben; daß diejenigen, zu denen wir uns als zu Wohlwollenden und Hülfreichen im Leben hinwendeten, nun die sehnsuchtsvollen Blicke nach sich ziehen, als Vollendete, Selige.

(Vorlage: Goethe: Sämtliche Werke. Briefe, Tagebücher und Gespräche. Hg. v. Friedmar Apel u.a. <Frankfurter Ausgabe>. Bd. 17: Tag- und Jahres-Hefte. Biographische Einzelheiten. Reden. Testamente. Hg. v. Irmtraut Schmid, Frankfurt a. M. 1994, S. 421–426; dort nach dem Erstdruck Jena 1807; nicht modernisiert)

Den Nachruf auf den Tod der Herzoginmutter am 10. April 1807 diktierte Goethe am 12. April offenbar in einem Zug als Beitrag zur »Abkündigung« (Tagebuch); am 13. folgte die »Revision des Aufsatzes und Umschreibung«, am 16. die Korrektur (des wohl bereits fertigen Satzes); am 18. verschickte Goethe gedruckte Exemplare der »Trauerrede«, die von den Kirchenkanzeln des Landes verlesen wurde.

S. **216**, 32 »Nichte eines Königs«: Friedrichs II. (des Großen) v. Preußen. – 49 f. »einem jungen Fürsten«: Ernst August II. Constantin (1737–1758), seit

1748 Herzog von Sachsen-Weimar und Eisenach. – 53 »Sohn«: Carl August (1757–1828), Erbprinz von Sachsen-Weimar und Eisenach, 1775 Herzog, 1815 Großherzog. – 56 »dem zweyten«: Prinz Friedrich Ferdinand Constantin (1758–1793). – 70 »Frieden«: von Hubertusburg (15. Februar 1763). – 83 »Lehrer«: Christoph Martin Wieland (seit 1772) und Carl Ludwig v. Knebel (seit 1774). – 96 »Schloßbrandes«: Am 6. Mai 1774 wurde die »Wilhelmsburg« fast völlig zerstört. – S. **217**, 26 »Eheverbindung«: 1775 heiratete Carl August Luise v. Hessen-Darmstadt (1757–1830). – 33 »ihres ländlichen Aufenthaltes«: in Schloß Tiefurt. – 60 »Enkels«: Carl Friedrich (1783–1853), ältester Sohn Carl Augusts, seit 1828 Großherzog. – 60 f. »Vermählung < ... > Prinzessinn«: Carl Friedrich heiratete 1804 Maria Pawlowna, Großfürstin v. Rußland (1786–1859), Tochter des Zaren Paul I. und Maria Feodorownas, Schwester von Zar Alexander I. – 62 »ehelichen Folgen«: die Geburt des Erbprinzen Paul Alexander im Jahr 1805; er starb bereits im folgenden Jahr. – 74 »zweyer tapferen Brüder < ... > eines dritten«: Albrecht Heinrich (1742–1761), Friedrich August (1740–1805) und Maximilian Julius Leopold (1752–1785) von Braunschweig. – 80 »Urenkels«: Paul Alexander. – 86 »eine herzlich geliebte Jugend«: Prinzessin Caroline v. Sachsen-Weimar und Eisenach (1786–1816), Tochter Carl Augusts. – 91 »Unglück«: die Niederlage Preußens bei Jena und Auerstädt. – 93 f. »letzten Bruders«: Carl Wilhelm Ferdinand Herzog von Braunschweig.

Goethes »Standrede« (Johanna Schopenhauer) auf die verstorbene Herzoginmutter sind die enormen Spannungen und Beunruhigungen, denen er, wie ganz Weimar, in den Apriltagen 1807 ausgesetzt war, und die ihn nach der Niederschrift körperlich zusammenbrechen ließen (s. Riemers Bericht an Frommann vom 18. April; Bode/Otto, Bd. II, S. 353), kaum anzumerken; die Rede gibt vielmehr ein Beispiel der Selbstbeherrschung, die sie an der Verstorbenen rühmt: Anna Amalias Zerbrechen unter den politischen Schicksalsschlägen wird nur angedeutet, das Desaster mündet, wie in Goethes »Winckelmann«-Skizze, in die Apotheose. Daß unter so großen äußeren Bedrängnissen, und auch ihres offiziellen Charakters wegen, die Rede vor allem der ›Chronistenpflicht‹ zu genügen suchte und Persönliches, vor allem auch die glanzvoll-heiteren Jahre des frühen ›Musenhofs‹ in zeremoniellen Wendungen nur andeutete, ist verständlich. Karl August Böttiger hat, als er den Druck der Rede für den ›Teutschen Merkur‹ ablehnte, gerade die Haltung der Rede mitleidlos karikiert, sie als Blume verspottet, deren »aromatische Ausdüftung« doch nicht ganz den Geruch des Ministers verdecken könne, »der den Lebenden schöntut«: »Auch ist es eine große Frage, ob Vater Wieland mit allem, was Goethe sagte oder *verschwieg*, zufrieden ist« (an Bertuch, 24. April 1807; Bode/Otto, Bd. II, S. 354).

In der Tat erhält ein schiefes Bild, wer in der Rede auch Goethes letztes Wort zum ›Musenhof‹ und seiner Begründerin sieht. Zwar werden alle wichtigen Phasen genannt (die Zeit der ›Berufungen‹ der späteren Protagonisten, aber auch das Wirken vorüberziehender Gäste; die ›Tiefurter Kultur‹ in den ersten Jahren nach Anna Amalias Rücktritt von der Regierung; die Transformation und neue Fundierung dieser Kultur durch die Italienreise; der durch den Schloßneubau und Generationenwechsel beschleunigte Aufbruch ins Repräsentativere und seinen jähen Abbruch durch den Krieg); aber das alles wird nur gestreift und den dynastischen und staatlichen (›landesmütterlichen‹) Aspekten untergeordnet. Demnach, müßte man folgern, war Goethes Verhältnis zum Phänomen ›Tiefurt‹ nur noch ein historisches, woran auch das bewegtere, poetische Defilée der Weimarer Frühzeit im »Maskenzug 1818« (mit der »Ilme« als Chronistin, mit den Werken Wielands, Herders, Schillers, Goethes selbst als Protagonisten) grundsätzlich nichts änderte. Doch was die öffentliche Rede an Empfindung nicht preisgibt, wird, verfolgt man das ›zwischen den Zeilen‹ Gesagte, im privaten Raum sichtbar. Die von Goethe erwähnte »herzlich geliebte Jugend«, um deretwillen Anna Amalia in der Kriegsbedrängnis Weimar verlassen hatte und nach Eisenach, dann nach Göttingen geflohen war, ist ihre Enkelin Caroline, die, im Juli 1786 geboren (und damals der Grund für Goethes Aufschub seiner Italienreise: »Geburt stockt mit der Wiedergeburt«; an Frau v. Stein, 4. Juli 1786), schon als Zwölfjährige in Goethes Haus aus- und eingegangen, später zu seiner Zeichenschülerin geworden war, der er 1807 das »Reise-, Zerstreuungs- und Trostbüchlein« widmete, eine Art Musterbuch,

aber auch eine zeichnerische Erinnerungsreise in Goethes frühe Jahre in Thüringen, in die Schweiz, nach Italien und Böhmen. Zwei Blättern dieses Büchleins ist der Name Anna Amalias eingezeichnet (s. Abb. 87), zwei weiteren die Initiale Carolines. In der Enkelin mag Goethe Wesenszüge und Begabungen der Herzoginmutter wirksam gesehen haben. Er förderte ihre Theaterleidenschaft, ließ sie an den Treffen der Mittwochsgesellschaft teilnehmen, gab ihr seine Werke zu lesen. Die Vertrautheit zwischen Goethe und Caroline blieb selbst Goethes Besuchern nicht verborgen. 1808 dichtete Zacharias Werner, in der ihm eigenen überschwänglichen Art, ein Sonett, »Heliopolis«, in dem er Goethe, »Helios«, und Caroline, »Psyche«, als dem »Paar« huldigte, das, auf den Kriegstrümmern Weimars thronend, die Laren schütze und die erloschene Herdflamme mit den Funken des Geistes neu entzünde – eine Charakteristik, die von der nüchternen Henriette v. Knebel, der Erzieherin Carolines, nicht nur als Schmeichelei, sondern als »tief und zart gefühlt« beurteilt wurde. Daß Goethe nach dem Tod Anna Amalias große Hoffnungen auf Caroline gesetzt zu haben scheint, läßt sich auch seinen Reaktionen auf ihre bald darauf erfolgte Verheiratung, ihre Übersiedlung nach Mecklenburg und auf ihren frühen Tod ablesen. So wird hinter dem formellen ›Abgesang‹ auf eine versinkende Epoche Goethes emotionale Bindung sichtbar, Leidenschaft, die in ›wiederholten Spiegelungen‹ sich nicht abschwächte, sondern immer neu entzündete (zu Goethe und Caroline s. das Nachwort zu Goethes »Reise-, Zerstreuungs- und Trostbüchlein. 1806–1807«. Hg. von Ch. Michel. Frankfurt a. M. 1979, S. 128–138; s. auch Maisak 1996, S. 204–211).

Abb. 87
Aquädukt aus den Buchstaben AMALIE. J. W. Goethe. Aquarellierte Bleistift- und Federzeichnung. 9,1 × 16,7 cm. Zwischen dem 4. und 9. Dezember 1806. Blatt 32 des »Reise-, Zerstreuungs- und Trostbüchleins«. Weimar, SWK/GNM, Inv. Nr. 2046 (CGZ IV A, 75).

Anmerkungen

Kapitel I

1 Joseph Rückert, »Bemerkungen über Weimar« 1799, zit. nach der Neuausgabe, hrsg. von Eberhard Haufe, Weimar o.J. (1969). Rückert lebte von 1771–1813.

2 Karl August Böttiger, Literarische Zustände und Zeitgenossen, hrsg. von Klaus Gerlach und René Sternke, Berlin 1998, S. 35.

3 Ebd. S. 46–47.

4 Vergl. ebd. die Darlegung des Hintergrundes im Nachwort von Eberhard Haufe, S. 153.

5 Ebd. S. 112. Anspielung auf die Bestrebungen Jakob Michael Reinhold Lenz' und Friedrich Maximilian Klingers, die in Weimar Hoffnung auf die Gründung einer stürmisch-drängerischen Kolonie hatten.

6 Ebd. S. 13 f., 19 und S. 91 f.

7 Zur Bezeichnung ‚Musenhof' siehe Volker Bauer, Die höfische Gesellschaft in Deutschland von der Mitte des 17. bis zum Ausgang des 18. Jahrhunderts: Versuch einer Typologie, Tübingen 1993, S. 73 ff. Auch: Wilhelm Wachsmuth, Weimars Musenhof in den Jahren 1772–1807. Historische Skizze. Nachdruck der Ausgabe Berlin 1844, Bad Neustadt/ Saale 1982. Wilhelm Bode, Der weimarische Musenhof 1756–1781, Berlin 1917.

8 Zum gelehrten Hof vergl.: Johann Philipp Carrach, Grundsätze und Anmerkungen zur Käntnis des Teutschen Hofrechts, in: Wöchentliche Hallische Anzeigen, 1755, Sp. 807–817 ff.

9 Vergl. dazu die Dokumentation: Paradies des Rokoko, Galli Bibiena und der Musenhof der Wilhelmine von Bayreuth, Ausstellungskatalog zur 250. Wiederkehr des Jahres des Opernhauseröffnung, 2 Bde., München 1998.

10 Vergl. Georg Mentz, Weimarische Staats- und Regentengeschichte vom Westfälischen Frieden bis zum Regierungsantritt Carl Augusts, Jena 1936. Auch die Monographie Wilhelm Bode, Amalie Herzogin von Weimar, 3 Bde, Berlin 1908. Zu den vermittelten Zahlen vergl. Walter H. Bruford, Kultur und Gesellschaft im klassischen Weimar, Göttingen 1966.

11 Vergl. Richard Moderhack (Hrsg.), Braunschweigische Landesgeschichte im Überblick, Braunschweig 1979; Gabriele Henkel und Wulf Otte, Herzogin Anna Amalia – Braunschweig und Weimar, Stationen eines Frauenlebens im 18. Jahrhundert, Braunschweig 1995; auch: Volker Bauer, Die höfische Gesellschaft, Tübingen 1993, S. 73 ff.

12 Vergl. dazu ausführlich: Ralf Eisinger, Das Hagenmarkt – Theater in Braunschweig, in: Braunschweiger Werkstücke Bd. 29, Braunschweig 1990.

13 Siehe dazu ausführlich Friedrich Thöne, Wolfenbüttel, Geist und Glanz einer alten Residenz, München 1963.

14 Vergl. Gerhard Gerkens, Verherrlichung der Oper, in: 275 Jahre Theater in Braunschweig, Braunschweig 1965, S. 27.

15 Widmung Johann Christoph Gottscheds der Racine-Übersetzung »Iphigénie«, 1731 an den Sohn Anton Ulrichs, Herzog Ludwig Rudolf. Aufgenommen als »Iphigenia« in die Sammlung von Theaterstücken: »Die Deutsche Schaubühne nach den Regeln der alten Griechen und Römer eingerichtet«, Leipzig 1741–1742.

16 Karl Friedrich Pockels, Biographisches Gemälde des Herzogs Karl Wilhelm Ferdinand, Tübingen 1809.

17 Hamburg 1773, Faksimile – Neudruck, Kassel 1959, S. 259.

18 Vergl. Paul Zimmermann, Abt Jerusalems Berichte über die Erziehung des Erbprinzen Karl Wilhelm Ferdinand, in: Jahrbuch des Geschichtsvereins für das Herzogtum Braunschweig, 5. Jg., 1906, S. 129–164. Auch: Wulf Otte, Anna Amalia und Braunschweig, in: Herzogin Anna Amalia – Braunschweig und Weimar, Stationen eines Frauenlebens, Ausstellungskatalog Braunschweig 1995, S. 17–29.

19 Zit. nach Wulf Otte, ebda. S. 21. Auch: Gotthardt Frühsorge, Der Abt Jerusalem als Erzieher und Berater Anna Amalias, in: Wolfenbütteler Beiträge, Bd. 9, Wiesbaden 1994, S. 62 ff.

20 Vier beidseitig beschriebene Blätter, datiert um 1772, möglicherweise als »briefartige Mitteilung an einen vertrauten Freund, vielleicht an Wieland« gerichtet (V. Wahl). Aufbewahrt im Goethe-Schiller-Archiv Weimar, aus dem Nachlaß Johann Wolfgang Goethes, Signatur: GSA 36/VII, 18, erstmals kritisch ediert von Volker Wahl, »Meine Gedanken«. Autobiographische Aufzeichnung der Herzogin Anna Amalia von Sachsen Weimar. »Andenken« und »Grabinschrift«, in: Wolfenbütteler Beiträge, Bd. 9, Wiesbaden 1994, S. 99 ff.

21 Dazu ausführlich Günter Scheel, Braunschweig-Wolfenbüttel und Sachsen-Weimar in der zweiten Hälfte des 18. Jahrhunderts – Dynastische, politische und geistige Beziehungen, in: Wolfenbütteler Beiträge, Bd. 9, Wiesbaden 1994, S. 1–30.

22 Zit. nach der Ausgabe von Volker Wahl (siehe Anm. 20), ebda S. 106.

23 Vergl. neue Aktenfunde des Oberhofmarschallamtes, mitgeteilt von Günter Scheel, Braunschweig-Wolfenbüttel und Sachsen-Weimar in der zweiten Hälfte des 18. Jahrhunderts – Dynastische, politische und geistige Beziehungen, in: Wolfenbütteler Beiträge, Bd. 9, Wiesbaden 1994, S. 1–30. Protokolle des braunschweigischen Oberhofmarschallamtes: »Beschreibung Wie es bey Ankunft, Sejour und Abreise.... gehalten worden A° 1771« im Niedersächsischen Staatsarchiv, Wolfenbüttel: 5 N 364, Bl. 30–42.

24 Zit. nach Wilhelm Bode, Amalie Herzogin von

Weimar, Bd. 1, Das vorgoethische Weimar, Berlin 1908, S. 48.

25 Zit. ebd. S. 92.

26 WWA, Num. 84, Sonnabend, den 21.sten October 1775, S. 341 ff.

27 Vergl. Volker Wahl, Anna Amalia und die Wissenschaft in Weimar und Jena, in: Wolfenbütteler Beiträge, Bd. 9, Wiesbaden 1994, S. 83 ff.

28 Rückert, 1799, ebd. S. 45.

29 V. Wölfling, Reise durch Thüringen, den Ober- und Niederrheinischen Kreis, nebst Bemerkungen über die Staatsverfassung, öffentliche Anstalten, Gewerbe, Kultur und Sitten. Teil 3, Dresden und Leipzig 1796, S. 523 ff.

30 Briefe eines reisenden Franzosen über Deutschland an seinen Bruder zu Paris, Bd. 2, zweite beträchtlich verbesserte Ausgabe, Zürich 1783, 46. Brief, S. 51–52.

31 Ausführlicher bei H. Eberhardt, Weimar zur Goethezeit, Gesellschafts- und Wirtschaftsstruktur, Weimar 1980; zit. nach Jochen Klauss, Alltag im 'klassischen' Weimar, Weimar 1990, S. 7 ff.

32 Vergl. Sieglinde Hohenstein, Friedrich Justin Bertuch (1747–1822) – bewundert, beneidet, umstritten. Ausstellungskatalog Mainz 1985.

33 Eduard Genast, Aus dem Tagebuch eines alten Schauspielers, Bd. 1, Leipzig 1862, S. 5.

34 Wielands Briefwechsel, Bd. 5, Briefe der Weimarer Zeit, Berlin 1983, S. 100.

35 Christoph Martin Wieland, Theatralische Nachrichten. Weimar. in: Teutscher Merkur. Des ersten Bandes Drittes Stück. März 1773, S. 264.

36 C. W. Hufeland, Eine Selbstbiographie. Mitgeteilt von Dr. Göschen, Berlin 1863.

37 Vergl. C. A. H. Burckhardt, Schilderungen im »Grenzboten«, 1871, zit. nach Wilhelm Bode, Amalie Herzogin von Weimar, Bd. 1, Berlin 1908, S. 134.

38 Johann Wolfgang Goethe, Werke, (Abt. I), Bd. 36, Weimar 1893, S. 306, siehe auch im vorliegenden Band Dokument 15.

39 Brief an Knebel, in: Karl Ludwig Knebels literarischer Nachlaß und Briefwechsel, Leipzig 1835, S. 330.

40 Christoph Martin Wieland, Theatralische Nachrichten. Weimar. in: Der Teutsche Merkur. Des ersten Bandes Drittes Stück. März 1773, S. 264.

41 Joseph Rückert, 1799, ebd. S. 13.

42 Vergl. dazu ausführlich: Erich Reimer, Die Krise der Hofmusik in Deutschland 1750–1800, in: Die Hofmusik in Deutschland 1500–1800, Wilhelmshaven 1991, S. 125 ff.

43 John A. McCarthy, Die gesellige Klassik: Das Taschenbuch auf das Jahr 1804, in: Kalender? Ey, wie viel Kalender! Ausstellungskatalog Wolfenbüttel 1986, S. 171.

44 Zit. nach Werner Deetjen, Auf Höhen Ettersburgs, Fotomechanischer Nachdruck der 1924 in Leipzig erschienenen Ausgabe, S. 41. Der Brief ist mit dem 2. August 1779 datiert.

45 Widmung Johann Adam Hillers in seiner »Anweisung zum musikalisch-zierlichen Gesange mit hinlänglichen Exempeln erläutert«, Leipzig 1780.

46 Journal von Tiefurt, 6. Stück, 19. Sept. 1781, Neuausgabe Weimar 1892, in: Schriften der Goethe-Gesellschaft Bd. 7, S. 54.

47 WA, IV, Briefe Bd. 5, Weimar 1889, S. 179. Vergl. Siegfried Seifert, »Wissen und Dichten in geselliger Wirkung«, Literarische Kultur im Umkreis Anna Amalias, in: Wolfenbütteler Beiträge, Bd. 9, Wiesbaden 1994, S. 197 ff.

48 Dritter Brief, Weimar, den 6. November, in: Vertraute Briefe, geschrieben auf einer Reise nach Wien und den Österreichischen Staaten zu Ende des Jahres 1808 und zu Anfang 1809, Amsterdam 1810, neu hrsg. von Gustav Gugitz, München 1915, Bd. 1, S. 25 f.

49 Das Journal von Tiefurt, Mit einer Einleitung von Bernhard Suphan hrsg. von Eduard von der Hellen, Weimar 1892. Siehe auch Dokumente 2 und 7.

50 Karl August Böttiger am 12. November 1798, in: Literarische Zustände, Berlin 1998, S. 43.

51 Zu den erwähnten Bildern vergl. Hans Wahl, Das Wittumspalais, Leipzig o. J., S. 10 und 11. Rosine De Gasc-Lisiewskas Pastellbild (65,5 × 53,5 cm) befindet sich im Herzog Anton Ulrich Museum, Braunschweig (Nachlaß Steinacker).

52 Vergl. Petra Schall, Schwind und die Wartburg, Leipzig 1995, S. 42 ff.

Kapitel II

1 Karl von Lyncker, Am Weimarischen Hofe unter Amalien und Karl August, hrsg. von Marie Scheller, Berlin 1912, S. 36.

2 Christoph Martin Wieland, Briefwechsel, Briefe der Weimarer Zeit, Bd. 5, Berlin 1983, S. 253.

3 Diese Angaben verdanke ich dem mit heutigen Maßen versehenen »Plan der Haupt Etage des ausgebranden hiesigen Schlosses« von C. Steiner, freundlich zur Verfügung gestellt von Burkhard Dube, Kunstsammlungen zu Weimar; weitere Angaben nach Wilhelm Bode, Der weimarische Musenhof, Berlin 1917, S. 72 f. und Herbert A. Frenzel, Thüringische Schlosstheater, Berlin 1965, S. 83 ff.

4 Brief vom 21. Mai 1773, in: Wielands Briefwechsel, Bd. 5, Berlin 1983, S. 118.

5 Zu Details der Ikonologie des neuen Festsaals vergl. Rolf Bothe, Der Klassizistische Festsaal im Weimarer Schloss, in: Ettersburger Hefte 3, Weimar 1995, S. 31–61.

6 Informationen dazu bei Effi Biedrzynski, Goethes Weimar, Zürich 1992, S. 482. Siehe auch Hans

Wahl, Das Wittumspalais der Herzogin Anna Amalia (mit 141 Abbildungen), Leipzig o. J.

7 Vergl. Christiane Oehmig, Pavillon am Wittumspalais, in: Pavillons in und um Weimar, Weimar 1991, S. 19 f.

8 Vergl. Details in: »Grundriß und Cavalier= Perspektiv der Fürstl. Sächsischen Residenz= Stadt Weimar«, Jahresgabe der Nationalen Forschungs- und Gedenkstätten der Klassischen Literatur in Weimar, 1985.

9 Goethe, »Tag- und Jahres – Hefte« zu 1803, Frankfurt.

10 Vergl. Baudetails bei Alfred Jericke und Dieter Dolgner, Der Klassizismus in der Baugeschichte Weimars, Weimar 1975, S. 65 ff.

11 Zit. nach Gisela Sichardt, Das Weimarer Liebhabertheater unter Goethes Leitung, Weimar 1957, S. 14 ff.

12 In: Herders Briefe an Johann Georg Hamann, im Originaltext hrsg. von Otto Hoffmann, Berlin 1889, S. 122 f.

13 J. G. Herder, Briefe. Gesamtausgabe, Bd. 4, Weimar 1986, S. 226.

14 Joseph Rückert, Bemerkungen, 1799, S. 76 f.

Kapitel III

1 Tagebuch, 13. Mai 1778, WA, III. Abteilung, Bd. 1, S. 66.

2 Brief vom 14. Oktober 1782, zit. nach Werner Deetjen, Die Göchhausen, Briefe einer Hofdame aus dem klassischen Weimar, Berlin 1923, S. 50.

3 Goethe, Schiller und Meyer, Über den Dilettantismus, Gartenkunst, in: BA, Bd. 19, S. 322.

4 Eine von Christian Cay Lorenz Hirschfeld gebrauchte Bezeichnung, siehe vor allem sein Kapitel: Von der Gartenkunst, als schöne Kunst betrachtet, in: Theorie der Gartenkunst, Bd. 1, Leipzig 1779, S. 145 ff.

5 »Ein mit Geist und Geschmack abgefasstes Produkt kann überhaupt Poesie genannt werden und ist ein Werk der schönen Kunst: es mag den Sinnen vermittelst der Augen oder der Ohren unmittelbar vorgelegt werden . . .: sie mag Maler, Garten-, Baukunst oder Ton- und Versmacherkunst (poetica in sensu stricto) seyn.«, in: AMZ, 1799, Oktober Nr. 2, Sp. 25.

6 Goethe, Wahlverwandtschaften. Vergl. auch: Weltbild Wörlitz, Entwurf einer Kulturlandschaft, Ausstellungskatalog, Ostfildern – Ruit, 1996.

7 Goethe, Dichtung und Wahrheit, IV. Teil, 20. Buch.

8 Wielands Briefwechsel, Bd. 5, Berlin 1983, S. 503, auch: Heinrich Bock und Hans Radspieler, Gär-

ten in Wielands Welt, Marbacher Magazin, Sonderheft 40, Marbach 1986, S. 27 f.

9 Nach Effi Biedrzynski, Goethes Weimar, Zürich 1992, S. 293.

10 Jürgen Jäger, Ausstattungsgegenstände in den Weimarer Landschaftsparks, in: Garten, Kunst, Geschichte, Festschrift für Dieter Hemeter zum 70. Geburtstag, Worms 1994, S. 80 ff.

11 Joseph Rückert, Bemerkungen 1799, Neudruck Weimar o. J., S. 19 ff.

12 C. C. L. Hirschfeld, Das Landleben, Bern 1767. Vergl. dazu Maria Gräfin Lanckorónska, »Das Landleben« von Christian Lorenz Hirschfeld, empfindsame Liebe zur Natur im Umkreis des jungen Goethe, in: Jahrbuch der Sammlung Kippenberg, NF, Bd. 1, Frankfurt 1963, S. 185 ff.

13 Zur aktuellen Diskussion der Personenidentifikation vergl. Heidrun Ludwig, Die Gemälde des 18. Jahrhunderts im hessischen Landesmuseum Darmstadt, Eurasburg 1997, S. 56 ff.

14 Vergl. Harri Günther (Hrsg.), Gärten der Goethezeit, Leipzig 1993, S. 14 ff.

15 Weltbild Wörlitz. Entwurf einer Kulturlandschaft, Ausstellungskatalog, Ostfildern-Ruit 1996.

16 Goethe an Charlotte von Stein, 14. Mai 1778, WA, IV. Abteilung, Bd. 3, S. 222 f.

17 Wilhelm Hosäus, Großherzog Carl August und Goethe in ihrer Beziehung zu Herzog Leopold Friedrich von Anhalt-Dessau, in: Mitteilungen des Vereins für Anhaltische Geschichte und Altertumskunde 1, 1877, S. 652.

18 An Auguste Stolberg, Weimar, 17.–24. Mai 1776, in: J. W. Goethe, Briefe an Auguste Gräfin zu Stolberg, hrsg. von Jürgen Behrens, Frankfurt 1982, S. 43.

19 Vergl. Wilhelm Bode, Goethes Leben im Garten am Stern, Berlin 1922.

20 Wieland Briefwechsel, Bd. 7, Berlin 1992, S. 113 ff.

21 WA, IV. Abteilung, Bd. 3, S. 104.

22 Walter Salmen, Johann Friedrich Reichardt, Komponist, Schriftsteller, Kapellmeister und Verwaltungsbeamter der Goethezeit, Zürich 1963.

23 Erich Neuss, das Giebichensteiner Dichterparadies, Halle 1949; Walter Salmen, Reichardts Garten in Halle-Giebichenstein, in: Die Gartenkunst 6, Heft 1, 1994, S. 105–109.

24 Max Hecker, Die Briefe Johann Friedrich Reichardts an Goethe, in: Jahrbuch der Goethe- Gesellschaft 11, 1925, S. 200.

25 H. Steffens, Was ich erlebte, 1840, NA Gütersloh 1956, S. 242.

26 Zit. nach Werner Deetjen, Auf Höhen Ettersburgs, Fotomechanischer Nachdruck der Ausgabe Leipzig 1924, Weimar 1993, S. 36.

27 Zit. nach: C. M. Wieland, Sämmtliche Werke, Bd. 9, Leipzig 1795, S. 140 f.

28 Vergl. Werner Deetjen, Auf Höhen Ettersburgs,

Fotomechanischer Nachdruck der Ausgabe Leipzig 1924, Weimar 1993 S. 14.

29 In: C. C. L. Hirschfeld, Theorie der Gartenkunst, Bd. IV, Leipzig 1782, S. 239.

30 Zit. nach Werner Deetjen, Auf Höhen Ettersburgs, ebd. S. 26.

31 Zit. nach Deetjen, ebd. S. 36 f.

32 Brief an Johann Heinrich Merck vom 21. September 1779, zit. ebd. S. 46.

33 Karl August Böttiger am 6. November 1796, in: Literarische Zustände, Berlin 1998, S. 42.

34 Ebd. S. 41.

35 W. Deetjen, S. 27.

36 Ebd. S. 22 f. vergl. auch J. W. Goethe, Tagebücher, Historisch- kritische Ausgabe, Erläuterungen, (Probeedition) Stuttgart 1995, S. 76.

37 FrA I, Bd. 2, S. 99. Mit »Rapuschschen« wurde ein dem Whist ähnliches Kartenspiel bezeichnet, das man auch unter dem Namen Rabouche oder Grabouche antrifft.

38 Werner Deetjen, Schloß Belvedere, Leipzig 1926, S. 43.

39 Zit. nach Thomas C. Starnes, Christoph Martin Wieland. Leben und Werk, Bd. 3, Sigmaringen 1987, S. 298 f.

40 Johann Friedrich Reichardt, Vertraute Briefe geschrieben auf einer Reise nach Wien, Amsterdam 1910, Neudruck hrsg. von Gustav Gugitz, Bd. 1, München 1915, S. 7 ff.

41 Goethe, in: Auf Miedings Tod, 1782, vergl. Dokument 6 und »Tiefurter Matinée«, Dokument 2.

42 Zit. nach J. W. Goethe, Vermischte Gedichte. Faksimiles und Erstdrucke, hrsg. von Karl-Heinz Hahn, Leipzig 1984, S. 87.

43 Italienische Reise, Teil 1 hrsg. von Christoph Michel und Hans-Georg Dewitz, FrA I, Bd. 15/ 1, S. 468.

44 Zit. nach Heinrich Bock und Hans Radspieler, Gärten in Wielands Welt, Marbacher Magazin 40/ 1986, S. 36.

45 Zit. nach J. Rückert, Bemerkungen über Weimar, 1799, S. 45. (Heute steht im Park die Wielandbüste Gottfried von Schadows, 1802).

46 WA, 4. Abteilung, Bd. 6, S. 17.

47 Adam Oehlenschläger, Meine Lebenserinnerungen, Bd. 2, Leipzig 1850, S. 61.

48 Vergl. Eduard von der Hellen, Das Journal von Tiefurt, 24. Stück, 26. März 1782, in: Schriften der Goethe- Gesellschaft Bd. 7, 1892, S. 179 ff.

49 Hermann Düntzer, Aus Karl Ludwig von Knebels Briefwechsel mit seiner Schwester Henriette, Jena 1858, S. 288; auch S. 255.

50 Johann Peter Eckermann, Gespräche mit Goethe, ausgewählt und mit einem erläuternden Register versehen von Hellmuth Steger, Frankfurt a. M. 1969, S. 41 f.

51 Vergl. Wolfgang Huschke, Die Geschichte des Parks von Weimar, Weimar 1951.

52 Dazu Heinrich Düntzer (Hrsg.), Aus Karl Lud-

wig von Knebels Briefwechsel mit seiner Schwester Henriette (1774–1813), Jena 1858, S. 323.

53 Tagebücher, Historisch- kritische Ausgabe, Probeedition Stuttgart 1995, S. 9.

54 Terence Hodgkinson, Handel at Vauxhall, in: Victoria and Albert Museum Bulletin 1 (1965), S. 1 ff.

55 Joseph Rückert, Bemerkungen über Weimar 1799, S. 27 f.

56 Karl August Böttiger, Literarische Zustände und Zeitgenossen, Berlin 1998, S. 25.

57 Zit. nach: Gärten in Wielands Welt, bearbeitet von Heinrich Bock und Hans Radspieler, Marbacher Magazin, Sonderheft 40, Stuttgart 1986, S. 1.

58 Brief vom 9./ 10./ 11. 7. 1808, zit. nach: Gärten in Wielands Welt, S. 37 ff.

59 Brief an Sophie von La Roche in Koblenz vom 30. 9. 1777, zit. ebd. S. 28 f.

60 Überliefert durch den ihm befreundeten Karl August Böttiger, Literarische Zustände, Berlin 1998, S. 238 f.

61 Goethe-Schiller-Archiv, GSA 93 I 1/27.

62 Sophie von La Roche, Schattenrisse abgeschiedener Stunden in Offenbach, Weimar und Schönebeck im Jahr 1799, Leipzig 1800, S. 43 ff.

63 Zit. nach: Gärten in Wielands Welt, S. 57.

64 Zit. nach Otto Fiebiger, Dreizehn Briefe Wielands zumeist an Luise von Göchhausen, in: Jahrbuch der Goethe-Gesellschaft 11, 1925, S. 270.

65 Vergl. Paul Stapf, Der Briefwechsel Jean Pauls und Karoline Richters mit Herder, München 1959, S. 55. Siehe auch das Gedicht »Die Aeolische Harfe« von C. Schreiber in AMZ 1804, Sp. 634 f. und Christian Friedrich Quandt, »Versuche und Bemerkungen über die Äolsharfe« im Märzheft des Weimarer »Journals des Luxus und der Moden« von 1799.

66 Friedrich Schiller, Sämtliche Werke, Bd.1, hrsg. von G. Fricke und H. G. Göpfert, München 1962, S. 220.

67 J. W. Goethe, MA, Bd. 13.1, S. 72 f. (»Ich dacht ich habe keinen Schmerz . . .«)

68 J. W. Goethe, MA, Bd. 13.1, S. 408.

69 Vergl. Jürgen Jäger, Ausstattungsgegenstände in den Weimarer Landschaftsparks, in: Garten, Kunst, Geschichte, Festschrift f. Dieter Hennebo, Worms 1994.

70 Lichtenberg, Göttinger Taschenkalender, 1792, S. 39 f.

71 Zit. nach M.A., J. W. Goethe, Briefwechsel zwischen Goethe und Zelter in den Jahren 1799 bis 1832, MA Bd. 20.1, S. 189. Diesen akustischen Fragen ist erstmals 1995 in einer umfangreichen Kieler Studie mit einer CD Dokumentation nachgegangen worden (Windharfen – Aeolian Harps, FUNZOD 500, LC 5842).

72 FrA I, Bd. 7/ 1, S. 11.

73 Thüringisches Hauptstaatsarchiv Weimar, Herzogliches Hausarchiv/ Schatullakten Carl Fried-

rich, Akten Signaturen: A 1530 – A 1533; A 1537, A 1545, A 1550, A 1551, A 1554.

74 Siehe auch: Bernhard Brüchle und Kurt Janetzky, Kulturgeschichte des Horns, Tutzing 1976.

75 Brief vom 12. April 1802, zit. nach Jochen Klauss, Alltag im ›klassischen‹ Weimar, Weimar 1990, S. 81.

76 Vergl. Wilhelm Hosaeus, Friedrich Wilhelm Rust und das Dessauer Musikleben 1766–1796, Dessau 1882, S. 59.

77 Achim von Arnim und Clemens Brentano, Des Knaben Wunderhorn, vollständige Ausgabe in drei Bänden, nach der Erstausgabe 1806/08, München 1986.

78 Christoph Martin Wieland, Oberon, ein Romantisches Heldengedicht in zwölf Gesängen, Leipzig 1796.

79 Vergl. Hans- Herbert Möller, Jagd um Weimar, in: Jahrbuch der Stiftung Kippenberg, NF 1, 1963, S. 196 ff.

80 Christian Friedrich Daniel Schubart, Ideen zu einer Ästhetik der Tonkunst, zit. nach der Ausgabe Leipzig 1977, S. 241.

81 WWA Nr. 13 von 1777, auch WWA Nr. 35, 1798, S. 142.

82 Zit. nach Werner Deetjen, Auf Höhen Ettersburgs, Nachdruck der 1924 in Leipzig erschienen Ausgabe, Ettersburger Hefte 1, Weimar 1993, S. 78.

83 Ernst Wilhelm Wolf an Breitkopf am 11. Februar 1784: »... bei der Probe hatte ich das Vergnügen die beiden pariser Waldhornisten Palsa u. Türrschmidt, die eben zugegen waren, nebst dem Herrn Hofrath Wieland Thränen vergiessen zu sehen, welches sie mir nachher auch selbst sagten.« In: Der Bär, Jahrbuch von Breitkopf & Härtel auf das Jahr 1925, Leipzig 1925, S. 92.

84 Ludwig Tieck's Schriften, Bd. 26, Berlin 1854, Reprint Berlin 1966, S. 535.

85 Vergl. Wilhelm Lütge, Die Glasharmonika, das Instrument der Wertherzeit, in: Der Bär 1925, S. 100.

86 Vergl. die »Klassifikation der bekanntesten musikalischen Instrumente, Stabinstrumente« in der von Johann Friedrich Reichardt herausgegebenen Berlinischen Musikalischen Zeitung 2, 1806, S. 203. Der Erfinder der Quandtschen Harmonika war Christian Friedrich Quandt (1766–1806)

87 Dazu vergl. AMZ 1798, Sp. 159; ebda. 1800, Sp. 50 und 305 ff.

88 Schiller an Ludwig Ferdinand Huber, 13. 9. 1785, zit. nach Hermann Fähnrich, Schillers Musikalität, Hildesheim 1977, S. 8.

89 Wilhelm Dobbek, Karoline Herder, Köln 1963, S. 117; siehe auch Chr. Friedrich Quandt, Eine neue Harmonika, in: Journal des Luxus und der Moden, 1791, S. 99–108.

90 § 7, Das Romantische außerhalb der Poesie, Jean Paul, Werke, hrsg. von Norbert Miller, Bd. I, 5, München 1987, S. 467

Kapitel IV

1 Karl August Böttiger, Literarische Zustände und Zeitgenossen, Berlin 1998, S. 42, erstmals ist »Adolar und Hilaria« am 1. September 1780 mit Goethe in der Rolle des Adolar und Corona Schröter als Hilaria aufgeführt worden.

2 Zit. nach Werner Deetjen, Die Göchhausen, Briefe einer Hofdame aus dem klassischen Weimar, Berlin 1923, S. 125.

3 Norbert Elias, Die höfische Gesellschaft, Darmstadt 1969, S. 417.

4 Pro Memoria Georg Benda, zit. nach Wolfram Huschke, Musik im klassischen und nachklassischen Weimar, Weimar 1982, S. 189 f.

5 Thüringisches Hauptstaatsarchiv, Weimar, D 26436, S. 169–174. Zit. nach Wolfram Huschke, ebda. S. 188 f.

6 Zu Bode vergl. Eberhard Haufe, Ein Aufklärer in Weimar – Lessings Freund Johann Joachim Christoph Bode, ein biographischer Versuch, in: Wolfenbütteler Beiträge, Bd. 9, Wiesbaden 1994, S. 169 ff. und Hermann Schüttler, Freimaurerei in Weimar, zum 200. Todestag von Johann Joachim Christoph Bode, in: Ettersburger Hefte 3, Weimar 1995, S. 7 ff.

7 »Hof- und Address Calender auf das Jahr 1777«, Goethe-Museum, Düsseldorf.

8 Zit. nach Werner Deetjen, Auf Höhen Ettersburgs, Nachdruck Weimar 1993, S. 27. Besetzungsliste ebd. S. 29.

9 Theatralische Nachrichten. Weimar; in: Der Teutsche Merkur. Des ersten Bandes Drittes Stück. März 1773, S. 264.

10 Vollständige Wiedergabe des Textes, der im Thüringischen Hauptstaatarchiv Weimar, Hausarchiv (HA –A XVIII, Nr. 129) aufbewahrt wird, in: Wolfenbütteler Beiträge, Bd. 9, Wiesbaden 1994, S. 145 ff.

11 Vergl. Christoph Martin Wieland, Sämmtliche Werke, Bd. 6 f. Leipzig 1794.

Kapitel V

1 Herders Sämtliche Werke, hrsg. von Bernhard Suphan, Bd. 22, Berlin 1880, S. 184.

2 Nachweise darüber in: WWN 1780, S. 158. Auch: Wilhelm Hitzig, Beiträge zum Weimarer Konzert, in: Der Bär, Jahrbuch von Breitkopf & Härtel auf das Jahr 1925, Leipzig 1925, S. 78 ff. Korrespon-

denz zwischen E. W. Wolf und dem Verleger Breitkopf in Leipzig.

3 Briefwechsel zwischen Goethe und Zelter in den Jahren 1799 bis 1832, MA, S. 72.

4 Letzteres wurde 1802 in Jena »Zum Gebrauch der Herzogl. Weimarischen Lande« nachgedruckt mit Rembt's »figural- oder kantatenmäßig« gesetzten Chorälen »für Singchöre zweckmäßig eingerichtet«.

5 WWN 1780, S. 141.

6 Dazu vergl. Otto Francke, Regesten zur Geschichte des Gymnasiums zu Weimar, Weimar 1888.

7 Jährlich wurde »den Waisenkindern und Currentschülern« per Erlaß der Fürstlichen Polizey = Commission die Erlaubnis erteilt, »das Einsammeln eines Neujahrs- Geschenks« zu betreiben.

8 WWA, Nr. 101, 18. Dezember 1793, S. 406.

9 Zit. nach Eckart Kleßmann, Christiane, Goethes Geliebte und Gefährtin, Frankfurt 1992, S. 94.

10 WWA , Nr. 83, S. 333.

11 Belvedere im September 1775, WWA 1775, S. 298.

12 Zit. nach: Wilhelm Bode, Die Tonkunst in Goethes Leben, Bd. 1, Berlin 1912, S. 276.

13 Joseph Rückert, Bemerkungen über Weimar 1799, S. 50 f.

14 Vergl. Wolfram Huschke, Musik im klassischen und nachklassischen Weimar, Weimar 1982, S. 50 f.

15 Goethe, Vorspruch zur Abt. Gesellige Lieder, 1814, zit. nach der Ausgabe letzter Hand, Gedichte, Bd. 1, Zürich 1950, S. 75.

16 In: Ephemeriden der Menschheit, 11. Stück, Basel 1777, S. 32–41.

17 Z. B. über die Braunschweigische »Singakademie« des Kammersekretärs Mahners, in: AMZ 6, 1804, Sp. 597.

18 Johann Friedrich Reichardt, Vertraute Briefe geschrieben auf einer Reise nach Wien und den Österreichischen Staaten zu Ende des Jahres 1808 und zu Anfang 1809, Bd. 2, München 1915, S. 266.

19 Ausführlich rezensiert in der Berlinischen Musikalischen Zeitung, Nr. 87, 1. Jg. 1805, Reprografischer Nachdruck Hildesheim 1969, S. 343 ff.

20 Goethe, »Tag- und Jahres-Hefte« zu 1807, Frankfurt.

21 Brief vom 30. Juli 1804 an C. F. Zelter, Briefwechsel, MA, S. 77.

22 Zit. nach: Das klassische Weimar, Texte und Zeugnisse, München 1983, S. 303 f.

23 Zit. nach: Wilhelm Bode (Hrsg.), Goethes Schauspieler und Musiker, Erinnerungen von Eberwein und Lobe, Berlin 1912, S. 76 f.

24 Ebd. S. 79 f.

25 Goethe, »Tag- und Jahres – Hefte« zu 1810, Frankfurt.

26 Briefwechsel zwischen Goethe und Zelter, MA, S. 221.

Kapitel VI

1 Zit. nach Johann Gottfried Herder, Briefe, Gesamtausgabe 1763–1803, Bd. 1, Weimar 1977, S. 221.

2 Zum Verhältnis Reichardts zu Herder siehe Walter Salmen, Herder und Reichardt, in: Herder-Studien, hrsg. von Walter Wiora, Würzburg 1960, S. 95 ff.

3 Johann Gottfried Herder, Sämtliche Werke, hrsg. von B. Suphan, Bd. 9, S. 522–535.

4 Louis Pinck, Volkslieder von Goethe im Elsaß gesammelt. Mit Melodien und Varianten aus Lothringen und dem Faksimiledruck der Straßburger Goethe- Handschrift. Metz 1932; vergl. auch: O. Holzapfel (Hrsg.), Deutsche Volkslieder, Balladen, Bd. 8, Freiburg 1988, S. 177 f.

5 Erstveröffentlichung bei August Mylius, Berlin 1776; auch in: Goethes nachgelassene Werke, Bd. 57.

6 »Briefwechsel über Ossian und die Lieder alter Völker«, 1773, Zit. nach Leonid Arbusow, Herder und die Begründung der Volksliedforschung im deutschbaltischen Osten, in: Herder Gedenkbuch, Im Geiste Herders, Kitzingen 1953, S. 139.

7 V. 148 ff., zit. nach C. M. Wieland, Sämmtliche Werke, II, Bd. 5, Leipzig 1794, Reprint Hamburg 1984, S. 196.

8 Johann Peter Eckermann, Gespräche mit Goethe, ausgewählt von Hellmuth Steger, Frankfurt 1969, S. 134.

9 Zit. nach Hedwig Walwei- Wiegelmann, Goethes Gedanken über Musik, Frankfurt 1985, S. 133.

10 Vorrede der Volkslieder, zit. nach »Stimmen der Völker in Liedern«, Stuttgart 1846, S. 73 f.

11 Am 13. November 1808 besuchte Goethe das Haus der Johanna Schopenhauer und es wird überliefert, daß »er Volkslieder . . .liest«.

12 Vergl. Goethe, Tag- und Jahres-Hefte zu 1807; Kontrafaktur als bewährtes Mittel, um »bekannten Melodien neue aus der Gegenwart geschöpfte Lieder zu heiterer Geselligkeit unterzulegen«, siehe auch die Besprechung Goethes zur Ausgabe der Sammlung: Des Knaben Wunderhorn, vergl. dazu Anm. 15.

13 Zit. nach der Ausgabe Weimar 1779, Herzogin Anna Amalia Bibliothek, M 8a 38.

14 Brief vom 5. Januar 1806, in: Briefwechsel zwischen Goethe und Zelter, MA, S. 117.

15 Zit. nach der vollständigen Ausgabe in drei Bänden, Nachwort von Arthur Henkel, Bd. 3, München 1986, S. 266. Dazu auch: Erich Stockmann (Hrsg.), Des Knaben Wunderhorn in den Weisen seiner Zeit, Berlin 1958.

16 Hierzu siehe Harry Schewe, »Ihr gebt mir ja nichts dazu«, eine Redeformel der Volkssprache, ein Volkstanzlied und Goethes Ballade »Vor Ge-

richt«, in: Veröffentlichungen der Kommission für Volkskunde der Deutschen Akademie der Wissenschaften zu Berlin, Band II, Berlin 1953, S. 28 ff.

17 Näheres zur Geschichte der Folklore auf dem Podium in: Walter Salmen, Das Konzert, München 1988, S. 199 ff.

18 Denkwürdigkeiten des eignen Lebens. Von K. A. Varnhagen von Ense. 3. Vermehrte Auflage. Th. 3, Leipzig 1871, S. 202 ff.

Kapitel VII

1 Das Bild befand sich zunächst in Oberholzheim, später in der Weimarer Landesbibliothek, der ehemaligen Großherzoglichen Bibliothek. Es zeigt: Wieland mit Frau Anna Dorothea, geb. von Hillenbrand und den Kindern: Dorothea, Karoline, Charlotte, Amalie und Sophie (die Zuordnung ist nicht gesichert). Zur Porträthinterlassenschaft Wielands vergl. Paul Weizäcker, Die Bildnisse Wielands, in: Württembergische Vierteljahrshefte für Landesgeschichte 1893 und 1898 (NF). Eberhard Freiherr Schenk zu Schweinsberg, Georg Melchior Kraus, in: Schriften der Goethe-Gesellschaft Bd. 43, Weimar 1930. Ders. Verzeichnis der Radierungen von Georg Melchior Kraus, Jahrbuch der Sammlung Kippenberg, 7 (1927/28), S. 277–302; 10 (1935), S. 316–318. Christina Kröll, Jörn Göres (Hrsg.), Der Maler Georg Melchior Kraus, Eine Ausstellung des Goethe-Museums Düsseldorf, Anton und Katharina Kippenberg-Stiftung, Stuttgart 1984.
2 Zit. nach. Paul Weizäcker, Die Bildnisse Wielands, in: Württembergische Vierteljahrshefte für Landesgeschichte 1893 und 1898 (NF), S. 7.
3 Zum Kupferstich von C. A. Schwerdgeburth vergl. Abb. 572, S. 353, in: Goethe, Sein Leben in Bildern und Texten, hrsg. von Christoph Michel, Frankfurt 1987. Das Blatt gibt den Herzog und Goethe sitzend im Junozimmer in Goethes Haus am Frauenplan wieder, auf der linken Bildseite wird der Hammerflügel, über dem ein Porträt Carl Friedrich Zelter hängt, sichtbar.
4 Beide Texte in C. M. Wieland, Sämmtliche Werke, Bd. 26, Singspiele und Abhandlungen, Leipzig bey Georg Joachim Göschen, 1796, Hamburger Reprintausgabe 1984.
5 Siehe Wielands Briefe an Sophie von La Roche, in: Wielands Briefwechsel, Bd. 4, Berlin 1979.
6 Karl August Böttiger, Literarische Zustände und Zeitgenossen, Berlin 1998, S. 138/39.
7 Goethe-Schiller-Archiv, Weimar, Wieland- Nachlaß, Haushaltsbücher, GSA 93I 1/ 23 ff.
8 Jacob Michael Reinhold Lenz in einem Brief an Georg Zimmermann (1776): »... nachmittags

treffen wir uns oben beim Herzoge, der mit einer auserlesenen Gesellschaft guter Leute an seinem Hofe, die alle – so wie auch wir – eine besondere Art Kleidung tragen und er die »Weltgeister« nennt, seine meisten und angenehmsten Abende zubringt. Goethe ist unser Hauptmann.« Zit. nach: Wilhelm Bode, Der weimarische Musenhof, Berlin 1917, S. 228.
9 Schillers Werke, Bd. 31, Weimar 1985, S. 71.
10 Briefwechsel zwischen Goethe und Zelter in den Jahren 1799 bis 1832, MA, Bd. 20.1, 1991, S. 62. Siegfried Seifert, »Wissen und Dichten in geselliger Wirkung«, Literarische Kultur im Umkreis Anna Amalias, in: Wolfenbütteler Beiträge, Bd. 9, Wiesbaden 1994, S. 197 ff.
11 Heinrich Düntzer, Aus Karl Ludwig Knebels Briefwechsel mit seiner Schwester Henriette (1774–1813), Jena 1858, S. 174.
12 Erinnerungen der Amalie von Voigt, zit. nach Werner Deetjen, Die Göchhausen, Berlin 1923, S. 10.
13 Karl von Lyncker, Am Weimarischen Hofe, S. 58. Das von ihm zitierte »Liedchen« stammt aus Goethes »Erwin und Elmire«, das seit seinem Bekanntwerden so populär wurde, daß es oft und gern vertont wurde.
14 Anonym, Julius Werden, in: Musikalisches Taschen-Buch auf das Jahr 1805, hrsg. Von Friedrich Theodor Mann, Zweiter Jg., Penig 1805, S. 226.
15 Rolf Weber, (Hrsg.), Johanna Schopenhauer. Im Wechsel der Zeiten, im Gedränge der Welt, München 1986, S. 350.
16 Caroline Bardua (1781–1864), hielt sich nur vom September 1805 bis zum Mai 1807 in Weimar auf und sang zur Gitarre auch in Goethes Haus. In einer Rückansicht ist sie mit der Gitarre sitzend von Anton Graff porträtiert worden.
17 Rolf Weber, ebd. S. 357.
18 Johanna Schopenhauer, Damals in Weimar, Erinnerungen und Briefe, Leipzig 1924, S. 73.
19 Thüringinsches Hauptstaatsarchiv, Weimar HA-A XVIII, Nr. 128.
20 Zit. nach Wilhelm Bode, Amalie, Herzogin von Weimar, Bd. 2, Berlin 1901, S. 159 f.
21 Erst nach 1811 wurde von Johann Heinrich Christian Remde eine »Singakademie für die Jugend« eingerichtet, ein Institut, das der Zelterschen Singakademie nahestand und zu einer Ausbildungsstätte für Knaben und Mädchen unbemittelter Eltern wurde. Remde erzog hier einen eigenen Opernchor, der den Gymnasialchor entlastete. (Vergl. Wolfram Huschke, Musik im klassischen und nachklassischen Weimar, Weimar 1982, S. 50 f.).
22 »Personen, so Dienste suchen«: WWA, 1773, Nr. 1, S. 2.
23 WWN, 1780, S. 246.
24 WWA, Nr. 89, S. 353 f.

227

25 WWA, 1799, S. 11.

26 Siehe z. B. die differenzierte Ankündigungsliste im Journal des Luxus und der Moden 1794, S. 179 f. Sie war unterteilt in »Clavier- und Clavecin-Musik, Violin-Musik, Violoncello-Musik, Musik für Blase-Instrumente Flöte, Flageolet, Clarinette, Horn, Fagot, Musik für Harfe und Guitarre, Militar-Musik« sowie »Singe-Musik mit Clavier-Begleitung«.

27 Musikalisches Kunstmagazin 1, 1782, S. 3.

28 Erschienen in zwei Bänden in Leipzig 1796/97.

29 Vergl. Journal des Luxus und der Moden, August 1797, S. 413.

30 MA VI, Bd. 1, S. 45.

31 Journal des Luxus und der Moden, Januar 1805, S. 3.

32 Das italienische Instrument war einchörig bespannt und löste die bis dahin gebräuchliche doppelchörige Bespannung ab. Im Wittumspalais hängt heute ein solches Instrument älterer Bauart aus Ebenholz mit gewölbtem Boden, welches Joachim Tielke 1684 gebaut hat. Es wurde als Zeichen der Italiensehnsucht, der Leichtigkeit und »amore« hoch geschätzt. Um zu einer Erweiterung der Spielmöglichkeiten zu gelangen, wurde die traditionell 5-saitige Gitarre mit einer 6. Saite bespannt, eine Erweiterung, die auf den Hofinstrumentenmacher Jacob August Otto (1760–1829) zurückgeht, dessen »gute Guitarren ... auch Lyraguitarren« in der Berlinischen Musikalischen Zeitung, Jg. 1, 1805, S. 290: »den Freunden dieses angenehmen Instruments sehr« empfohlen werden.

33 Herder, Sämtliche Werke, Bd. XV, S 237.

34 Brief vom 14. März 1803, zit. nach: Hedwig Walwei- Wiegelmann, Goethes Gedanken über Musik, Frankfurt 1985, S. 144.

35 Briefe vom 2. und 11. Mai 1820, Briefwechsel, MA, Bd. 20. 1, S. 599 und 601.

36 An Jan Václav Tomáschek über Mignons Lied »Kennst du das Land«, 6. August 1822, zit. nach Hedwig Walwei- Wiegelmann, 1985, S. 144 f.

37 Tag- und Jahres-Hefte, 1801, geschrieben um 1822, zit. nach Heinrich W. Schwab, Sangbarkeit, Popularität und Kunstlied, Regensburg 1965, S. 69.

38 MA 20.1, S. 13 f.

39 Goethe-Museum, Düsseldorf.

40 Zit. nach Wilhelm Bode, ebd. Bd. 1, S. 286.

41 Vergl. den Briefwechsel zwischen Johann Abraham Peter Schulz und Johann Heinrich Voß, hrsg. von Heinz Gottwald und Gerhard Hahne, Schriften des Landesinstitutes für Musikforschung Kiel, Bd. 9, Kassel 1960.

42 Voß in einem Brief vom Mai 1804, zit. nach Wilhelm Bode, Die Tonkunst in Goethes Leben, Bd. 1, Berlin 1912, S. 288 f.

43 Vorerinnerung, »Lieder mit Begleitung der Guitarre oder des Pianoforte, in Musik gesetzt und der hochpreisslichen Büchsen- gesellschaft im Hôtel de Bavière zu Leipzig von ihrem, zum Büchsen Troubadour creirten Mitgliede Wilhelm Ehlers, Sänger und Schauspieler vom K. K. Hoftheater zu Wien, hochachtungsvoll gewidmet. Leipzig, bei Fr. Hofmeister« (1817), Goethe – Museum, Düsseldorf.

44 Johann Adam Hiller, Anweisung zum musikalisch-zierlichen Gesange mit hinlänglichen Exempeln erläutert, Leipzig 1780, der Herzogin gewidmet, Goethe-Museum, Düsseldorf, Sign. GD 2.

45 Eduard Genast, Aus Weimars klassischer Zeit. Erinnerungen eines alten Schauspielers, Stuttgart 1904, S. 126 f.

46 Abgedruckt bei Max Friedländer, Das deutsche Lied im 18. Jahrhundert, Bd. 2, Nachdruck Hildesheim 1962, S. 260 f. sowie Ernst Herrmann, Das Weimarer Lied in der 2. Hälfte des 18. Jahrhunderts, Diss. Phil. masch. Leipzig 1925, S. 141 ff.

47 Näheres zu Kayser bei Edgar Refardt, Der Goethe – Kayser, Zürich 1950. Weitere Literatur in: MGG Bd. 7, Sp. 772.

48 Abgedruckt bei Max Friedländer, Das deutsche Lied im 18. Jahrhundert, Erster Bd., zweite Abt., Nachdruck Hildesheim 1962, Nr. 104.

49 Vergl. die posthumen Rezensionen von J. G. Spazier in der Berlinischen Musikalischen Zeitung von 1793, VII. Stück, S. 25 oder Bettine von Arnim, die noch 1820 urteilte, Seckendorffs Lieder würden »bei weitem die Beethovenschen und Reichardtschen Kompositionen übertreffen«.

50 Karl von Lyncker, Am Weimarischen Hof, Berlin 1912, S. 56 f. Sophie von Kalb wurde 1779 Seckendorffs Frau.

51 Daraus »Erlkönigs Tochter« (Herder) bei Max Friedländer, Das deutsche Lied, Bd. I, 2. Abt., S. 163.

52 Siehe Teutscher Merkur 1778, III, S. 286; 1779, III, S. 191; 1784, IV, S. 185.

53 Weimar, Herzogin Anna Amalia Bibliothek, M 8a.38.

54 Werner Deetjen, Die Göchhausen, Briefe einer Hofdame, Berlin 1923, S. 33.

55 Erschien 1780, S. 276 mit der Autorenangabe »Comp. Della C. S.***«.

56 AMZ 1803, Sp. 471–474.

57 Vergl. Walter Salmen, Goethe und Reichardt, in: Jahrbuch der Sammlung Kippenberg, NF, Bd. 1, Frankfurt 1963. S. 52 ff.

58 Gustav Gugitz, Johann Friedrich Reichardt, Vertraute Briefe geschrieben auf einer Reise nach Wien, Bd. 1, NA München 1915, S. 42.

59 Vergl. Johann Friedrich Reichardt, Goethes Lieder, Oden, Balladen und Romanzen mit Musik, (Walter Salmen, Hrsg.), Teil 1, in: Das Erbe Deutscher Musik, Bd. 58, München 1964, S. 72 ff.

60 Zit. nach Walter Salmen, Johann Friedrich Reichardt, Zürich 1963, S. 298.

61 »Goethe's Lieder, Oden, Balladen und Romanzen mit Musik von J. F. Reichardt«, Leipzig 1809, Neuausgabe (Walter Salmen, Hrsg.), in: Das Erbe Deutscher Musik, Bde. 58, 59, München 1964.

62 Vergl. dazu Heinrich W. Schwab, Sangbarkeit, Popularität und Kunstlied, Regensburg 1965, S. 30. Zit. Reichardt, An die Jugend, 1777, S. 36 f. und Musikalisches Kunstmagazin 1, 1782, S. 172.

63 Dazu vergl. Walter Salmen, Herder und Reichardt, in: Herder-Studien, hrsg. von Walter Wiora, Würzburg 1960, S. 95 ff.

64 Walter Salmen, Johann Friedrich Reichardt, Kap. Der Sänger, Deklamator und Dirigent, Zürich 1963, S. 246 ff.

65 Walter Salmen, Johann Friedrich Reichardt, S. 84. Goethe-Museum, Düsseldorf, NW 1851/ 1983.

66 Nicht weniger als 76 von 925 Versen aus Goethes und Schillers Feder sollten Reichardt treffen. Vergl. dazu E. Boas, Schiller und Goethe im Xenienkampf, Stuttgart 1851, S. 125 ff.

67 Für Reichardt war die Qualifikation »Dilettant« Grund genug, ihn nicht in den »Musikheiligen Kalender« im Musikalischen Almanach von 1796 aufzunehmen. Carl Friedrich Zelters Selbstbiographie erschien in den Schriften der Goethe-Gesellschaft, Bd. 44, Weimar 1931.

68 Erschienen in Berlin und Leipzig 1796.

69 Brief vom 18. Juni 1798, zit. nach Hedwig Walwei-Wiegelmann, Goethes Gedanken über Musik, Frankfurt 1985, S. 137.

70 Briefwechsel, MA, 20.1, S. 618.

71 Zit. nach MA, 20.1, S. 533. Siehe auch: Hans-Günter Ottenberg, Karl Friedrich Zelter, Johann Wolfgang Goethe, Briefwechsel, Leipzig 1987, S. 20.

72 Dazu siehe Zelters sämtliche Lieder, Balladen und Romanzen für das Piano-Forte, Berlin 1815 sowie ders. »Fünfzig Lieder«, hrsg. von L. Landshoff, Mainz 1932. Auch Max Friedländer, Das deutsche Lied, Bd.1, zweite Abt., S. 210 ff.

73 Brief vom 4. Jan. 1810, zit. nach: MA, 20.1, S. 222.

74 Heinrich W. Schwab, Sangbarkeit, Popularität und Kunstlied, Regensburg 1965, S. 66.

75 Zit. nach WA I, Bd. 50, S. 207.

76 Leipzig und Halle 1789, Faksimile- Reprint der 1. Ausgabe, hrsg. von Siegbert Rampe, Kassel 1997. Vergl. dort S. 1–8.

77 »Eine Sonatine, Vier affektvolle Sonaten und Ein dreyzehnmal variirtes Thema, welches sich mit einer kurzen und freien Fantasie anfängt und endiget. Fürs Klavier komponirt von Ernst Wilhelm Wolff«. Leipzig, J.G.I. Breitkopf, 1785.

78 Zit. nach MA, 20.1, S. 86.

79 J. G. Herder, Sämtliche Werke, XXII, S. 68. Auch: Beverly J. Sing, Johann Gottfried Herder and the Clavichord, in: De Clavichordio, Proceedings of the International Clavichord Symposium Magnano 1993, S. 195 ff.

80 Journal der Moden, Juni 1786, S. LIV.

81 WWA 1798, S. 319.

82 Journal der Moden, 1789, S. 359 ff.

83 Journal der Moden, 1800, S. 263–67.

84 Vergl. dazu Otto Quantz, Zur Geschichte der neuen chromatischen Klaviatur, Berlin 1877, sowie Johann Fr. Werneburg, Allgemeine neue viel einfachere Musikschule, Gotha und Stendal 1812, S. 96.

85 MA, Bd. 20.1, S. 669.

86 Brief vom 21. Oktober 1821, zit. nach MA, 20.1, S. 679.

Kapitel VIII

1 Zur Rolle der Freimaurerloge im 18. Jahrhundert am Beispiel Bayreuths siehe Rudolf Trabold, Adler und Mops, in: Paradies des Rokoko, Bd. 2, Galli Bibiena und der Musenhof der Wilhelmine von Bayreuth, München 1998, S. 30 ff.

2 Vergl. Details bei Hermann Schüttler, Freimaurerei in Weimar, zum 200. Todestag von Johann Joachim Christoph Bode, in: Ettersburger Hefte 3, Weimar 1995, S. 7 ff.

3 Karl von Lyncker, Am Weimarischen Hofe, S. 15.

4 Zum Freimaurerlied siehe Eugen Lennhoff und Oskar Posner, Internationales Freimaurer- Lexikon, Wien 1975, Sp. 936 f.

5 Autor: Bruder Zacharias Werner, Zit. nach »Zu neuen Ufern lockt ein neuer Tag«, Festschrift zum 5. September 1926, dem Tage der Annahme der Loge Amalia zu Weimar, Weimar 1926, S. 22. Vergl. auch Hugo Wernekke, Goethe und die Königliche Kunst, Berlin 1923, Anhang: Festlieder.

6 Zit. nach: Gesänge für Freimaurer, Weimar 1813. Goethe Museum, Düsseldorf.

7 Voller Wortlaut, siehe Abbildung der Urkunde bei Hermann Schüttler, S. 16, vergl. Anm. 2.

8 Vergl. die Vertonungen Johann Friedrich Reichardts, in: Goethes Lieder, Oden, Balladen und Romanzen mit Musik, Walter Salmen (Hrsg.), in: Das Erbe Deutscher Musik, Bd. 58, München 1964, S. 25.

9 Zit. nach Werner Völker, Der Sohn August von Goethe, Frankfurt a.M. 1992, S. 226.

10 Ein Logenlied hatte auch der Sänger Wilhelm Ehlers etwa »auf Ersuchen des Meisters vom Stuhl Herrn Geheimrath Riedel«, zum Stiftungsfest verfaßt, »welches viel Beifall fand.« Brief vom 28. 10. 1817 im Goethe-Museum, Düsseldorf.

11 Vergl. die Vorrede zu: Gesänge für Freimaurer, Weimar 1813, Goethe-Museum, Düsseldorf.

12 Vergl. »Zu neuen Ufern lockt ein neuer Tag«, siehe Anm. 5.

13 Brief vom 20. Juli 1781, zit. nach Gotthold Deile, Goethe als Freimaurer, Berlin 1908, S. 27.
14 WWN, 1780, S. 171.
15 Vorrede zu: Gesänge für Freimaurer, Weimar 1813. Goethe-Museum, Düsseldorf.
16 Zit. nach »Gesänge für Freimaurer«, ebda.
17 Zit. nach Gotthold Deile, Goethe als Freimaurer, S. 28 : »Die Lieder der Deutschen, welche man in fröhlichen Zirkeln singen hört, schlagen fast alle in den platten prosaischen Ton der Freimäurerlieder sein.«
18 Gotthold Deile, ebd. S. 29.
19 Vergl. Jahrbuch der Sammlung Kippenberg 1, 1921, S. 80.
20 Vergl. Hugo Wernekke, Goethe und die Königliche Kunst, Berlin 1923, S. 139. Im Goethe-Museum, Düsseldorf wird ein interner Druck bewahrt mit »Trauergesängen der Loge Amalia am 3. September 1828«, in dem die Einteilung der Gesänge in Weihgesänge, Symbole, Ermuthigung, Vergängliches, Beharrliches und Beruhigung vorgenommen wird (Musikalienkat. 2000).

Kapitel IX

1 FrA Bd. 1, S. 280 f.
2 Vertont von Johann Friedrich Reichardt und 1802 für den Druck vorgesehen. Seine »Lieder, Oden, Balladen und Romanzen« erschienen jedoch erst 1809 im Verlag Breitkopf und Härtel, Leipzig. Neuausgabe in: Das Erbe Deutscher Musik, Bde 58 und 59, hrsg. von Walter Salmen, München, 1964.
3 Zit. nach Heinrich Pleticha, Das klassische Weimar, Texte und Zeugnisse, München 1983, S. 88 f.
4 Zit. nach Eckhart Kleßmann, Christiane, Frankfurt 1995, S. 137.
5 In Weimar waren zwei Tanzlehrwerke in Gebrauch: Louis Casorti, Der instructive Tanzmeister für Herren und Damen, Ilmenau 1826 und Franz Anton Roller, Systematisches Lehrbuch der bildenden Tanzkunst, Weimar 1843.
6 Verse 950 ff.
7 Eduard Genast, Aus Weimars klassischer und nachklassischer Zeit, Erinnerungen eines alten Schauspielers, Stuttgart 1904, S. 82.
8 In: Lukians von Samosata, Sämtliche Werke, aus dem Griechischen übersetzt und mit Anmerkungen und Erläuterungen versehen von C. M. Wieland, Leipzig 1788/ 89.
9 Christoph Martin Wieland, Gesammelte Schriften Bd. 9, Berlin 1931, S. 326 ff.
10 Lukian/ Wieland, Von der Tanzkunst, Leipzig 1788, S 123.
11 Johann Gottfried Herder, Sämtliche Werke, Hrsg.

von Bernhard Suphan, Berlin 1877–1913, Bd. XIII, S. 298. Vergl. Dokument 11.
12 Vergl. Fritz Jonas, Schillers Briefe, kritische Gesamtausgabe, Stuttgart 1892–96, Bd. IV, S. 217 f. und Roger W. Müller – Farguell, Tanz – Figuren. Zur metaphorischen Konstitution von Bewegung in Texten. Schiller, Kleist, Heine, Nietzsche, München 1995. Auch: Hermann Fähnrich, Schillers Musikalität und Musikanschauung, Hildesheim 1977, S. 114 f.
13 C. M. Wieland, Geschichte des Agathon, in: Sämmtliche Werke, Hamburg 1984, Bd.I,1, S. 28 ff. und S. 202 ff.; Oberon, ein romantisches Heldengedicht in zwölf Gesängen, ebda. Bd. VII, 22.
14 Thüringisches Hauptstaatsarchiv Weimar, Fürstlicher Hofhaushalt, A 8995–9520, Großherzogliches Hausarchiv, E Nr. 30, Fourierbuch vom 1. Januar bis 31. Dezember 1781.
15 Thüringisches Hauptstaatsarchiv, Weimar, ebda.
16 C. A. H. Burkhardt, Aus den Weimarer Fourier – Büchern 1775–1784, in: Goethe Jahrbuch 6, 1885, S. 158 ff.
17 Zit. nach Goethe, Tagebücher, Historisch- Kritische Ausgabe, (Probeedition) Stuttgart 1995, S. 3 f.
18 WWA, 2. Jan. 1773, S. 1 f.
19 Karl August Böttiger, Literarische Zustände und Zeitgenossen, in: Schilderungen aus Karl August Böttigers handschriftlichem Nachlasse, hrsg. von Karl Wilhelm Böttiger Leipzig 1838, Teil 1, S. 14 ff.
20 J. W. Goethe, Dichtung und Wahrheit, 2. Teil, 9. Buch, zit. nach: MA Bd. 16, S. 421.
21 Vergl. Basedow, Elementarbuch, für die Jugend ihre Eltern und Freunde in gesitteten Ständen, Bd.1, Altona und Bremen 1770.
22 Zit. nach Robert Steiger (Hrsg.), Goethes Leben von Tag zu Tag, Bd. II, Zürich 1983, S. 298.
23 Zit. Nach Anita und Walter Dietze (Hrsg.), Treffliche Wirkungen. Anekdoten von und über Goethe, Bd.1, München 1987, S. 146.
24 Das römische Karneval, Italienische Reise, hrsg. von Jochen Golz, Berlin 1978, S. 523.
25 Goethe, Italienische Reise, Teil 2, hrsg. Von Christoph Michel und Hans-Georg Dewitz, Frankfurt a. M. 1993, S. 1010.
26 Vergl. H.-W. Kruft, Goethe und Kniep in Sizilien, in: Jahrbuch der Sammlung Kippenberg NF 2 (1970), S. 201 ff.
27 Dazu vergl. auch Walter Salmen, Tanz im 19. Jahrhundert, Leipzig 1989, S. 42.
28 Muster für Bauerntänze boten vorzüglich die Bauern bei Altenburg. Dies vermag man daraus zu ersehen, daß z.B. 1775 bei einer Auktion ein folkloristisches »Gemählde, einen Altenburg. Bauerntantz vorstellend« angeboten wurde.
29 Noch 1827 setzte sich Goethe dafür ein, daß dieses mit dem Johannisfest verbundene Fest er-

halten blieb und vor allem »den lieben Kindern die Freude daran nicht verdorben« würde (vergl. Johann Peter Eckermann, Gespräche mit Goethe).

30 Mellingen, den 6. May 1800, WWA Nr. 37, S. 147 f.

31 Dazu siehe Walter Salmen, Tanz im 19. Jahrhundert, Leipzig 1989, S. 54; siehe auch Ludwig Rohmann (Hrsg.), Briefe an Fritz von Stein, Leipzig 1907, S. 62. Heinrich Düntzer (Hrsg.), Aus Karl Ludwig von Knebels Briefwechsel mit seiner Schwester Henriette (1774 – 1813), Jena 1858, S. 225 ff.

32 Vergl. auch das Kapitel »Gärten und Parks, Ettersburg«; zit. nach Johann Wolfgang Goethe, Tagebücher, Historisch-Kritische Ausgabe, Erläuterungen, (Probeedition), Stuttgart 1995, S. 76.

33 Zur Geschichte dieses Berufes siehe Walter Salmen, Der Tanzmeister, Hildesheim 1997.

34 Johann Christian Günthers sämtliche Werke, hrsg. von Wilhelm Krämer, Bd. IV: Lob- und Strafschriften in zeitlicher Folge, Leipzig 1935.

35 Hans Kasten (Hrsg.), Goethes Bremer Freund Dr. Nicolaus Meyer. Briefwechsel mit Goethe und dem Weimarer Kreise. Bremen 1926, S. 235.

36 Thüringisches Hauptstaatsarchiv, Weimar, Akte B 26425.

37 Briefwechsel zwischen Goethe und Zelter, 20.1, MA, S. 57.

38 Ernst Oskar Aulhorn, Das Haus Aulhorn, München 1892. Herzogin Anna Amalia Bibliothek, Weimar.

39 Weimar HMA 3931.

40 Karl Freiherr von Lyncker, Am Weimarischen Hof unter Amalien und Karl August. Erinnerungen, hrsg. von Marie Scheller, Berlin 1912, S. 7.

41 Franz Anton Roller, Systematisches Lehrbuch der bildenden Tanzkunst, Weimar 1843, S. 21.

42 Vergl. Karl August Böttiger, Literarische Zustände und Zeitgenossen, Berlin 1998, S. 22.

43 Jahrbuch für Volksliedforschung 3 (1932), S. 154 f.

44 Tanzmeistergeigen sind in Quinten gestimmte zierliche Instrumente, die sich im Vergleich zu der Häufigkeit ihrer Benutzung nur in wenigen Exemplaren erhalten haben. In den Sammlungen des Bachhauses in Eisenach wird ein 41cm langes Instrument in Wannenform bewahrt mit einem aus Ahorn geschnitzten Wirbelkasten und einem kostbaren, mit Schildpatt und Elfenbein belegten Korpus, Hals, Griffbrett und Saitenhalter. Die Stimmung wird mit c′, g′, d″ und a″ angegeben.

45 Heinrich Düntzer (Hrsg.), Aus Karl Ludwig von Knebels Briefwechsel mit seiner Schwester Henriette (1774 – 1813), Jena 1858, S. 92.

46 Vergl. Eberhard Haufe, Ein Aufklärer in Weimar – Lessings Freund Johann Joachim Christoph Bode. Ein biographischer Versuch, in: Wolfenbütteler Beiträge Bd. 9, Wiesbaden 1994, S. 180. (Auch Kapitel II).

47 WA III, Bd. 1, S. 117.

48 »Journal des Luxus und der Moden, May 1797«, S. 250.

49 Journal des Luxus und der Moden, 1797, S. 278 ff.

50 Ebd., 1801, S. 363 ff.

51 »Die Leiden des jungen Werthers«, zit. nach Fassung B in: FrA I, Bd. 8, S. 49. Brief »Am 16. Junius«.

52 Vergl. Hermann Fähnrich, Die Rolle der Musik in Schillers späten Dramen, in: Schillers Musikalität und Musikanschauung, Hildesheim 1977, S. 133 f. Die Szene muß so außergewöhnlich gewesen sein, daß sie von Joseph Rückert erwähnt wird, der Zeuge der Eröffnung des neuen Theaters war und in dessen Szenenbeschreibungen von »Wallensteins Lager« zu lesen ist: »Nach einigen Trinkszenen folgt Musik und Tanz. Während des letzteren tritt ein ereiferter Kapuziner herein und hält hier aus dem Stegreif den wilden, gottlosen Gesellen eine scharfe Predigt, die übrigens in echter Kapuzinerberedsamkeit und mit dem, diesen Bärtigen Rhetoren eigenen, burlesken Witze abgefaßt ist.« Rückert, 1799, S. 86.

53 Zit. nach Fritz Jonas (Hrsg.), Schillers Briefe, Stuttgart 1892–96, Bd. 3, S. 285.

54 Siehe Johann Friedrich Reichardt, Goethes Lieder, Oden, Balladen und Romanzen mit Musik, hrsg. von Walter Salmen, in: Das Erbe Deutscher Musik, Bd. 58, München 1964, S. 7.

55 Journal des Luxus und der Moden, März 1801, S. 291.

56 Zit. nach Eckart Kleßmann, Christiane, Goethes Geliebte und Gefährtin, Frankfurt 1995, S. 134 f.

57 Braunschweig 1776, S. 101 f.

58 Römische Elegien, FrA I, Bd. 1, S. 394.

59 An Nicolaus Meyer, am 15. Dezember 1803, vergl. Hans Kasten, Goethes Bremer Freund, ebda. S. 117.

60 Zit. nach Werner Deetjen, Die Göchhausen, Briefe einer Hofdame aus dem klassischen Weimar, Berlin 1923, S. 29.

61 Zit. nach dem Kapitel: Maskenzüge (Gerhard Sauder), in: Goethe Handbuch, Bd. 2, Dramen, Theo Buck (Hrsg.), Stuttgart 1996, S. 309 ff. Vergl. auch Th. Satori-Neumann, Goethe und die Einrichtung der weimarischen Redouten, in: Festgabe der Gesellschaft für deutsche Literatur, 1935.

62 Gerhard Sauder, ebda. S. 309 f.

63 Henriette Gräfin von Egloffstein, Maskerade bei Hofe, mitgeteilt in: Goethe Jahrbuch 12, 1891, S. 146 ff.

64 Karl Freiherr von Lyncker, Am weimarischen Hof unter Amalien und Karl August, Berlin 1912, S. 111.

65 Vergl. Monika Fink, Der Ball, Innsbruck 1997. Auch: Walter Salmen (Hrsg.), Mozart in der Tanzkultur seiner Zeit, Innsbruck 1990.

66 Friedrich Eduard Helmke, Neue Tanz- und Bildungsschule, Leipzig 1829, S. 90.
67 Zur Bezeichnung Assemblée siehe Zeitung für die elegante Welt 1, 1800, Sp. 533 f.
68 Zit. nach Werner Deetjen, Auf Höhen Ettersburgs, Nachdruck Weimar 1993, S. 28 f.
69 Briefe eines ehrlichen Mannes bey einem wiederholten Aufenthalt in Weimar. Deutschland 1800.
70 Karl Freiherr von Lyncker, Am Weimarischen Hof unter Amalien und Karl August. Erinnerungen, Hrsg. von Marie Scheller, Berlin 1912, S. 23 ff.
71 Thüringisches Hauptstaatsarchiv Weimar, A 9597. Zu Kompositionen für Ballzwecke siehe A 10402, Bl. 9.
72 Vergl. Dokument 12, Die Notenbeilagen und Bodenwegzeichnungen in der Zeitschrift: »Pandora oder Kalender des Luxus und der Moden für das Jahr 1788«.
73 WWA Nr. 46, 1779, S. 14 f.
74 Thüringisches Hauptstaatsarchiv, Weimar, A 10402.
75 Thüringisches Hauptstaatsarchiv, Weimar, A 10403 und A 10401.
76 Zit. nach »Gesang und Rede, sinniges Bewegen«, Goethe als Theaterleiter, Goethe-Museum, Düsseldorf, 1973, S. 19.
77 Brief vom 13. 1. 1782. Vergl. auch Bruno Satori – Neumann, Goethe und die Einrichtung der Weimarischen Redouten, in: Festgabe der Gesellschaft für deutsche Literatur. Zum 70. Geburtstag von Max Herrmann, Leipzig 1935, S. 47–60.
78 J. W. Goethe, Sämtliche Werke, FrA I, 1, hrsg. von Karl Eibl, S. 1265.
79 Lyncker, Am Weimarischen Hofe, S. 113 f.
80 Lyncker, Am Weimarischen Hofe, S. 19 f.
81 Renate Müller-Krumbach, Alte Fächer, Weimar 1988.
82 Karl Freiherr von Lyncker, Am Weimarischen Hofe, S. 113. Poschen = Taschen.
83 Zit. nach J. P. Eckermann, Gespräche mit Goethe, Hellmuth Steger (Hrsg.), Frankfurt 1969, S. 197.
84 C. A. H. Burckhardt, 1871, zit. nach Wilhelm Bode, Amalie, Herzogin von Weimar, Berlin 1908, Bd. 1, S. 134 f.
85 Karl Freiherr von Lyncker, Am Weimarischen Hofe, S. 124 f.
86 Vergl. Dietz-Rüdiger Moser, Maskeraden auf Schlitten, München 1988. Siehe auch: »Ueber den Geschmack in Schlitten-Equipagen« in: Journal des Luxus und der Moden 1786, S. 326 ff.
87 Nach Ludwig Rohmann (Hrsg.), Briefe an Fritz von Stein, Leipzig 1907, S. 97 f.

Kapitel X

1 Christoph Martin Wieland an Heinrich Merck im Oktober 1778, zit. nach Werner Deetjen, Auf den Höhen Ettersburgs, Nachdruck der Ausgabe Leipzig 1924, Weimar 1993, S. 27.
2 MA 16, S. 628, vergl. Gerhard Sauder, Jahrmarksfest zu Plundersweilern, in: Goethe Handbuch, Bd. 2, Stuttgart 1997, S. 51.
3 Dort zit. nach Wilhelm Bode, Amalie, Herzogin von Weimar, Bd. 2, Berlin 1908, S. 194.
4 Erdmann Werner Böhme, Die frühdeutsche Oper in Thüringen, Nachdruck der Ausgabe Stadtroda 1931, Giebing 1969.
5 Zit. nach Werner Deetjen, Auf Höhen Ettersburgs, ebd. S. 28 f.
6 Zweite Fassung, 1778, handschriftliche Partitur, Stiftung Weimarer Klassik.
7 Brief vom 26. Mai 1777 an Heinrich Merck: »Vor Mannheim behüte mich der Himmel. Meine Rosemunde ist (Ihnen ins Ohr gesagt) ein dummes Ding, das weder gedruckt, noch anderswo als etwan in Gotha oder Weimar aufgeführt werden kann und darf. Nach dieser letzten Probe erkenne und bekenne ich vor Gott und den menschen, daß ich weder Sinn, noch Talent für dramatische Composition habe«, in: Wielands Briefwechsel, Bd. 5, Berlin 1983, S. 619.
8 Vergl. dazu Siegfried Scheibe, Zur Entstehungsgeschichte von Wielands Singspiel ,Rosamund', in: Wieland-Studien, II, 1994, S. 97–119.
9 Wielands Briefwechsel, Bd. 4, Berlin 1979, S. 93.
10 Zu Anton Schweitzer siehe Julius Maurer, Anton Schweitzer als dramatischer Komponist, Leipzig 1912.
11 Versuch über das Teutsche Singspiel, und einige dahin einschlagende Gegenstände, in: Sämmtliche Werke VIII, Bd. 26, Leipzig 1796, S. 245.
12 Ebd. S. 358 f.
13 Vergl. Briefe an einen Freund über das deutsche Singspiel, Alceste, in: Teutscher Merkur I, 1773, S. 34–72; 223–243. Versuch über das Teutsche Singspiel, und einige dahin einschlagende Gegenstände, in: TM III, 1775, S. 63–87; 156–173.
14 »An Alceste« (An Madame Koch), 17. Februar 1774, 5 Seiten. Freies Deutsches Hochstift, Frankfurt. Wieland an Madame Koch: Als die Oper Alceste den 16. Februar 1774 aufgeführt wurde/ Theaterkalender auf das Jahr 1777, Gotha 1776, Wieland-Archiv, Biberach/ Riß.
15 Brief vom 7. Juni 1773, in: Wielands Briefwechsel, Bd. 5, Berlin 1983, S. 124 f.
16 Vergl. Gerhard Sauder, Götter, Helden und Wieland, in: Goethe-Handbuch, Bd. 2, S. 55 ff.
17 Karl von Lyncker, Am Weimarischen Hofe unter Amalien und Karl August, Berlin 1912, S. 71.
18 Brief Wielands an Heinrich Merck, 21. September 1779, zit. nach Werner Deetjen, Auf Höhen Ettersburgs, S. 46.

19 THA, Hausarchiv A922; zit. nach Gisela Sichardt, Das Weimarer Liebhabertheater unter Goethes Leitung, Weimar 1957, S. 15.
20 Zit. ebda. S. 30.
21 Zit. nach Wilhelm Bode, Amalie, Herzogin von Weimar, Bd. 2. Berlin 1908, S. 164.
22 Zit. nach dem Kommentar Hans-Albrecht Koch, Goethe, Singspiele, Stuttgart 1974, S. 312.
23 Werner Deetjen, Die Göchhausen, Briefe einer Hofdame, Berlin 1923, S. 125.
24 Erwin und Elmire, Ein Schauspiel mit Gesang von Goethe, komponiert von Anna Amalia, 1776, nach der in der Weimarer Landesbibliothek (heute Stiftung Weimarer Klassik) befindlichen handschriftlichen Partitur bearbeitet und zum erstenmal herausgegeben von Max Friedlaender, Leipzig 1921.
25 Zit. ebd. S. 164.
26 Italienische Reise, hrsg. von Christoph Michel und Hans-Georg Dewitz, FrA I, Bd. 15/ 1, S. 468.
27 Ueber Mozarts Oper die Zauber-Flöte, in: Journal des Luxus und der Moden, Bd. 9, 1994, S. 364.
28 Vergl. Dieter Borchmeyer, Goethe, Mozart und die Zauberflöte, in: Veröffentlichungen der Joachim Jungius Gesellschaft, Hamburg 1994, S. 7 ff.

Kapitel XI

1 Journal des Luxus und der Moden, September 1805, S. 634.
2 Brief vom 24. September 1806, Wieland-Museum Biberach. Wieland edierte die Autobiographie als »Dülons des blinden Flötenspielers Leben und Meynungen von ihm selbst bearbeitet«, 2 Theile, Zürich 1807, 1808.
3 Vergl. auch: Gabriele Busch-Salmen, Friedrich Ludwig Dülons Begegnungen mit C. P. E. Bach im Januar und Februar des Jahres 1783, in: Carl Philipp Emanuel Bach, Musik für Europa, Bericht über das Internationale Symposium März 1994, Frankfurt (Oder) 1998, S. 443 ff.
4 WWA Nr. 99, 1798, S. 394.
5 WWA Nr. 46, 1800, S. 19.
6 Weimarisches Wochenblatt, 47. Jg. Nr. 30, S. 127, zit. nach Wolfram Huschke, Musik im klassischen und nachklassischen Weimar, Weimar 1982, S. 44.
7 Karl von Lyncker über seinen Pagendienst, der um 8 Uhr morgens begann und nach Mitternacht endete: »... begann das Spiel gewöhnlich von neuem bis zur Abend-Cour, wo das Konzert seinen Anfang nahm und wiederum 10 bis 12 Spieltische aufgestellt wurden« in: Am Weimarischen Hofe, S. 90.
8 WWA Nr. 34, 1800, S. 136. Koch trat wiederholt in Weimar auf und ließ sich noch am 15. März 1820 in Goethes Haus hören.
9 Joseph Rückert, Bemerkungen über Weimar, 1799, S. 91.
10 Vergl. Walter Salmen, Das Konzert, München 1988, siehe dort: Konzerte bei Hofe, S. 88 f.
11 Vergl. Art. Kranz in: The New Grove, Dictionary of Music and Musicians, Bd. 10, S. 239.
12 Musikalischer Unterricht für Liebhaber und diejenigen, welche die Musik treiben und lehren wollen, Dresden 1788.
13 Vergl. Wilhelm Hitzing, Beiträge zum Weimarer Konzert 1773–1786, in: Der Bär, Jahrbuch Breitkopf, Leipzig 1925, S. 95 f. Thüringisches Hauptstaatsarchiv: A 9836. Die Musikalien der Herzogin wurden vor dem Verlust 1945 durch Richard Münnich gesichtet. Vergl. seinen Bericht: Aus der Geschichte der Landesbibliothek zu Weimar und ihrer Sammlungen, in: Festschrift, hrsg. von Hermann Blumenthal, Jena 1941. Auffallend groß war der Bestand an italienischen Opernpartituren, Kammermusik und originalen und bearbeiteten Klavierkonzerten.
14 Werner Deetjen, Die Göchhausen, Berlin 1923, S. 122.
15 Karl von Lyncker, Am Weimarischen Hofe, Berlin 1912, S. 44 und S. 108.
16 Gertrud Elisabeth Schmeling, ab 1771 verheiratete Mara (1749–1833). Im Jahre 1803 wurde sie vom Herzog für drei vorgetragene Arien mit stattlichen »60 St.Karolin« honoriert. Goethe verehrte sie und widmete ihr »nach der Aufführung der Hassischen Sta. Elena Al Calvario« und zu ihrem 82. Geburtstag Huldigungsgedichte: »Klarster Stimme, froh an Sinn,/ Reinster Jugendgabe ...« und »An Madame Mara zum frohen Jahresfeste, Weimar 1831: »Sangreich war dein Ehrenweg./ Jede Brust erweiternd, ...« (Gedichte aus dem Nachlaß).
17 AMZ 1803, Sp. 322.
18 Zit. nach Wilhelm Hitzing, Beiträge, S. 88.
19 Siehe Wilhelm Bode, Der weimarische Musenhof, Berlin 1912, S. 38 f.
20 Zit. nach Wilhelm Hitzing, Beiträge, S. 92.
21 WA , III, Bd. 1, S. 106 ff., 110 f.
22 Vergl. den undatierten Brief Herders, der sein Fernbleiben mit den Blattern seiner Kinder entschuldigt: »Die Wolfische Musik werde ich also kaum hören ..., vielleicht das Erhabenste und Schönste, was Wolf je gemacht hat«, zit. nach Wilhelm Dobbek, J. G. Herders Musikalität, in: Musik des Ostens, Bd. 7, Kassel 1975, S. 192.
23 Zit. nach Wilhelm Hitzing, Beiträge, S. 92.
24 Vergl. C. A. H. Burkhardt, Aus den Weimarer Fourier-Büchern 1775–1784, in: Goethe Jahrbuch 6, 1885, S. 158 f.
25 Ebda. S. 161 f. und Dokument/ Kommentar 8.
26 Zit. nach Heinrich Pleticha, Das klassische Weimar, München 1983, S. 44.

27 Konzertzettel wie der in der Bibliothèque Bodmer, Genf aufbewahrte (Goethe?, wahrscheinlich Friedrich Wilhelm Riemer) zu einer »Abend-Unterhaltung/ Bilder-Scenen mit Gesang aufgeführt am 16. Februar 1813«, gehören zu den seltenen, wenn auch späten Dokumenten, in denen lebende Bilder von Musikdarbietungen unterbrochen wurden. Die Programmfolge sah »1. Symphonie von Mozart« vor, der »2. Darstellung Hippolyt, nach Guerin« folgte. Der 3. Programmpunkt war ein »Instrumental-Satz«, es folgte »4. Darstellung, Belisar, nach David«, dann «5. Polonoise, für die Flöte, gespielt von A(ugust) E(berhard) Müller), »6. Darstellung. Horatier, nach David« und zuletzt »7. Fagott-Concert, geblasen von Fischer aus Hamburg«.

28 Der Bericht über Wolf war von seinem Schwager J. Fr. Reichardt und erschien im Musikalischen Almanach, Berlin 1782, S. 71. Zit. nach Wilhelm Bode, Der weimarische Musenhof, Berlin 1917, S. 306.

29 Gemeint waren wohl die Londoner oder Amsterdamer Drucke der Duette von William Reinards, die später im Katalog von Breitkopf verzeichnet wurden. Vergl. Frans Vester, Flute Music of the 18th century, Monteux 1985, S. 420 f.

30 Zit. nach Wilhelm Hitzig, Beiträge zum Weimarer Konzert, in: Der Bär, Jahrbuch von Breitkopf & Härtel auf das Jahr 1925, S. 83.

31 Václav Pichl (1741–1805). In Breitkopfs thematischem Katalog von 1774 als neu, in Abschrift angezeigt.

32 Im gleichen Katalog (1774) ist ein neues Divertimento Haydns (D-Dur) angezeigt für 2 Hörner, Flöte, Violine, Viola und Basso.

33 Gemeint ist entweder der in den Niederlanden als Verleger und Komponist tätige Joseph Schmitt (1734–1791) oder Nikolaus Schmitt (gest. ca. 1802), dessen »Trois quintettes pour flûte, hautbois, clarinette, cor et basson« bei Pleyel, Paris erschienen waren.

34 Leopold Hof(f)mann (1738–1792), seine Concerti »a flauto Conc.« waren bei Breitkopf ab 1762 verzeichnet.

35 Pietro Alessandro Guglielmi (1728–1804).

36 Christian Benjamin Uber (1746–1812), »Divertissements pour le clavecin avec l'accompagnement d'une flûte, d'un violon, les deux cors de chasse et de la basse« Leipzig oder Concertinos für Cembalo, Traversflöte, Viola, 2 Hörner und Bassethörner.

37 Baldassare Galuppi (1706–1785).

38 Tommaso Traetta (1727–1779).

39 Antonio Maria Sacchini (1730–1786).

40 Gian Francesco di Majo (Maio) (1732–1770).

41 Giovanni Paesiello (1740–1816).

42 François- Joseph Gossec (1734–1829), angeboten wurden im Breitkopfkatalog 1770 »VI Quattri di Gossec, a flauto ô violino, violino, viola e basso, Opera XIV, Paris«.

43 Johann Christian Bach (1735–1782), jüngster Sohn J. S. Bachs.

44 Ernst Eichner, (1740–1777).

45 Zit. nach Wilhelm Hitzig, Beiträge, S. 84 f.

46 Ebd. S. 91 f. Den vieldiskutierten Aufführungen des Händelschen »Alexanderfest« (1780) und »Messias«, aus denen Goethe »neue Ideen von Deklamation« gewann, gingen lediglich eine Mannheimer und Hamburger Aufführung voraus.

47 Ebd. S. 86.

48 Herders sämtliche Werke, hrsg. von B. Suphan, Bd. XVIII, S. 27.

49 Gedenkausgabe, Zürich, Bd. 7, S. 136.

50 Siehe Karl Israel, Frankfurter Concert- Chronik von 1721 – 1780, hrsg. von Peter Cahn, Frankfurt 1986, S. 59.

51 Joseph Rückert, 1799, S. 72.

52 Berlinische Musikalische Zeitung, Nachdruck Hildesheim 1969, Nro. 44., 1. Jg. 1805, S. 174.

53 Berlinische Musikalische Zeitung, Nachdruck Hildesheim 1969, Nro.2., 2. Jg., 1806, S. 8.

54 Herzogin Anna Amalia Bibliothek, M 9: 111.

55 Auch eine Reise, S. 12.

56 Friedrich von Müller, in: Berühmte Schriftsteller der Deutschen. Schilderungen nach Selbstanschauung teils auch berühmter Zeitgenossen aus dem Leben von Goethe, Bd. 1, Berlin 1854, S. 41 ff.

Personenregister

Anhalt-Dessau, Leopold III. Friedrich Franz von: 30–33, 35, 182

Anhalt-Dessau, Louise Henriette von: 35

Arnim, Achim von: 41, 83

Arnim, Bettine von: 41

Aulhorn, Johann Adam: 64, 72, 99, 122–124, 146, 153

Bach, Johann Ernst: 62f.

Bach, Johann Sebastian: 18, 71, 105f., 160

Bardua, Caroline: 89f.

Basedow, Johann Bernhard: 119

Beethoven, Ludwig van: 93, 108

Bellomo, Joseph: 27

Benda, Franz: 158

Benda, Georg Anton: 62

Benda, Maria Carolina (siehe Wolf)

Bernstorff, Charitas Ernestine Gräfin von: 23, 64, 88, 91, 124

Bertuch, Friedrich Justin: 11, 24, 56, 67, 86, 88, 92, 95, 99, 107, 110f., 114, 125, 142, 145, 147, 153

Böttiger, Karl August: 2, 26, 36, 38, 51, 62, 64, 72f., 87f., 110, 124, 203

Bode, Johann Joachim Christoph: 23, 30, 62, 64, 72, 110, 124

Braunschweig-Wolfenbüttel, Herzog Anton Ulrich von: 3, 4

Braunschweig-Wolfenbüttel, Herzog Carl I. von: 3, 4, 8

Braunschweig-Wolfenbüttel, Prinz Friedrich August von: 218

Braunschweig-Wolfenbüttel, Prinz Karl Wilhelm von: 6

Braunschweig-Wolfenbüttel, Prinzessin Sophie Karoline Marie von: 6

Braunschweig-Wolfenbüttel, Herzogin Philippine Charlotte von: 3, 6, 15

Breitkopf, Bernhard Theodor: 96, 160f.

Brentano, Clemens: 41, 56, 83

Broadwood, John: 106

Brunner, Johann Sebastian: 72

Bünau, Heinrich Graf von: 8f., 52, 62

Burney, Charles: 6

Casorti, Louis: 130

Chladni, Ernst Florens: 60, 156

Claudius, Matthias: 95

Curland, Herzog Carl von: 196f.

Dalberg, Carl Theodor von: 200

De Gasc-Lisiewska, Rosine: 15

Destouches, Franz Seraph (François) von: 72f., 92, 105, 156f.,

Doebbelin, Carl Theophilus: 64

Dulon, Friedrich Ludwig: 156

Eberwein, Alexander Bartholomäus: 19, 26, 49f., 70

Eberwein, Franz Carl Adalbert: 75–77, 103, 139, 185

Eckebrecht, Johann Friedrich: 203

Eckermann, Johann Peter: 47f., 82, 141

Egloffstein, Henriette von: 90, 134

Egloffstein, Julie Gräfin von: 114, 134

Ehlers, Wilhelm: 82, 89, 93–95, 162, 228

Ei(y)lenstein, Johann Friedrich Adam: 70

Einsiedel, Friedrich Hildebrand Freiherr von: 38, 45, 47, 58, 62, 150, 153, 157, 182

Ekhof, Konrad: 18f.

Falk, Johannes Daniel: 26, 52, 82, 92

Fasch, Carl Friedrich: 102

Feldtenstein, Carl Joseph von: 133

Fiedler, Johann Christian: 29, 31

Fleischer, Friedrich Gottlob: 7

Fritsch, Jakob Friedrich Freiherr von: 10f., 20, 110, 119, 138

Genast, Eduard: 11, 95,

Gerstenberg, Heinrich Wilhelm von: 95

Geßner, Salomon: 169

Geyser, Christian Gottlieb: 147f.

Gleim, Johann Wilhelm Ludwig: 95f.

Gluck, Christoph Willibald Ritter von: 160f., 185

Göchhausen, Luise Ernestine (Thusnelda) von: 21, 30, 37ff., 45ff., 53, 58, 62, 65, 88, 98, 104, 133f., 135, 145, 151f., 157, 164, 170, 173, 177, 190

Göckingh, Johann Valentin: 70

Göpfart, Karl Gottlieb: 19

Görtz, gen. Schlitz, Johann Eustachius Graf von: 66, 118, 168

Goethe, Aja, Frau Rat: 38, 114, 135, 147

Goethe, Cornelia: 185

Goethe, August: 111

Goethe, Christiane (Vulpius): 27, 36, 39, 72, 83, 114, 122, 130, 133

Goethe, Johann Wolfgang: III, 12, 14, 16, 25, 27, 30, 31, 32–39, 42, 44, 47–49, 54f., 58, 60, 62, 64, 67, 70, 73, 77, 80–84, 86,, 88f., 92f., 96, 98f., 106f., 110f., 114ff., 129f., 134f., 139, 141, 144–146, 148–152, 159f., 161f., 164, 171–173, 178f., 183–195, 204, 210–213, 216–219

Goethe, Ottilie von: 172

Gotha, Prinz August von: III, 145

Gotha, Herzog Ernst von: 62

Graun, Carl Heinrich: 70

Grave, Heinrich: 90f.

Günther, Johann Christian: 121

Habsburg, Kaiser Josph II. von: 8, 194

Händel, Georg Friedrich: 49f., 70, 106, 159, 161

Hagedorn, Friedrich von: 96

Hasse, Johann Adolph: 70, 106, 159,

Hauptmann, Anton Georg: 10, 24–27, 118, 124, 138, 149, 156

Haydn, Joseph: 75f., 157, 160

Heinsius, Johann Ernst: 15

Helmke, Friedrich Eduard: 135

Herder (geb. Flachsland), Caroline: 12, 27, 31, 40, 60, 80, 86, 88, 214

Herder, Johann Gottfried: 26f., 30, 3f., 44f., 51, 54, 60, 67, 70–73, 80–84, 92, 95, 98, 101, 110, 115, 118, 151, 157, 161, 198ff., 205, 207, 214ff.

Hessen-Darmstadt, Gräfin Karoline von: 31

Heß, Rudolph Karl: 75

Hiller, Johann Adam: 12f., 64, 95, 151, 162

Hirschfeld, Christian Cay Lorenz: 31, 37f.

Hölty, Ludwig Christoph Heinrich: 96

Hoffmann, Heinrich Siegmund und Karl Ludolf (Hofbuchhandlung): 26, 71, 83, 95, 95, 138
Hufeland, Wilhelm: 12
Humboldt, Wilhelm von: 93, 111
Hummel, Johann Nepomuk: 60, 162,
Jacobi, Friedrich Gottlob: 122
Jacobi, Friedrich Heinrich: 30
Jacobi, Johann Georg: 11, 13, 37, 169
Jagemann, Caroline (nobilitierte von Heygendorf): 26, 88, 90, 157, 160, 162
Jean Paul: 27, 54, 60
Jerusalem, Johann Friedrich, Abt: 6, 8
Jommelli, Niccolò: 75 f., 77
Kalb, Charlotte von: 124
Kayser, Philipp Christoph: 76, 93, 96, 111, 211
Keil, Bernhard: 56
Kirms, Franz: 27, 106
Klauer, Martin Gottlieb: 43 f.
Knebel, Carl Ludwig von: 26, 30, 36, 40, 42, 46 f., 58, 66, 82, 124, 142, 170, 172 f., 182, 211
Knebel, Henriette von: 47, 88
Kniep, Christoph Heinrich: 120
Koch, Gottfried Heinrich: 64
Koch, Christiane Henriette (Madame): 148
Körner, Christian Gottfried: 60, 88
Kranz, Johann Friedrich Heinrich: 65, 144, 157 f.,
Kraus, Georg Melchior: 11, 14 f., 17, 19, 23, 25, 32, 38 f., 45 f., 65, 67, 85 f. 91, 125, 144, 146, 177
Krause, Christian Gottfried: 95
La Roche, Sophie von: 19, 52
Laßberg, Christel von: 49, 118
Leißring, August: 122
Lenz, Jacob Michael Reinhold: 118, 148, 152, 227
Leo, Sängerfamilie: 80, 83
Levetzow, Ulrike von: 117
Leyen, Philipp Franz Graf von: 125
Lichtenberg, Georg Christoph: 55
Liebeskind, Johann Christoph: 70
Link, Georg: 128
Lossius, Johann Friedrich: 22–27, 48 f.
Ludecus, Johann August: 23, 149
Lyncker, Karl Freiherr von: 18, 88, 96, 121, 123, 127 f., 133 f., 135–137, 139–142, 149, 158
Mara (geb. Schmeling), Gertrud Elisabeth: 158, 233
Matthiae, August: 40
Maul, Johann Samuel: 70
Mendelssohn Bartholdy, Felix: 108
Merck, Johann Heinrich: 13, 31, 34, 39, 65, 134, 144
Mieding, Johann Martin: 23, 38, 149, 187–191
Molière: 145
Mounier, Jean Joseph: 73
Mozart, Wolfgang Amadeus: 28, 33, 43, 51, 75 f., 143, 152, 202–204
Müller, August Eberhard: 75
Müller, Friedrich von (Kanzler): 171, 181
Müller, Johannes von: 214
Müller, Wenzel: 76
Musäus, Johann Carl August: 30, 38, 66, 88, 110, 146, 151, 153

Naumann, Johann Gottlieb: 75, 111
Neuhaus, Maria Salome Philippine: 122, 153
Noverre, Jean Georges: 115
Oehlenschläger, Adam: 44 f.
Oertel, Friedrich Ludwig Christian von: 135
Oeser, Adam Friedrich: 20 f.
Otto, Jacob August: 228
Pergolesi, Giovanni Battista: 160
Peyerl, J.: 138
Praun, Georg Septimus Andreas von: 8 f.,
Preußen, Markgräfin Wilhelmine von: 3
Preußen, König Friedrich II. von: 7, 35, 218
Putbus, Moritz Ulrich Graf von: 170, 172
Radziwill, Fürst Anton Heinrich: 60
Ramberg, Johann Heinrich: 113, 115
Ramler, Carl Friedrich: 169
Reichardt, Johann Friedrich: 14, 34 f., 41, 45, 56, 59 f., 74, 76 f., 80, 87, 92 f., 95, 99–102, 115, 129 f., 162
Remde, Johann Heinrich Christian: 73, 227
Rempt, Johann Matthäus: 70 f.
Reuß, Graf von: 117
Riemer, Friedrich Wilhelm: 88
Riesbeck, Johann Kaspar: 10
Rochlitz, Friedrich: 108
Roller, Franz Anton: 123
Rousseau, Jean Jacques: 126, 169, 181
Rudolph, Johann Christoph: 70
Rückert, Joseph: 2 f., 10, 12, 28, 31, 50, 73, 157
Rust, Friedrich Wilhelm: 33
Sachsen-Weimar-Eisenach, Herzogin Anna Amalia von: III, 2, 5–9, 12–15, 19 f., 24, 27, 32, 36, 38 f., 40–42, 48, 52, 58, 62, 64 f., 86, 90, 93, 96, 105 f., 110, 114, 121, 135, 141, 144–146, 149, 151, 155, 157–161, 196 f., 216–219
Sachsen-Weimar-Eisenach, Großherzog Carl Alexander von: 15
Sachsen-Weimar-Eisenach, Herzog (Großherzog) Carl August von: 7, 20, 24–27, 32 f., 36, 40, 42, 49 f., 56, 58, 65 f., 67, 73, 84, 86 f., 88, 110, 115, 124, 155, 160, 172, 176 f.,
Sachsen-Weimar-Eisenach, Carl Friedrich von: 218
Sachsen-Weimar-Eisenach, Prinz Friedrich F. Constantin von: 42, 172, 211
Sachsen-Weimar-Eisenach, Herzog Ernst August II. Constantin von: 7, 8, 40, 62, 142
Sachsen-Weimar-Eisenach, Großherzogin Maria Pawlowna von: 14
Sachsen-Weimar-Eisenach, Herzogin (Großherzogin) Louise-Auguste von: 23, 32, 48 150, 178–181, 185
Sartorio, Girolamo: 18
Schardt, Sophie Friederike von: 124, 200
Schenck, Johann Georg: 52, 87, 106 f.
Schikaneder, Emanuel: 203
Schiller, Friedrich: 11, 16, 54, 60, 69, 74, 77, 86, 88, 93, 101 f., 104, 109, 111, 114 f., 116 f., 123, 125, 127 ff., 205–207
Schlegel, August Wilhelm: 102
Schleiermacher, Friedrich: 114

Schönemann, Lili: 105

Schopenhauer, Johanna: 89, 101, 104

Schröter, Corona: 23, 26, 44, 64, 67, 80, 90 f., 95, 98 f.,
    122, 146, 150, 153, 160, 162, 173, 177, 185 f., 190 f.

Schubart, Christian Friedrich Daniel: 57

Schubert (Ballettmeister): 122

Schulz, Carl (Ballettmeister): 166, 168

Schulz, Johann Abraham Peter: 94

Schweitzer, Anton: 19, 86, 146–148, 160, 169

Schwind, Moritz von: 15

Seckendorff – Aberdar, Karl Friedrich Siegmund
    Freiherr von: 23, 32, 38, 62, 65, 83, 96–98, 110, 114,
    144, 146, 149 f., 176, 181, 186

Seidel, Philipp Friedrich: 194

Seyler, Abel: 19, 169

Sondhaußen, Johann Daniel: 70

Stadion, Reichsgraf von: 51

Stein, Charlotte von: 27, 30, 34, 82, 88, 104, 107, 114,
    121, 139, 173, 176, 189 f., 211

Stein, Karl von: 142

Steinhardt, Friederike: 122, 146

Steinhauer, Christian Wilhelm: 147 f.

Steffens, Henrik: 36, 114

Streicher, Nanette: 108

Strohmeier, Karl: 26, 90

Süßma(e)ir, Franz Xaver: 202–204

Thomson, James: 198 ff.

Tieck, Ludwig: 35, 59

Tischbein, Johann Heinrich d. Ä.: 1, 8

Türk, Daniel Gottlob: 104, 106

Urban (Tanzmeister): 121

Varnhagen von Ense, Carl August: 84

Vogler, Johann Caspar: 62

Vogt, Carl Joseph: 122

Voigt, Amalie von: 88

Voß, Johann Heinrich: 82, 94

Vulpius, Christian August: 33, 133, 158, 203

Vulpius, Christiane (siehe Goethe)

Wackenroder, Wilhelm Heinrich: 35,

Walther, Johann Gottfried: 71

Weiße, Christian Felix: 12, 64

Werneburg, Johann Friedrich: 107 f.

Werner, Zacharias: 219

Wieland, Anna Dorothea: 52, 85 f.

Wieland, Christoph Martin: III, 11–15, 18 f., 26,
    30–34, 38, 40, 43, 51 ff., 56, 59, 65 f., 82, 85 ff., 94,
    94, 97 ff., 107, 110, 114 f., 145–149, 152, 158,
    166–169, 182, 204

Wolf, Ernst Wilhelm: 19, 26, 64, 70 ff., 90, 95 f., 105 f,
    122, 151 f., 157–164, 233

Wolf, Maria Carolina (geb. Benda): 64, 90, 122,
    145 f., 153, 158

Wolff, Amalie: 185

Wranitzky, Paul: 204

Zelter, Carl Friedrich: 55 f., 56, 58, 74–77, 93, 102,
    106, 112, 162 f.

Ziesenis, Johann Georg: 15, 105

Zipfel, Johann Adam: 72